Die Messbarkeit von Gewinnsteuerung mit Hilfe von Periodenabgrenzungen

Betriebswirtschaftliche Studien
Rechnungs- und Finanzwesen,
Organisation und Institution

Herausgegeben von
Prof. Dr. Dr. h.c. Wolfgang Ballwieser, München
Prof. Dr. Christoph Kuhner, Köln
Prof. Dr. Dr. h.c. Dieter Ordelheide †, Frankfurt

Band 98

PL ACADEMIC RESEARCH

Sebastian Keßler

Die Messbarkeit von Gewinnsteuerung mit Hilfe von Periodenabgrenzungen

PL ACADEMIC RESEARCH

Bibliografische Information der Deutschen Nationalbibliothek
Die Deutsche Nationalbibliothek verzeichnet diese Publikation in der Deutschen Nationalbibliografie; detaillierte bibliografische Daten sind im Internet über http://dnb.d-nb.de abrufbar.

Zugl.: München, Univ., Diss., 2015

D 19
ISSN 1176-716X
ISBN 978-3-631-66544-2 (Print)
E-ISBN 978-3-653-05880-2 (E-Book)
DOI 10.3726/978-3-653-05880-2

PL Academic Research ist ein Imprint der Peter Lang GmbH.

Peter Lang – Frankfurt am Main · Bern · Bruxelles · New York · Oxford · Warszawa · Wien

Diese Publikation wurde begutachtet.

www.peterlang.com

Geleitwort

Gewinnsteuerungen sind empirisch im Einzelfall belegbar. Schwierig ist es hingegen, ihr durchschnittliches Ausmaß zu quantifizieren und ihre statistisch belegbaren Einflussfaktoren zu ergründen. Hierzu wurden seit rd. 30 Jahren vielfältige Regressionsmodelle zur Erklärung von ungesteuerten und gesteuerten Periodenabgrenzungen der Zahlungsströme eines Unternehmens entwickelt. Bekannt ist, dass die Periodenabgrenzungsmodelle ein Endogenitätsproblem aufweisen, wonach die erklärenden Variablen mit dem Fehlerterm einer Regressionsschätzung korrelieren. Das Problem wird z.T. durch simultane Kausalität der Rechnungslegung hervorgerufen, die vorliegt, weil jede Transaktion bei doppelter Buchführung mindestens zwei Konten berührt. Um diesen bisher nicht erfassten Aspekt zu berücksichtigen, prüft Herr Dr. Keßler mittels eines selbst entwickelten Mehrgleichungsmodells, das auch Rechnungslegungsidentitäten erfasst, in einer Simulationsstudie für Unternehmen der EU mit Daten von 1995 bis 2011, ob sich das Endogenitätsproblem verringern lässt.

Kapitel 6 liefert mehrheitlich unerwartete Ergebnisse. Der Verfasser beschreibt bei jeder Fragestellung, welche Erwartungen die Modelle und Schätzverfahren nahelegen und stellt diese den meist davon abweichenden Resultaten gegenüber. Bspw. können bei Tests auf Gewinnsteuerung mit Stichproben auf Basis wirtschaftlicher Kennzahlen die Modelle nur schlecht zwischen Unternehmenswachstum und Bilanzpolitik trennen. Oft schneiden die stark kritisierten Jones-Modelle besser ab als das vermeintlich bessere McNichols-Modell. Die Berücksichtigung der bedingten Vorsicht durch die abschnittsweise lineare Regression und das Mehrgleichungsmodell führen nicht zu einer systematischen Reduktion der Selektionsverzerrung. Die erwartete Überlegenheit des Cashflow-Ansatzes gegenüber dem Bilanzansatz bestätigt sich nicht beim Effekt der Stichprobenselektion. Ähnliche unerwartete Resultate liefert die künstlich erzeugte Gewinnsteuerung. Durchweg bringt das selbst erstellte Mehrgleichungsmodell kaum einen Fortschritt.

Der Verfasser behandelt ein relevantes und ungeklärtes Problem und bearbeitet es auf sehr strukturierte und gut nachvollziehbare Art und Weise. Die z.T. enttäuschenden Resultate sind nicht ihm anzulasten und erweitern unseren Erkenntnisstand bezüglich des schwierigen Themengebiets. Ich wünsche deshalb der Arbeit eine große Aufmerksamkeit!

München, im Mai 2015 Wolfgang Ballwieser

Vorwort

Die vorliegende Arbeit entstand während meiner Tätigkeit als wissenschaftlicher Mitarbeiter am Seminar für Rechnungswesen und Prüfung der Ludwig-Maximilians-Universität München und wurde im Mai des Jahres 2015 vom Promotionsausschuss der Fakultät für Betriebswirtschaft als Dissertation angenommen.

Mein außerordentlicher Dank gebührt Herrn Prof. Dr. Dr. h.c. Wolfgang Ballwieser, der mir als „Chef" am Seminar und Doktorvater meiner Dissertation die Möglichkeit sowohl zu einer fachlichen, wie auch persönlichen Weiterentwicklung gab. Er verstand es mit konstruktiven Anmerkungen und wertvollen Ratschläge wesentlich zum Erfolg dieser Arbeit beizutragen, ohne dabei den Freiraum für eigene Ansätze einzuschränken. Für das mir stets entgegengebrachte Vertrauen bin ich Ihm sehr dankbar. Auf meine Zeit am Lehrstuhl werde ich immer gerne zurückblicken. Frau Prof. Dr. Deborah Schanz danke ich für die freundliche Übernahme des Korreferats.

Wenn der Weg zur Promotion manchmal auch einsam erscheint; man ist angesichts der Lehrstuhlkollegen auf dieser langen Strecke nie allein. Dank meiner Weggefährten Roland Paarz, Jörg Wiese, Andreas Hofherr, Annette Witzleben, Anne Kretzschmar, Sebastian Erb, Serpil Caliskan, Martin Puritscher und Tobias Friedrich war der Lehrstuhl mehr als ein Arbeitsplatz. Vielen Dank für Anregungen, Fachdiskussion und so manchen Schabernack.

Mein Dank gilt auch meinen Freunden, die für einen Ausgleich zum universitären Alltag sorgten. Besonders hervorzuheben sind Michael Ambros, Hans Christian Asemissen, Niklas Hofferbert, Theresa Keller und Christian Piovano für die Durchsicht meiner Arbeit.

Mein größter Dank gebührt meinen Eltern Gertrud und Gerhard, die mir mit Ihrer bedingungslosen Unterstützung diesen Lebensweg erst ermöglichten. Euch ist diese Arbeit in tiefer Dankbarkeit gewidmet.

München, im Mai 2015 — Sebastian Keßler

Inhaltsverzeichnis

Abkürzungsverzeichnis

AAER	Accounting and Auditing Enforcement Releases
ABNRET	abnormal returns
Abs.	Absatz
ACC	accruals
ACC1	Periodenabgrenzungen der Sache nach
ACC2	Periodenabgrenzungen der Zeit nach
ACC3	Periodenabgrenzungen von Bewertungsvorgängen
ACC4	Periodenabgrenzungen aufgrund Bilanzierungs-, Bewertungs- und Schätzfehler
ACC5	Periodenabgrenzungen aufgrund buchmäßiger Bilanzpolitik
ACC^{BS}	gesamte Periodenabgrenzungen nach dem Bilanzansatz
ACC^{CF}	gesamte Periodenabgrenzungen nach dem Cashflow-Ansatz
AIC	Akaike information criterion
AR	accounts receivables
ASSETS	Gesamtvermögen
Aufl.	Auflage
AUT	Österreich
BEL	Belgien
BM	Buchwert-Marktwert-Verhältnis
BS	balance sheet
bspw.	beispielsweise
bzw.	beziehungsweise
CA	current assets
Cash	cash and cash equivalents
CF	cashflow
CF1	Erwarteter Cashflow
CF2	Cashflow aufgrund von Zufallsschwankungen
CF3	Cashflow aufgrund realer Bilanzpolitik
CFO	cashflow from operations
CL	current liabilities
CPX	capital expenditures
d.h.	das heißt
DA	discretionary accruals
DAP	discretionary accruals proxy
DCFO	Indikatorvariable

DEP	depreciation
DEU	Deutschland
DNK	Dänemark
DPR	Deutsche Prüfstelle für Rechnungslegung
DRS	Deutsche Rechnungslegungsstandards
DSKQ	dreistufige kleinste Quadrate
DVAR	Indikatorvariable
EBXI	earnings before extraordinary items and discontinued operations
EIV	errors in variables
EP	Gewinn-Kurs-Verhältnis
ESP	Spanien
et al.	et alii
EU	Europäische Union
EU15	Mitgliedstaaten der EU vor der Osterweiterung im Jahr 2004
EXP	expenses
F&E	Forschung und Entwicklung
FASB	Financial Accounting Standards Board
FE	fixe Effekte
FIN	Finnland
Fn.	Fußnote
FRA	Frankreich
FS	Festschrift
GAAP	Generally Accepted Accounting Principles
GBR	Großbritannien
GE	Geldeinheit
gem.	gemäß
Gl.	Gleichung
GMM	generalized method of moments
GoB	Grundsätze ordnungsmäßiger Buchführung
GRC	Griechenland
GuV	Gewinn- und Verlustrechnung
H_0	Nullhypothese
H_1	Alternativhypothese
HFA	Hauptfachausschusses
HGB	Handelsgesetzbuch
Hrsg.	Herausgeber
hrsg.	herausgegeben

i.H.v.	in Höhe von
IAS	International Accounting Standard(s)
IEB	Instituto de Estudios Bursátiles
IFRS	International Financial Reporting Standard(s)
INC	net income
INV	inventories
IRL	Irland
ITA	Italien
IV	Instrumentalvariable
Jg.	Jahrgang
KontraG	Gesetz zur Kontrolle und Transparenz im Unternehmensbereich
korr.	korrigiert
KQ	kleinste Quadrate
LUX	Luxemburg
MB	Marktwert- Buchwert-Verhältnis
Mod.	Modifiziertes
NDA	nondiscretionary accruals
NDAEST	nondiscretionary accruals estimation
NLD	Niederlande
No.	Number
NOMV	non omitted variables
OCA	other current assets
OMV	omitted variables
PART	Partitionierung
Perf.	Performance
PPE	property plant and equipment
PRT	Portugal
QS	Querschnitt
REC	receivables
Rn.	Randnummer
ROA	return on assets
S.	Seite
SEC	United States Securities and Exchange Commission
SFAS	Statement of Financial Accounting Standards
SG	Schmalenbach-Gesellschaft für Betriebswirtschaft e.V.
SGA	Selling, General and Administrative Expense
SIC	Standard Industrial Classification

SIZE	Marktkapitalisierung
Sp.	Spalte
STD	short term debt
SWE	Schweden
TP	taxes payable
Treat.	Treatment
u.a.	unter anderem
u.U.	unter Umständen
UK	United Kingdom
US	United States
USA	United States of America
US-GAAP	United States Generally Accepted Accounting Principles
usw.	und so weiter
v.	von
VAR	Variable
Verf.	Verfasser
vgl.	vergleiche
vs.	versus
XBRL	eXtensible Business Reporting Language
z.B.	zum Beispiel
ZSKQ	zweistufige kleinste Quadrate

Verzeichnis der Zeitschriftenabkürzungen

ABR	Accounting & Business Research
AER	The American Economic Review
AH	Accounting Horizons
AR	The Accounting Review
BFuP	Betriebswirtschaftliche Forschung und Praxis
BPEA	Brookings Papers on Economic Activity
CAR	Contemporary Accounting Research
DB	Der Betrieb
DBW	Die Betriebswirtschaft
DU	Die Unternehmung
EAR	European Accounting Review
IJA	The International Journal of Accounting
JAAF	Journal of Accounting, Auditing & Finance
JAE	Journal of Accounting & Economics
JAPP	Journal of Accounting & Public Policy
JAR	Journal of Accounting Research
JBES	Journal of Business & Economic Statistics
JBFA	Journal of Business Finance & Accounting
JCF	Journal of Corporate Finance
JF	Journal of Finance
JfB	Journal für Betriebswirtschaft
JFE	Journal of Financial Economics
JFQA	Journal of Financial and Quantitative Analysis
JIAR	Journal of International Accounting Research
JMCB	Journal of Money, Credit and Banking
JofA	Journal of Accountancy
JPE	Journal of Political Economy
KoR	Zeitschrift für internationale und kapitalmarktorientierte Rechnungslegung
KUK	Kredit und Kapital
MF	Managerial Finance
MS	Management Science
QJE	Quarterly Journal of Economics
RAF	Review of Accounting and Finance
RAST	Review of Accounting Studies

RFS	Review of Financial Studies
ROES	Review of Economic Studies
RQFA	Review of Quantitative Finance and Accounting
SJ	The Stata Journal
zfbf	Schmalenbachs Zeitschrift für betriebswirtschaftliche Forschung
ZfhF	Zeitschrift für handelswissenschaftliche Forschung

Symbolverzeichnis

$\forall$	für alle Elemente
$\sim N$	normalverteilt
$\sim U\ N$	unabhängig normalverteilt
b	Parameter
Cov()	Covarianzoperator
E()	Erwartungswertoperator
i	Unternehmensindex
j	Branchenindex
k	Parameter
K^*	Anzahl der system-exogenen Variablen der betrachteten Gleichung
$\dot{K}$	Anzahl der system-exogenen Variablen im gesamten Gleichungssystem
m	Anzahl der Gleichungen im Mehrgleichungsmodell
M^*	Anzahl der system-endogenen Variablen der betrachteten Gleichung
N	Stichprobengröße
p	Anteil an bilanzpolitisch verdächtigen Unternehmen in einer Stichprobe
R^2	Bestimmtheitsmaß
rho	Parameterwert
SE()	Standardabweichung
s_ε	Standardfehler der Regression
t	Zeitindex
Var()	Varianzoperator
X	Erklärende Variable
Y	Erklärte Variable
Z	Instrumentalvariable
α	Regressionskoeffizient
$\breve{\alpha}$	Regressionskoeffizient, geschätzt
β	Regressionskoeffizient
$\tilde{\beta}$	Regressionskoeffizient, unverzerrt geschätzt
$\hat{\beta}$	Regressionskoeffizient, verzerrt geschätzt
γ	Regressionskoeffizient
Δ	Differenzoperator

δ	Quotient
ε	Fehlerterm
η	Messfehler von DAP
μ	Messfehler von DAP
ν	Messfehler von DAP
ρ	Regressionskoeffizient
τ	Zeitindex
χ^2	Chi-Quadrat
ψ	Schätzfehler
ω	Fehlerterm

Abbildungsverzeichnis

Tabellenverzeichnis

1. Problemstellung

Wenn in empirischen Beiträgen untersucht wird, ob ein bestimmtes Ereignis Auslöser für Gewinnsteuerung ist oder ob bestimmte Rahmenbedingungen Gewinnsteuerung begünstigen oder erwarten lassen, muss Gewinnsteuerung zunächst operationalisiert werden. Erst danach können die Umstände, die die Gewinnsteuerung beeinflussen, untersucht werden. Aus diesem Grund ist das gewählte Thema der Messbarkeit von Bilanzpolitik als Synonym von Gewinnsteuerung auch von besonderer Relevanz. Die zur Messung von Gewinnsteuerung verwendete Methodik beeinflusst die Ergebnisse der Untersuchungen, die zur Beantwortung der eigentlichen Forschungsfrage durchgeführt werden. Idealerweise erfolgt die Messung von Gewinnsteuerung ohne Verzerrung, d.h. sie ist frei von Messfehlern.[1]

Die empirische Realität ist weit entfernt von den idealen Bedingungen einer unverzerrten Messung von Gewinnsteuerung. Gewinnsteuerung kann nicht direkt beobachtet werden.[2] Um sie dennoch zu untersuchen, hat man unterschiedliche Stellvertretergrößen für Gewinnsteuerung entwickelt.[3] Ihnen ist gemein, dass sie nur eine Approximation von Gewinnsteuerung sein können. Eine beachtliche Bedeutung haben hierfür aggregierte Periodenabgrenzungsmodelle auf Basis der Unternehmensleistung gefunden, die im Fokus der vorliegenden Arbeit stehen.[4] Sie ist somit relevant für jede empirische Untersuchung von

1 Für die Auswirkungen von Messfehlern bei Gewinnsteuerung vgl. Dechow/Sloan/Sweeney (1995), S. 195–197 und Dechow et al. (2012), S. 278–281.

2 Dass Gewinnsteuerung nicht direkt beobachtbar und durch eine externe Analyse nur schwer aufzudecken ist, gilt als Voraussetzung ihrer Wirksamkeit, vgl. Baetge/Ballwieser (1978), S. 526–530.

3 Für eine Übersicht vgl. Goncharov (2005), S. 37–71; Szczesny (2007), S. 102–109 und Ronen/ Yaari (2008), S. 389–456.

4 Aktuelle Beiträge, die aggregierte Periodenabgrenzungsmodelle auf Basis der Unternehmensleistung im Zusammenhang mit Gewinnsteuerung verwenden, sind bspw. Kang/Liu/Qi (2010), S. 821; Keung/Lin/Shih (2010), S. 119; Ramanna/Roychowdhury (2010), S. 453; Wu/Zhang/Zhang (2010), S. 191; Ayers/Ramalingegowda/Yeung (2011), S. 46; Badertscher (2011), S. 1499; Das/Kyonghee/Patro (2011), S. 1941; McInnis/Collins (2011), S. 224; Rajgopal/Venkatachalam (2011), S. 5–6; Bhattacharya et al. (2012), S. 459; Blaylock/Shevlin/Wilson (2012), S. 98; Chhaochharia/Kumar/Niessen-Ruenzi (2012), S. 64; Dierynck/Landsman/Renders (2012), S. 1240; McGuire/Omer/Sharp (2012), S. 653; Kim/Park/Wier (2012), S. 768; Zang (2012), S. 683; Badertscher/Katz/

Gewinnsteuerung, wenn diese Gewinnsteuerung durch aggregierte Periodenabgrenzungsmodelle auf Basis der Unternehmensleistung misst. Neben dem Forschungsgebiet der Gewinnsteuerung besitzt die vorliegende Arbeit auch für das Forschungsfeld der Gewinnqualität Relevanz,[5] da als Indikator für Gewinnqualität u.a. Gewinnsteuerung herangezogen wird, die mit den hier beschriebenen Methoden gemessen wird.[6]

Das historisch erste aggregierte Periodenabgrenzungsmodell auf Basis der Unternehmensleistung ist das Jones-Modell.[7] Es misst Gewinnsteuerung durch den unerklärten Teil einer Regression der gesamten Periodenabgrenzung auf weitere Rechnungslegungsgrößen.[8] Obwohl das Jones-Modell zu Recht kritisiert wird, dient es aus mehreren Gründen als Ausgangspunkt für die Diskussion der Periodenabgrenzungs-Modelle.[9] Erstens erlaubt es, den unterstellten Zusammenhang zwischen gesamten, gesteuerten und ungesteuerten Periodenabgrenzungen darzustellen. Da auch anspruchsvollere Periodenabgrenzungs-Modelle diesen Zusammenhang verwenden, können die Erkenntnisse der Analyse des Jones-Modells auf diese anspruchsvolleren Modelle übertragen werden. Zweitens erleichtert die kritische Würdigung des Jones-Modells das Verständnis der Zielsetzungen der weiteren Periodenabgrenzungsmodelle. Drittens sind die Kritikpunkte hinsichtlich des Erhebungsdesigns, der Operationalisierung der gesamten Periodenabgrenzungen und der Schätzverfahren, die man aus der Betrachtung des Jones-Modells ableiten kann, auch für die alternativen Periodenabgrenzungsmodelle gültig.

Ausgehend vom Jones-Modell hat sich ein beachtlicher Literaturzweig entwickelt: Neben Ergänzungen des Modells durch die Hinzunahme weiterer erklärender Variablen gibt es Variationen bei der Wahl des Erhebungsdesigns oder der Operationalisierung der aggregierten Periodenabgrenzungen.[10] Eine wesentliche

---

Rego (2013), S. 248; Kim/Mauldin/Patro (2014), S. 116; Lennox/Li (2014), S. 71; Huang/Teoh/Zhang (2014), S. 1088; Badolato/Donelson/Ege (2014), S. 223.

5 Für den Begriff Gewinnqualität fehlt trotz seiner Verbreitung eine abschließende Definition, vgl. Dücker (2009), S. 5. Für eine formale Analyse vgl. Ewert/Wagenhofer (2011).

6 Vgl. bspw. Dechow/Ge/Schrand (2010), S. 358–360 und Dichev et al. (2013), S. 11.

7 Vgl. Jones (1991).

8 Vgl. Jones (1991), S. 211–212.

9 Für eine ausführliche Würdigung des Jones-Modells vgl. Ronen/Yaari (2008), S. 414–432.

10 Für weitere erklärende Variablen vgl. bspw. Dechow/Sloan/Sweeney (1995), S. 199; Jeter/Shivakumar (1999), S. 302; McNichols (2002), S. 65; Dechow/Richardson/Tuna (2003), S. 359; Larcker/Richardson (2004), S. 634; Kothari/Leone/Wasley (2005), S. 174 oder Keung/Lin/Shih (2010), S. 119. Für alternative Ergebungsdesigns vgl. bspw. Cahan

Bestrebung war dabei, die Robustheit des Modells gegenüber Selektionsverzerrungen zu verbessern. Besonders intensiv setzte man sich in der Literatur mit der Verzerrung aufgrund wirtschaftlicher Leistung – das sogenannte *performance bias* – auseinander: Das Jones-Modell reagiert sehr sensitiv auf die wirtschaftliche Leistung der Stichprobenunternehmen. Man stellte fest, dass bei Unternehmensjahren mit außergewöhnlicher wirtschaftlicher Leistung besonders häufig Gewinnsteuerung festgestellt wird, obwohl kein Anlass besteht, für diese Unternehmensjahre eine besonders ausgeprägte Gewinnsteuerung zu vermuten. Die außergewöhnliche wirtschaftliche Leistung wird durch den Gewinn oder den operativen Cashflow gemessen. Die mangelhafte Modellspezifikation führt zu großen Messfehlern bei der Quantifizierung der Gewinnsteuerung, da die Modelle scheitern, zwischen Gewinnsteuerung und Unternehmenswachstum zu differenzieren. Weiterhin wurde festgestellt, dass die Periodenabgrenzungsmodelle Gewinnsteuerung erst bei einem relativ großen Umfang zuverlässig erkennen.[11]

Im Folgenden wurden unterschiedliche Erweiterungen für das Jones-Modell entwickelt, mit dem Ziel, den Messfehler zu verkleinern. Die vorliegende Arbeit greift hierzu zuerst einige dieser Weiterentwicklungen auf und unterzieht sie einer kritischen Würdigung. Die Modelle, die in Beiträgen zur Gewinnsteuerung am häufigsten zu ihrer Messung Verwendung finden, werden einem empirischen Modellvergleich im Rahmen einer Simulationsstudie unterzogen. Die Ergebnisse bisheriger Vergleichsstudien sollen für eine europäische Datenbasis repliziert werden, um die Vergleichbarkeit der weiteren Ergebnisse dieser Arbeit mit den Ergebnissen bestehender Beiträge sicherzustellen, die US-amerikanische Daten verwenden. Zur Beurteilung der Güte der unterschiedlichen Ansätze werden die Fähigkeit, Gewinnsteuerung aufzudecken, und das Ausmaß der Verzerrung aufgrund einer Stichprobenselektion auf Basis von Kennzahlen der Unternehmensleistung herangezogen.

Große Resonanz hat das *performance matching* von Kothari/Leone/Wasley erhalten.[12] Das Verfahren schafft es, die Selektionsverzerrung für Unternehmen

---

(1992), S. 83 und DeFond/Jiambalvo (1994), S. 158. Für eine andere Operationalisierung der aggregierten Periodenabgrenzungen vgl. Hribar/Collins (2002), S. 109.

11 Vgl. Dechow/Sloan/Sweeney (1995), S. 208 und S. 212. Kothari/Leone/Wasley (2005), S. 181–183 bestätigten diese Ergebnisse.

12 Vgl. Kothari/Leone/Wasley (2005), S. 174–175. Das Matching-Verfahren verwenden bspw. Ayers/Jiang/Yeung (2006), S. 646–647; Cahan/Wei Zhang (2006), S. 61; Ali/Chen/Radhakrishnan (2007), S. 252; Blouin/Grein/Rountree (2007), S. 643, Fn. 22; Jo/Kim (2007), S. 570 und S. 572; Larcker/Richardson/Tuna (2007), S. 987; Botsari/Meeks (2008), S. 660; Prawitt/Smith/Wood (2009), S. 1259; Lawrence/Minutti-Meza/Ping

mit besonderer wirtschaftlicher Leistung weitgehend zu korrigieren. Gleichzeitig verringert es die Wahrscheinlichkeit, Gewinnsteuerung zu entdecken.[13] Dennoch wird dieses Verfahren in der Literatur weitgehend bedenkenlos eingesetzt.[14] In der vorliegenden Arbeit wird das Matching anhand des aktuellen Literaturstands diskutiert. Mit einer Simulationsstudie werden die Effekte des Matching auf die Messung von Gewinnsteuerung aufgezeigt.

Collins/Hribar stellten fest, dass die Operationalisierung der gesamten Periodenabgrenzungen für eine bestimmte Stichprobenselektion zu Messfehlern bei der Operationalisierung der Gewinnsteuerung führt.[15] Sie entwickeln einen alternativen Ansatz zur Operationalisierung der gesamten Periodenabgrenzungen, der diese Verzerrung korrigiert.[16] In der vorliegenden Arbeit wird der Effekt der unterschiedlichen Operationalisierung der gesamten Periodenabgrenzungen erstmals systematisch und losgelöst von der erwähnten Stichprobenselektion auf die Messung von Gewinnsteuerung untersucht.[17]

Das Erhebungsdesign hat sich im Lauf der Zeit von einer Längsschnitt- zu einer Querschnittanalyse verändert.[18] Die Kombination beider Analysedimensionen ermöglicht die Panelanalyse, die ebenfalls zur Schätzung der

---

Zhang (2011), S. 265. Für eine Darstellung der aufgeführten Beispiele vgl. Keung/Shih (2014), S. 739–740.

13 Vgl. Kothari/Leone/Wasley (2005), S. 195–196 und Keung/Shih (2014), S. 763–764.

14 Vgl. Keung/Shih (2014), S. 738–740.

15 Vgl. Hribar/Collins (2002), S. 132–133. Bereits Bahnson/Miller/Budge (1996), S. 2–8 und Baber/Kang (2001), S. 4, S. 21 und S. 25 fanden erste Hinweise, dass der von Hribar/Collins verwendete Ansatz den Messfehler bei der Operationalisierung der gesamten Periodenabgrenzungen reduziert.

16 Vgl. Hribar/Collins (2002), S. 109.

17 Bei einem Vergleich der beiden Ansätze lag das bisherige Forschungsinteresse auf Unternehmensjahren mit Fusionen und Übernahmen, Desinvestitionen oder Währungsumrechnungen. Für eine Darstellung beider Ansätze vgl. Ronen/Yaari (2008), S. 420–422. In empirischen Beiträgen wird auf die unterschiedliche Operationalisierung der gesamten Periodenabgrenzungen entweder gar nicht eingegangen oder es wird festgestellt, dass sich die Ergebnisse qualitativ nicht verändern, vgl. bspw. Kothari/Leone/Wasley (2005), S. 173; Ecker et al. (2006), S. 756; Cohen/Zarowin (2010), S. 6; Zang (2012), S. 683; Ecker et al. (2013), S. 194; Huang/Teoh/Zhang (2014), S. 1089; Kim/Mauldin/Patro (2014), S. 128.

18 Für eine Längsschnittanalyse vgl. Jones (1991). Für eine Querschnittanalyse vgl. bspw. DeFond/Jiambalvo (1994), S. 161–167, DeFond/Subramanyam (1998), S. 47; Becker et al. (1998), S. 10; Peasnell/Pope/Young (2000), S. 316; Bartov/Gul/Tsui (2001), S. 427–428.

Periodenabgrenzungsmodelle verwendet wird.[19] Überraschenderweise wird für die Panelanalyse häufig auf Schätzverfahren verzichtet, die die besonderen Eigenschaften eines Panels berücksichtigen, obwohl es sich um ökonometrische Standardverfahren handelt.[20] Die vorliegende Arbeit zeigt erstmals systematisch den Effekt, den die unterschiedlichen Schätzverfahren auf die Messung von Gewinnsteuerung haben.

In der Rechnungslegung werden unerwartete Geschäftsvorfälle mit unrealisierten Erträgen und Aufwendungen unterschiedlich behandelt. Unrealisierte Aufwendungen werden erfolgswirksam erfasst, während unrealisierte Erträge keine Berücksichtigung finden. Diese Asymmetrie wird in der Literatur als bedingte Vorsicht bezeichnet.[21] Sie entsteht durch die Anwendung des Vorsichts- und des Realisationsprinzips.[22] Die asymmetrische Wirkung der bedingten Vorsicht spiegelt sich insbesondere in den Periodenabgrenzungen wider.[23] Ball/Shivakumar kombinieren deshalb unterschiedliche Periodenabgrenzungsmodelle mit den Variablen der Basu-Regression, die die bedingte Vorsicht berücksichtigen sollen.[24] Die Auswirkungen einer Berücksichtigung der bedingten Vorsicht auf die Güte der Messung von Gewinnsteuerung untersuchen die beiden Autoren jedoch nicht.[25] In diese Forschungslücke stößt die Arbeit, indem sie systematisch den Effekt der bedingten Vorsicht bei der Messung von Gewinnsteuerung untersucht.

Die Periodenabgrenzungsmodelle weisen ein Endogenitätsproblem auf. Das bedeutet, dass die erklärenden Variablen mit dem Fehlerterm der Regressionsschätzung korrelieren.[26] Eine Ursache ist u.a. die simultane Kausalität der Rechnungslegungsvariablen. Auf beiden Seiten der Regressionsgleichung stehen

---

19 Für eine Panelanalyse vgl. bspw. Cahan (1992), S. 83; Han/Wang (1998), S. 108; Erickson/Wang (1999), S. 161.

20 Für eine Schätzung ungesteuerter Periodenabgrenzungen mit fixen Effekten auf Basis branchenspezifischer Panel vgl. Othman/Zeghal (2006), S. 417–418.

21 Vgl. Beaver/Ryan (2005), S. 269.

22 Vgl. Givoly/Hayn (2000), S. 292.

23 Vgl. Schildbach (2008), S. 450. Die IFRS haben keine Vorschrift, die dem § 252 Abs. 1 Nr. 4 HGB entspricht. Sie enthalten aber explizite Vorschriften, die zu vergleichbaren Ergebnissen führen wie das Imparitätsprinzip. Ausführlicher zum Imparitätsprinzip in den IFRS vgl. Bonse (2004), S. 38–39; Wagenhofer (2009), S. 133 und Ballwieser (2013a), S. 167, Rn. 75.

24 Vgl. Basu (1997) und Ball/Shivakumar (2006), S. 214.

25 Dennoch erscheint der Ansatz von Ball/Shivakumar geeignet, den Messfehler bei der Messung von Gewinnsteuerung zu verringern, vgl. Guay (2006), S. 252.

26 Vgl. bspw. Kennedy (2008), S. 139; Wooldridge (2010), S. 54 und Greene (2012), S. 259.

Rechnungslegungsvariablen derselben Periode, die durch das System der doppelten Buchführung miteinander verbunden sind. Jede Transaktion führt immer zu Änderungen bei mindestens zwei Konten. Die Annahme der einseitig gerichteten Kausalität ist für die Variablen der Periodenabgrenzungsmodelle nicht haltbar. Bisherige Ansätze in der Literatur haben dieses Problem nicht aufgegriffen oder fanden nur eine geringe Resonanz.[27] Um den Eigenschaften der doppelten Buchführung Rechnung zu tragen, wird erstmals ein Mehrgleichungssystem zur Bestimmung von Gewinnsteuerung aufgestellt. Die Eigenschaften des Rechnungslegungssystems werden durch Modellierung von Rechnungslegungsidentitäten im Gleichungssystem berücksichtigt. Die vorliegende Arbeit versucht mit diesem neuen Ansatz, eine weitere Möglichkeit zur Verringerung des Endogenitätsproblems aufzuzeigen.

Für den Vergleich der Modelle, Modellerweiterungen, Schätzverfahren und Operationalisierungen wird eine Simulationsstudie durchgeführt.[28] Datenbasis der Studie ist eine Stichprobe mit 36.737 Unternehmensjahren. Die Stichprobe umfasst Unternehmen der EU-Staaten vor der Osterweiterung im Jahr 2004 für den Zeitraum von 1995 bis 2011. Die Simulationsstudie ermöglicht es, für die Modelle zahlreiche Tests auf Gewinnsteuerung durchzuführen. Die mehrfache Durchführung erlaubt es, die realisierten Ablehnungsraten der Nullhypothese von fehlender Gewinnsteuerung mit den erwarteten Ablehnungsraten zu vergleichen. Durch den Vergleich der Ablehnungsraten kann man die Leistungsfähigkeit der Periodenabgrenzungsmodelle feststellen. Leistungsfähigkeit bedeutet in diesem Zusammenhang, dass für Stichproben, bei denen keine Gewinnsteuerung vermutet wird, die Ablehnungsrate der Nullhypothese dem gewählten Signifikanzniveau des Hypothesentests entspricht und für Stichproben, bei denen künstlich Gewinnsteuerung eingefügt wurde, die Ablehnungsrate der Nullhypothese möglichst hoch ist. Ein weiterer Vorteil des Simulationsverfahrens ist, dass durch die zufällige Ziehung der Beobachtungen eine systematische Verzerrung der Stichprobe vermieden werden kann.

---

27 Vgl. Kang/Sivaramakrishnan (1995); Kang (1999); Babalyan (2004) und Babalyan (2007).

28 Die Simulationsstudie orientiert sich am Vorgehen von Kothari/Leone/Wasley (2005), S. 172–175. Sie verwendet anstelle US-amerikanischer europäische Unternehmensdaten. Soweit das Vorgehen mit Kothari/Leone/Wasley (2005), S. 172–175 übereinstimmt, sind qualitativ die gleichen Ergebnisse zu erwarten. Die vorliegende Arbeit geht durch die Berücksichtigung von simultaner Kausalität und der bedingten Vorsicht über den Beitrag von Kothari/Leone/Wasley (2005), S. 172–175 hinaus.

Als zusätzlichen Test für die Nachweisstärke von Gewinnsteuerung wird eine Stichprobe von deutschen Unternehmen verwendet, die in Folge einer DPR-Prüfung ihres Jahresabschlusses einen Fehlerbericht veröffentlichen mussten. Unter der Annahme, dass ein Fehlerbericht ein hinreichender Indikator für Gewinnsteuerung ist, sollte bei einem Test auf Gewinnsteuerung die Nullhypothese von fehlender Gewinnsteuerung abgelehnt werden.[29] Diese Annahme kann kritisiert werden, da ein Fehlerbericht auch aufgrund von Rechnungslegungsverstößen erfolgen kann, die keine Gewinnwirkung entfalten, wie bspw. Verstöße gegen die Informationspflichten im Anhang oder Lagebericht. Somit wären Beobachtungen als bilanzpolitisch verdächtig klassifiziert, obwohl gar keine Gewinnsteuerung vorliegt. Zudem wird jedes Jahr nur ein Bruchteil der Unternehmen von der DPR geprüft. Die DPR könnte außerdem Gewinnsteuerung übersehen oder sie als rechnungslegungskonform erachten. Es können also auch Unternehmensjahre als bilanzpolitisch unverdächtig gelten, obwohl sie Gewinnsteuerung betrieben haben. Die Testergebnisse auf Basis der DPR-Stichprobe sollten daher vorsichtig interpretiert werden.

29 Vgl. Ecker et al. (2013), S. 200–202. In Beiträgen mit US-amerikanischen Daten wird die Stichprobe von Unternehmensjahren mit AAER-Meldungen nach einer SEC-Prüfung in vergleichbarer Weise verwendet; vgl. bspw. Dechow/Sloan/Sweeney (1995), S. 202 oder Dechow et al. (2012), S. 294. Entsprechend werden qualitativ vergleichbare Ergebnisse zu Dechow/Sloan/Sweeney (1995), S. 219–223; Dechow et al. (2012), S. 310–317 und Ecker et al. (2013), S. 204–205 erwartet.

2. Gewinnsteuerung: Abgrenzung, Motive und Möglichkeiten

2.1 Der Begriff Gewinnsteuerung

Der Begriff Gewinnsteuerung oder Bilanzpolitik beschreibt die „absichtsvolle, zielgerichtete Gestaltung des Jahresabschlusses durch das Management unter Ausnutzung von Spielräumen, welche die relevanten Rechnungslegungsvorschriften gewähren.“[30] Maßnahmen, die gegen gesetzliche Vorschriften verstoßen, werden als Bilanzfälschung, -manipulation oder -betrug bezeichnet; sie sind im Gegensatz zur Bilanzpolitik illegal.[31] Eine klare Trennung zwischen Bilanzpolitik und Bilanzbetrug ist nicht immer gegeben, vielmehr existiert ein Graubereich, in dem der Abschlussprüfer die Grenzen festlegen sollte, ob eine Maßnahme noch zulässig ist.[32]

Gewinnsteuerung definieren Healy und Wahlen folgendermaßen:

> *"Earnings management occurs when managers use judgement in financial reporting and in structuring transactions to alter financial reports to either mislead some stakeholders about the underlying economic performance of the company or to influence contractual outcomes that depend on reported accounting numbers."*[33]

Ihre Definition – *"influence contractual outcomes that depend on reported accounting numbers"*[34] – betont die Beeinflussung der „Rechtsfolgen des Jahresabschlusses“[35] durch Bilanzpolitik.[36] Sind gesetzliche oder vertragliche Rechtsfolgen an bestimmte Kennzahlen, wie Verschuldungsgrad oder die Eigenkapitalquote, die auf Posten des Jahresabschlusses basieren, gebunden, kann Bilanzpolitik einen Effekt auf den Zahlungsmittelbestand des Unternehmens

---

30 Detert/Sellhorn (2007), S. 247.

31 Vgl. Detert/Sellhorn (2007), S. 247.

32 Vgl. Wagenhofer/Ewert (2007), S. 238. Becker et al. (1998) haben herausgefunden, dass Unternehmen, deren Jahresabschluss von großen WP-Gesellschaften testiert wird, einen signifikant geringeren Anteil – i.H.v 1,5% bis 2,1 % der Bilanzsumme – an vermeintlich Gewinn erhöhenden Periodenabgrenzungsposten aufweisen als andere Unternehmen.

33 Healy/Wahlen (1999), S. 368.

34 Healy/Wahlen (1999), S. 368.

35 Kropff (1983), S. 184.

36 Vgl. Wagenhofer/Ewert (2007), S. 237.

haben. Beispiele für Rechtsfolgen können geänderte Ausschüttungen,[37] – sofern der im Jahresabschluss ermittelte Gewinn hierzu maßgeblich ist – veränderte vertragliche Ansprüche, bspw. bei Vergütungsverträgen oder Kreditvereinbarungen (*Covenants*), steuerliche Auswirkungen[38] aufgrund des Maßgeblichkeitsprinzips[39] sowie politische Kosten, z.B. wegen staatlicher Preisregulierung im Energie- und Telekommunikationssektor, sein.[40]

Die Aussage „*to (...) mislead some stakeholders about the underlying economic performance of the company*"[41] bezieht sich auf die Informationskomponente, die mit Bilanzpolitik verbunden ist. Bilanzpolitik beeinflusst – so die Prämisse – die Erwartungsbildung von Kapitalmarktteilnehmern. Diese Erwartungen spiegeln sich in den Preisen der Wertpapiere des Unternehmens am Kapitalmarkt wider. Bilanzpolitik könnte daher einen indirekten Einfluss auf die Marktkapitalisierung des Unternehmens haben.[42]

Die Begriffe Bilanzpolitik und Gewinnsteuerung sind nicht nur in ihrem Wortlaut zu verstehen, da unter sie auch Maßnahmen subsumiert werden, die über eine Beeinflussung der Bilanz oder des Gewinns hinausgehen. Unter Bilanzpolitik oder Gewinnsteuerung wird auch die Gestaltung anderer Jahresabschlussbestandteile[43] oder Publizitätsinstrumente, die nicht Teil des Jahresabschlusses sind, bspw. Quartalsberichte und Ad-hoc-Meldungen, verstanden.[44] In der Literatur ist strittig, ob ergänzende Nebenrechnungen oder freiwillig

---

37 Vgl. Wöhe (1997), S. 687–688.

38 Vgl. Wöhe (1997), S. 685–687; Born (2008), S. 14.

39 In Österreich und Deutschland sind die handelsrechtlichen GoB maßgeblich für die Ermittlung des zu versteuernde Gewinns. Davon zu trennen ist der Konzernabschluss, der im Gegensatz zum Einzelabschluss eine reine Informationsfunktion hat. Vgl. Wagenhofer/Ewert (2007), S. 237.

40 Vgl. Wagenhofer/Ewert (2007), S. 238–239.

41 Healy/Wahlen (1999), S. 368.

42 Vgl. Ronen/Yaari (2008), S. 26–27.

43 Die Pflichtbestandteile eines Jahresabschlusses nach IFRS sind gem. IAS 1.10 Bilanz, Gesamtergebnisrechnung, Eigenkapitalveränderungsrechnung, Kapitalflussrechnung und Anhang. Das HGB schreibt für den Jahresabschluss einer großen Kapitalgesellschaft im Sinne des § 325 Abs. 2 HGB die Offenlegung von Bilanz, Gewinn- und Verlustrechnung sowie Anhang vor. Zusätzlich ist ein Lagebericht zu veröffentlichen. Es existieren Erleichterungen für kleinere Kapitalgesellschaften und Personengesellschaften.

44 Vgl. Detert/Sellhorn (2007), S. 247 oder Coenenberg/Haller/Schultze (2014), S. 1001.

veröffentlichte Informationen auch Gegenstand von Gewinnsteuerung sein können.[45]

Der Konzernabschluss – unabhängig ob seine Aufstellung gem. HGB oder IFRS erfolgt – hat eine reine Informationsfunktion.[46] Ob eine Betrachtung von Einzelabschlüssen oder von Konzernabschlüssen zweckmäßiger ist, hängt von der Fragestellung ab. Mögliche Wechselwirkungen zwischen Einzel- und Konzernabschlüssen sind in jedem Fall zu berücksichtigen.[47]

2.2 Motive und Voraussetzungen für Gewinnsteuerung

Im Gegensatz zur theoretischen Diskussion, ob Bilanzpolitik zielführend betrieben werden kann,[48] sind Bilanzersteller in der Praxis von der Wirksamkeit ihrer Maßnahmen überzeugt:

> *"Several CFOs argue that, 'you have to start with the premise that every company manages earnings.'"* [49]

Die Tatsache, dass Gewinne gesteuert werden, kann daher als trivial bezeichnet werden.[50] Dennoch lohnt es, der Frage nachzugehen, warum Gewinne gesteuert werden. Die Identifikation der Motive, unter denen es plausibel erscheint, dass Bilanzpolitik betrieben wird, ermöglicht dem Forscher eine Erwartungsbildung. Im zweiten Schritt kann man dann vergleichen, ob die gemessene Bilanzpolitik mit den Erwartungen übereinstimmt.[51] Unter der Prämisse, dass die Gewinne grundsätzlich gesteuert werden, erscheint dieses Vorgehen zweckmäßig.

---

45 Vgl. widersprechend Baetge/Ballwieser (1978), S. 516; befürwortend Coenenberg/Haller/Schultze (2014), S. 1001 und Küting/Weber (2012), S. 33.

46 Vgl. Küting (2006), S. 2753; Coenenberg/Haller/Schultze (2014), S. 1001.

47 Stein (1993), S. 974, befürwortet die Betrachtung von Konzernabschlüssen, da nur diese „ein zutreffendes Bild der wirtschaftlichen Lage eines Konzerns unter Berücksichtigung aller finanziellen, steuerlichen und operativen Interdependenzen und Verflechtungen vermitteln." Ausführlich dazu Klein (1989), S. 10–20; so zitiert auch bei Stein (1993), S. 974. Auf die Grenzen einer Konzernbilanzanalyse weisen Baetge/Kirsch/Thiele (2004), S. 70–72 hin. Englischsprachige Literatur zur Bilanzanalyse behandelt diese Problematik in der Regel nicht.

48 Vgl. für die Voraussetzungen einer rationalen Bilanzpolitik Baetge/Ballwieser (1978), S. 516–530.

49 Graham/Harvey/Rajgopal (2005), S. 29.

50 Vgl. Healy/Wahlen (1999), S. 370.

51 Vgl. Healy/Wahlen (1999), S. 370.

Es erlaubt, Ereignisse oder Umstände zu identifizieren, die ein Ausmaß von Gewinnsteuerung erwarten lassen, das signifikant nachweisbar ist.

Bilanzpolitik wird meist als etwas Negatives wahrgenommen.[52] Healy/Wahlen sprechen von einer Täuschung der Bilanzadressaten,[53] während Born zugespitzter formuliert: „Bilanzpolitik bedeutet, legal die Unwahrheit zu sagen."[54] Ronen/Yaari argumentieren, dass Bilanzpolitik auch positiv gesehen werden kann. Ihrer Ansicht nach präferieren Investoren einen beständigen Jahresüberschuss gegenüber einmaligen Ausreißern. Den Vorwurf, Bilanzpolitik würde den bilanzierten Gewinn verzerren, lassen sie nicht gelten. Vielmehr würde durch Bilanzpolitik der Informationsgehalt des bilanzierten Jahresüberschusses erhöht.[55] Eine vorstellbare Maßnahme ist die Glättung des ausgewiesenen Jahresüberschusses (*income smoothing*), sodass sich dessen Volatilität verringert. Man verbindet damit die Hoffnung einer gesteigerten Prognosequalität.[56] Eine weitere Maßnahme ist das sogenannte *signaling*. Durch bewusste Veröffentlichung bestimmter Informationen – bspw. die Aktivierung von Entwicklungskosten oder zusätzliche Angaben im Anhang oder Lagebericht, – sollen Informationsasymmetrien abgebaut werden.[57] Es gibt auch Stimmen, die beide Auswirkungen von Bilanzpolitik in ihrer Definition würdigen: Die bilanzpolitischen Ermessensspielräume, die zur Bilanzpolitik genutzt werden, können entweder den Unternehmenswert[58] maximieren oder opportunistisch durch den Bilanzersteller ausgenutzt werden.[59]

---

52 Neben Healy/Wahlen (1999), S. 368, sind bspw. auch Schipper (1989), S. 92; und Tzur/Yaari (1999), S. 367 dieser Ansicht; so auch zitiert bei Ronen/Yaari (2008), S. 26.

53 Vgl. Healy/Wahlen (1999), S. 368.

54 Born (2008), S. 14.

55 Vgl. Ronen/Yaari (2008), S. 27; so auch Ronen/Sadan (1981), S. 7–11; Demski/Patell/Wolfson (1984), S. 16; Suh (1990), S. 716; Demski (1998), S. 276–277; Beneish (2001), S. 3 und Sankar/Subramanyam (2001), S. 379; auch zitiert bei Ronen/Yaari (2008), S. 26.

56 Vgl. Coenenberg/Haller/Schultze (2014), S. 1002.

57 Vgl. Coenenberg/Haller/Schultze (2014), S. 1002.

58 Übersetzung des englischen Begriffs *firm value*. Unterstellt man, dass Bilanzpolitik den Aktienkurs maximiert, wäre Marktkapitalisierung eine zutreffendere Übersetzung als Unternehmenswert.

59 Vgl. Fields/Lys/Vincent (2001), S. 260; vergleichbar Arya/Glover/Sunder (2003), S. 111; zitiert bei Ronen/Yaari (2008), S. 26. Die Darstellung und Diskussion unterschiedlicher analytischer Modelle der Bilanzpolitik ist nicht das Ziel der vorliegenden Arbeit. Für eine Übersicht sei auf Wagenhofer/Ewert (2007), S. 279–320 verwiesen.

Voraussetzungen für Bilanzpolitik ist auf Ebene des Bilanzerstellers neben einer operationalen Zielgröße die Kenntnis über die wesentlichen bilanzpolitischen Gestaltungsmöglichkeiten sowie deren kurz- und langfristige Auswirkung auf den Jahresabschluss. Er muss zudem die bilanzpolitischen Maßnahmen umsetzen können und benötigt Kenntnis über die Wechselwirkung mit anderen Maßnahmen, die nicht bilanzpolitisch begründet sind. Als letztes muss der Jahresabschlussersteller eine Vermutung über das Verhalten der Jahresabschlussadressaten gegenüber bilanzpolitischen Gestaltungen haben.[60]

Auf Ebene des Bilanzadressaten darf Bilanzpolitik nicht als solche zu erkennen sein.[61] Können Kapitalmarktteilnehmer den Effekt von Bilanzpolitik herausrechnen, was bei einem informationseffizienten Kapitalmarkt vermutet wird verpufft ihre Wirkung auf den Aktienkurs. Rechnen die Bilanzadressaten mit Bilanzpolitik, werden sie sie bei ihren Ansprüchen berücksichtigen. Verträge werden dann so gestaltet, dass die erwartete Bilanzpolitik möglichst wirkungslos bleibt.[62] Rationale Bilanzersteller müssen – sofern Bilanzpolitik betrieben wird – davon ausgehen, dass die Informationsmärkte imperfekt sind, da sie sonst von der Wirkungslosigkeit ihrer Maßnahmen ausgehen müssten.[63] Ein Grund für die Wirksamkeit von Bilanzpolitik könnten die Kosten für den Bilanzleser sein, die ihm für ein Erkennen von Bilanzpolitik entstehen.[64] Eine vollständige Bereinigung der Bilanzpolitik durch die Methode der Bilanzanalyse gilt faktisch als unmöglich.[65]

60 Vgl. Baetge/Ballwieser (1978), S. 516.
61 Vgl. Baetge/Ballwieser (1978), S. 516; Fields/Lys/Vincent (2001), S. 260.
62 Vgl. Wagenhofer/Ewert (2007), S. 238–239.
63 Vgl. Fields/Lys/Vincent (2001), S. 260.
64 Vgl. Fields/Lys/Vincent (2001), S. 260.
65 Vgl. Coenenberg/Haller/Schultze (2014), S. 1003.

2.3 Möglichkeiten zur Gewinnsteuerung

Abbildung 2.1: Bilanzpolitische Instrumente.

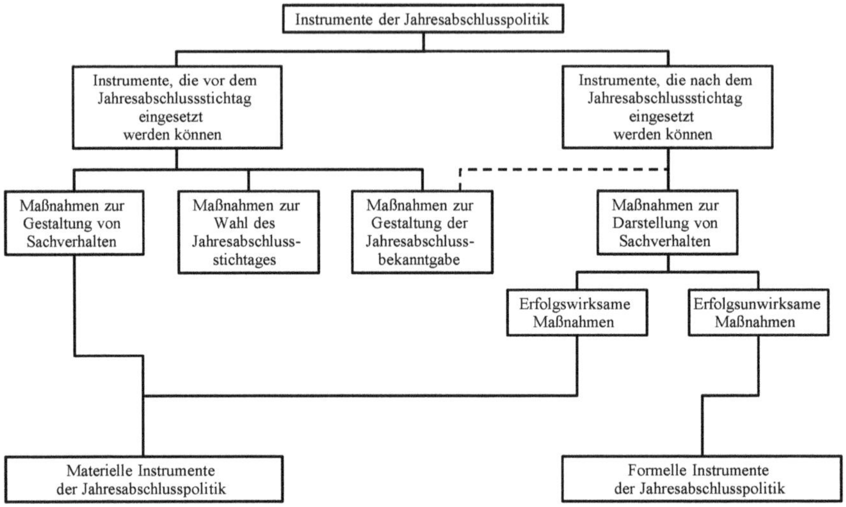

Quelle: Bieg/Kußmaul (2009), S. 250.

Bei Bilanzpolitik wird zwischen bilanzpolitischen Maßnahmen unterschieden, die die Darstellung von Sachverhalten oder die Gestaltung von Sachverhalten berühren.[66] Die Maßnahmen unterscheiden sich in ihrer zeitlichen Dimension.[67]

Die Gestaltung von Sachverhalten, auch als reale Bilanzpolitik bezeichnet, muss im Laufe des Geschäftsjahres durchgeführt werden.[68] Neben einer unmittelbaren Beeinflussung von Zahlungsgrößen können Sachverhaltsgestaltungen eingesetzt werden, um spätere Abbildungsgestaltungen zu ermöglichen.[69] Die

66 Unterschiedlich detaillierte Strukturierungen bilanzpolitischer Maßnahmen finden sich auch bei Küting/Weber (2012), S. 40; Coenenberg/Haller/Schultze (2014), S. 1004 und Detert/Sellhorn (2007), S. 250.

67 Vgl. Coenenberg/Haller/Schultze (2014), S. 1006.

68 Vgl. Detert/Sellhorn (2007), S. 251; Wagenhofer/Ewert (2007), S. 240.

69 Bei der Bilanzierung von Leasingverträgen bspw. unterscheiden HGB, IFRS und US-GAAP zwischen *Operate Leasing* und *Finanzierungsleasing*. Die Unterscheidung erfolgt in Abhängigkeit, wem die wesentlichen Eigentumsrechte am Leasinggegenstand zustehen. Die unterschiedlichen Rechnungslegungskreise unterscheiden sich in der konkreten Ausformulierung der Kriterien. Bei den US-GAAP sind genaue quantitative Merkmale vorgegeben, die Anreize für bestimmte Vertragsgestaltungen liefern,

großen Freiräume des Managements zur Sachverhaltungsgestaltung überraschen nicht, denn es ist die Aufgabe der Geschäftsführung, die Geschäftspolitik des Unternehmens zu gestalten.[70] Beispiele für Maßnahmen mit kurzfristiger Wirksamkeit sind „das Erhöhen oder Reduzieren von Auszahlungen, die typischerweise sofort wirksam werden. Beispiele sind Aufwendungen für Forschung und Entwicklung, Reklame oder Weiterbildung. Die Veräußerung von Anlagevermögen führt zu Veräußerungsgewinnen, wenn der Verkaufspreis über dem Buchwert liegt. Das Unternehmen kann den Lieferzeitpunkt von Waren und damit den Realisationszeitpunkt von Erträgen beeinflussen. Es kann mehr oder weniger Vorräte verkaufen, Wertpapiere kaufen oder verkaufen usw."[71] Unter längerfristigen sachverhaltsgestaltenden Maßnahmen werden unterschiedlich gestaltete Verträge für gleiche wirtschaftliche Sachverhalte verstanden, die trotz des Grundsatzes *substance over form* zu unterschiedlichen Bilanzierungen führt.[72] Ein Beispiel hierfür ist die rechtliche Struktur eines Unternehmens, „z. B. Ausgliederungen von Teilbetrieben in eigene Rechtsformen, *Joint Ventures* [Hervorhebung v. Verf.] oder vertragliche Einflussrechte auf Minderheitsbeteiligungen."[73] Erfolgt die Bilanzierung sachverhaltsgestaltender Maßnahmen unter Einhaltung des Kongruenzprinzips,[74] kann es in den Folgeperioden zu einer gegenläufigen Wirkung der Maßnahmen kommen.[75]

---

um eine Klassifizierung als *Operate Leasing* oder *Finanzierungsleasing* zu erreichen; vgl. Wagenhofer/Ewert (2007), S. 240–241. Weitere Beispiele finden sich bei Bieg/Kußmaul (2009), S. 256–278.

70 Vgl. Wagenhofer/Ewert (2007), S. 240.

71 Wagenhofer/Ewert (2007), S. 240. Vgl. für eine ausführliche Diskussion unterschiedlicher Maßnahmen realer Bilanzpolitik Hinz (1994), S. 157–412.

72 Vgl. Wagenhofer/Ewert (2007), S. 240.

73 Wagenhofer/Ewert (2007), S. 240.

74 „Das Kongruenzprinzip (...) verlangt, daß alle Änderungen des Vermögens und der Schulden ergebniswirksam werden, mit Ausnahme jener, die durch den Vermögenstransfer zwischen den Eigentümern und der Unternehmung bewirkt werden." Ordelheide (1998), S. 516. Grundlegend zum Kongruenzprinzip vgl. Schmalenbach (1939), S. 96. Beide Quellen so auch zitiert von Ballwieser (2013b), S. 137, Fn. 226. Darauf aufbauend Lücke (1955). Vgl. Preinreich (1937) grundlegend zum strengeren Clean-Surplus-Principle.

75 Vgl. Wagenhofer/Ewert (2007), S. 241. Bspw. kann ein Unternehmen kurz vor Geschäftsjahresende noch viele Lieferungen durchführen, um den Umsatz der entsprechenden Periode zu Lasten der Folgeperiode zu steigern. Ein Beispiel mit direkten Kosten sind Rabatte oder Sonderangebote zur Steigerung der Nachfrage. Das Unternehmen kann Kaufinteressenten so zu einer zeitlichen Vorverlagerung des Kaufes

Lobbying, das das Ziel hat, Rechnungslegungsvorschriften im Entstehungsprozess zu beeinflussen, kann bei weiter Auslegung ebenfalls als reale Bilanzpolitik bezeichnet werden.[76]

Die bilanzielle Abbildung von Geschäftsvorfällen erfolgt erst im Nachhinein, wenn das Geschäftsjahr abgelaufen ist.[77] Sie wird auch als buchmäßige Bilanzpolitik bezeichnet.[78] Die Möglichkeiten, einen Sachverhalt bilanziell abzubilden, werden begrenzt durch die Natur des Sachverhalts sowie die Regelungen des Rechnungslegungssystems.[79] Man differenziert zwischen Wahlrechten und Ermessensspielräumen.[80] Ein Wahlrecht ist explizit in den Rechnungslegungsvorschriften festgeschrieben.[81] Es erlaubt dem Bilanzersteller, bei der Darstellung eines bestimmten Sachverhalts zwischen mindestens zwei abgrenzbaren und sich ausschließenden Alternativen zu wählen.[82] Ermessensspielräume[83] sind bei der Bilanzierung unvermeidlich, weil sich die wirtschaftlichen Sachverhalte in der Unternehmenspraxis nicht vollständig und eindeutig durch ein Regelwerk ex ante erfassen lassen.[84] Es ergeben sich Verfahrensspielräume, in denen der Bilanzersteller aufgrund fehlender Detailregelungen gezwungen ist, selbstständig eine angemessene Bilanzierungspraxis zu wählen.[85] Neben diesen Ermessensausübungen, die auch als faktische Wahlrechte bezeichnet werden,[86] gibt es noch

---

bewegen. Es steigert damit seine Umsätze auf Kosten der Umsatzmarge; vgl. Wagenhofer/Ewert (2007), S. 241.

76 Vgl. Wagenhofer/Ewert (2007), S. 241.

77 Vgl. Detert/Sellhorn (2007), S. 250 und Wagenhofer/Ewert (2007), S. 241.

78 Vgl. Wagenhofer/Ewert (2007), S. 241. Eine Übersicht der Möglichkeiten buchmäßiger Bilanzpolitik im Rahmen der HGB-Rechnungslegung geben Bieg/Kußmaul (2009), S. 279–303.

79 Vgl. Detert/Sellhorn (2007), S. 250.

80 Vgl. Detert/Sellhorn (2007), S. 250. Ermessensspielräume und Wahlrechte sind in ihren bilanziellen Wirkungen Substitute Wagenhofer/Ewert (2007), S. 242.

81 Vgl. Küting (2006), S. 2755; Detert/Sellhorn (2007), S. 250 und Coenenberg/Haller/Schultze (2014), S. 1005. Beispiele sind das Ansatzwahlrecht des Disagios gem. § 250 Abs. 3 HGB oder das Bewertungswahlrecht bzgl. der Verbrauchsfolgeverfahren bei Vorräten gem. § 256 HGB; vgl. Coenenberg/Haller/Schultze (2014), S. 1005.

82 Vgl. Detert/Sellhorn (2007), S. 250 und Coenenberg/Haller/Schultze (2014), S. 1005.

83 Ermessensspielräume werden auch als faktische Wahlrechte bezeichnet; vgl. Schildbach (2002), Sp. 2608.

84 Vgl. Detert/Sellhorn (2007), S. 250; Coenenberg/Haller/Schultze (2014), S. 1005 und Clemm (2014), S. 46–50.

85 Vgl. Detert/Sellhorn (2007), S. 250.

86 Vgl. Küting (2006), S. 2755 und Bieg/Kußmaul (2009), S. 252.

sogenannte Individualspielräume.[87] Individualspielräume ergeben sich immer dann, wenn der Bilanzersteller angehalten ist, Schätzungen oder Prognosen über zukünftige Entwicklungen anzustellen.[88] Wahlrechte und Ermessensspielräume eignen sich sowohl für materielle als auch formelle Bilanzpolitik.[89] Materielle Bilanzpolitik bezieht sich auf Ansatz- und Bewertungsvorschriften, während sich formelle Bilanzpolitik auf Ausweisvorschriften bezieht.[90] Buchmäßige Bilanzpolitik wird durch das Stetigkeitsprinzip - einmal getroffene Bilanzierungsentscheidungen dürfen nur bei Vorliegen bestimmter Umstände wieder geändert werden - begrenzt.[91]

Tabelle 2.1: Ergebniskomponenten

Ergebniskomponenten		**Ergebniswirkung**	**Informationsgehalt**
Operative Cashflows			
CF1	Erwartete Konsequenzen von Managemententscheidungen und Umweltzuständen.	Schafft hochvolatile Ergebnisse	Hoch
CF2	Zufallsschwankungen	Nicht eindeutig	Reduzierend, sofern nicht mit CF1 korreliert
CF3	Reale Bilanzpolitik: gewollte Verschiebungen und Veränderungen von Cashflows	Abhängig vom Ziel der Bilanzpolitik	Reduzierend
Periodenabgrenzungen			
ACC1	Abgrenzung der Sache nach (*Matching*): Auszahlungen werden zeitlich als Aufwand den sachlich zugehörigen Einträgen zugeordnet.	Reduziert Volatilität des Ergebnisses	Hoch

---

87 Vgl. Detert/Sellhorn (2007), S. 250 und Coenenberg/Haller/Schultze (2014), S. 1005.

88 Vgl. Küting (2006), S. 2755 und Detert/Sellhorn (2007), S. 250. Die Begrifflichkeiten werden in der Literatur uneinheitlich verwendet. So bezeichnen Detert/Sellhorn die von Küting als Ermessensspielräume bezeichneten Gestaltungsmöglichkeiten als Individualspielräume.

89 Vgl. Detert/Sellhorn (2007), S. 250–251.

90 Vgl. Detert/Sellhorn (2007), S. 250–251; Wagenhofer/Ewert (2007), S. 241–242 und Coenenberg/Haller/Schultze (2014), S. 1005.

91 Vgl. Wagenhofer/Ewert (2007), S. 243.

Ergebniskomponenten		Ergebniswirkung	Informationsgehalt
Periodenabgrenzungen			
ACC2	Abgrenzung der Zeit nach: Zahlungen, die einer Periode über ein Geschäftsjahr hinaus zurechenbar sind, werden entsprechend periodisiert.	Reduziert Volatilität des Ergebnisses	Hoch
ACC3	Bewertungsvorgänge aufgrund von Ereignissen in der Periode: – Symmetrisch erfolgswirksame Wertänderung (z.B. Zeitwertbewertung), – asymmetrisch erfolgswirksame Wertänderungen (z.B. außerplanmäßige Abschreibungen), – erfolgsneutrale Wertänderungen (z.B. Zeitwertbewertung von *available-for-sale*-Finanzinstrumenten).	Erhöht tendenziell Volatilität des Ergebnisses	Hoch oder gering, je nach Relevanz für Wertgenerierungsaktivität
ACC4	Bilanzierungs- und Bewertungsfehler, Schätzfehler.	Nicht eindeutig	Reduzierend
ACC5	Buchmäßige Bilanzpolitik: gewollte Verschiebungen und Veränderungen von Ergebniskomponenten.	Abhängig vom Ziel der Bilanzpolitik	Reduzierend

Quelle: In Anlehnung an Wagenhofer/Dücker (2007), S. 269.

Dem HGB wurde aufgrund seiner Vielzahl von Wahlrechten vorgeworfen, Bilanzpolitik zu begünstigen.[92] Die IFRS kennen nahezu keine Wahlrechte, erlauben dem Management aber an vielen Stellen Ermessensentscheidungen.[93] Die

92 Vgl. Wagenhofer/Dücker (2007), S. 267.
93 Vgl. Küting (2006), S. 2762–2763.

Ursache für die vielen Ermessensspielräume sind unbestimmte Rechtsbegriffe[94] sowie die im Vergleich zum HGB stärkere Zukunftsbezogenheit der IFRS, die einen größeren Umfang an Prognosen erfordert.[95] Die Kapitalmarktorientierung der Bilanzierungsgrundsätze der IFRS– also die im Vordergrund stehende Generierung vermeintlich entscheidungsnützlicher Informationen – schafft zusätzliche Räume für Ermessensentscheidungen.[96] Insbesondere die unter bestimmten Voraussetzungen vorgesehene Bewertung von Vermögenswerten zum *Fair Value* schafft zahlreiche Ermessensentscheidungen.[97]

Die wichtigste Zahl des Jahresabschlusses ist das Jahresergebnis. Es ist ein wichtiger Indikator für die Prosperität des Unternehmens. So ist der Gewinn pro Aktie – und nicht der Cashflow pro Aktie – die häufigste gebrauchte Kennzahl bei Analystenschätzungen und Bilanzanalysen.[98] Es überrascht daher nicht, wenn der Bilanzersteller versucht, das Jahresergebnis durch bilanzpolitische Maßnahmen in die intendierte Richtung zu beeinflussen. Die Rechnungslegung definiert die Überleitung von Zahlungsmittelströmen zu Ergebnisgrößen.[99] Der Jahresüberschuss (net income/INC) kann als Summe des Zahlungstroms (cashflow/CF) und Periodenabgrenzungen (accruals/ACC) der jeweiligen Periode t ausgedrückt werden:[100]

(2.1) $$INC_t = CF_t + ACC_t.$$

In Tabelle 2.1, S. 17 werden die beiden Ergebniskomponenten weiter aufgeschlüsselt. Der Cashflow besteht aus dem erwarteten Cashflow, der aus Entscheidungen des Managements (CF1), Zufallsschwankungen (CF2) und den Auswirkungen realer Bilanzpolitik (CF3) resultiert. Die Periodenabgrenzungen setzen sich aus fünf Teilen zusammen. Die Periodenabgrenzungen ACC1 bis ACC3 sorgen dafür, dass „stoßweise anfallende Cashflows auf die Perioden, denen die zugrunde liegenden Aktivitäten zuordenbar sind[,]“[101] verteilt

94 Beispielsweise finden sich alleine im IAS 38.57 die unbestimmten Rechtsbegriffe *technische Realisierbarkeit, seine Absicht, seine Fähigkeit, voraussichtlicher künftiger wirtschaftlicher Nutzen, Verfügbarkeit adäquater Ressourcen* und *Fähigkeit, verlässlich zu bewerten*; vgl. Küting (2006), S. 2757–2758.

95 Vgl. Küting (2006), S. 2758–2759.

96 Vgl. Küting (2006), S. 2759–2761.

97 Vgl. Küting (2006), S. 2759–2760.

98 Vgl. Wagenhofer/Dücker (2007), S. 267.

99 Vgl. Wagenhofer/Dücker (2007), S. 268.

100 Vgl. Wagenhofer/Dücker (2007), S. 268.

101 Wagenhofer/Dücker (2007), S. 268.

werden.[102] Dadurch können grundsätzlich die Ergebnisschwankungen der volatilen Cashflows verringert werden; es existieren auch Rechnungslegungsvorschriften, die keinen volatilitätsmindernden Effekt besitzen, sondern die Volatilität nur in andere Perioden verschieben.[103] Dazu kommen noch Bilanzierungs- und Bewertungsfehler, Schätzfehler (ACC4) sowie buchmäßige Bilanzpolitik (ACC5).[104] Die beiden letztgenannten Komponenten führen immer nur zu einer zeitlichen Verschiebung der Ergebnisbeträge, – sofern das Kongruenzprinzip gilt.[105] In einer Periode können die Periodenabgrenzungen noch ergebniswirksame Effekte von Fehlern und bilanzpolitischen Maßnahmen der Vorperioden enthalten.[106]

Empirische Untersuchungen, die Gewinnsteuerung anhand von Periodenabgrenzungsmodellen untersuchen, ignorieren meist, dass auch der Cashflow Ziel von Gewinnsteuerung sein kann. In der Praxis wird reale Bilanzpolitik – sowohl als Substitut zu buchmäßiger Bilanzpolitik, als auch als Ergänzung zu dieser – sehr wohl eingesetzt.[107] Wird nur buchmäßige Bilanzpolitik betrachtet, wäre es denkbar, dass die tatsächliche gesamte Gewinnsteuerung in einem größeren Umfang stattgefunden hat, als man sie mit der Maßgröße für buchmäßige Bilanzpolitik beobachtet hat.[108] Es wären auch Szenarien vorstellbar, in denen sich reale und buchmäßige Maßnahmen gegenseitig (teilweise) aufheben. Reale Bilanzpolitik wird gerne ignoriert, weil sie noch schwerer messbar ist als buchmäßige Gewinnsteuerung.[109]

Unter Gewinnsteuerung werden in empirischen Beiträgen besonders hohe Periodenabgrenzungen verstanden. Sie werden dann auch als extreme oder unerwartete Periodenabgrenzungen bezeichnet.[110] Diese Prämisse ist angesichts der

---

102 Vgl. Wagenhofer/Dücker (2007), S. 268.

103 Vgl. Wagenhofer/Dücker (2007), S. 268.

104 Vgl. Wagenhofer/Dücker (2007), S. 268.

105 Vgl. Wagenhofer/Dücker (2007), S. 269.

106 Vgl. Wagenhofer/Dücker (2007), S. 269.

107 Vgl. Graham/Harvey/Rajgopal (2005), S. 32–36 und Ewert/Wagenhofer (2005), S. 1109–1113.

108 Vgl. Wagenhofer/Dücker (2007), S. 270.

109 Vgl. Wagenhofer/Dücker (2007), S. 270; obwohl es Ansätze von Roychowdhury (2006), S. 344–345 gibt, reale Bilanzpolitik zu messen, die auch ihre Anwendung finden, bspw. bei Cohen/Dey/Lys (2008), S. 764–766, Gunny (2010), S. 863–866 und Zang (2012), S. 682–683.

110 Der in angelsächsischen Beiträgen verwendete Begriff *discretionary accruals* wird teilweise auch als diskretionäre, extreme oder unerwartete Periodenabgrenzungen übersetzt. Für diese Arbeit wird dafür der Begriff gesteuerte Periodenabgrenzungen verwendet.

Aufgabe der Rechnungslegung mit Problemen behaftet. Der zusätzliche Informationsgehalt des Jahresergebnisse, gegenüber dem Cashflow manifestiert sich in den Periodenabgrenzungen ACC1, ACC2 und ACC3. Eine klare Unterscheidung zwischen Informationsgehalt (ACC1, ACC2 und ACC3), Fehlern (ACC4) und Bilanzpolitik (ACC5) wäre wünschenswert. Da die bisherigen empirischen Methoden nicht über eine hinreichende Trennschärfe verfügen, sind die Ergebnisse dieser Beiträge vorsichtig zu interpretieren.[111]

111 Für den gesamten Absatz vgl. Wagenhofer/Dücker (2007), S. 270.

3. Möglichkeiten zur Messung von buchmäßiger Gewinnsteuerung

3.1 Gesteuerte Periodenabgrenzungen als Indikator für Gewinnsteuerung

Gesteuerte Periodenabgrenzungen können mit dem von McNichols/Wilson entwickelten statistischen Rahmenkonzept zur Messung von Gewinnsteuerung bestimmt werden.[112] Der Ansatz von McNichols/Wilson spaltet dazu die Periodenabgrenzungen in einen gesteuerten und in einen ungesteuerten Anteil auf:[113]

$$ACC_t = DA_t + NDA_t. \tag{3.1}$$

ACC_t ist der Summe aller Periodenabgrenzungen, also $ACC1_t + ACC2_t + ACC3_t + ACC4_t + ACC5_t$. Die gesteuerten Periodenabgrenzungen (*discretionary accruals*) werden mit DA_t und die ungesteuerten Periodenabgrenzungen (*nondiscretionary accruals*) mit NDA_t abgekürzt. Die gesteuerten Periodenabgrenzungen entsprechen $ACC5_t$; entsprechend sind die NDA_t als $ACC1_t + ACC2_t + ACC3_t + ACC4_t$ definiert.

Ein Nachweis für Bilanzpolitik kann folgende Regressionsgleichung liefern:[114]

$$DA_t = \alpha + \beta PART_t + \varepsilon_t. \tag{3.2}$$

Die Indikatorvariable $PART_t$ nimmt den Wert Eins an, wenn Gewinnsteuerung angenommen wird; in allen anderen Fällen hat sie den Wert Null. Der Störterm, bezeichnet mit ε_t, erfasst die Schwankung der gesteuerten Periodenabgrenzungen. Er hat einen Erwartungswert von Null und eine konstante Varianz. Die Indikatorvariable $PART_t$ unterteilt die Stichprobe in Beobachtungen, in denen Gewinnsteuerung vermutet wird, und in Beobachtungen, in denen

---

112 Das hier vorgestellte Konzept basiert auf McNichols/Wilson (1988), S. 4–7 und wurde von weiteren Autoren übernommen: Dechow/Sloan/Sweeney (1995), S. 195–197; Kang/Sivaramakrishnan (1995), S. 354–356; McNichols (2000), S. 319–320; Hribar/Collins (2002), S. 115–116 und Dechow et al. (2012), S. 278–281. Für das Kapitel 3 bestehen inhaltliche - und teilweise auch im Wortlaut - Überschneidungen mit meiner unveröffentlichten Projektstudie „Die Messbarkeit von Gewinnsteuerung mit Hilfe von Periodenabgrenzungen" zur Erlangung des Grades eines Master of Business Research.

113 Vgl. McNichols/Wilson (1988), S. 5.

114 Vgl. McNichols/Wilson (1988), S. 5.

keine Gewinnsteuerung vermutet wird. Wird keine Bilanzpolitik unterstellt, beträgt der Durchschnittswert der gesteuerten Periodenabgrenzungen α. Wird von Bilanzpolitik ausgegangen, haben die gesteuerten Periodenabgrenzungen im Durchschnitt einen Wert von $\alpha + \beta$. Wenn der Koeffizient β sich signifikant von Null unterscheidet, ist die Nullhypothese von keiner Gewinnsteuerung abzulehnen.[115]

Die einzelnen Komponenten der Periodenabgrenzungen $ACC1_t$, $ACC2_t$, $ACC3_t$, $ACC4_t$, $ACC5_t$ können nicht beobachtet werden. Folglich sind die gesteuerten Periodenabgrenzungen DA_t, wie die ungesteuerten Periodenabgrenzungen NDA_t, ebenfalls nicht beobachtbar. Nur die Summe dieser beiden Komponenten ist, mit Hilfe von Jahresabschlusszahlen, als Periodenabgrenzungen ACC_t zu beobachten. Eine Bestimmung der gesteuerten Periodenabgrenzungen erfolgt fehlerbehaftet über eine Stellvertretergröße:[116]

$$(3.3) \qquad DAP_t = DA_t - \mu_t + \eta_t.$$

Die Stellvertretervariable der gesteuerten Periodenabgrenzungen (*discretionary accruals proxy*) ist DAP_t. Mit μ_t werden gesteuerte Periodenabgrenzungen bezeichnet, die unbeabsichtigt bei DAP_t keine Berücksichtigung finden. Mit η_t wird der entgegengesetzte Messfehler bezeichnet. Es sind die ungesteuerten Periodenabgrenzungen, die noch in DAP_t enthalten sind. Die Differenz zwischen Periodenabgrenzungen und den geschätzten ungesteuerten Periodenabgrenzungen ergibt die Stellvertretervariable für die gesteuerten Periodenabgrenzungen:[117]

$$(3.4) \qquad DAP_t = ACC_t - NDAEST_t.$$

Mit $NDAEST_t$ wird die Schätzung der ungesteuerten Periodenabgrenzungen (*nondiscretionary accruals estimation*) bezeichnet. Aus den Gleichungen (3.1), S. 23, (3.3), S. 24 und (3.4), S. 24 ergibt sich für die Summe der beiden Messfehler $\nu t = -\mu_t + \eta_t$ folgende Beziehung:[118]

$$(3.5) \qquad \begin{aligned} ACC_t - NDAEST_t &= DA_t + \nu_t, \\ DA_t + NDA_t - NDAEST_t &= DA_t + \nu_t, \\ \nu_t &= NDA_t - NDAEST_t. \end{aligned}$$

115 Vgl. McNichols/Wilson (1988), S. 6.

116 Vgl. McNichols/Wilson (1988), S. 5.

117 Vgl. McNichols/Wilson (1988), S. 5 und Dechow et al. (2012), S. 279–280.

118 Vgl. McNichols/Wilson (1988), S. 5 und Dechow et al. (2012), S. 279–280.

Je näher die Schätzung der ungesteuerten Periodenabgrenzungen $NDAEST_t$ an den nicht beobachtbaren ungesteuerten Periodenabgrenzungen NDA_t liegt, desto geringer ist der Messfehler ν_t von DAP_t. Das Vorzeichen des Messfehlers ν_t hängt davon ab, ob NDA_t größer oder kleiner als $NDAEST_t$ ist. Bei einem negativen Vorzeichen von ν_t werden gesteuerte Periodenabgrenzungen fälschlicherweise zu den ungesteuerten Periodenabgrenzungen geordnet (μ_t ist größer als η_t). Bei einem positiven Vorzeichen von ν_t, werden ungesteuerte Periodenabgrenzungen fälschlicherweise zu den gesteuerten Periodenabgrenzungen geordnet (η_t ist größer als μ_t). Wenn η_t und μ_t gleich groß sind, heben sich die Messfehler gegenseitig auf: $\nu_t = 0$.

Da die gesteuerten Periodenabgrenzungen DA_t nicht beobachtbar sind, wird anstatt Gleichung (3.2), S. 23 folgender Ausdruck geschätzt, um Gewinnsteuerung mit Hilfe gesteuerter Periodenabgrenzungen nachzuweisen:[119]

$$\begin{aligned} \text{(3.6)} \qquad DAP_t &= \alpha + \beta PART_t + \nu_t + \varepsilon_t, \\ &= \alpha + \beta PART_t - \mu_t + \eta_t + \varepsilon_t. \end{aligned}$$

3.2 Kritische Würdigung

3.2.1 Unverzerrte Schätzung der ungesteuerten Periodenabgrenzungen

Zunächst betrachtet man den besten Fall: Die gesteuerten Periodenabgrenzungen können beobachtet werden und man kann die Gleichung (3.2), S. 23 mit der KQ-Methode schätzen. Zudem wird angenommen, dass das Gauß-Markov-Theorem[120] erfüllt ist, sodass der KQ-Schätzer der beste lineare unverzerrte Schätzer für die Regressionsgleichung (3.2), S. 23 ist. In diesem Fall ist die Standardabweichung des geschätzten Koeffizienten $\tilde{\beta}$ der Indikatorvariable $PART_t$ definiert als:[121]

$$\text{(3.7)} \qquad SE(\tilde{\beta}) = s_\varepsilon / \left[\sqrt{(1-N)} \times SE(PART)\right].$$

Der Ausdruck s_ε steht für den Standardabweichung der Regression. Die Stichprobengröße wird mit N bezeichnet. Die Stichproben-Standardabweichung der Indikatorvariable $PART_t$ ist mit SE(PART) abgekürzt. Das Verhältnis von $\tilde{\beta}$ zu

119 Vgl. Dechow et al. (2012), S. 280.

120 Vgl. Greene (2012), S. 100–101.

121 Vgl. Dechow et al. (2012), S. 279.

$SE(\tilde{\beta})$ ist mit N–2 Freiheitsgraden t-verteilt. Die Nullhypothese von fehlender Gewinnsteuerung wird abgelehnt, wenn $\tilde{\beta}$ das erwartete Vorzeichen aufweist und die t-Statistik auf einem üblichen Niveau signifikant ist. Die Teststärke eines Tests auf Gewinnsteuerung nach dem Rahmenkonzept von McNichols/Wilson ist abnehmend mit zunehmendem Standardfehler der Regression s_ε. Die Teststärke wird größer mit

- steigendem Umfang der unterstellten Gewinnsteuerung β,
- zunehmender Anzahl der Beobachtungen N,
- mit zunehmender Standardabweichung der Indikatorvariablen[122] $PART_t$.[123]

3.2.2 Verzerrte Schätzung der ungesteuerten Periodenabgrenzungen

Die gesteuerten Periodenabgrenzungen DA_t sind nicht beobachtbar, deshalb muss anstatt Gleichung (3.2), S. 23 die Gleichung (3.6), S. 25 geschätzt werden. Folglich wird für einen Test auf Gewinnsteuerung die Stellvertretergröße der gesteuerten Periodenabgrenzungen DAP_t benötigt. Man braucht also ein Modell zur Schätzung der ungesteuerten Periodenabgrenzungen $NDAEST_t$. Die Differenz aus ACC_t und $NDAEST_t$ ergibt dann DAP_t. Die Messfehler μ_t und η_t der gesteuerten Periodenabgrenzungen hängen folglich von der Modellierung der $NDAEST_t$ ab. Je kleiner der Abstand zwischen NDA_t und $NDAEST_t$ ausfällt, desto genauer bestimmt ein Periodenabgrenzungsmodell die gesteuerten Periodenabgrenzungen. Es kommt zu den Messfehlern μ_t und η_t, wenn die Schätzung der ungesteuerten Periodenabgrenzungen $NDAEST_t$ verzerrt ist. Die Schätzung von $NDAEST_t$ ist verzerrt, sofern die erklärenden Variablen endogen sind.[124] Es

---

122 Die Standardabweichung von $PART_t$ ist am größten, wenn der Anteil p an bilanzpolitisch verdächtigen Unternehmen (PART = 1) bei 50% der gesamten Stichprobe liegt, da $SE(PART) = \sqrt{(p - p^2)}$, vgl. Dechow et al. (2012), S. 279.

123 Vgl. Dechow et al. (2012), S. 279.

124 Variablen sind weder inhärent endogen noch inhärent exogen. Ihre Eigenschaft bestimmt sich durch das aufzustellende Modell. Variablen sind endogen, wenn sie innerhalb des Modells erklärt werden. Bei der Aufstellung eines Modells muss darauf geachtet werden, ob eine erklärende Variable in einer bestimmten Modellgleichung endogen ist; vgl. Nikolaev/van Lent (2005), S. 681. Um den Koeffizienten einer endogenen erklärenden Variable zu bestimmen, ist die KQ-Methode ungeeignet. Sie setzt exogene erklärende Variable voraus; vgl. bspw. Greene (2012), S. 92. In ökonometrischen Lehrbüchern werden die erklärenden Variablen einer Modellgleichung als endogen bezeichnet, wenn sie mit dem Störterm der Gleichung korreliert sind; vgl. bspw. Kennedy (2008), S. 139; Wooldridge (2010), S. 54 und Greene (2012), S. 259.

gibt drei Ursachen für endogene erklärende Variablen: 1) ausgelassene Variablen (omitted variables/OMV), 2) Messfehler bei der Beobachtung der Variablen (errors in variables/EIV) und 3) simultane Kausalität.[125]

1) Das Problem ausgelassener Variablen entsteht, wenn relevante Größen bei der Schätzung ungesteuerter Periodenabgrenzungen nicht berücksichtigt werden. Wenn aufgrund mangelhafter Datenverfügbarkeit Variablen nicht in einem Modell berücksichtigt werden können, spricht man von nicht beobachtbaren ausgelassenen Variablen. Eine theoriegeleitete Auswahl der erklärenden Variablen soll sicherstellen, dass es nicht zum Problem beobachtbarer ausgelassener Variablen kommt. Gefährlich ist die Situation, wenn es mehrere erklärende Variable X_{it}^{NOMV} und X_{it}^{OMV} für die erklärte Variable Y_{it} gibt und die erklärenden Variablen X_{it}^{NOMV} und X_{it}^{OMV} korreliert sind. Der Effekt der ausgelassenen Variable X_{it}^{OMV} wird im Störterm der Regression berücksichtigt, der dann mit der berücksichtigten Variable X_{it}^{NOMV} korreliert ist, sodass X_{it}^{NOMV} endogen ist. Das Problem ausgelassener beobachtbarer Variablen kann verringert werden, indem alle Faktoren, die einen Einfluss auf die erklärte Variable Y_{it} haben und gleichzeitig mit anderen erklärenden Variablen X_{it} korreliert sind, in das Modell einbezogen werden. Es ist eine intensive Auseinandersetzung mit der bestehenden Literatur notwendig, um keine gemeinsamen Determinanten von Y_{it} zu übersehen.[126]

Im Zusammenhang mit der Schätzung ungesteuerter Periodenabgrenzungen spiegeln nicht beobachtbare Variablen vor allem unternehmensspezifische Eigenschaften wider, wie Managementfähigkeiten oder strukturelle Rahmenbedingungen. Sie können durch Stellvertretervariablen oder Instrumentalvariablen berücksichtigt werden. Für Panel-Daten bieten sich auch fixe Effekte an, die jedoch nur den unbeobachteten und zeitlich konstanten unternehmensspezifischen Teil des Effekts erfassen können.[127]

2) Messfehler bei der Beobachtung der Variablen entstehen, wenn die zu untersuchende Größe nicht beobachtet werden kann und Stellvertretervariablen herangezogen werden müssen. Es ist davon auszugehen, dass gilt: $NDAEST_t \neq NDA_t$, sodass folgt: $DAP_t \neq DA_t$. Stellvertretervariablen der gesteuerten und ungesteuerten Periodenabgrenzungen sind mit Messfehlern behaftet, wenn bei ihrer Bestimmung *verschmutzte* Variablen verwendet werden[128]. Eine Lösung wäre es, nur noch *saubere* Variablen zu verwenden. Solche Variablen zu finden, dürfte

125 Vgl. Wooldridge (2010), S. 54–55.

126 Vgl. für den ganzen Absatz Nikolaev/van Lent (2005), S. 682–683.

127 Vgl. für den ganzen Absatz Nikolaev/van Lent (2005), S. 682–683.

128 Eine *saubere* Größe ist im Kontext der Messbarkeit von Gewinnsteuerung eine Größe, die nicht von Gewinnsteuerung beeinflusst ist.

sich als schwierig herausstellen. Ein gänzlicher Verzicht auf verschmutzte Variablen würde das Problem ausgelassener Variablen noch verstärken.[129] Eine Aussage über den Grad der Verschmutzung ist faktisch unmöglich, da man hierzu wissen müsste, welchen Wert die nicht verschmutzte Ausprägung hat. Allerdings ist die nicht verschmutzte Ausprägung der Variable nicht beobachtbar. Wäre sie beobachtbar, bestünde das EIV-Problem nicht mehr, da man dann keine Stellvertretergröße mehr benötigen würde. Man wird das EIV-Problem also kaum ausschließen können. Daher gilt es, die Gefahr von Messfehlern bei der Beobachtung der Variablen bereits während der Auswahl der Stellvertretervariablen zu minimieren. Man sollte für jede Modellvariable überlegen, wie wahrscheinlich und wie ausgeprägt die Verschmutzung in Form von Gewinnsteuerung ist.

3) Simultane Kausalität entsteht, wenn mindestens eine erklärende Variable X gleichzeitig mit der zu erklärenden Variable Y bestimmt wird. Gleichzeitig bestimmt bedeutet, dass eine Änderung von Y zu einer augenblicklichen Rückkopplung bei X führt.[130] Liegt simultane Kausalität vor, kann man plausibel argumentieren, dass sowohl X durch Y bedingt wird, als auch dass Y durch X bedingt wird.[131] Eine mögliche Problemlösung besteht darin, ein Mehrgleichungssystem zu modellieren, das jede endogene Variable mit einer eigenen Strukturgleichung berücksichtigt.[132] Die Koeffizienten des Mehrgleichungssystems können dann durch zweistufige oder dreistufige KQ-Schätzer oder durch geeignete Maximum-Liklihood-Schätzer bestimmt werden, sofern das Mehrgleichungssystem identifizierbar[133] ist.[134]

3.2.3 Auswirkungen der verzerrten Schätzung der ungesteuerten Periodenabgrenzungen

Durch die oben beschriebenen Ursachen kann es sich bei $\hat{\beta}$ um einen verzerrten Schätzer für den Koeffizienten handeln. Die Verzerrung beträgt:[135]

$$\text{(3.8)} \qquad E(\hat{\beta}) - \beta = \beta_{(-\mu+\eta)(PART)},$$

129 Vgl. Kang/Sivaramakrishnan (1995), S. 354–355.

130 Vgl. Nikolaev/van Lent (2005), S. 685.

131 Vgl. Roberts/Whited (2011), S. 11.

132 Vgl. Nikolaev/van Lent (2005), S. 685.

133 Identifizierbarkeit setzt die Erfüllung des Rang- und Ordnungskriteriums voraus. Vgl. hierzu bspw. Wooldridge (2010), S. 241–251 oder Greene (2012), S. 365–366.

134 Vgl. Nikolaev/van Lent (2005), S. 685.

135 Vgl. Dechow et al. (2012), S. 280. In diesem Abschnitt steht β für den unbekannten wahren Wert eines verzerrt ($\hat{\beta}$) oder unverzerrt ($\tilde{\beta}$) geschätzten Koeffizienten.

wobei $\beta_{(-\mu+\eta)(PART)}$ der Regressionskoeffizient einer Regression der Messfehler $(-\mu_t + \eta_t)$ auf $PART_t$ ist. Folglich ist auch der Standardfehler für $SE(\hat{\beta})$ verzerrt:[136]

$$(3.9) \qquad SE(\hat{\beta}) = SE(\tilde{\beta}) + \frac{\left(1 - R^2_{(-\mu+\eta)(PART)}\right)}{\left(1 - R^2_{(DAP)(-\mu+\eta)\cdot(PART)}\right)}.$$

Das Standardfehler ist um das Verhältnis von $1 - R^2_{(-\mu+\eta)(PART)}$ zu $1 - R^2_{(DAP)(-\mu+\eta)\cdot(PART)}$ verzerrt. Bei $R^2_{(-\mu+\eta)(PART)}$ handelt es sich um das Bestimmtheitsmaß R^2 einer Regression von $(-\mu_t + \eta_t)$ auf $PART_t$. Der Ausdruck $R^2_{(DAP)(-\mu+\eta)\cdot(PART)}$ steht für das Bestimmtheitsmaß R^2 einer Regression von DAP_t auf den Anteil von $(-\mu_t + \eta_t)$, der zu PART orthogonal ist.[137]

Die Nullhypothese bei Tests auf Gewinnsteuerung lautet: Es wird keine Gewinnsteuerung betrieben. Die Nullhypothese wird abgelehnt, wenn $\hat{\beta}$ sich signifikant von Null unterscheidet. Wenn die Nullhypothese abgelehnt wird, obwohl sie richtig ist, spricht man vom Fehler 1. Art. Es wurde keine Gewinnsteuerung betrieben, aber man glaubt, Gewinnsteuerung wäre betrieben worden. Wenn die Nullhypothese nicht abgelehnt wird, obwohl sie falsch ist, spricht man vom Fehler 2. Art. Es wurde Gewinnsteuerung betrieben, aber sie wird nicht entdeckt. Aufgrund des Messfehlers bei der Bestimmung der gesteuerten Periodenabgrenzungen entstehen drei Probleme für den Nachweis von Gewinnsteuerung durch Gleichung (3.6), S. 25:

1) Die Schätzung von $\hat{\beta}$ ist verzerrt und die Teststärke ist vermindert aufgrund nicht in DAP_t berücksichtigter Periodenabgrenzungen $(-\mu_t)$. Der Messfehler $-\mu_t$ führt zu einer systematischen Unterschätzung des Parameters $\hat{\beta}$. Die Verzerrung des Parameters $\hat{\beta}$ kann zwischen $-\beta \leq \beta_{(-\mu)(PART)} \leq 0$ liegen. Für den extremen Fall – DAP_t enthält keine gesteuerten Periodenabgrenzungen mehr – hat der Parameter $\hat{\beta}$ einen Wert von Null. Der verzerrte Parameterwert verringert die Wahrscheinlichkeit, die Nullhypothese abzulehnen, wenn sie falsch ist (vermehrter Fehler 2. Art).[138]
2) Die Schätzung von $\hat{\beta}$ ist verzerrt und die Teststärke ist vermindert wegen ungesteuerter und mit $PART_t$ korrelierter Periodenabgrenzungen in DAP_t (η_t). Der Messfehler η_t führt zu einer verzerrten Schätzung des Parameters $\hat{\beta}$, solange η_t mit $PART_t$ korreliert ist. In diesem Fall wäre $\hat{\beta}$ auch dann nicht gleich

136 Vgl. Dechow et al. (2012), S. 280.

137 Vgl. Dechow et al. (2012), S. 280.

138 Vgl. Dechow/Sloan/Sweeney (1995), S. 196–197 und Dechow et al. (2012), S. 280.

Null, wenn gilt: $\beta = 0$. Der verzerrte Parameterwert erhöht die Wahrscheinlichkeit, die Nullhypothese abzulehnen, obwohl sie wahr ist (vermehrter Fehler 1. Art).[139]

3) Die Teststärke ist vermindert wegen ungesteuerter und nicht mit $PART_t$ korrelierter Periodenabgrenzungen in DAP_t (η_t). Die Schätzung von $\hat{\beta}$ ist nicht verzerrt, allerdings vergrößert der nicht mit PART korrelierte Messfehler den Standardfehler $SE(\hat{\beta})$. Der Standardfehler des Parameters $\hat{\beta}$ wächst proportional mit der durch den Messfehler η_t verursachten Schwankung von DAP_t. Dadurch verringert sich die Wahrscheinlichkeit, die Nullhypothese abzulehnen, wenn sie falsch ist (vermehrter Fehler 2. Art).[140]

139 Vgl. Dechow/Sloan/Sweeney (1995), S. 196 und Dechow et al. (2012), S. 280–281.

140 Vgl. Dechow/Sloan/Sweeney (1995), S. 197 und Dechow et al. (2012), S. 281.

4. Modelle zur Schätzung gesteuerter Periodenabgrenzungen

4.1 Klassifizierung der Gewinnsteuerungs-Modelle

Abbildung 4.1: Gewinnsteuerungs-Modelle.

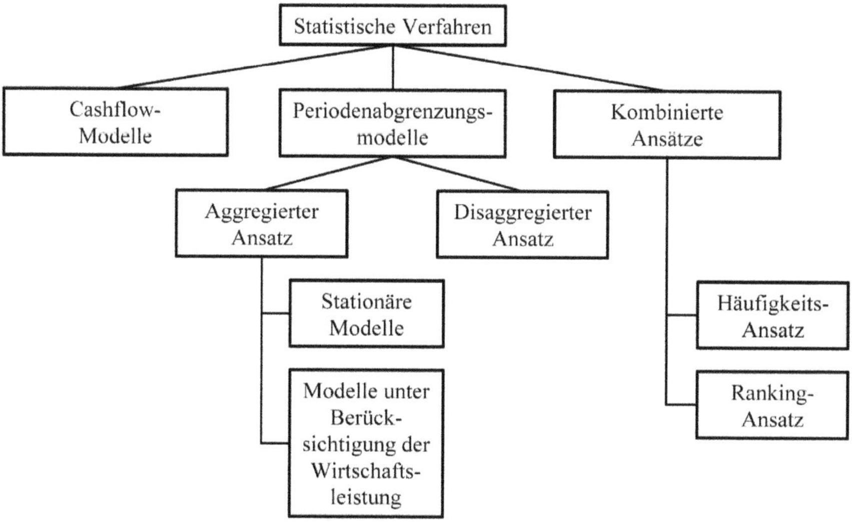

In Anlehnung an Goncharov (2005), S. 39.

Es existieren zahlreiche Ansätze zur Identifikation von Gewinnsteuerung. Man kann Cashflow- und Periodenabgrenzungsmodelle sowie kombinierte Ansätze unterscheiden. Die Cashflow-Modelle eignen sich dazu, reale Bilanzpolitik zu untersuchen, während die Periodenabgrenzungsmodelle auf buchmäßige Bilanzpolitik abzielen. Die kombinierten Ansätze unterscheiden sich von den anderen Ansätzen sowohl in ihrem Messbereich als auch in ihrer Methodik.[141]

Die Cashflow-Modelle betrachten Vorgänge, die einen direkten Einfluss auf den Cashflow des Unternehmens besitzen. Darunter fallen der Verkauf von Vermögensgegenständen aus Gestaltungsgründen,[142] sogenannte *discretionary*

141 Vgl. Goncharov (2005), S. 38–39.
142 Vgl. bspw. Bartov (1993); Herrmann/Inoue/Thomas (2003).

expenses,[143] Umsatzmanipulation,[144] Überproduktion[145] sowie die Realisierung von Buchgewinnen und -verlusten bei Wertpapieren.[146]

Die Periodenabgrenzungsmodelle definieren Periodenabgrenzungen unterschiedlich. Manche Modelle betrachten die gesamten Periodenabgrenzungen[147] oder deren Veränderung,[148] während andere Wertberichtigungen für uneinbringliche Forderungen untersuchen.[149] Bei den Periodenabgrenzungsmodellen unterscheidet man zudem zwischen dem aggregierten und dem disaggregierten Ansatz.[150]

Der disaggregierte Ansatz betrachtet einzelne Periodenabgrenzungsposten, die eine signifikante Auswirkung auf den Jahresüberschuss aufweisen und deren Umfang wesentlich durch die Ermessensspielräume des Managements beeinflussbar ist.[151] Bisherige Beiträge haben hierzu bspw. Wertberichtigungen für

---

143 Eine direkte Übersetzung des Begriffs *discretionary expenses* als Ermessensausgaben hilft nicht weiter. Der Begriff steht für die Summe von Reklameausgaben, F&E-Ausgaben sowie Vertriebs-, Verwaltungs- und Gemeinkosten. In den Jahresabschlüssen US-amerikanischer Unternehmen können diese Ausgaben als Sammelposten (*selling, general and administrative expenses*/SGA) ausgewiesen werden. Für die Posten Reklameausgaben und F&E-Ausgaben nimmt man an, dass diese beiden Ausgabenposten für reale Bilanzpolitik verwendet werden. Da sie häufig nicht explizit ausgewiesen werden, wird der Sammelposten SGA als Stellvertretergröße verwendet; vgl. Goncharov (2005), S. 63, Fn. 42.; Roychowdhury (2006), S. 345. Bange/Bondt (1998) berücksichtigen ausschließlich F&E-Ausgaben.

144 Umsatzmanipulation meint zielgerichtete Maßnahmen des Managements zur Umsatzsteigerung in Form von Preisnachlässen oder laxen Finanzierungsbedingungen. Durch Preisnachlässe für einen begrenzten Zeitraum können bspw. einmalige Umsätze generiert werden. Denkbar ist auch, dass geplante Käufe aufgrund des Preisnachlasses vorgezogen werden. Die laxen Finanzierungsbedingungen für Verkäufe auf Ziel, wie sie häufig bei Automobilherstellern oder Einzelhändler zu finden sind, wirken wie ein Preisnachlass. Beide Maßnahmen verringern die Marge, vgl. Roychowdhury (2006), S. 340. Eine Differenzierung, ob diese Maßnahmen bilanzpolitisch begründet sind oder zu einer Geschäftsstrategie gehören, um bspw. Marktanteile zu gewinnen, ist unmöglich.

145 Vgl. Roychowdhury (2006), S. 340.

146 Vgl. bspw. Beatty/Harris (1999). Für eine ausführlichere Darstellung der Cashflow-Modelle vgl. Goncharov (2005), S. 62–66.

147 Vgl. bspw. Healy (1985) oder Jones (1991).

148 Vgl. bspw. DeAngelo (1986).

149 Vgl. bspw. McNichols/Wilson (1988).

150 Vgl. Goncharov (2005), S. 41.

151 Vgl. Schipper (1989), S. 100.

uneinbringliche Forderungen,[152] Wertberichtigungen für Kredite bei Banken[153] oder die Schadensreserve bei Versicherungen untersucht.[154] Der disaggregierte Ansatz erleichtert, eine präzise Erwartungsbildung hinsichtlich der vermuteten Gewinnsteuerung, sofern ein ausreichendes Verständnis der Anreizstruktur und Handlungsmöglichkeiten des Managements vorliegt.[155] Schwachpunkt dieses Ansatzes ist die unsystematische und isolierte Betrachtung einer einzelnen Jahresabschlussposition.[156]

Der aggregierte Ansatz betrachtet keine einzelnen Periodenabgrenzungen, sondern behandelt die gesamten Periodenabgrenzungen. Er wird nochmals in stationäre Modelle und in Modelle, die auf wirtschaftlicher Leistung basieren, unterteilt.[157] Bei den stationären Modellen folgen die Periodenabgrenzungen annahmegemäß einem *white-noise-*[158] oder einem *random-walk-Prozess*.[159] Die Periodenabgrenzungen werden in dieser Modellwelt nicht von der wirtschaftlichen Situation des Unternehmens beeinflusst, d.h. Umsatzsteigerungen oder Investitionen wirken sich nicht auf die Periodenabgrenzungen aus.[160] Die vier stationären Modelle sind das Healy-Modell,[161] das DeAngelo-Modell,[162] das Industrie-Modell[163] und das Komponenten-Modell.[164]

Die Periodenabgrenzungsmodelle, die die Wirtschaftsleistung der Unternehmen berücksichtigen (*performance-based discretionary accruals models*), gehen von einem Zusammenhang zwischen den ungesteuerten Periodenabgrenzungen und der Wirtschaftsleistung des Unternehmen aus. Es wird erwartet, dass die ungesteuerten Periodenabgrenzungen auf eine Änderung der wirtschaftlichen

152 Vgl. bspw. McNichols/Wilson (1988).

153 Vgl. bspw. Wahlen (1994); Beaver/Engel (1996).

154 Vgl. bspw. Petroni (1992); Beaver/McNichols/Nelson (2003).

155 Vgl. Francis (2001), S. 314.

156 Vgl. Francis (2001), S. 314. Für den gesamten Absatz vgl. Goncharov (2005), S. 41–42. Für eine ausführlichere Darstellung der vier Modelle vgl. Goncharov (2005), S. 43–48.

157 Vgl. Goncharov (2005), S. 42.

158 Vgl. bspw. Healy (1985).

159 Vgl. bspw. DeAngelo (1986).

160 Vgl. Goncharov (2005), S. 42.

161 Vgl. Healy (1985).

162 Vgl. DeAngelo (1986).

163 Vgl. Dechow/Sloan (1991).

164 Vgl. Thomas/Zhang (2000). Für den gesamten Absatz vgl. Goncharov (2005), S. 42. Für eine ausführlichere Darstellung der disaggregierten Ansätze vgl. Goncharov (2005), S. 49–51.

Situation des Unternehmens reagieren.[165] Die Veränderung der wirtschaftlichen Situation des Unternehmens wird in diesen Modellen berücksichtigt.[166] Der Schwerpunkt dieser Arbeit liegt auf dieser Modellklasse. Sie werden daher im folgenden Abschnitt ausführlich dargestellt.

Bei den kombinierten Ansätzen spielt es keine Rolle, ob die Gewinnsteuerung mit Hilfe von Periodenabgrenzungen oder Cashflows erfolgt. Es gibt mit dem Häufigkeits-Ansatz und dem Ranking-Ansatz zwei Arten von kombinierten Ansätzen.[167]

Eine Variante des Häufigkeits-Ansatzes nutzt die Verteilung skalierter Jahresüberschüsse oder deren Veränderung, um Gewinnsteuerung zu messen. Hierzu vergleicht man das Histogramm der realisierten Verteilung der skalierten Jahresüberschüsse mit dem Histogramm der erwarteten Verteilung der skalierten Jahresüberschüsse. Zeigen sich an manchen Stellen statistisch signifikante Diskontinuitäten oder Abweichungen, kann dies ein Hinweis auf Gewinnsteuerung sein. Bei bestimmten Gewinnschwellen zeigt die Verteilung des Jahresüberschusses unerwartete Häufungen. Die Jahresüberschüsse liegen *zu selten* unter und *zu häufig* über einer bestimmten Gewinnschwelle, bspw. bei Gewinnprognosen von Aktienanalysten.[168] Die zweite Variante nutzt das Benfordsche Gesetz, um Gewinnsteuerung zu erkennen. Mit dem Benfordschen Gesetz kann man die Wahrscheinlichkeit berechnen, dass eine bestimmte Ziffer in einer Zahl an n-ter Stelle steht.[169] Man vergleicht anschließend die realisierten Häufigkeiten von Ziffern mit den erwarteten Häufigkeiten, bspw. kann die Häufigkeit der Ziffern des Jahresüberschusses untersucht werden. Für Unternehmen, bei denen die zweite Ziffer des Jahresüberschusses *zu viele* Nullen und *zu wenige* Neunen aufweist, wird Gewinnsteuerung unterstellt.[170] Mit dieser Methode können auch die Jahresabschlüsse einzelner Unternehmen untersucht werden.[171]

Der Ranking-Ansatz kombiniert mehrere Maße für Gewinnsteuerung in einer einzigen Teststatistik. Die einzelnen Maße für Gewinnsteuerung sind

---

165 Vgl. Kaplan (1985), S. 111.

166 Vgl. Goncharov (2005), S. 42.

167 Vgl. Goncharov (2005), S. 66.

168 Vgl. Burgstahler/Dichev (1997), S. 101–121; Hayn (1995), S. 129 und 132.

169 Vgl. Benford (1938).

170 Vgl. bspw. Carslaw (1988); Thomas (1989); Quick/Wolz (2003); Henselmann/Scherr/Ditter (2012).

171 Nigrini (2005) untersucht für den Zeitraum von 1997 bis 2000 Jahresabschlusszahlen von Enron. Er stellt signifikante Abweichungen vom Benfordschen Gesetz fest. Für den gesamten Absatz vgl. Goncharov (2005), S. 66–68.

anfällig für verzerrte Ergebnisse. Durch die Verwendung unterschiedlicher Maße soll sich die Verzerrung der einzelnen Maße ausgleichen. In Summe sollte die Verzerrung dann geringer ausfallen, ohne dass man komplexe Periodenabgrenzungsmodelle verwenden müsste. Leuz/Nanda/Wysocki verwenden vier Maßgrößen für Gewinnsteuerung.[172] Zwei Maßgrößen sollen den gesteuerten Anteil im Jahresüberschuss erfassen. Die anderen beiden Maßgrößen versuchen, Gewinnglättung zu berücksichtigen.[173]

4.2 Aggregierte Periodenabgrenzungsmodelle auf Basis der Unternehmensleistung

4.2.1 Operationalisierung der Periodenabgrenzungen

Für die Operationalisierung der gesamten Periodenabgrenzungen haben sich in der Literatur zwei Ansätze herausgebildet.[174] Es gibt den Bilanzansatz (*balance sheet approach*/BS) und den Cashflow-Ansatz (*cashflow statement approach*/CF). Der Cashflow-Ansatz operationalisiert die gesamten Periodenabgrenzungen mit Hilfe der Kapitalflussrechnung und GuV. Der Bilanzansatz verwendet hingegen Zahlen aus der Bilanz und der GuV.[175]

Der Bilanzansatz bestimmt die gesamten Periodenabgrenzungen als die Veränderung des kurzfristigen Umlaufvermögens (*change in current assets*/ ΔCA) exklusive Veränderung der Zahlungsmittel (*change in cash and cash equivalents*/ΔCash) abzüglich der Veränderungen der kurzfristigen Verbindlichkeiten (*change in current liabilities*/ΔCL) – ausgenommen hiervon sind Verbindlichkeiten, die inzwischen aufgrund ihres Fälligkeitstermins zu den kurzfristigen Verbindlichkeiten gerechnet werden, aber in den Geschäftsjahren

---

172 Vgl. Leuz/Nanda/Wysocki (2003), S. 509–511. Einen ähnlichen Ansatz verfolgen bspw. Kinnunen/Koskela (2003), S. 48–52 und Bhattacharya/Daouk/Welker (2003), S. 645–652. Kritisch hierzu Ballwieser (2008), S. 16.

173 Für den gesamten Absatz vgl. Goncharov (2005), S. 68–69.

174 Für den Abschnitt 4.2 bestehen inhaltliche – und teilweise auch im Wortlaut – Überschneidungen mit meiner unveröffentlichten Projektstudie „Die Messbarkeit von Gewinnsteuerung mit Hilfe von Periodenabgrenzungen" zur Erlangung des Grades eines Master of Business Research. Das gilt insbesondere für die Abschnitte 4.2.1 bis 4.2.4 für die Abschnitte 4.2.5.3 und 4.2.5.8 sowie für Abschnitt 4.2.7.

175 Vgl. Ronen/Yaari (2008), S. 420.

zuvor als langfristige Verbindlichkeiten bilanziert wurden (*change in short term debt*/ΔSTD) – und abzüglich sämtlicher Abschreibungen (*depreciation*/DEP):[176]

$$(4.1) \qquad ACC^{BS}_{it} = (\Delta CA_{it} - \Delta Cash_{it}) - (\Delta CL_{it} - \Delta STD_{it}) - DEP_{it}.$$

Es fällt auf, dass bis auf den GuV-Posten Abschreibungen nur Bilanzposten mit kurzfristigem Zeithorizont zur Operationalisierung verwendet werden.[177] Eine Vielzahl von Periodenabgrenzungen – bspw. Periodenabgrenzungen aus einzustellenden Geschäftsbereichen oder Rückstellungen – wird nicht berücksichtigt. Die ACC^{BS} als gesamte Periodenabgrenzungen zu bezeichnen, erscheint deshalb fragwürdig.[178]

Zudem kann es bei Untersuchungen von Bilanzpolitik im Zusammenhang mit Fusionen und Übernahmen, Desinvestitionen sowie Währungsumrechnungen zu Messfehlern (EIV) bei den gesamten Periodenabgrenzungen kommen.[179] Bei Fusionen und Übernahmen, Desinvestitionen oder Währungsumrechnungen[180] erfolgt zwar eine bilanzielle Abbildung der Ereignisse, die sich aber nicht erfolgswirksam in der GuV widerspiegelt. Hribar/Collins erwarten, dass die Erhöhung des Nettoumlaufvermögens aufgrund einer Übernahme zu einer Überschätzung der ungesteuerten Periodenabgrenzungen und somit zu einer Unterschätzung der gesteuerten Periodenabgrenzungen (Messfehler vom Typ μ) führt, während Desinvestitionen die entgegengesetzte Wirkung haben (Messfehler vom Typ η). Währungsumrechnungen können je nach Wechselkurs eine

---

176 Vgl. Dechow/Sloan/Sweeney (1995), S. 203; Kothari/Leone/Wasley (2005), S. 173 oder Dechow et al. (2012), S. 288. In der Literatur wird teilweise noch die Veränderung der Steuerverbindlichkeiten (*change in taxes payable*/ΔTP) abgezogen; vgl. bspw. Jones (1991), S. 207.

177 Teilweise werden auch die Abschreibungen nicht berücksichtigt, sodass nur noch Periodenabgrenzungen des *working capitals* betrachtet werden; vgl. bspw. Teoh/Wong/Rao (1998), S. 181; Jeter/Shivakumar (1999), S. 315; Dechow/Dichev (2002), S. 42 oder McNichols (2002), S. 66. Eine Ausnahme sind Richardson/Tuna/Wu (2002), S. 13–14. Sie berücksichtigen bei der Operationalisierung explizit auch längerfristige Periodenabgrenzungen; siehe hierzu auch Ronen/Yaari (2008), S. 420, Fn. 27.

178 Die Bezeichnung gesamte Periodenabgrenzungen wird im Folgenden dennoch verwendet, da es sich um die übliche Bezeichnung in der Literatur handelt.

179 Vgl. Hribar/Collins (2002), S. 105.

180 Bei der Umklassifikation von Erträgen und Aufwendungen oder Änderungen der Rechnungslegungsvorschriften kann es ebenfalls zu unterschiedlichen Ergebnissen bei Bilanz- und Cashflow-Ansatz kommen; vgl. Ronen/Yaari (2008), S. 421. Im Beitrag von Hribar/Collins (2002) werden diese Ereignisse nicht untersucht.

positive oder negative Verzerrung hervorrufen (Messfehler vom Typ μ oder η).[181] Die Ergebnisse der empirischen Untersuchung von Hribar/Collins stimmen mit den Erwartungen der beiden Autoren überein.[182]

Der Cashflow-Ansatz nutzt die Identität $INC_t = CF_t + ACC_t$. Die gesamten Periodenabgrenzungen werden bei Hribar/Collins als Differenz zwischen Gewinn vor außerordentlichen Posten und aufgegebenen Geschäftsbereichen *(earnings before extraordinary items and discontinued operations*/EBXI) und operativem Cashflow (CFO) operationalisiert:[183]

$$(4.2) \qquad ACC_{it}^{CF} = EBXI_{it} - CFO_{it}.$$

Ein Nachteil des Cashflow-Ansatzes ist bei Untersuchungen des US-amerikanischen Kapitalmarkts die Beschränkung auf Stichprobenzeiträume ab dem Jahr 1988.[184] In den 1990er Jahren waren die zur Verfügung stehenden Zeitreihen US-amerikanischer Unternehmen zur Berechnung von Periodenabgrenzungen nach dem Cashflow-Ansatz zu klein.

Der Cashflow-Ansatz ist im Vergleich zum Bilanzansatz ein umfassenderes Maß für Periodenabgrenzungen.[185] Die Verwendung des Cashflow-Ansatzes zur Operationalisierung der Periodenabgrenzungen sollte im Vergleich zum Bilanzansatz die oben beschriebenen Messfehler bei der Schätzung der gesteuerten Periodenabgrenzung verringern.[186]

4.2.2 Das Jones-Modell

Das Jones-Modell war das erste aggregierte Periodenabgrenzungsmodell auf Basis der Unternehmensleistung. Es war Wegbereiter für zahlreiche weitere Modelle dieser Klasse.[187]

---

181 Vgl. Hribar/Collins (2002), S. 107–108.

182 Vgl. Hribar/Collins (2002), S. 116–123.

183 Vgl. Hribar/Collins (2002), S. 109.

184 In den USA ist die Kapitalflussrechnung für börsennotierte Unternehmen seit 1988 durch SFAS No. 95 vorgeschrieben; vgl. v. Wysocki (2000), S. 409. In Deutschland ist die Kapitalflussrechnung mit der Verabschiedung des KontraG für die Jahresabschlüsse börsennotierter Unternehmen ab dem Jahr 1999 obligatorisch; vgl. Coenenberg (2002), S. 176–177.

185 Vgl. Hribar/Collins (2002), S. 110.

186 Vgl. Bahnson/Miller/Budge (1996); Baber/Kang (2001); Hribar/Collins (2002) und so auch zitiert bei Ronen/Yaari (2008), S. 420–421.

187 Vgl. z. B. Dechow/Sloan/Sweeney (1995); Beneish (1997); Jeter/Shivakumar (1999); McNichols (2002); Dechow/Richardson/Tuna (2003); Larcker/Richardson (2004);

Jones untersucht Gewinnsteuerung vor dem Hintergrund einer neuen Regulierung, die es US-Unternehmen erlaubt, bei starker ausländischer Konkurrenz die *US International Trade Commission* um Importbeschränkungen zu bitten. Die Kommission knüpft den Erlass der Zölle unter anderem an die Jahresabschlusszahlen[188] der beantragenden Unternehmen. Für die Unternehmen besteht also ein Anreiz, sich wirtschaftlich schwächer darzustellen als sie es tatsächlich sind, um die Wahrscheinlichkeit für den Erlass der Handelshemmnissen zu erhöhen. Folglich erwartet Jones, dass die antragstellenden Unternehmen Gewinnsteuerung zu einem niedrigeren Gewinnausweis nutzen.[189]

Sie testet ihre Hypothese durch eine Ereignisstudie. Als Ereignis wird die Antragsprüfung der Importbeschränkungen durch die *US International Trade Commission* festgelegt. Die Zeitreihen der Jahresabschlusszahlen werden anhand dieses Ereignisses in zwei Perioden eingeteilt. Die Schätzperiode (t) liegt zeitlich vor der Ereignisperiode (τ). In ihr wird annahmegemäß keine Gewinnsteuerung betrieben, d.h. die Summe der Periodenabgrenzungen entspricht in diesem Zeitraum den ungesteuerten Periodenabgrenzungen $ACC_t = NDA_t$. Die Ereignisperiode ist das laufende Geschäftsjahr zum Prüfungszeitpunkt sowie das Geschäftsjahr davor. Für diesen Zeitraum wird Gewinnsteuerung erwartet. Die Stellvertretergröße der gesteuerten Periodenabgrenzungen wird aus der Differenz zwischen den geschätzten ungesteuerten Periodenabgrenzungen und der Summe der Periodenabgrenzungen bestimmt ($DAP_\tau = ACC_\tau - NDAEST_\tau$).[190]

Die Pionierleistung von Jones ist es, die ungesteuerten Periodenabgrenzungen in Abhängigkeit der wirtschaftlichen Leistung des Unternehmens zu schätzen. Sie geht von einem linearen Zusammenhang zwischen der Summe der Periodenabgrenzungen und der Veränderung des Umsatzes aus. Die Ratio für diese erklärende Variable ist, dass unerwartete Umsatzänderungen zu einem Auf- oder Abbau von Periodenabgrenzungen führen.[191] Die zweite erklärende Variable ist das Sachanlagevermögen. Den Einbezug des Sachanlagevermögens begründet Jones mit dem Anteil an ungesteuerten Abschreibungen in der Summe der Periodenabgrenzungen. Jones verwendet für die Schätzperiode die folgende Regressionsgleichung mit Hilfe eines KQ-Schätzers für alle bilanzpolitisch verdächtigen

---

Kothari/Leone/Wasley (2005) oder Francis et al. (2005); vgl. hierzu auch Goncharov (2005), S. 42 und 54.

188 Die relevanten Jahresabschlusszahlen oder daraus abgeleiteten Kennzahlen sind Gewinn, Vorräte und Kapazitätsauslastung.

189 Vgl. Jones (1991), S. 200–204.

190 Vgl. Jones (1991), S. 210–212.

191 Vgl. Dechow/Kothari/Watts (1998), S. 135–138.

Unternehmen, deren Zeitreihen eine ausreichende Anzahl an Beobachtungen aufweisen:[192]

(4.3) $$ACC_{it} = \beta_{1i} \frac{1}{ASSETS_{it-1}} + \beta_{2i} \Delta SALES_{it} + \beta_{3i} PPE_{it} + \varepsilon_{it}.$$

ACC_{it} sind die gesamten Periodenabgrenzungen. Jones verwendet den Bilanzansatz.[193] $ASSETS_{it-1}$ bezeichnet das Gesamtvermögen zum Ende der Periode t−1. Die Variable $\Delta SALES_{it}$ steht für die Umsatzänderungen und mit PPE_{it} bezeichnet man das Sachanlagevermögen. Der Störterm ε_{it} hat folgende Eigenschaften: Der Erwartungswert des Störterms ε_{it} ist für alle Beobachtungen gleich Null: $E(\varepsilon_{it}) = 0$. Der Störterm ε_{it} hat für alle Beobachtungen eine konstante Varianz: $Var(\varepsilon_{it}) = \sigma^2$. Der Störterm ε_{it} ist nicht korreliert: $Cov(\varepsilon_{it}, \varepsilon_{ij}) = 0$. Der Störterm ε_{it} ist normalverteilt: $\varepsilon_{it} \sim N[E(\varepsilon_{it}), Var(\varepsilon_{it})]$. Alle vier Annahmen können durch den Ausdruck $\varepsilon_{it} \sim U\ N(0, \sigma^2)$ gebündelt werden, wobei ~U N für unabhängig normalverteilt steht. Die drei Rechnungslegungsvariablen ACC_{it}, $\Delta SALES_{it}$ und PPE_{it} werden wie der Achsenabschnitt β_1 mit dem Gesamtvermögen des Vorjahres $ASSETS_{it-1}$ skaliert. Die Normierung mit $ASSETS_{it-1}$ ermöglicht es, die Ergebnisse unterschiedlicher Unternehmen miteinander zu vergleichen. Auf eine formale Darstellung der Normierung wird verzichtet, um eine größere Übersichtlichkeit zu ermöglichen. Die Verwendung des Vorjahrswerts ist ökonometrisch motiviert. Sie soll die Heteroskedaszität verringern.[194]

Für die Ereignisperiode wird keine Regressionsschätzung durchgeführt. Die gesteuerten Periodenabgrenzungen $DAP_{i\tau}$ werden mit Gleichung (4.4), S. 39 für jedes Unternehmensjahr berechnet:

(4.4) $$DAP_{i\tau} = ACC_{i\tau} - \left[b_{1i} \frac{1}{ASSETS_{i\tau-1}} + b_{2i} \Delta SALES_{i\tau} + b_{3i} PPE_{i\tau} \right].$$

Als Parameter b_{1i}, b_{2i} und b_{3i} der Gleichung (4.3), S. 39 werden die Regressionskoeffizienten $\hat{\beta}_{1i}, \hat{\beta}_{2i}, \hat{\beta}_{3i}$, der Gleichung (4.3), S. 39 verwendet.[195]

192 Vgl. Jones (1991), S. 210–212.

193 Sie ergänzt Gleichung (4.1), S. 36 auch noch um Veränderungen der Steuerverbindlichkeiten (*change in taxes payable*/ΔTP); vgl. Jones (1991), S. 207.

194 Vgl. Jones (1991), S. 212.

195 Vgl. Jones (1991), S. 212.

4.2.3 Kritische Würdigung des Jones-Modells

Misst man der Rechnungslegung einen Informationsgehalt über den Cashflow hinaus bei, so kann dieser zusätzliche Informationsgehalt nur in den Periodenabgrenzungen liegen. Entscheidungsrelevante Informationen sollten sich gerade in unerwarteten Periodenabgrenzungen manifestieren, da eine Bestätigung der erwarteten Periodenabgrenzungen informationsökonomisch nicht entscheidungsnützlich ist.[196] Der vorgestellte Ansatz impliziert, dass erwartete (ungesteuerte) Periodenabgrenzungen keine entscheidungsnützliche Information beinhalten. Die gesteuerten Periodenabgrenzungen sind nichts anderes als der unerwartete Anteil der Gesamtperiodenabgrenzungen. Entscheidungsnützliche Information entsteht somit paradoxerweise ausschließlich durch Gewinnsteuerung. Ein Modell, in dem Rechnungslegung nur durch Bilanzpolitik entscheidungsnützlich ist, widerspricht den informationsökonomischen Zielen der Rechnungslegung.[197]

Die Voraussetzung, dass in der Schätzperiode die Gewinne nicht gesteuert wurden, wird in der Regel nicht erfüllt sein.[198] Die auf dieser Annahme basierenden und berechneten gesteuerten Periodenabgrenzungen weisen dann einen Messfehler $-\mu$ auf. Der Umfang des Messfehlers $-\mu$ ist die durchschnittliche Gewinnsteuerung während der Schätzperiode. Für die Ereignisperiode wird diese durchschnittliche Gewinnsteuerung den ungesteuerten Periodenabgrenzungen zugeordnet.

Folgt der Umsatz keinem *random walk*, so ist die erwartete Umsatzänderung ungleich Null. Daher sind auch die erwarteten Periodenabgrenzungen ungleich Null. Das Vorzeichen der erwarteten Umsatzänderung bzw. Gewinnänderung ist abhängig davon, ob eine Rückkehr zum Mittelwert oder eine weitere Abweichung erwartet wird. Für Unternehmen mit einer besonders starken einmaligen Veränderung der Unternehmensleistung wird in der Folge eine Rückkehr zur Mitte angenommen, während andere Unternehmen über einen längeren Zeitraum eine steigende oder sinkende Unternehmensleistung aufweisen können. Für Unternehmen, die sich in eine dieser beiden Gruppen einordnen lassen, können Erwartungen über die zukünftige Unternehmensleistung und folglich auch über die zukünftigen Periodenabgrenzungen gebildet werden. Ein Modell für ungesteuerte Periodenabgrenzungen sollte in der Lage sein, den mit der Unternehmensleistung verbundenen, vorhersehbaren Anteil der Periodenabgrenzungen herauszufiltern. Im Jones-Modell wird diese Prognoseeigenschaft der

196 Vgl. Ballwieser (1985), S. 25.
197 Vgl. Wagenhofer/Ewert (2007), S. 256.
198 Vgl. Graham/Harvey/Rajgopal (2005), S. 29.

vergangenen Unternehmensleistung durch keine erklärende Variable berücksichtigt. Das Jones-Modell könnte dahingehend unterspezifiziert sein. Es besteht die Möglichkeit, dass ungesteuerte Periodenabgrenzungen, die durch außergewöhnliche Unternehmensleistung begründet sind, einen Messfehler vom Typ η verursachen. Ungesteuerte Periodenabgrenzungen werden fälschlicherweise als gesteuerte Periodenabgrenzungen erkannt. Gerade Stichproben, die aufgrund einer bestimmten Forschungsfrage ausgewählt wurden, d.h. nicht zufällig gezogen wurden, sind besonders anfällig für diesen Fehler.[199]

Eine Änderung der Geschäftstätigkeit oder der Unternehmensstruktur kann die gleichen Auswirkungen auf die Schätzung der ungesteuerten Periodenabgrenzungen haben wie Bilanzpolitik. Das Jones-Modell ermöglicht keine Differenzierung zwischen diesen unterschiedlichen Sachverhalten.[200] Man glaubt eine vermeintliche Gewinnsteuerung durch das Management zu erkennen, obwohl der gemessene Effekt auf eine Veränderung der wirtschaftlichen Rahmenbedingungen zurückgeht.

Vor diesem Hintergrund ist die in der Literatur vielfach verwendete Bezeichnung gesteuerte Periodenabgrenzung unglücklich gewählt. Es wäre zutreffender, von unerwarteten oder abnormalen Periodenabgrenzungen zu sprechen.[201] Eine Interpretation als Gewinnsteuerung würde aufgrund informationsökonomischer Bedenken weiterhin schwer fallen.

Im Jones-Modell stehen auf beiden Seiten der Gleichung Rechnungslegungsvariablen derselben Periode. Die Werte der Variablen sind bilanzielle Bestandsgrößen und Stromgrößen aus der Gewinn- und Verlustrechnung. Simultane Kausalität entsteht bei Rechnungslegungsgrößen durch das Prinzip der doppelten Buchführung. Jede Transaktion berührt immer zwei Konten. Das heißt jeder Betrag einer Transaktion ist in der Buchhaltung immer zweimal erfasst – einmal im Haben und einmal im Soll. Daraus folgen sogenannte Rechnungslegungsidentitäten: Erträge abzüglich Aufwendungen ergibt den Jahresüberschuss, der als ein Synonym für den Gewinn verwendet wird. Der Gewinn kann wiederum als Summe aus Cashflow und Periodenabgrenzungen bestimmt werden.[202] Das Eigenkapital ergibt sich aus der Differenz zwischen Bilanzsumme und Verbindlichkeiten. Die doppelte Buchführung erlaubt es immer,

199 Vgl. Kothari/Leone/Wasley (2005), S. 168–169.

200 Vgl. Thomas/Zhang (2000), S. 350 und Wagenhofer/Ewert (2007), S. 256.

201 Vgl. Healy (1996), S. 114 und Wagenhofer/Ewert (2007), S. 256.

202 Siehe auch Gleichung (2.1), S. 19.

bei n Konten den Saldo eines beliebigen Kontos x aus den anderen n–1 Salden zu bestimmen.[203]

Das Jones-Modell unterstellt eine einseitig gerichtete Kausalität zwischen den gesamten Periodenabgrenzungen, den Umsatzveränderungen sowie dem Wert des Sachanlagevermögens. Man kann die Ertragsveränderung als die Veränderung der Summe aus Jahresüberschuss INC_t und Aufwendungen (*expenses*/ EXP_t) definieren.[204] Die gesamten Periodenabgrenzungen ACC_t sind nichts anderes als die Differenz zwischen Jahresüberschuss INC_t und Cashflow CF_t. Es zeigt sich daher, dass Rechnungslegungsvariablen im Jones-Modell keine exogenen Größen sind, sondern endogen innerhalb des Rechnungslegungssystems gebildet werden. Für das Jones-Modell wird das Problem simultaner Kausalität offenkundig:[205]

$$
\begin{aligned}
ACC_{it} &= \beta_{0it} + \beta_{1it}\Delta SALES_{it} + \beta_{2it} PPE_{it} + \varepsilon_{it}, \\
&= \beta_{0it} + \beta_{1it}\Delta\left(INC_{it} + EXP_{it}\right) + \beta_{2it} PPE_{it} + \varepsilon_{it}, \\
&= \beta_{0it} + \beta_{1it}\Delta\left(\left(ACC_{it} + CF_{iit}\right) + EXP_{it}\right) + \beta_{2it} PPE_{it} + \varepsilon_{it}.
\end{aligned}
\tag{4.5}
$$

Das Sachanlagevermögen ist ebenfalls von simultaner Kausalität betroffen. Der Wert des heutigen Sachanlagevermögens PPE_t ergibt sich aus dem Wert des Sachanlagevermögens des Vorjahres PPE_{t-1} zuzüglich der Nettoinvestitionen in das Sachanlagevermögen (*capital expenditures*/CPX_t) und abzüglich der Abschreibungen des Sachanlagevermögens DEP_t. Die Periodenabgrenzungen wurden in Gleichung (4.1), S. 36 definiert als $ACC_t = (\Delta CA_t - \Delta Cash_t) - (\Delta CL_t - \Delta STD_t) - DEP_t$. Löst man diese Gleichung nach den Abschreibungen DEP_t auf, ergibt sich $DEP_t = \Delta CA_t - \Delta Cash_t - \Delta CL_t + \Delta STD_t - ACC_t$. Setzt man diesen Term und die Identität für das Sachanlagevermögen PPE_t in das Jones-Modell ein, führt das zu folgenden Gleichungen:[206]

203 Vgl. Ijiri (1967), S. 108–110.

204 Die Umstellung in Gleichung (4.5), S. 42 ist nur unter der Bedingung gültig, dass die Umsatzänderungen $\Delta SALES_{it}$ die vollständigen Ertragsveränderungen widerspiegeln.

205 Vgl. Kang/Sivaramakrishnan (1995), S. 355; Kang (1999), S. 7 und Christodoulou/ Sarafidis (2008), S. 6.

206 Die Umstellung ist nur unter der Bedingung gültig, dass die Abschreibungen DEP_t nur Abschreibungsaufwand für das Sachanlagevermögen PPE_t enthalten.

$$
\begin{aligned}
ACC_{it} &= \beta_{0it} + \beta_{1it}\Delta SALES_{it} + \beta_{2it}PPE_{it} + \varepsilon_{it},\\
&= \beta_{0it} + \beta_{1it}\Delta SALES_{it} + \beta_{2it}\left(PPE_{it-1} + CPX_{it} - DEP_{it}\right) + \varepsilon_{it},\\
&= \beta_{0it} + \beta_{1it}\Delta SALES_{it}\\
&\quad +\beta_{2it}\left(PPE_{it-1} + CPX_{it} - \left(\Delta CA_{it} - \Delta Cash_{it} - \Delta CL_{it} + \Delta STD_{it} - ACC_{it}\right)\right)\\
&\quad +\varepsilon_{it}.
\end{aligned}
\tag{4.6}
$$

Auf beiden Seiten der Gleichungen (4.5), S. 42 und (4.6), S. 43 stehen die gesamten Periodenabgrenzungen ACC_t. Die Gleichungen zeigen daher, dass weder die Umsatzveränderungen $\Delta SALES_t$ und noch das Sachanlagevermögen PPE_t im Jones-Modell exogene Variablen sind.

4.2.4 Alternativen zur Zeitreihenanalyse

Bei einer unternehmensspezifischen Schätzung der Periodenabgrenzungen wird eine hinreichend große Zeitreihe benötigt. Üblicherweise werden Unternehmen mit weniger als elf Beobachtungen nicht berücksichtigt. Bei Untersuchungen auf Basis jährlicher Bilanzdaten müssen Stichproben-Unternehmen mindestens elf Jahre *überleben*, womit eine Auswahlverzerrung bei der Stichprobe vorliegt.[207] Ein weiterer Nachteil ist die geringere Teststärke von kleinen Stichproben im Vergleich zu großen Stichproben. Eine geringe Teststärke erhöht die Wahrscheinlichkeit, die Nullhypothese fälschlicherweise zu akzeptieren, d.h. Bilanzpolitik bleibt unentdeckt.[208] Voraussetzung für eine sachgerechte Schätzung der ungesteuerten Periodenabgrenzungen mit einer Längsschnittanalyse sind stationäre Variablen.[209] Das bedeutet, dass die unternehmensspezifischen Rahmenbedingungen über die Zeit konstant sein müssen. Die Gültigkeit dieser Annahme ist bei einem Zeithorizont von mindestens elf Jahren fraglich.[210]

DeFond/Jiambalvo führen eine Querschnittanalyse durch, weil diese einen größeren Stichprobenumfang im Vergleich zu einer Längsschnittanalyse ermöglicht.[211] Um bei einer Querschnittanalyse die gesteuerten Periodenabgrenzungen[212] der

207 Vgl. Jeter/Shivakumar (1999), S. 301 und Ronen/Yaari (2008), S. 415–416.

208 Vgl. Abschnitt 3.2.

209 Vgl. Larcker/Richardson (2004), S. 633.

210 Vgl. McNichols (2000), S. 325.

211 Vgl. Ronen/Yaari (2008), S. 416.

212 DeFond/Jiambalvo (1994) sprechen von *abnormal accruals*. Um eine konsistente Begriffsverwendung zu gewährleisten, wird der Begriff gesteuerte Periodenabgrenzungen als Übersetzung sowohl für *discretionary accruals* als auch *abnormal accruals* verwendet.

Ereignis-Unternehmen zu bestimmen, ist eine Vergleichsgruppe zur Schätzung der ungesteuerten Periodenabgrenzungen notwendig. Untersuchungsgegenstand ist in ihrem Beitrag der Bruch von *Covenants* im Zusammenhang mit Gewinnsteuerung durch Periodenabgrenzungen.[213] Ereignis-Unternehmen sind also Unternehmen, die die *Covenants* verletzt haben. Die Kriterien für die Vergleichsgruppe von Kontrollunternehmen zur Bestimmung ungesteuerter Periodenabgrenzungen sind die Branchenzugehörigkeit[214] und das Geschäftsjahr. Für alle Kontroll-Unternehmen einer Branche werden für jede Periode die Koeffizienten β_{1jt}, β_{2jt} und β_{3jt} mit Hilfe einer Querschnittregression des Jones-Modells geschätzt:[215]

$$(4.7) \qquad ACC_{ijt} = \beta_{1jt} \frac{1}{ASSETS_{ijt-1}} + \beta_{2jt} \Delta SALES_{ijt} + \beta_{3jt} PPE_{ijt} + \varepsilon_{ijt}.$$

Die Berechnung der ungesteuerten und gesteuerten Periodenabgrenzungen erfolgt wie bei Zeitreihendaten. Im Vergleich zur Längsschnittanalyse sind die Koeffizienten $\hat{\beta}_{1jt}, \hat{\beta}_{2jt}, \hat{\beta}_{3jt}$, und damit die Parameter b_{1jt}, b_{2jt} und b_{3jt} nicht mehr unternehmensspezifisch sondern branchen- und zeitspezifisch.

Bei der Bestimmung der ungesteuerten Periodenabgrenzungen wird implizit unterstellt, dass die Unternehmen des jeweiligen Jahres-Branchen-Querschnitts keine Gewinnsteuerung betrieben haben. Die Inklusion der Ereignis-Unternehmen in die Schätzung der ungesteuerten Periodenabgrenzungen ist unsauber.[216] Es sollten nur Unternehmensjahre zur Schätzung ungesteuerter Periodenabgrenzungen verwendet werden, die keine ungesteuerten Periodenabgrenzungen aufweisen. Ist das nicht der Fall, werden die gesteuerten Periodenabgrenzungen mit einem Messfehler vom Typ μ bestimmt.[217] Gewinnsteuerung bleibt unentdeckt,

213 Vgl. DeFond/Jiambalvo (1994), S. 145.

214 Die Aufteilung in unterschiedliche Branchen erfolgt anhand zweistelliger SIC-Codes der Standard Industrial Classification des United States Department of Labor. Für eine Übersicht der Branchen siehe http://www.osha.gov/pls/imis/sic_manual.html (10.12.2014).

215 Vgl. DeFond/Jiambalvo (1994), S. 161–167. Man beachte dabei den Branchenlaufindex j.

216 Auch bei einer Exklusion der Ereignis-Unternehmen kann nicht ausgeschlossen werden, dass die restlichen Unternehmen keine Gewinnsteuerung betrieben haben. Erfolgt keine Trennung zwischen Ereignis- und Kontroll-Unternehmen, können die Residuen der Regressionsschätzung als gesteuerte Periodenabgrenzungen interpretiert werden.

217 Es handelt sich hierbei um das EIV-Problem.

da die ungesteuerten Periodenabgrenzungen überschätzt und die gesteuerten Periodenabgrenzungen unterschätzt werden.

Der Querschnittanalyse liegt die Prämisse zugrunde, dass keine unbeobachteten unternehmensspezifischen Effekte existieren.[218] Wird diese Prämisse verletzt, sinkt die Trennschärfe zwischen gesteuerten und ungesteuerten Periodenabgrenzungen. Ein möglichst homogener Prozess bei der Entstehung der Periodenabgrenzung wäre für jede Branche wünschenswert. Dass dies bei einer Aufteilung nach zweitstelligen SIC-Codes gelingt, ist unwahrscheinlich.[219] Gegen eine feinere Einstufung nach drei oder vierstelligen SIC-Codes spricht der kleinere Stichprobenumfang.[220]

Branchen mit einer geringen Anzahl an Unternehmen werden nicht berücksichtigt. In der Regel werden zehn Unternehmensjahre pro Branche und Jahre als Untergrenze für eine Querschnittregression festgelegt.[221] Bei kleinen Branchen ist die Querschnittanalyse unzweckmäßig. Mit der Unternehmensgröße schlagen Ecker et al. eine alternative Querschnitteinteilung vor. Sie untersuchen, ob sich Bilanzsumme, Umsatz, Marktkapitalisierung oder Unternehmensalter als Partitionierungsgröße eignen.[222] Sie unterstellen dabei, dass Unternehmen mit ähnlicher Unternehmensgröße sich auch in der Natur ihrer Periodenabgrenzungen ähneln.[223] Sie können mit ihrem Ansatz immer einen Querschnitt bilden, da die

---

218 Vgl. Jeter/Shivakumar (1999), S. 301 und Larcker/Richardson (2004), S. 633.

219 Bernard/Skinner (1996), S. 317 und Brickley/Zimmerman (2010), S. 242 bezweifeln die Annahme, dass Unternehmen aus der gleichen Branche übereinstimmende ungesteuerte Periodenabgrenzungen aufweisen. Dopuch et al. (2012) finden keine Hinweise für die Annahme, dass Unternehmen der gleichen Branche in der Natur ihrer Periodenabgrenzungen vergleichbar sind; vgl. Dopuch et al. (2012), S. 392 und S. 398–403. So auch zitiert bei Ecker et al. (2013), S. 191.

220 Der Stichprobenumfang würde sich im Beitrag von DeFond/Jiambalvo (1994) bei Verwendung der vierstelligen SIC-Kennung um 19.728 Unternehmensjahre auf 17.009 Unternehmensjahre verringern; vgl. DeFond/Jiambalvo (1994), S. 163, Fn. 19. Ecker et al. (2013) verlieren bei ihrer US-Stichprobe 1% bis 22% der Beobachtungen, je nachdem, wie kleinteilig sie die Brancheneinteilung wählen. Außerhalb der USA ist der Effekt noch stärker. Hier gehen durchschnittlich zwischen 32% und 93% der Beobachtungen verloren; vgl. Ecker et al. (2013), S. 191.

221 Vgl. Ronen/Yaari (2008), S. 417.

222 Vgl. Ecker et al. (2013), S. 192.

223 Kothari/Leone/Wasley (2005) finden eine Korrelation zwischen Unternehmensgröße und gesteuerten Periodenabgrenzungen; vgl. Kothari/Leone/Wasley (2005), S. 182–183. Albuquerque (2009) finden Hinweise, dass die Unternehmensgröße für einige Einflussfaktoren der Periodenabgrenzungen – wie bspw.

Einteilung der Vergleichsgruppe relativ zur Unternehmensgröße des Ereignisunternehmensjahrs erfolgt. Ein Verlust von Beobachtungen, weil nicht hinreichend viele Beobachtungen zur Querschnittbildung vorliegen, kann so ausgeschlossen werden.[224] Sie stellen fest, dass eine Querschnittbildung auf Basis des bilanziellen Gesamtvermögens des Vorjahres zur besseren Aufdeckung von Gewinnsteuerung führt als eine Querschnittbildung auf Branchenbasis.[225] Warum Unternehmen ähnlicher Größe auch ähnliche Periodenabgrenzungen haben sollen, bleibt unerklärt.

Die jährliche Schätzung des Modells besitzt den Vorteil, dass gesamtwirtschaftliche Effekte auf die ungesteuerten Periodenabgrenzungen, wie zum Beispiel Konjunkturschwankungen, herausgefiltert werden.[226] Gegenüber der Zeitreihenanalyse konnte sich die Querschnittanalyse nicht zuletzt wegen des deutlich größeren Stichprobenumfangs und der damit verbundenen größeren statistischen Teststärke durchsetzen.[227]

Eine Maximierung der Stichprobengröße ermöglicht das *pooling* aller Unternehmensjahre.[228] Die ungesteuerten Periodenabgrenzungen werden nicht mehr separat für unternehmensspezifische Zeitreihen oder Jahres-Branchen-Querschnitte geschätzt, sondern mit einer einzigen Schätzung für alle Unternehmen über den ganzen Beobachtungszeitraum:

$$ACC_{it} = \beta_1 \frac{1}{ASSETS_{it-1}} + \beta_2 \Delta SALES_{it} + \beta_3 PPE_{it} + \varepsilon_{it}. \quad (4.8)$$

Die Berechnung der ungesteuerten und gesteuerten Periodenabgrenzungen erfolgt wie gehabt. Allerdings sind die Koeffizienten $\hat{\beta}_1, \hat{\beta}_2, \hat{\beta}_3$, und damit die Parameter b_1, b_2 und b_3 für alle Perioden und alle Unternehmen gleich.

Die Einschränkungen der Längs- und Querschnittanalyse hinsichtlich einer Mindestanzahl an Beobachtungen werden so vermieden. Werden dabei die Paneleigenschaften der Stichprobe durch die Verwendung eines KQ-Schätzers ignoriert, kann es zu größeren Messfehlern kommen als bei der Längs- und

Wachstumsmöglichkeiten – eine gute Approximation ist; Albuquerque (2009), S. 85–86. So auch zitiert bei Ecker et al. (2013), S. 191.

224 Vgl. Ecker et al. (2013), S. 191.

225 Vgl. Ecker et al. (2013), S. 197 und 201.

226 Vgl. Teoh/Wong/Rao (1998), S. 182.

227 Vgl. bspw. DeFond/Subramanyam (1998), S. 47; Becker et al. (1998), S. 10; Peasnell/Pope/Young (2000), S. 316; Bartov/Gul/Tsui (2001), S. 427–428. Vgl. hierzu auch Dechow et al. (2012), S. 290 und Ronen/Yaari (2008), S. 416, Fn. 21.

228 Vgl. Wooldridge (2013), S. 433.

Querschnittanalyse. Das gepoolte KQ-Verfahren basiert auf der Annahme, dass sich alle nicht beobachteten Unterschiede im Mittel ausgleichen.[229] Es wird also unterstellt, dass keine unbeobachteten zeit- oder unternehmensspezifischen Unterschiede vorliegen.[230] Existieren solche Unterschiede – wovon auszugehen ist –, sind die geschätzten Parameter verzerrt, außer diese Unterschiede würden durch die Modelle vollständig erklärt – wovon nicht auszugehen ist. Trotzdem wird die gepoolte KQ-Schätzung in zahlreichen Beiträgen zur Schätzung von Periodenabgrenzungsmodellen verwendet.[231]

Die Paneldatenstruktur der Stichprobe ermöglicht eine Kontrolle der unternehmens- und zeitspezifischen Effekte.[232] Ein hierzu geeignetes Verfahren ist der Fixed-Effects-Schätzer. Mit Hilfe fixer Effekte kann das Problem ausgelassener Variablen teilweise behoben werden. So können Verzerrungen aufgrund zeitlich konstanter, aber unternehmensspezifischer Effekte sowie zeitliche Effekte, die alle Unternehmen im selben Maße betreffen, berücksichtigt werden. Die unternehmensspezifischen Effekte werden durch die Fixed-Effects-Schätzung explizit beachtet. Zeitspezifische Effekte können durch die Verwendungen von Jahresindikator-Variablen einbezogen werden.[233] Die Verwendung fixer Effekte reduziert im Vergleich zur gepoolten KQ-Schätzung den Messfehler η, weil unbeobachtete aber konstante zeit- und unternehmensspezifische Effekte herausgefiltert werden. Sie werden daher nicht den gesteuerten Periodenabgrenzungen zugeordnet. Nachteil der fixen Effekte ist, dass sie nicht zwischen ungesteuerten und gesteuerten Periodenabgrenzungen unterscheiden. Sofern ein gewisses konstantes Grundniveau an Gewinnsteuerung vorliegt, wird dies ebenfalls herausgefiltert. Damit ist eine Fixed-Effects-Schätzung anfällig für den Messfehler μ. Der konstante Teil der gesteuerten Periodenabgrenzungen wird den ungesteuerten Periodenabgrenzungen zugeordnet.

---

229 Vgl. Greene (2012), S. 389.

230 Vgl. Greene (2012), S. 389–390.

231 Vgl. bspw. Cahan (1992), S. 83; Han/Wang (1998), S. 108; Erickson/Wang (1999), S. 161 oder Dechow et al. (2012), S. 290. Vgl. hierzu auch Ronen/Yaari (2008), S. 416, Fn. 21.

232 Für eine Schätzung ungesteuerter Periodenabgrenzungen mittels fixer Effekte auf Basis branchenspezifischer Panel vgl. bspw. Othman/Zeghal (2006), S. 417–418. Faktisch führt auch Cahan (1992), S. 83–84 eine Fixed-Effects-Schätzung durch. Er verwendet anstatt eines Fixed-Effects-Schätzers Indikatorvariablen für alle Unternehmen und Jahre der Stichprobe.

233 Vgl. Baum (2006), S. 224; Cameron/Trivedi (2010), S. 237–238 und S. 257; Wooldridge (2010), S. 300–315; Greene (2012), S. 399–400; Wooldridge (2013), S. 466–469.

4.2.5 Erweiterungen und Alternativen zu den erklärenden Variablen

4.2.5.1 Darstellung der Modelle

Die Darstellungsform der Modelle wurde gewählt, um eine übersichtliche und allgemeine Präsentation zu gewährleisten. Die Modelle werden im Folgenden mit der Berechnungsgleichung der ungesteuerten Periodenabgrenzungen dargestellt. Die Parameter b_n entsprechen weiterhin – wie in Abschnitt 4.2.2 beschrieben –, den Koeffizienten $\hat{\beta}_n$ einer Regressionsschätzung des jeweiligen Modells. Auf die Darstellung dieser Vorstufe wird verzichtet. Die verwendeten Laufindizes der Parameter und Variablen sind für eine Panelanalyse ausreichend. Die gewählte Darstellungsform schließt aber nicht die Möglichkeit aus, die Modelle einer Längs- oder Querschnittanalyse zu unterziehen. Beide Analyseformen lassen sich durch eine entsprechende Änderung der Laufindizes darstellen. Es wird nicht darauf eingegangen, ob die Autoren skalierte und/oder unskalierte Achsenabschnitte verwendeten. Es wird immer ein unskalierter Achsenabschnitt verwendet, da diese Unterscheidung für die Modelldiskussion irrelevant ist. Sofern nichts anderes angegeben ist, sind alle Variablen mit dem Gesamtvermögen des Vorjahres $ASSETS_{it-1}$ skaliert.

4.2.5.2 Kang/Sivaramakrishnan-Modell

Kang/Sivaramakrishnan entwickeln ein neues Modell für die Schätzung ungesteuerten Periodenabgrenzungen. Es handelt sich nicht um eine simple Erweiterung des Jones-Modells, sondern um einen eigenständigen Ansatz. Die Autoren versuchen, das Problem ausgelassener Variablen zu verringern, indem sie die betrieblichen Aufwendungen bei der Schätzung ungesteuerter Periodenabgrenzungen berücksichtigen.[234]

Sie verwenden für die Operationalisierung der Periodenabgrenzungen den Saldo der Bilanzposten und nicht dessen Veränderung zum Vorjahr. Ihre Modellierung unterscheidet sich in diesem Punkt grundlegend von der in der Literatur üblichen Vorgehensweise.[235] Die gesamten Periodenabgrenzungen ergeben sich nach Kang/Sivaramakrishnan aus der Summe von Forderungen aus Lieferungen und Leistungen (*accounts receivables*/AR), Vorräten (*inventories*/INV) und dem sonstigen Umlaufvermögen (*other current assets*/

234 Vgl. Kang/Sivaramakrishnan (1995), S. 365.
235 Vgl. Abschnitt 4.2.1.

OCA)[236] abzüglich kurzfristiger Verbindlichkeiten (*current liabilities*/CL) und Abschreibungen (*depreciation*/DEP):[237]

$$(4.9) \qquad ACC_{it}^{Kang} = AR_{it} + INV_{it} + OCA_{it} - CL_{it} - DEP_{it}.$$

Das Modell von Kang/Sivaramakrishnan zur Bestimmung der ungesteuerten Periodenabgrenzungen lautet:[238]

$$(4.10) \qquad NDAEST_{it}^{Kang} = b_0 + b_1(\delta_{1t}SALES_{it}) + b_2(\delta_{2t}EXP_{it}) + b_3(\delta_{3t}PPE_{it}).$$

Die Variable betrieblicher Aufwand (expenses/EXP) steht für die Summe aus Material-, Personal- und sonstigem betrieblichen Aufwand. Die Parameter δ_1, δ_2 und δ_3 sind als Quotienten definiert:[239]

$$(4.11) \qquad \delta_{1t} = \frac{AR_{it-1}}{SALES_{it-1}},$$

$$(4.12) \qquad \delta_{2t} = \frac{(INV_{it-1} + OCA_{it-1} - CL_{it-1})}{EXP_{it-1}},$$

$$(4.13) \qquad \delta_{3t} = \frac{DEP_{it-1}}{PPE_{it-1}}.$$

Setzt man die Gleichungen (4.11), (4.12) und (4.13) in Gleichung (4.10), alle Gl. S. 49 ein, ergibt sich:

$$(4.14) \qquad \begin{aligned} NDAEST_{it}^{Kang} = {} & b_0 + b_1\left(AR_{it-1}\frac{SALES_{it}}{SALES_{it-1}}\right) + \\ & b_2\left((INV_{it-1} + OCA_{it-1} - CL_{it-1})\frac{EXP_{it}}{EXP_{it-1}}\right) \\ & + b_3\left(DEP_{it-1}\frac{PPE_{it}}{PPE_{it-1}}\right). \end{aligned}$$

---

236 Das sonstige Umlaufvermögen ist definiert als das Umlaufvermögen abzüglich Vorräte, Forderungen und Zahlungsmittel sowie Zahlungsmitteläquivalente.

237 Vgl. Kang/Sivaramakrishnan (1995), S. 357.

238 Vgl. Kang/Sivaramakrishnan (1995), S. 357.

239 Vgl. Kang/Sivaramakrishnan (1995), S. 357–358.

Es zeigt sich, dass die erklärenden Variablen sich aus den Komponenten der gesamten Periodenabgrenzungen der Vorperiode multipliziert mit ihrem zugehörigen Einflussfaktor ergeben. Die Forderungen aus Lieferungen und Leistungen sind durch die Umsatzentwicklung beeinflusst. Die Vorräte, das sonstige Umlaufvermögen und die kurzfristigen Verbindlichkeiten sind durch die Entwicklung der Aufwendungen beeinflusst. Die Abschreibungen sind durch die Wertentwicklung des Sachanlagevermögens beeinflusst. Die Vorgehensweise erscheint plausibel. Durch die Berücksichtigung der Aufwendungen könnte ein im Jones-Modell unbeobachteter Einflussfaktor berücksichtigt werden. Sofern die Autoren mit ihrer Vermutung richtig liegen, verringert die Hinzunahme der Aufwendungen Messfehler des Typs μ.

Auch für dieses Modell darf in der Schätzperiode keine Gewinnsteuerung erfolgen. Wird in den Perioden t oder t–1 dennoch Gewinnsteuerung betrieben, ist die Schätzung der ungesteuerten Periodenabgrenzungen aufgrund der Messfehler η bzw. μ verzerrt.

Babalyon greift zutreffend einen bereits von Hribar/Collins formulierten Kritikpunkt bzgl. der Verwendung von Bilanzpositionen auf.[240] Auch im Modell von Kang/Sivaramakrishnan können verzerrende Effekte, die sich aus Währungsumrechnungen ergeben, nicht isoliert werden.[241] Die von Hribar/Collins vorgeschlagene alternative Operationalisierung der Gesamtperiodenabgrenzungen mit Hilfe der Kapitalflussrechnung ist ungeeignet. Das Kang/Sivaramakrishnan-Modell versucht, die Summe der absoluten Periodenabgrenzungen und nicht die Summe der Veränderungen der Periodenabgrenzungen zu erklären.

4.2.5.3 Modifiziertes Jones-Modell

Dechow/Sloan/Sweeney nehmen an, dass es für das Management einfacher ist, die Umsätze aus Verkäufen auf Ziel zu beeinflussen, als die Umsätze aus Bargeschäften. Sie greifen damit ein mögliches EIV-Problem bei den Umsatzveränderungen auf. Denkt man an Umsatzsteigerungen, die in Folge laxer Bedingungen bei Verkäufen auf Ziel entstehen, erscheint es plausibel, für die Ereignisperiode die Veränderungen der Forderungen aus Lieferungen und Leistungen (*change in receivables*/ΔREC) von der Veränderung des Umsatzes abzuziehen. Die Bestimmung der ungesteuerten Periodenabgrenzungen wird dann nicht durch eine

240 Vgl. Hribar/Collins (2002), S. 108.
241 Vgl. Babalyan (2004), S. 64.

Steuerung der Verkäufe auf Ziel verfälscht. Dechow/Sloan/Sweeney schlagen hierzu folgendes Modell vor:[242]

$$(4.15) \qquad NDAEST_{i\tau} = b_1 + b_2\left(\Delta SALES_{i\tau} - \Delta REC_{i\tau}\right) + b_3 PPE_{i\tau}.$$

Die Autoren verwenden als Parameter b_1, b_2 und b_3 die Koeffizienten der Regressionsschätzung des Jones-Modells für die Schätzperiode. Sie nehmen damit an, dass alle Veränderungen der Forderungen aus Lieferungen und Leistungen während der Ereignisperiode auf Gewinnsteuerung zurückzuführen sind. Ist die Annahme zutreffend, erhöht sich die Trennschärfe zwischen gesteuerten und ungesteuerten Periodenabgrenzungen. Mit diesem Modell wäre es dann wahrscheinlicher, Bilanzpolitik durch Umsatzbeeinflussung aufzudecken, als mit dem ursprünglichen Jones-Modell (Häufigkeit des Fehlers 2. Art sinkt).[243]

Die Veränderung der Forderungen aus Lieferungen und Leistungen hat für die Stichprobe des Beitrags von Dechow/Sloan/Sweeney einen positiven Mittelwert. Das kann an steigenden Umsätzen und somit an anteilig steigenden Forderungen aus Lieferungen und Leistungen liegen. Eine zweite Erklärung wäre Gewinnsteuerung mit Hilfe von Verkäufen auf Ziel während der Schätzperiode. Erfolgt die Anpassung dann nur in den Jahren mit vermuteter Gewinnsteuerung, wird die Umsatzveränderung in diesen Jahren nach unten verzerrt. In Folge dessen ist die Schätzung der gesteuerten Periodenabgrenzungen nach oben verzerrt, was zu einer überhöhten Ablehnungsrate der Nullhypothese führt (Häufigkeit des Fehlers 1. Art steigt).[244] Besonders ausgeprägt ist dieser Effekt bei Unternehmen, die im Vergleich zur Schätzperiode ein außergewöhnlich starkes Umsatzwachstum während der Ereignisperiode aufweisen.[245]

Die Vorgehensweise, das Jones-Modell für die Schätzperiode und das modifizierte Jones-Modell für die Ereignisperiode zu verwenden, ist inzwischen unüblich. Es wird durchgehend das modifizierte Jones-Modell verwendet, sodass jede Veränderung der Forderungen aus Lieferungen als Leistungen als Gewinnsteuerung erfasst wird. Es ist unwahrscheinlich, dass diese Einteilung immer zutreffend ist, sodass ungesteuerte Periodenabgrenzungen als gesteuerte Periodenabgrenzungen erkannt werden. Es kommt zu einem Messfehler η. Die Wahrscheinlichkeit steigt, die Nullhypothese abzulehnen, obwohl sie wahr ist, (vermehrter Fehler 1. Art).

---

242 Vgl. Dechow/Sloan/Sweeney (1995), S. 199.

243 Vgl. Dechow/Sloan/Sweeney (1995), S. 199.

244 Vgl. Dechow et al. (2012), S. 289, Fn. 12.

245 Vgl. Kothari/Leone/Wasley (2005), S. 174.

4.2.5.4 *Jeter/Shivakumar-Modell*

Jeter/Shivakumar fügen dem Jones-Modell den operativen Cashflow (*cashflow from operations*/CFO) als weitere erklärende Variable hinzu:[246]

$$(4.16) \qquad NDAEST_{i\tau} = b_1 + b_2 \Delta SALES_{i\tau} + b_3 PPE_{i\tau} + \sum_{n=1}^{5} b_{3+n} DCFO_n \times CFO_{i\tau}.$$

Die Autoren schätzen ihr erweitertes Jones-Modell für Jahres-Branchen-Querschnitte. Sie befürchten, dass bei einer solchen Vorgehensweise die Beziehung zwischen Periodenabgrenzungen und operativen Cashflows nicht linear ist.[247] Sie berücksichtigen den operativen Cashflow daher jeweils in einem Interaktionsterm $DCFO_n \times CFO_t$. Die Indikatorvariable $DCFO_n$ erlaubt es, die Koeffizienten für CFO_t abschnittsweise-linear für jedes Quintil des operativen Cashflows zu schätzen und so der nicht linearen Beziehung zwischen ACC_t und CFO_t zu entsprechen.[248]

Sie begründen die Hinzunahme der Variable CFO_t, dass zwischen Cashflows und Periodenabgrenzungen grundsätzlich eine negative Korrelation besteht, auch wenn keine Gewinnsteuerung betrieben wurde. So stellen Dechow/Sloan/Sweeney fest, dass das Jones-Modell bei Stichproben von Unternehmen mit extremen operativen Cashflows schlecht spezifiziert ist.[249] Jeter/Shivakumar vermuten folglich, dass der operative Cashflow für das Jones-Modell eine unbeobachtete Variable ist.[250] Sofern die Autoren mit ihrer Vermutung richtig liegen, verringert die Hinzunahme der Variable CFO_t den Messfehler des Typs μ. Die empirischen Ergebnisse von Jeter/Shivakumar sprechen für ihre Vorgehensweise: Die Verzerrung der gesteuerten Periodenabgrenzungen bei Unternehmensjahren mit extremen operativen Cashflows verschwindet.[251]

---

246 Vgl. Jeter/Shivakumar (1999), S. 302. Rees/Gill/Gore (1996), S. 162 erweitern das Jones-Modell ebenfalls um die operativen Cashflows.

247 Die nicht lineare Beziehung zwischen ACC_t und CFO_t hat ihre Ursache in der Heterogenität der Stichprobe bzw. des Querschnitts; vgl. Jeter/Shivakumar (1999), S. 302, Fn. 4.

248 Vgl. Jeter/Shivakumar (1999), S. 302.

249 Vgl. Dechow/Sloan/Sweeney (1995), S. 212.

250 Vgl. Jeter/Shivakumar (1999), S. 302.

251 Aus einer US-amerikanischen Stichprobe von 390.880 Unternehmensbeobachtungen auf Quartalsbasis für den Zeitraum von 1984 bis 1994 ziehen die Autoren 20.000 Beobachtungen. Danach werden die 20.000 zufällig gezogenen Unternehmensquartale anhand ihres operativen Cashflows in 200 Gruppen sortiert. Für jede Gruppe werden die gesteuerten Periodenabgrenzungen mit Hilfe des Jones-Modells und des Jeter/Shivakumar-Modells bestimmt. Bildet man die Gruppen-Mittelwerte der gesteuerten

4.2.5.5 McNichols-Modell

McNichols kombiniert das Jones-Modell mit dem Dechow/Dichev-Modell. Das Dechow/Dichev-Modell dient dazu, die gesamten Periodenabgrenzungen in einen qualitativ hochwertigen und einen qualitativ niedrigen Teil aufzuteilen. Es gehört damit dem Forschungszweig der Gewinnqualität oder *earnings quality* an. Der Ansatz von Dechow/Dichev versucht, die Eigenarten einer periodengerechten Rechnungslegung zu erfassen. Periodenabgrenzungen sind dazu da, die Gewinnwirkung der anfallenden Cashflows in die Perioden zu transferieren, in der die damit verbundenen Geschäftsvorfälle realisiert[252] werden. Ausgangspunkt ist die folgende Beziehung:[253]

(4.17) $$INC_t = CF_t + ACC_t.$$

Die Autoren unterteilen die beiden Komponenten weiter. Der Cashflow in Periode t CF_t besteht aus Zahlungsströmen, deren dazugehörigen Geschäftsvorfälle in der Vorperiode $\left(CF_t^{t-1}\right)$, der laufenden Periode $\left(CF_t^{t}\right)$ oder der folgende Periode $\left(CF_t^{t+1}\right)$ realisiert werden.[254] Die Periodenabgrenzungen der Periode t ACC_t bestehen aus:

- Periodenabgrenzungen für Cashflows, die nach der Realisierung der korrespondierenden Erträge und Aufwendungen vereinnahmt werden.[255]

Periodenabgrenzungen (y-Achse) auf die Gruppen-Mittelwerte der operativen Cashflows (x-Achse) ab, zeigt sich zwischen den operativen Cashflows und den gesteuerten Periodenabgrenzungen auf Basis des Jones-Modells ein negativer Zusammenhang. Zwischen den operativen Cashflows und den gesteuerten Periodenabgrenzungen auf Basis des Jeter/Shivakumar-Modells ist kein systematischer Zusammenhang erkennbar; vgl. Jeter/Shivakumar (1999), S. 305 und S. 312–314.

252 Realisiert ist im Kontext der anzuwendenden Rechnungslegungsvorschriften zu verstehen. Bspw. erfolgt im HGB die Ertragsrealisierung zum Zeitpunkt der Lieferung oder Leistung, vgl. Ballwieser (2013a), S. 163–164, Rn. 56 und Rn. 57, während die IFRS die Ertragsrealisierung bisher an den *risk-and-reward approach* des IAS 18 bzw. den *continous approach* des IAS 11 knüpften. Der ab 2017 gültige IFRS 15 löst die beiden Ansätze ab und führt das *control principle* als Kriterium für die Ertragsrealisierung ein, vgl. Grote/Pilhofer (2014), S. 406.

253 Vgl. Dechow/Dichev (2002), S. 37 und S. 39.

254 Bei Zahlungsströmen steht im Unterskript der Zeitpunkt der Vereinnahmung. Die Periode im Superskript des Zahlungsstroms gibt den Zeitpunkt der Realisierung des dazugehörigen Geschäftsvorfalls an; vgl. Dechow/Dichev (2002), S. 37-38.

255 Bei Periodenabgrenzungen steht im Unterskript der zugehörige Zahlungsstrom. Das Superskript gibt an, ob Periodenabgrenzungen entstehen (*open*/O) oder sich wieder auflösen (*close*/C). Für Beispiele vgl. Dechow/Dichev (2002), S. 54–55.

- Die Variable $ACC^{O}_{CF_{t-1}|t}$ bildet Periodenabgrenzungen in t für erwartete Zahlungsströme in t+1. Der Umfang der Periodenabgrenzungen $ACC^{O}_{CF_{t-1}|t}$ beträgt $CF^{t}_{t+1} + \psi^{t}_{t+1}$. Bei CF^{t}_{t+1} handelt es sich um die in Periode t für Periode t+1 erwarteten Zahlungsströme. Der Schätzfehler ψ^{t}_{t+1} erfasst die Abweichung zwischen dem erwarteten Zahlungsstrom in t und dem realisierten Zahlungsstrom in t+1.[256]
- Die Variable $ACC^{C}_{CF_{t}|t-1}$ löst Periodenabgrenzungen in t auf, die in t–1 für in t erwartete Zahlungsströme gebildet wurden. Der Umfang der Periodenabgrenzungen $ACC^{C}_{CF_{t}|t-1}$ beträgt $-CF^{t-1}_{t} - \psi^{t-1}_{t}$. Bei $-CF^{t-1}_{t}$ handelt es sich um die in Periode t für Periode t–1 vereinnahmten Zahlungsströme.[257] Der realisierte Fehler ψ^{t-1}_{t} erfasst die Abweichung zwischen dem realisierten Zahlungsstrom in t und dem geschätzten Zahlungsstrom in t–1.[258]

• Periodenabgrenzungen für Cashflows, die vor der Realisierung der korrespondierenden Erträge und Aufwendungen vereinnahmt werden.[259]

- Die Variable $ACC^{O}_{CF_{t}|t+1}$ begründet Periodenabgrenzungen in t für Zahlungsströme in t, deren dazugehörigen Umsätze erst in t+1 realisiert werden. Der Umfang der Periodenabgrenzung $ACC^{O}_{CF_{t}|t+1}$ beträgt $-CF^{t+1}_{t}$. Bei CF^{t+1}_{t} handelt es sich um die in Periode t vereinnahmten Zahlungsströme, deren Umsätze erst in Periode t+1 realisiert werden.[260]
- Die Variable $ACC^{C}_{CF_{t-1}|t}$ löst Periodenabgrenzungen in t auf, die für Zahlungsströme aus t–1 begründet wurden, deren dazugehörige Umsätze in t realisiert werden. Der Umfang der Periodenabgrenzung $ACC^{C}_{CF_{t-1}|t}$ beträgt CF^{t}_{t-1}. Bei CF^{t}_{t-1} handelt es sich um die in Periode t–1 vereinnahmten Zahlungsströme, deren Umsätze in Periode t realisiert werden.[261]

256 Vgl. Dechow/Dichev (2002), S. 38.

257 Das Vorzeichen ist dem tatsächlichen Zahlungsstrom entgegengesetzt, um die bestehenden Periodenabgrenzungen $ACC^{O}_{CF_{t-1}|t}$ auflösen zu können.

258 Vgl. Dechow/Dichev (2002), S. 38.

259 Die Periodenabgrenzungen haben also eine zeitlich aufschiebende Wirkung auf den korrespondieren den Gewinnausweis. Die Periodenabgrenzungen weisen keinen Schätzfehler auf, da die Zahlungsströme zeitlich vor der Umsatzrealisierung anfallen. Für Beispiele vgl. Dechow/Dichev (2002), S. 55–56.

260 Vgl. Dechow/Dichev (2002), S. 38–39.

261 Vgl. Dechow/Dichev (2002), S. 38–39.

Setzt man die Komponenten in Gleichung (4.17), S. 53 ein, ergibt sich:[262]

$$\begin{aligned} INC_t &= \left(CF_t^{t-1} + CF_t^t + CF_t^{t+1}\right) + \\ &\quad \left(ACC^O_{CF_{t-1}|t} + ACC^C_{CF_t|t-1} + ACC^O_{CF_t|t+1} + ACC^C_{CF_{t-1}|t}\right), \end{aligned}$$

$$\begin{aligned} INC_t &= \left(CF_t^{t-1} + CF_t^t + CF_t^{t+1}\right) + \\ &\quad \left(CF_{t+1}^t + \psi_{t+1}^t + CF_t^{t-1} - \psi_t^{t-1} - CF_t^{t+1} + CF_{t-1}^t\right). \\ INC_t &= CF_{t-1}^t + CF_t^t + CF_{t+1}^t + \psi_{t+1}^t - \psi_t^{t-1}. \end{aligned} \tag{4.18}$$

Durch Umformung des Periodenabgrenzungsterms der Gleichung (4.18), S. 55, ergibt sich für die Periodenabgrenzungen:[263]

$$ACC_t = CF_{t-1}^t - \left(CF_t^{t+1} + CF_t^{t-1}\right) + CF_{t+1}^t + \psi_{t+1}^t - \psi_t^{t-1}. \tag{4.19}$$

Die Gleichung (4.19), S. 55 zeigt, dass die Periodenabgrenzungen zeitliche Anpassungen sind, die den Gewinnausweis vereinnahmter Zahlungsströme verzögern oder antizipieren und zusätzlich noch einen Schätzfehler[264] aufweisen. Zudem kann man erkennen, dass die Periodenabgrenzungen in einem negativen Zusammenhang mit den Zahlungsströmen der aktuellen Periode stehen und in einem positiven Zusammenhang mit den Cashflows der Vor- und Folgeperiode. Die beiden Störgrößen bilden zusammen ein Maß für die Gewinnqualität. Die Zahlungsströme in t−1 für t, in t für t−1, in t für t+1 und in t+1 für t sind nicht beobachtbar. Für empirische Analysen wird daher auf die aggregierten Zahlungsströme der Perioden CF_{t-1}, CF_t und CF_{t+1} zurückgegriffen. Es wird daher nicht Gleichung (4.19), S. 55, sondern die folgende Beziehung geschätzt:[265]

$$ACC_{it} = \beta_1 + \beta_2 CFO_{it-1} + \beta_2 CFO_{it} + \beta_3 CFO_{it+1} + \varepsilon_{it}. \tag{4.20}$$

262 Vgl. Dechow/Dichev (2002), S. 39.

263 Vgl. Dechow/Dichev (2002), S. 39. Der Term $\left(CF_t^{t+1} + CF_t^{t-1}\right)$ entspricht nicht CF_t^t, da CF_t^t für die in Periode t vereinnahmten Zahlungsströme steht, deren Umsätze in Periode t realisiert werden. Während es sich bei CF_t^{t+1} $\left(CF_t^{t-1}\right)$ um die in Periode t vereinnahmten Zahlungsströme handelt, deren Umsätze in Periode t+1 (t−1) realisiert werden.

264 Der Schätzfehler entspricht der Ergebniskomponente ACC4 aus Tabelle 2.1, S. 17.

265 Vgl. Dechow/Dichev (2002), S. 40.

Der Zahlungsstrom CF wird mit dem operativen Cashflow operationalisiert. Der Störterm ε_{it} ist annahmegemäß unabhängig normalverteilt, mit einem Erwartungswert von Null und einer konstanten Varianz: $\varepsilon_{it} \sim U\ N(0, \sigma^2)$.

McNichols kombiniert das Jones-Modell mit dem Dechow/Dichev-Modell, obwohl beide Modelle unterschiedliche Zielsetzungen verfolgen:[266]

$$(4.21) \quad NDAEST_{i\tau} = b_1 + b_2 \Delta SALES_{i\tau} + b_3 PPE_{i\tau} + b_4 CFO_{i\tau-1} + b_5 CFO_{i\tau} + b_6 CFO_{i\tau+1}.$$

Das Jones-Modell hat durch die Hinzunahme der erklärenden Variablen CFO_{t-1}, CFO_t und CFO_{t+1} eine größere Erklärungskraft.[267] Es handelt sich bei den operativen Cashflows um ausgelassene Variablen. Die Folge ist ein geringerer Messfehler des Typs μ. McNichols argumentiert, dass die Cashflow-Variablen das bisher unberücksichtigte Unternehmenswachstum erfassen.[268] Es erscheint zunächst plausibel, in den operativen Zahlungsströmen eine Stellvertretergröße für Unternehmenswachstum zu sehen. Man kann die Argumentation von Dechow/Dichev auch auf das Jones-Modell übertragen, sodass die Cashflow-Größen vor allem für die Erfassung zeitlicher Schwankungen des Nettoumlaufvermögens zuständig sind. Folgt man diesem Gedanken, ist in den gesteuerten Periodenabgrenzungen nicht nur Gewinnsteuerung im Sinne von ACC5, sondern auch der Schätzfehler des Managements in Form von ACC4 enthalten. Obwohl auch das McNichols-Modell keine zufriedenstellende Trennung zwischen gesteuerten und ungesteuerten Periodenabgrenzungen gewährleistet, erlaubt die Erweiterung von McNichols, zumindest näherungsweise eine wesentliche Eigenschaft der Rechnungslegung – den periodengerechten Gewinnausweis – zu berücksichtigen.

Wie bereits von Dechow/Dichev eingeräumt, können nur die aggregierten Zahlungsströme der jeweiligen Periode beobachtet werden.[269] Die Variablen werden daher immer mit einem Messfehler bestimmt (EIV), der sich negativ auf die Teststärke des McNichols-Modells auswirkt. Der Vorteil, der durch die Berücksichtigung der zuvor ausgelassenen Variablen entsteht, sollte diesen Nachteil jedoch überwiegen.

---

266 Vgl. McNichols (2002), S. 65.

267 Bei einer Schätzung der beiden Modelle mit einer US-amerikanischen Stichprobe mit 15.015 Unternehmensjahren für den Zeitraum 1988 bis 1998 erreicht das McNichols-Modell ein Bestimmtheitsmaß von 0,3, während das Jones-Modell nur 0,07 erzielt; vgl. McNichols (2002), S. 66.

268 Vgl. McNichols (2002), S. 65.

269 Vgl. Dechow/Dichev (2002), S. 40 und 56–58; Wysocki (2008), S. 6–9 und S. 48–50.

Die Verwendung des zukünftigen Cashflows führt dazu, dass mit dem Modell keine Periodenabgrenzungen prognostiziert werden können. Hinsichtlich einer retrospektiven Analyse der gesteuerten Periodenabgrenzungen bestehen keine Einschränkungen.

4.2.5.6 Forward-Looking-Modell

Dechow/Richardson/Sloan entwickeln das sogenannte Forward-Looking-Modell. Sie verfeinern die Idee des modifizierten Jones-Modells, die Veränderung der Forderungen aus Lieferungen und Leistungen aus der Veränderung des Umsatzes herauszunehmen. Zudem erweitern die Autoren das modifizierte Jones-Modell. Als weitere erklärende Variablen verwenden sie die gesamten Periodenabgrenzungen der Vorperiode und das Umsatzwachstum (SALESGROWTH):[270]

$$(4.22)\qquad \begin{aligned} NDAEST_{i\tau} &= b_1 + b_2\left[(1+k)\Delta SALES_{i\tau} - \Delta REC_{i\tau}\right] + b_3 PPE_{i\tau} \\ &+ b_4 ACC_{i\tau-1} + b_5 SALESGROWTH_{i\tau}. \end{aligned}$$

Das Jones-Modell unterstellt keinerlei Gewinnsteuerung bei der Umsatzveränderung. Für das modifizierte Jones-Modell sind alle Veränderungen des Umsatzes gesteuert, die aus Veränderungen der Forderungen aus Lieferungen und Leistungen resultieren. Mit der Einführung des Faktors k versuchen Dechow/Richardson/Sloan, einen Mittelweg zu finden. Sie teilen die Veränderung der Forderungen aus Lieferungen und Leistungen in einen erwarteten und einen unerwarteten Anteil auf. Der unerwartete Anteil der Änderungen wird als Gewinnsteuerung betrachtet. Die erwartete Veränderung der Forderungen aus Lieferungen und Leistungen für eine gegebene Umsatzänderung k wird durch den Parameter α_2 der nachfolgenden Regressionsgleichung gemessen:[271]

$$(4.23)\qquad \Delta REC_{it} = \alpha_1 + \alpha_2 \Delta SALES_{it} + \varepsilon_{it}.$$

Die Variablen der Gleichung (4.23), S. 57 sind bereits aus dem modifizierten Jones-Modell in Abschnitt 4.2.5.3 bekannt. Sie werden ebenfalls mit dem Gesamtvermögen der Vorperiode skaliert. Der Störterm ε_{it} ist annahmegemäß unabhängig normalverteilt, mit einem Erwartungswert von Null und einer konstanten Varianz: $\varepsilon_{it} \sim U\ N(0, \sigma^2)$. Die Autoren bestimmen die Koeffizienten für jeden Jahres-Branchen-Querschnitt mit Hilfe der KQ-Methode.[272]

270 Vgl. Richardson/Tuna/Wu (2002), S. 359.
271 Vgl. Richardson/Tuna/Wu (2002), S. 358–359.
272 Vgl. Richardson/Tuna/Wu (2002), S. 358–359.

Die vorgelagerten gesamten Periodenabgrenzungen ACC_{t-1} sollen den beständigen Anteil der gesamten Periodenabgrenzungen erfassen.[273]

Die Variable SALESGROWTH ist die Veränderung des Umsatzes der aktuellen Periode zur Folgeperiode. Sie wird im Gegensatz zur Variable $\Delta SALES_t$ nicht mit dem Gesamtvermögen der Vorperiode, sondern mit dem Umsatz der aktuellen Periode skaliert. Die Autoren erwarten, dass stark wachsende Unternehmen aufgrund des wachstumsbedingten Anstiegs der Vorräte besonders große Periodenabgrenzungen aufweisen. Dieser Anstieg der Vorräte wird in beiden Jones-Modellen als gesteuerte Periodenabgrenzungen erfasst.[274] Um das Unternehmenswachstum zu berücksichtigen, wird dem Modell die Variable SALESGROWTH hinzugefügt.[275]

Die Aufteilung der Veränderung der Forderungen aus Lieferungen und Leistungen in einen gesteuerten und ungesteuerten Anteil ist den bisherigen Vorgehensweisen der beiden Jones-Modelle überlegen. Die Bestimmung des Faktors k ist zu kritisieren. Die Regression von Gleichung (4.23), S. 57 hat aufgrund simultaner Kausalität ein Endogenitätsproblem. Ist die Veränderung der Forderungen bedingt durch Umsatzschwankungen oder war eine Veränderung der Forderungen ursächlich für eine Veränderung des Umsatzes? Für letzteres spräche eine Gewinnsteuerung durch Umsatzsteigerung mit Hilfe außergewöhnlich kundenfreundlicher Konditionen bei Verkäufen auf Ziel. Die gewünschte Umsatzsteigerung ist durch die laxen Absatzbedingungen erkauft, die einen übermäßigen Anstieg der Forderungen aus Lieferungen und Leistungen zur Folge haben. Das Aufteilungskriterium, um erklärte und nicht erklärte Veränderung in ungesteuerte und gesteuerte Periodenabgrenzungen zu unterteilen, ist die mittlere Veränderung des Umsatzes der jeweiligen Stichprobe. Je größer die Stichprobenstreuung von $\Delta SALES_t$ ist, desto größer wird auch der gesteuerte Anteil der Veränderungen der Forderungen aus Lieferungen und Leistungen. Es ist weiterhin von einem Messfehler bei der Aufteilung der Veränderung der Forderungen aus Lieferungen und Leistungen in gesteuerte und ungesteuerte Periodenabgrenzungen auszugehen. Geht man von der plausiblen Erwartung aus, dass ein Teil der Veränderungen aus Lieferungen und Leistungen gesteuert ist, ist das Vorgehen von Dechow/Richardson/Sloan dennoch zweckmäßig, da es den Messfehler der gesteuerten Periodenabgrenzungen μ bzw. η reduziert.

---

273 Vgl. Chambers (1999), S. 10–11 und Richardson/Tuna/Wu (2002), S. 359.

274 Vgl. McNichols (2000), S. 327, so zitiert bei Richardson/Tuna/Wu (2002), S. 359.

275 Vgl. Richardson/Tuna/Wu (2002), S. 359.

Die Begründung für die Hinzunahme der gesamten Periodenabgrenzungen der Vorperiode ist mangelhaft. Da die gesamten Periodenabgrenzungen als eine Veränderung von Bestandsgrößen über einen Zeitraum definiert sind, ist ein beständiger Anteil irreführend. Nimmt man an, dass die Periodenabgrenzungen von einem *random-walk*-Prozess des Umsatzes abhängen, reicht $\Delta SALES_t$ als erklärende Variable.[276] Akzeptiert man die Verwendung der vorgelagerten gesamten Periodenabgrenzungen, wird der beständige Teil der gesamten Periodenabgrenzungen den ungesteuerten Periodenabgrenzungen zugeordnet, ohne dass zwischen gesteuert beständigem und ungesteuert beständigem Anteil unterschieden wird. Ein Messfehler des Typs μ ist die Folge.

Die Verwendung des Umsatzwachstums ist zielführend, sofern es sich beim Umsatzwachstum um eine ausgelassene Variable handelt. Welche zusätzliche Erklärungskraft das Umsatzwachstum gegenüber der Umsatzveränderung besitzt, bleibt unklar. Die Verwendung des zukünftigen Umsatzwachstums führt dazu, dass mit dem Modell keine Periodenabgrenzungen prognostiziert werden können. Hinsichtlich einer retrospektiven Analyse der gesteuerten Periodenabgrenzungen bestehen keine Einschränkungen. Die Hinzunahme einer ausgelassenen Variablen reduziert den Messfehler des Typs μ.

4.2.5.7 Larcker/Richardson-Modell

Larcker/Richardson erweitern das modifizierte Jones-Modell um die Variablen Buchwert-Marktwert-Verhältnis (*book-to-market-ratio*/BM) und operativer Cashflow (CFO). Das Buchwert-Marktwert-Verhältnis wird als Stellvertretergröße für Unternehmenswachstum verwendet, während der operative Cashflow für wirtschaftliche Leistung des Unternehmens kontrollieren soll:[277]

$$(4.24) \qquad NDAEST_{i\tau} = b_1 + b_2\left(\Delta SALES_{i\tau} - \Delta REC_{i\tau}\right) + b_3 PPE_{i\tau} + b_4 BM_{i\tau} + b_5 CFO_{i\tau}.$$

Die Variable BM steht für das Verhältnis vom Buchwert des Eigenkapitals zum Marktwert des Eigenkapitals. Die Autoren erwarten, dass stark wachsende Unternehmen besonders große Periodenabgrenzungen aufweisen.[278] Ein Teil der Periodenabgrenzungen soll auf den Anstieg der Vorräte zurückzuführen sein. Sie unterstellen, dass dieser wachstumsbedingte Anstieg der Vorräte in beiden Jones-Modellen als gesteuerte Periodenabgrenzungen erfasst wird. Unternehmenswachstum ist für sie folglich eine ausgelassene Variable. Dechow/Sloan/

276 Vgl. Dechow/Kothari/Watts (1998), S. 135–138.

277 Vgl. Larcker/Richardson (2004), S. 634.

278 Vgl. McNichols (2000), S. 327, so zitiert bei Larcker/Richardson (2004), S. 634.

Sweeney stellen fest, dass bei beiden Jones-Modellen für Unternehmen mit hoher wirtschaftlicher Leistungskraft die Trennschärfe zwischen gesteuerten und ungesteuerten Periodenabgrenzungen zurückgeht. Um die Trennschärfe des Modells bei Unternehmen mit hoher Wirtschaftsleistung zu verbessern, fügen die Autoren die Variable CFO_t hinzu.[279]

Die Erklärungskraft des Modells ist mit einem Bestimmtheitsmaß von 0,3 vergleichsweise hoch.[280] Gegen eine Erweiterung des Jones-Modells ist angesichts des Problems ausgelassener Variablen grundsätzlich nichts einzuwenden. Vor dem Hintergrund des McNichols-Modells ist die Erweiterung um CFO_t unvollständig. Eine Erweiterung um die operativen Cashflows der Vorperiode CFO_{t-1} und der Folgeperiode CFO_{t+1} erscheint zweckmäßig. Durch Hinzunahme einer ausgelassenen Variablen wird eine Reduktion des Messfehlers des Typs μ erreicht.

Die Verwendung des Buchwert-Marktwert-Verhältnisses als Maß für Unternehmenswachstum impliziert die Überzeugung, dass die Wachstumspotentiale am Kapitalmarkt korrekt erkannt und eingepreist werden. Da Wachstumsmöglichkeiten nur einer von vielen Einflussfaktoren auf den Aktienkurs sind, kann das Buchwert-Marktwert-Verhältnis auch nur eine Näherungsgröße für das Unternehmenswachstum sein. Zudem kann es zu einer systematischen Unterschätzung der Wachstumsmöglichkeiten von Unternehmen kommen, die ein kapitalintensives Geschäftsmodell verfolgen – also vergleichsweise hohe Buchwerte aufweisen. Die Hinzunahme einer ausgelassenen Variablen verringert den Messfehler des Typs μ.

4.2.5.8 Performance-Modell

Kothari/Leone/Wasley verwenden die Gesamtkapitalrentabilität (*return on assets*/ROA) als Kontrollvariable für extreme Wirtschaftsleistung. Gleichung (4.25), S. 60 zeigt das Jones-Modell mit $ROA_{i\tau \text{ oder } \tau-1}$ als weitere erklärende Variable:[281]

$$\text{(4.25)} \qquad NDAEST_{i\tau} = b_1 + b_2 \Delta SALES_{i\tau} + b_3 PPE_{i\tau} + b_4 ROA_{i\tau \text{ oder } \tau-1}.$$

279 Vgl. Larcker/Richardson (2004), S. 634.

280 Es handelt sich dabei um einen Durchschnittswert. Die Autoren schätzen für den Zeitraum von 1998 bis 2001 jedes Jahr 648 Jahres-Branchen-Querschnitte. Die Stichprobe US-amerikanischer Unternehmen umfasst insgesamt 62.417 Unternehmensjahre. Vgl. Larcker/Richardson (2004), S. 635–636.

281 Vgl. Kothari/Leone/Wasley (2005), S. 174.

Im Gegensatz zu den restlichen Variablen wird $ROA_{i\tau \text{ oder } \tau-1}$ nicht mit der Bilanzsumme des Vorjahres normiert, weil $ROA_{i\tau \text{ oder } \tau-1}$ durch seine Operationalisierung – Jahresüberschuss $INC_{i\tau \text{ oder } \tau-1}$ dividiert durch die Bilanzsumme $ASSETS_{i\tau-1}$ – bereits normiert ist. Kothari/Leone/Wasley begründen die Verwendung von $ROA_{i\tau \text{ oder } \tau-1}$ als erklärende Variable mit Intuition[282] und Hinweisen aus vorangegangenen Beiträgen.[283] Aufgrund der wenig theoriegeleiteten Begründung der Verwendung von $ROA_{i\tau \text{ oder } \tau-1}$ als erklärende Variable stehen sie ihrem Vorschlag selbst aber skeptisch gegenüber.[284] Sie verwenden das Modell daher nur zu Vergleichszwecken für das im selben Beitrag entwickelte Matching-Verfahren.[285]

4.2.6 Instrumentalvariablen-Verfahren als Alternative zur KQ-Schätzung

4.2.6.1 Forschungsdesign

Kang/Sivaramakrishnan entwickeln nicht nur ein alternatives Modell für die Schätzung ungesteuerter Periodenabgrenzungen,[286] sondern sie versuchen auch die negativen Auswirkungen von kausaler Simultanität und Messfehlern in den Variablen durch Verwendung von Instrumentalvariablen zu beseitigen.[287]

Bei einer Regression wird der Einfluss der erklärenden Variable X auf die zu erklärende Variable Y untersucht. Durch Endogenität ist dieser Einfluss durch die Korrelation von X mit dem Störterm ε *verunreinigt*. Die Variable X besitzt somit eine erwünschte exogene Streuung, die aus der Korrelation mit Y resultiert, und eine weitere unerwünschte endogene Streuung aufgrund der Korrelation mit ε. Ziel des Instrumentalvariablen-Verfahrens ist es, die Gesamtstreuung von X in exogene und endogene Streuung aufzuteilen. Um dieses Ziel zu erreichen, sind zusätzliche Informationen in Form sogenannter Instrumentalvariablen (IV) notwendig. Die Instrumentalvariablen Z müssen relevant ($Cov(Z, X) \neq 0$) und exogen ($Cov(Z, \varepsilon) = 0$) sein. Mit ihrer Hilfe kann die unerwünschte endogene

282 Vgl. Kothari/Leone/Wasley (2005), S. 173.

283 Vgl. Barber/Lyon (1996); Lyon/Barber/Tsai (1999) oder Ikenberry/Lakonishok/Vermaelen (1995). So zitiert bei Kothari/Leone/Wasley (2005), S. 169.

284 Vgl. Kothari/Leone/Wasley (2005), S. 166.

285 Vgl. Kothari/Leone/Wasley (2005), S. 173–174.

286 Vgl. Kang/Sivaramakrishnan (1995), S. 356–358. Für eine Diskussion des Modells vgl. Abschnitt 4.2.5.2.

287 Vgl. Kang/Sivaramakrishnan (1995), S. 358.

Streuung der Variable X herausgefiltert werden, sodass der Effekt von X auf Y unverzerrt messbar ist.[288]

In einer Simulationsstudie vergleichen die Autoren ihren Ansatz mit dem Jones-Modell.[289] Für das Jones-Modell wird ein KQ-Schätzer verwendet. Beim Modell von Kang/Sivaramakrishnan kommt neben einem Instrumentalvariablen-Schätzer (IV Schätzer) die Schätzmethode der verallgemeinerten Momente (GMM-Schätzer) zum Einsatz.[290] Als Instrumentalvariablen werden eine Konstante sowie die zweifach und dreifach vorgelagerten Werte[291] der abhängigen Variable und der unabhängigen Variablen verwendet. Einfach vorgelagerten Werte werden nicht verwendet, um eine mögliche Autokorrelation der Periodenabgrenzungen zu vermeiden.[292]

Die Autoren entwerfen hierzu ein einfaches Testverfahren, bei dem nur in Periode T Gewinnsteuerung vermutet wird.[293] Es werden 100 Durchgänge simuliert. In jedem Durchgang werden zufällig 100 Unternehmen gezogen. Für jedes gezogene Unternehmen wird zufällig eine Ereignisperiode T festgelegt.

---

288 Vgl. Kennedy (2008), S. 137–146; Angrist/Pischke (2009), S. 114–127; Cameron/Trivedi (2010), S. 177–182; Wooldridge (2010), S. 89–114; Greene (2012), S. 259–274; von Auer (2013), S. 477–497 oder Wooldridge (2013), S. 495–512.

289 Die Datenbasis der Simulation sind US-Unternehmen aus dem Jahr 1992 der Compustat-Datenbank. Aus der Stichprobe werden alle Banken und Finanzdienstleister, alle insolventen Unternehmen und alle Unternehmen mit weniger als acht Beobachtungen herausgenommen. Es bleibt eine Stichprobe mit 2.829 Unternehmen; vgl. Kang/Sivaramakrishnan (1995), S. 359–360.

290 Neben dem IV-Schätzer und dem GMM-Schätzer gibt es noch die Methode der zweistufigen kleinsten Quadrate (ZSKQ). Der GMM-Schätzer ist die allgemeine Variante des IV-Schätzers bzw. des ZSKQ-Methode; vgl. Hayashi (2000), S. 186. Die ZSKQ-Methode findet Anwendung, wenn mehr Instrumentalvariablen als endogene Regressoren zur Verfügung stehen. Instrumentalvariablen werden für alle Varianten benötigt, daher ist die Diskussion über die Eigenschaften der Instrumente für alle Varianten relevant.

291 Bei zweifach vorgelagerten Werten wird für die endogene Variable X_{it} der Wert der Variable aus der Periode t–2 verwendet, bei dreifacher Verzögerung der Wert aus der Periode t–3.

292 Vgl. Kang/Sivaramakrishnan (1995), S. 358–359.

293 Der Test wird mit drei unterschiedlichen Stichproben durchgeführt. Beim ersten Test gibt es keine Einschränkungen hinsichtlich der Stichprobe. Bei der zweiten Runde werden nur Unternehmen in die Stichprobe aufgenommen, die einen gestiegenen operativen Vorsteuergewinn in Periode T im Vergleich zum Vorjahr ausgewiesen haben. Der dritte Test beschränkt die Stichprobe auf Unternehmen, deren operativer Vorsteuergewinn in Periode T im Vergleich zum Vorjahr zurückgegangen ist.

Die Forscher addieren in Periode T positive Beträge auf die Periodenabgrenzungen. Im Mittel wird ein Wert in Höhe von 2% der jeweiligen Bilanzsumme addiert. Die Aufteilung erfolgt zufällig auf die verschiedenen Periodenabgrenzungsposten. Der absolute Betrag der Manipulation ist somit für jedes Unternehmen verschieden und auch immer unterschiedlich auf die einzelnen Periodenabgrenzungen verteilt. Eine genauere Erläuterung der Manipulation der Periodenabgrenzungen erfolgt nicht.[294] Die Autoren wollen mit der Simulation zwei Fragen beantworten:[295]

1) Wie häufig übersehen die Modelle vorhandene Gewinnsteuerung (Häufigkeit des Fehlers 2. Art)?
2) Wie wahrscheinlich ist es, dass die Modelle fälschlicherweise Gewinnsteuerung erkennen (Häufigkeit des Fehlers 1. Art)?

Um die erste Frage zu beantworten, zählt man, wie häufig die Nullhypothese[296] nicht verworfen wird, obwohl sie wegen der künstlich hinzugefügten Gewinnsteuerung falsch ist. Um die zweite Frage zu beantworten, wird keine Gewinnsteuerung künstlich hinzugefügt, d.h. die Nullhypothese ist richtig. Man zählt nun, wie häufig die Nullhypothese verworfen wird, obwohl sie wahr ist.[297]

4.2.6.2 Ergebnisse

Das Jones-Modell (KQ-Schätzer) erkennt im Durchschnitt 23% der Fälle von Gewinnsteuerung. Für das Kang/Sivaramakrishnan-Modell (IV-Schätzer) wird die Nullhypothese in durchschnittlich 33% der Fälle richtigerweise verworfen. Noch besser schneidet das Kang/Sivaramakrishnan-Modell ab, wenn der GMM-Schätzer verwendet wird. Im Mittel werden hier 47% der Fälle von Gewinnsteuerung erkannt.[298]

Im Test auf den Fehler 1. Art – auch α-Fehler genannt – schließt das Jones-Modell bei der uneingeschränkten Stichprobe in durchschnittlich 8% der Fälle fälschlicherweise auf Gewinnsteuerung. Beschränkt man die Stichprobe auf Unternehmen mit einem gestiegenen operativen Vorsteuergewinn in Periode T,

---

294 Es wird auf ein nicht mehr verfügbares Arbeitspapier verwiesen; vgl. Kang/Sivaramakrishnan (1995), S. 360, Fn. 18.

295 Vgl. Kang/Sivaramakrishnan (1995), S. 360–361.

296 Die Nullhypothese lautet: Es liegt keine Gewinnsteuerung vor.

297 Die Stichproben werden zufällig gezogen. Die Autoren unterstellen daher, dass im Mittel keine Gewinnsteuerung vorliegt; vgl. Kang/Sivaramakrishnan (1995), S. 360, Fn. 16.

298 Vgl. Kang/Sivaramakrishnan (1995), S. 361–363.

steigt der Fehler auf 10%. Für Unternehmen mit einem Rückgang des operativen Vorsteuergewinns liegt die Häufigkeit des α-Fehlers bei 22%. Das Kang/Sivaramakrishnan-Modell liefert mit beiden Schätzvarianten bessere Ergebnisse. Der Fehler 1. Art für das Kang/Sivaramakrishnan-Modell beträgt für die unbeschränkte Stichprobe 7%, für die Stichprobe aus Unternehmen mit gestiegenem operativem Vorsteuergewinn 7% und für die Stichprobe aus Unternehmen mit gesunkenem operativen Vorsteuergewinn 10%. Bei einer GMM-Schätzung schließt es im Durchschnitt in 5%, 4% bzw. 7% der Fälle der jeweiligen Stichprobe fälschlicherweise auf Gewinnsteuerung.[299]

Die Ergebnisse sprechen für das Kang/Sivaramakrishnan-Modell. Es erscheint in beiden Tests dem Jones-Modell überlegen Auch für die Schätzmethode ergibt sich ein eindeutiges Bild. Der GMM-Schätzer liefert in allen Fällen bessere Ergebnisse als der IV-Schätzer. Eine Sensitivitätsanalyse hinsichtlich des Umfangs der induzierten Periodenabgrenzungen bestätigt die Ergebnisse des Tests auf den Fehler 2. Art. Eine Verdopplung der Manipulation auf 4% der Bilanzsumme lässt die Erkennungsraten auf 75% (Jones-Modell, KQ-Schätzer), 77% (Kang/Sivaramakrishnan-Modell, IV-Schätzer) und 89% (Kang/Sivaramakrishnan-Modell, GMM-Schätzer) ansteigen. Eine Halbierung der Manipulation auf 1% der Bilanzsumme verringert die Entdeckungswahrscheinlichkeit von Gewinnsteuerung deutlich. Das Jones-Modell erkennt nur in 3% der Fälle Gewinnsteuerung. IV-Schätzer und GMM-Schätzer liefern für das IV-Modell mit 14% und 18% ebenfalls schlechtere Erkennungsraten.[300]

4.2.6.3 Würdigung

Die Testergebnisse sprechen auf den ersten Blick eindeutig für das Kang/Sivaramakrishnan-Modell. Es bleibt jedoch offen, ob die besseren Ergebnisse auf das Modell oder auf die Schätzverfahren zurückzuführen sind. Das Jones-Modell wird von den Autoren nur mit der KQ-Methode geschätzt. Folglich ist ein fairer Vergleich der beiden Modelle unmöglich. Kang/Sivaramakrishnan vergleichen in ihrem Beitrag vielmehr Äpfel mit Birnen.

Es ist schwierig, Instrumentalvariablen Z zu finden, die relevant und exogen sind. Ein gutes Instrument korreliert nicht mit dem Störterm (exogen); gleichzeitig korreliert es möglichst stark mit der problembehafteten Variable X (relevant). Ein schwaches Instrument besitzt im Gegensatz dazu nur eine schwache Korrelation mit der problembehafteten Variablen X; schwache Instrumente haben also

299 Vgl. Kang/Sivaramakrishnan (1995), S. 361–363.
300 Vgl. Kang/Sivaramakrishnan (1995), S. 363.

eine geringere Relevanz als gute Instrumente. Schlechte Instrumente korrelieren mit dem Störterm; sie sind somit nicht exogen.[301]

Instrumente können auf ihre geforderten Eigenschaften Exogenität und Relevanz geprüft werden. Hinweise für die Relevanz der gewählten Instrumente liefert ein F-Test auf Signifikanz der ersten Stufe des ZSKQ-Verfahrens. Eine genaue Untersuchung der Relevanz der einzelnen Instrumente ist nicht möglich. Es kann nur eine Aussage über die Relevanz der verwendeten Instrumente als Ganzes getroffen werden. Als Faustregel geben Stock/Wright/Yogo bei einer Anzahl von 1, 2, 3, 5, 10 und 15 Instrumenten 8,96, 11,59, 12,83, 15,09, 20,88 und 26,80 als untere Grenzwerte für den F-Test vor.[302] Für den Fall überidentifizierter Regressionskoeffizienten – die Anzahl der Instrumente ist größer als die Anzahl der endogenen erklärenden Variablen – kann der Sargan-Test durchgeführt werden. Mit seiner Hilfe können Instrumente auf ihre Exogenität geprüft werden. Kang/Sivaramakrishnan führen keine dieser Tests für ihre Instrumente durch. Es gibt keine statistischen Hinweise, dass ihre Instrumente valide sind.

In einer Monte-Carlo-Simulation untersuchen Larcker/Rusticus die Auswirkungen schwacher und schlechter Instrumente auf die ZSKQ-Methode. Sie vergleichen den KQ-Schätzer mit der ZSKQ-Methode in mehreren Szenarien. Im ersten Fall ist das Instrument nicht mit dem Störterm ε korreliert. Die Korrelation zwischen X und Z ist mit einem Wert von 0,001 gering; das Instrument ist kaum relevant. Unter diesen Bedingungen hat die ZSKQ-Methode keinen Vorteil gegenüber einer KQ-Regression bei Endogenität. Die Ergebnisse sind in beiden Fällen verzerrt. Steigt die Korrelation zwischen Instrument und endogener Variable auf 0,3, ist die ZSKQ-Methode für jedes Endogenitätsniveau dem KQ-Schätzer vorzuziehen. Bei einer Korrelation des Instruments Z mit dem Störterm ε von 0,1 führt auch die ZSKQ-Methode zu verzerrten Ergebnissen. Ist das verwendete Instrument nicht nur schlecht, sondern zudem noch schwach, sind die Schätzwerte der ZSKQ-Methode noch schlechter als die eines KQ-Schätzers. Erst bei stärkeren Instrumenten ist die ZSKQ-Methode wieder überlegen, aber trotz allem auch verzerrt.[303]

Mit der Verwendung zeitlich vorgelagerter Variablen als Instrumente wird implizit eine Annahme über das Verhalten des exogenen und endogenen Teils des Regressors getroffen. Es wird unterstellt, dass der exogene Teil bestehen bleibt, während der endogene Anteil verschwindet.[304] Es ist schwer vorstellbar,

301 Vgl. Murray (2006), S. 2.

302 Vgl. Stock/Wright/Yogo (2002), S. 522.

303 Vgl. Larcker/Rusticus (2010), S. 193–195.

304 Vgl. Larcker/Rusticus (2010), S. 196.

dass vorgelagerte Rechnungslegungsvariablen keinen endogenen Anteil mehr aufweisen. Um einen periodengerechten Gewinnausweis zu ermöglichen, werden Aufwendungen und Erträge in Bestandsgrößen, wie Vorräte, Forderungen oder Verbindlichkeiten, in der Bilanz gespeichert. Ist Gewinnsteuerung kein einmaliges Ereignis, sondern eine kontinuierliche Maßnahme, werden die vorgelagerten Werte der Variablen einen endogenen Anteil aufweisen.

Neben den erwähnten vorgelagerten Werten der erklärenden Variablen haben die beiden Autoren weitere Instrumentalvariablen ausprobiert. In einer Fußnote erwähnen sie, dass es sich dabei unter anderem um den Marktwert des Eigenkapitals, Investitionen und langfristige Verbindlichkeiten handelt. Im Unterschied zu den anderen Instrumenten verwenden sie hier gleichzeitige Werte, das heißt die Werte der Instrumente und die Werte der Regressionsvariablen sind aus der gleichen Periode. Eine Begründung, warum diese Instrumente geeignet sein sollen, erfolgt nicht. Eine ökonometrische Prüfung, ob diese Instrumente den Anforderungen an Exogenität oder Relevanz genügen, findet nicht statt. Die quantitativen Ergebnisse auf Basis dieser Instrumente sind nicht veröffentlicht. Es wird nur eine qualitative Aussage getroffen, dass die Ergebnisse mit diesen Instrumenten geringfügig besser sind.[305]

Der Instrumentalvariablen-Ansatz von Kang/Sivaramakrishnan wird abgesehen von einem Arbeitspapier Kangs[306] nur noch von Thomas/Zhang[307] aufgegriffen.[308] Zudem wird der Ansatz ausschließlich für das Kang/Sivaramakrishnan-Modell verwendet. Es stellt sich die Frage, warum der (das) anscheinend so überlegene Schätzansatz (Modell) keine weitere Verbreitung in der Literatur gefunden hat. Eine Ursache könnte sein, dass sich die Überlegenheit nur bei Simulationsstudien zeigt und bei Analysen *echter* Daten keine Vorteile mehr zu erkennen sind. Ein anderer Grund könnte sein, dass der Ansatz zu gut funktioniert. Der Instrumentalvariablen-Ansatz von Kang/Sivaramakrishnan findet keine falsche Korrelation zwischen gesteuerten Periodenabgrenzungen und dem untersuchten Ereignis, während eine Schätzung mit der KQ-Methode zur

---

305 Vgl. Kang/Sivaramakrishnan (1995), S. 359, Fn. 13.

306 Vgl. Kang (1999).

307 Vgl. Thomas/Zhang (2000), wobei die Autoren in ihrem Beitrag keine gesteuerten Periodenabgrenzungen entdecken wollen, sondern versuchen, die gesamten Periodenabgrenzungen zu prognostizieren; vgl. Babalyan (2004), S. 63.

308 Gegen eine Replikation des Ansatzes von Kang/Sivaramakrishnan in der eigenen empirischen Simulationsstudie in Kapitel 6 spricht die starke Verkleinerung des Stichprobenumfangs, die mit der Schätzung des Kang/Sivaramakrishnan-Modell einherginge.

Bestätigung der Hypothese des Forschers führt: Gewinnsteuerung – gemessen mit gesteuerten Periodenabgrenzungen – hängt mit dem Untersuchungsgegenstand zusammen. In diesen Fällen könnte der Forscher versucht sein, die letztere Variante zu verwenden.[309]

4.2.7 Matching-Verfahren

Dechow/Sloan/Sweeney stellen fest, dass gesteuerte Periodenabgrenzungen auf Basis der beiden Jones-Modelle für Unternehmensjahre mit hohen (niedrigen) Jahresüberschüssen größer (kleiner) als erwartetet sind. Die Vermutung liegt nahe, dass die beiden Jones-Modelle für Stichproben von Unternehmensjahren mit extremer Wirtschaftsleistung fehlspezifiziert sind.[310] Kothari/Leone/Wasley schlagen als Lösung ein Matching-Verfahren vor.[311] Es basiert auf folgender Aufteilung der gesteuerten Periodenabgrenzungen:[312]

$$\text{(4.26)} \qquad DAP_{it} = DA_{it}^{Treat.} + DA_{it}^{Other} + DA_{it}^{Perf.} + \nu_{it} - DA_{it}^{Perf.}.$$

Die gesteuerten Periodenabgrenzungen, für die der Behandlungseffekt[313] ursächlich ist, werden als $DA_{it}^{Treat.}$ bezeichnet. Mit DA_{it}^{Other} werden die gesteuerten Periodenabgrenzungen bezeichnet, die nicht auf dem Behandlungseffekt beruhen. Die Variable $DA_{it}^{Perf.}$ bezeichnet die ungesteuerten Periodenabgrenzungen, die aufgrund der Unternehmensleistung fälschlicherweise den gesteuerten Periodenabgrenzungen zugeordnet wurden. $DA_{it}^{Perf.}$ ist also nichts anderes als ein

---

309 Vgl. Babalyan (2004), S. 63. Einen Anreiz für ein solches unsauberes wissenschaftliches Arbeiten könnte im Verhalten der Gutachter im peer-review-Prozess begründet sein. McNichols führt an, dass vor allem Beiträge publiziert werden, die Gewinnsteuerung nachweisen; vgl. McNichols (2000), S. 322–323; so auch zitiert von Babalyan (2004), S. 63.

310 Vgl. Dechow/Sloan/Sweeney (1995), S. 208 und S. 212. Kothari/Leone/Wasley (2005), S. 181–183 bestätigen diese Ergebnisse.

311 Vgl. Kothari/Leone/Wasley (2005), S. 169. Die Idee eines Matching-Verfahrens wurde bereits von Teoh/Wong/Rao (1998), S. 151–152, Kasznik (1999), S. 68 oder Klein (2002), S. 381 aufgegriffen. Das hier vorgestellte Matching in Abhängigkeit der Unternehmensleistung fand in der Literatur aber eine deutlich größere Verbreitung als die anderen Ansätze; vgl. Keung/Shih (2014), S. 763.

312 Vgl. Kothari/Leone/Wasley (2005), S. 169; Keung/Shih (2014), S. 741–744.

313 Mit Behandlungseffekt ist der Effekt gemeint, den der Untersuchungsgegenstand – zum Beispiel der Bruch von *Covenants* oder eine Kapitalerhöhung – auf die gesteuerten Periodenabgrenzungen besitzt. Unter idealen Bedingungen ließe sich dieser Effekt isoliert betrachten.

Messfehler, der mit der Wirtschaftsleistung des Unternehmens korreliert. Der Term $\nu_{it} - DA_{it}^{Perf.}$ ist der bereits aus Abschnitt 3.1 bekannte Messfehler ν_{it} abzüglich $DA_{it}^{Perf.}$.[314]

Kothari/Leone/Wasley verwenden die Gesamtkapitalrendite (*return on assets*/ ROA) als Matching-Kriterium. Die Autoren spalten die Stichprobe in eine Behandlungs- und eine Kontrollgruppe auf. In der Behandlungsgruppe sind die Unternehmensjahre, die aufgrund des Behandlungseffekts der Gewinnsteuerung verdächtigt werden (PART = 1). Die Unternehmensjahre der Kontrollgruppe unterliegen nicht dem Behandlungseffekt. Bei ihnen können die Gewinne aber aus anderen Motiven gesteuert sein. Kothari/Leone/Wasley nehmen implizit an, dass die gesteuerten Periodenabgrenzungsanteile DA_{it}^{Other} und $DA_{it}^{Perf.}$ eines Unternehmensjahrs der Behandlungsgruppe genauso groß sind wie die ihres Gegenstücks aus der Kontrollgruppe. Ist diese Annahme erfüllt, erfassen die gesteuerten Periodenabgrenzungen des Matching-Verfahrens ausschließlich den Behandlungseffekt. Das gesamte Ausmaß an Gewinnsteuerung ist mit dieser Methode somit nicht zu erfassen.[315]

Um $DA_{it}^{Treat.}$ zu bestimmen, werden zunächst die gesteuerten Periodenabgrenzungen DAP_{it} geschätzt. Für die Unternehmensjahre der Behandlungsgruppe werden dann geeignete Unternehmensjahre aus der Kontrollgruppe gesucht. In der Kontrollgruppe sind nur Unternehmensjahre, die derselben zweistelligen SIC-Branche und desselben Geschäftsjahrs angehören wie das verdächtige Unternehmensjahr. Das Kontrollunternehmensjahr wird das Unternehmensjahr der Kontrollgruppe, dessen ROA_{it} bzw. ROA_{it-1} am nächsten zum ROA_{it} bzw. ROA_{it-1} des verdächtigen Unternehmensjahrs liegt. Im letzten Schritt zieht man von den gesteuerten Periodenabgrenzungen des verdächtigen Unternehmens ($DAP_{it\ (PART\ =\ 1)}$) die gesteuerten Periodenabgrenzungen des Gegenstücks ($DAP_{it\ (Match)}$) ab:[316]

(4.27) $$DA_{it}^{Treat.} = DAP_{it|Matched} = DAP_{it|PART=1} - DAP_{it|Match},$$

sofern gilt

(4.28) $$DA_{it|PART=1}^{Other} + DA_{it|PART=1}^{Perf.} = DA_{it|Match}^{Other} + DA_{it|Match}^{Perf.} \text{ und } \nu_{it} - DA_{it}^{Perf.} = 0.$$

314 Für die weiteren Ausführungen zum Matching-Verfahren hat der Term keine Bedeutung.

315 Vgl. Kothari/Leone/Wasley (2005), S. 171.

316 Vgl. Kothari/Leone/Wasley (2005), S. 174–175.

Durch das Matching mit einer Vergleichsgruppe kann unter idealen Bedingungen der Behandlungseffekt auf die gesteuerten Periodenabgrenzungen isoliert werden. Wenn man davon ausgeht, dass die gesteuerten Periodenabgrenzungen mit einem Messfehler ν_{it} bestimmt werden, dann verringert das Matching-Verfahren den Messfehler ν_{it} um $DA_{it}^{Perf.}$.[317] Dadurch sinkt die Wahrscheinlichkeit, die Nullhypothese abzulehnen, obwohl sie wahr ist (Häufigkeit des Fehlers 1. Art sinkt).[318]

Es ist wichtig, Unternehmensjahre für die Kontrollgruppe zu identifizieren, die nicht durch den Behandlungseffekt betroffen sind, aber dennoch eine große Ähnlichkeit mit den Unternehmensjahren der Behandlungsgruppe besitzen. Je unterschiedlicher Kontroll- und Behandlungsgruppe sind, desto wahrscheinlicher ist es, dass die gesteuerten Periodenabgrenzungen des Matching-Verfahrens nicht nur den Behandlungseffekt widerspiegeln.[319] Die Teststärke nimmt ab, weil die gesteuerten Periodenabgrenzungen $DAP_{it|Match}$ mit einem Messfehler μ bestimmt werden. In Folge sinkt die Wahrscheinlichkeit, die Nullhypothese abzulehnen, wenn sie falsch ist (Häufigkeit des Fehlers 2. Art steigt).[320]

Keung/Shih stellen in der Literatur einen unkritischen Umgang mit dem Matching-Verfahren fest.[321] Kothari/Leone/Wasley entwickelten das Verfahren ausdrücklich für Stichproben, die eine Selektionsverzerrung hinsichtlich der Wirtschaftsleistung aufweisen.[322] Vielfach wird in der Literatur darauf verzichtet, diese Selektionsverzerrung der Stichprobe aufzuzeigen oder wenigstens zu diskutieren. Vielmehr wird das Matching als ein Standard-Verfahren verwendet, ohne dass eine Abwägung der Kosten und Nutzen erfolgt.[323]

---

317 Der Absatz hat nur Gültigkeit, wenn extreme Unternehmensleistung in der Stichprobe ein Problem für die Schätzung gesteuerter Periodenabgrenzungen darstellt.

318 Vgl. Kothari/Leone/Wasley (2005), S. 195. Tritt der Fehlers 1. Art seltener auf, steigt die Wahrscheinlichkeit eines Fehlers 2. Art, weil Fehler 1. Art und Fehler 2. Art in einer Austauschbeziehung zueinander stehen; vgl. Kothari/Leone/Wasley (2005), S. 191.

319 Es kann nicht vorausgesetzt werden, dass Unternehmensjahre der gleichen Branche die gewünschte Homogenität bei der Natur ihrer Periodenabgrenzungen aufweisen; vgl. hierzu in Abschnitt 4.2.4, S. 39, Fn. 219.

320 Vgl. Kothari/Leone/Wasley (2005), S. 195; Dechow et al. (2012), S. 282; Keung/Shih (2014), S. 738 und S. 741.

321 Sie überprüften die Beiträge der Rechnungslegungszeitschriften RAST, CAR, JAE, JAR und AR im Zeitraum 2005 bis 2011. Das Matching-Verfahren wurde in 64 Beiträgen verwendet; vgl. Keung/Shih (2014), S. 738–740.

322 Vgl. Kothari/Leone/Wasley (2005), S. 195.

323 Vgl. Keung/Shih (2014), S. 738 und S. 741.

Es besteht die Möglichkeit, dass ein Teil des ROA der Behandlungsgruppe auf Gewinnsteuerung zurückzuführen ist, die auf dem unterstellten Behandlungseffekt beruht. Das Matching ist in diesem Fall zu viel des Guten: Der Behandlungseffekt würde ganz oder teilweise herausgefiltert, auch wenn es gelänge, geeignete Kontrollunternehmen zu identifizieren. Das zeigt folgende Überlegung:[324]

Abbildung 4.2: Wirkung des Matching-Verfahrens.

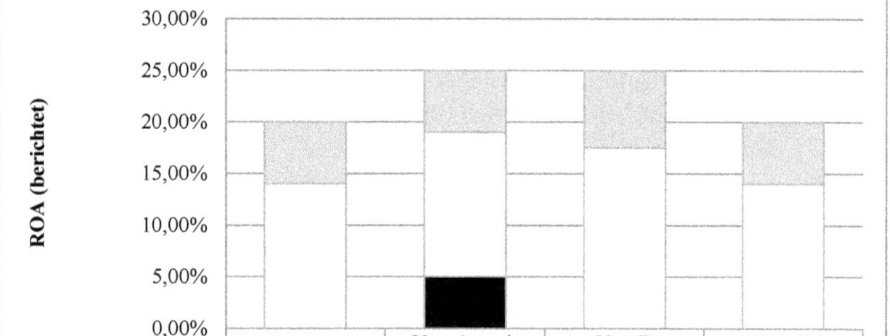

	Unt. A vor Ereignis k	Unt. A nach Ereignis k (PART=1)	Unt. B (empirisches match)	Unt. C (simuliertes match)
DA(Other/Perf.)	6,0%	6,0%	7,5%	6,0%
ROA (ungesteuert)	14,0%	14,0%	17,5%	14,0%
DA (Treat.)	0,0%	5,0%	0,0%	0,0%

In Anlehnung an Keung/Shih (2014), S. 743.

Unternehmen A und C berichten einen ROA von 20%. Unternehmen B berichtet einen ROA von 25%. Die Bilanzsumme aller drei Unternehmen beträgt 100 GE. Der gesteuerte Anteil des berichteten ROA beträgt bei allen drei Unternehmen 30%. Das Ereignis k führt dazu, dass Unternehmen A weitere Gewinnsteuerung i.H.v. 5% seiner Bilanzsumme betreibt. Der ROA von Unternehmen A liegt nun bei 25%. Bei einer empirischen Studie zum Ereignis k kann man den ROA des Unternehmens A nur nach dem Ereignis k beobachten. Unternehmen B berichtet denselben ROA i.H.v. 25% und wird als Gegenstück verwendet. Obwohl ohne Ereignis k bei Unternehmen A und B die gesteuerten Periodenabgrenzungen $DA_{it}^{Other} + DA_{it}^{Perf.}$ 30% des berichteten ROA betragen würden – die Unternehmen

324 Es ist regelmäßig unmöglich, die Ursache der Selektionsverzerrung hinsichtlich der Wirtschaftsleistung festzustellen. Es bleibt daher unklar, wann der Einsatz des Matching-Verfahren sinnvoll ist; vgl. Keung/Shih (2014), S. 741, Fn. 2.

sich bzgl. der Natur ihrer Periodenabgrenzungen also ähnlich sind –, führt das Matching-Verfahren zu einem Messfehler des Behandlungseffekts. Die gesteuerten Periodenabgrenzungen von Unternehmen A $DA^{Other}_{it|Part=1} + DA^{Perf.}_{it|Part=1}$ betragen 6% der Bilanzsumme. Die gesteuerten Periodenabgrenzungen von Unternehmen B $DA^{Other}_{it|Match} + DA^{Perf.}_{it|Match}$ betragen 7,5% der Bilanzsumme. Das bedeutet:[325]

$$DA^{Other}_{it|PART=1} + DA^{Perf.}_{it|PART=1} < DA^{Other}_{it|Match} + DA^{Perf.}_{it|Match}, \tag{4.29}$$

$$\left(DA^{Other}_{it|PART=1} + DA^{Perf.}_{it|PART=1}\right) - \left(DA^{Other}_{it|Match} + DA^{Perf.}_{it|Match}\right) = -\mu, \tag{4.30}$$

$$DAP_{it|Matched} = DA^{Treat.}_{it} - \mu. \tag{4.31}$$

Die Teststärke nimmt ab, weil die gesteuerten Periodenabgrenzungen $DAP_{it|Match}$ mit einem Messfehler μ bestimmt werden. In Folge sinkt die Wahrscheinlichkeit, die Nullhypothese abzulehnen, wenn sie falsch ist (Häufigkeit des Fehlers 2. Art steigt).[326] In Simulationsstudien kann Unternehmen A vor dem Ereignis beobachtet werden, da das Ereignis k künstlich herbeigeführt wird. Man identifiziert dann Unternehmen C als Gegenstück, sodass gilt:[327]

$$DA^{Other}_{it|PART=1} + DA^{Perf.}_{it|PART=1} = DA^{Other}_{it|Match} + DA^{Perf.}_{it|Match}. \tag{4.32}$$

Es überrascht somit nicht, dass die Teststärke in empirischen Beiträgen durch das Matching-Verfahren noch geringer ausfällt als aufgrund der Simulationsergebnisse von Kothari/Leone/Wasley zu erwarten war.[328]

4.2.8 Berücksichtigung der bedingten Vorsicht

Die deutsche Rechnungslegung kennt das Vorsichtsprinzip, das im Zusammenhang mit dem Realisations- und dem Imparitätsprinzip seine Wirkung entfaltet. Es leitet den Kaufmann bei Bewertungen und Prognosen unter Unsicherheit

325 Vgl. Keung/Shih (2014), S. 742–744.

326 Vgl. Kothari/Leone/Wasley (2005), S. 195; Dechow et al. (2012), S. 282; Keung/Shih (2014), S. 738 und S. 741. Keung/Shih zeigen, dass der Messfehler sich auch negativ auf die Teststärke von Regressionsanalysen auswirkt, in denen die gesteuerten Periodenabgrenzungen $DAP_{it|Matched}$ die erklärte oder erklärende Variable sind; vgl. Keung/Shih (2014); S. 764–767.

327 Vgl. Keung/Shih (2014), S. 743 und S. 763.

328 Vgl. Keung/Shih (2014), S. 749–753 und S. 763.

und der Nebenbedingung des Kapitalerhaltungsziels.[329] Vorsicht gilt in der Rechnungslegung für die Bewertung, für vorhersehbare Risiken und Verluste und für wertaufhellende Tatsachen.[330] Eine vorsichtige Bewertung betrifft „die Schätzung der Nutzungsdauer von abnutzbaren Vermögensgegenständen, die Wahl der Abschreibungsmethode, die Ermittlung des Wertes von wahrscheinlich nicht vollständig einbringbaren Forderungen und die Ermittlung des Wertes für Verbindlichkeits- und Drohverlustrückstellungen".[331] Alle bis zum Abschlussstichtag entstandenen vorsehbare Risiken und Verluste müssen erfasst sein. Gewinne sind „erst bei Realisation zu erfassen (…), während Risiken und Verluste bereits bei ihrer Entstehung berücksichtigt werden müssen,"[332] was eine Konkretisierung des Imparitätsprinzips[333] bedeutet.[334] Unter wertaufhellende Tatsachen ist zu verstehen: „Umstände, die bei der Bewertung am Abschlussstichtag berücksichtigt werden müssen, können erst im Zeitraum nach dem Stichtag bis zum Tag der Aufstellung des Jahresabschlusses bekannt geworden sein."[335]

Für die IFRS, die für diese Arbeit im Vordergrund stehen, hat das Vorsichtsprinzip im Vergleich zum HGB eine geringere Bedeutung.[336] Der Vorsichtsbegriff[337] wurde 2010 mit der Überarbeitung des Rahmenkonzepts aus den IFRS entfernt.

---

329 Vgl. Leffson (1987), S. 467–470.

330 Vgl. Ballwieser (2013a), S. 160, Rn. 38 bis S. 162, Rn. 48.

331 Ballwieser (2013a), S. 161, Rn. 41.

332 Ballwieser (2013a), S. 161, Rn. 43.

333 Das Imparitätsprinzip besagt, dass „erwartete Gewinnbeiträge nicht antizipiert werden dürfen, (…) [während] Verlustbeiträge schon im Jahr ihres Entstehens vorwegzunehmen" sind; Ballwieser (2013a), S. 167, Rn. 74.

334 Vgl. Ballwieser (2013a), S. 161, Rn. 43.

335 Ballwieser (2013a), S. 162, Rn. 48.

336 Vgl. bspw. Coenenberg/Haller/Schultze (2014), S. 1026 oder Ballwieser (2013a), S. 162, Rn. 50.

337 Die Vorsichts-Definition der IFRS lautete: "the inclusion of a degree of caution in the exercise of the judgments needed in making the estimates required under conditions of uncertainty, such that assets or income are not overstated and liabilities or expenses are not understated". (Paragraph 37 des inzwischen überholten Rahmenkonzepts) Der Wortlaut der Vorsichts-Definition lässt vermuten, dass das ISAB unter Vorsicht nicht die asymmetrische Gewinnermittlung verstand, sondern eine bewusste pessimistische Ausübung der Ermessensspielräume, vgl. Wagenhofer (2004), S. 18; Bradbury (2006), S. 382; Witzleben (2012), S. 16–17; anderer Ansicht Whittington (2008), S. 149. Für eine kritische Würdigung der Tilgung der Vorsicht aus dem Rahmenkonzept vgl. Ballwieser (2014), S. 463–466. Für die empirische Auswertung in Kapitel 6 hat die Tilgung des Vorsichtsbegriffs keine Auswirkungen da der Stichprobenzeitraum weitgehend vor dem Jahr 2010 liegt und das Vorsichtsprinzip durch die

Unberührt bleiben davon das Imparitäts- und Realisationsprinzip. Die beiden Prinzipien sind in den IFRS nicht im Rahmenkonzept festgeschrieben, sondern ergeben sich aus den faktischen Regelungen der einzelnen Standards.[338] Vor dem Hintergrund des neuen Standards IFRS 15 ist die Tilgung des Vorsichtsbegriffs unverständlich, da IFRS 15 wieder auf den Ausdruck zurückgreift.[339]

Um den Begriff der bedingten Vorsicht zu konkretisieren, wird der Vorsichtsbegriff unterteilt: Man kann im Kontext der Rechnungslegung von der ex-ante-Vorsicht, nachrichtenunabhängigen Vorsicht oder unbedingten Vorsicht und einer ex-post-Vorsicht, nachrichtenabhängigen Vorsicht oder bedingten Vorsicht sprechen.[340]

Unbedingte Vorsicht gilt als Aufforderung, den niedrigsten Wert bei der Bewertung von Vermögensgegenständen und den höchsten Wert bei der Bewertung von Schulden zu wählen.[341] Für die Erfolgsermittlung bedeutet dies, dass Erträge eher später als früher und Aufwendungen eher früher als später berücksichtigt werden sollen.[342]

Mit bedingter Vorsicht wird eine asymmetrische Behandlung von unerwarteten Geschäftsvorfällen mit unrealisierter Erträgen und Aufwendungen bezeichnet. Unrealisierte Erträge entstehen bspw. durch eine Wertsteigerung eines über den Bilanzstichtag hinweg gehaltenen Vermögenswerts. Eine erfolgswirksame Erfassung von unrealisierten Erträgen war bisher weitgehend unzulässig. Die neuen Regelungen zur Umsatzrealisierung des IFRS 15 führen in Zukunft bei bestimmten Branchen zum Ausweis unrealisierter Umsätze.[343] Unrealisierte Aufwendungen können bspw. durch Schadensersatzforderungen oder durch

---

faktischen Regelungen der einzelnen Standards weiterhin in den IFRS enthalten ist, vgl. Ballwieser (2013a), S. 162–163, Rn. 50.

338 Für das Imparitäts- und Realisationsprinzip in den IFRS vgl. Bonse (2004), S. 38–39; Wagenhofer (2009), S. 133 und Ballwieser (2013a), S. 166, Rn. 68–69 und S. 167, Rn. 75.

339 Vgl. Ballwieser (2014), S. 464 und – noch mit Bezug auf die Entwurfsfassung von IFRS 15 – Wagenhofer (2014), S. 369–372. Der endgültige Standard unterscheidet sich hierin nicht, so auch zitiert von Ballwieser (2014), S. 464.

340 Vgl. Beaver/Ryan (2005), S. 269.

341 Eine Bilanzierung nach dieser Maßgabe schafft bilanzpolitisch nutzbare Ermessensspielräume. Es ist unklar, wo die Trennlinie zwischen Vorsicht und Willkür verläuft; vgl. hierzu Leffson (1987), S. 466.

342 Vgl. Beaver/Ryan (2005), S. 269.

343 Vgl. – sich noch auf den Entwurf von IFRS 15 beziehend – Gruss/Karitskaya/Wied (2011), S. 94 und Grote/Pilhofer (2014), S. 412–413. Durch den verabschiedeten Standard änderte sich hieran nichts.

außerplanmäßige Abschreibungen entstehen. Die unrealisierten Aufwendungen sind erfolgswirksam zu verbuchen. Die Beispiele zeigen bereits die erwähnte Nachrichtenabhängigkeit: Aufgrund der Nachricht oder der Indikation, dass eine Schadensersatzforderung hinreichend wahrscheinlich ist, erfolgt gem. IAS 37.66 die Bildung der Rückstellungen. Aufgrund der Nachricht, dass der Marktpreis unter den Buchwert gesunken ist, erfolgt die Wertminderung eines Vermögenswerts gem. IAS 36.6, sofern dessen Bewertung zum beizulegenden Zeitwert gem. IFRS 13 erfolgt. In der Literatur wird die bedingte Vorsicht auch als *news dependent* oder ereignisabhängig bezeichnet.[344] Diese asymmetrische Behandlung unrealisierter Erträge und Aufwendungen bedeutet, dass negative Nachrichten eine frühere[345] Berücksichtigung finden als positive.[346]

Mögliche Wechselwirkungen zwischen unbedingter und bedingter Vorsicht betrachten Beaver/Ryan konzeptionell. Sie finden Hinweise, dass bei einer Bilanzierung unter unbedingter Vorsicht sich die Stärke der bedingten Vorsicht in späteren Perioden verringert. Erfolgt keine Aktivierung von Aufwendungen, sondern eine sofortige erfolgswirksame Erfassung, entsteht in der Bilanz kein Vermögenswert. Entsprechend kann in Reaktion auf ein negatives Ereignis auch kein Vermögenswert abgeschrieben werden.[347]

Es gibt zwei unterschiedliche Ideen, um Messansätze für Vorsicht abzuleiten. Die erste Idee nutzt den Unterschied zwischen Reinvermögen und dem Marktwert des Eigenkapitals, im Sinne der Marktkapitalisierung. Die Vorsicht verursacht – so die Annahme – eine systematische Unterbewertung des Reinvermögens, da der Ausweis von Wertsteigerungen der Vermögenswerte an schärfere Bedingungen geknüpft ist als der Ausweis von Wertminderungen der Vermögenswerten. Unter der Annahme, dass die Marktkapitalisierung die Wertsteigerungen und die Wertminderungen symmetrisch oder zumindest weniger asymmetrisch als die Rechnungslegung widerspiegelt, folgt, dass das Reinvermögen kleiner als die Marktkapitalisierung des Eigenkapitals ist. Je größer

344 Vgl. Beaver/Ryan (2005), S. 269.

345 Früher im Sinne, dass eine frühere Berücksichtigung bei gleichem Unsicherheitsniveau erfolgt.

346 Für den gesamten Absatz vgl. Witzleben (2012), S. 9. Für eine Diskussion unterschiedlicher Erklärungen für die Existenz vorsichtiger Rechnungslegung wird auf Watts (2003b), S. 209–217 verwiesen. Er führt in seinem Beitrag neben Prozessrisiken, Steuern und staatlicher Regulierung besonders vertragliche Gründe als Ursache von Vorsicht an.

347 Vgl. Beaver/Ryan (2005), S. 269.

der Unterschied, desto größer die Vorsicht in der Rechnungslegung.[348] Beaver/Ryan messen Vorsicht mit dem Buchwert-Marktwert-Verhältnis. Sie gehen unter der ceteris-paribus-Bedingung davon aus, dass je stärker die Vorsicht in der Rechnungslegung ausgeprägt ist, desto kleiner das Reinvermögen und das Buchwert-Marktwert-Verhältnis ist.[349]

Die zweite Idee geht davon aus, dass ausgewiesene Gewinne und Gewinnsteigerungen tendenziell nachhaltiger sind als ausgewiesene Verluste; umgekehrt sind ausgewiesene Verluste und Gewinnrückgänge von vorübergehenderer Natur als ausgewiesene Gewinne.[350] Eine durchgängige Zeitreihe von Gewinnen oder Gewinnsteigerungen wird als wahrscheinlicher angesehen als eine Zeitreihe von Verlusten oder Gewinnrückgängen. Ursache hierfür soll die bedingte Vorsicht sein. So werden an die Erfassung eines Ertrags höhere Anforderungen gestellt als an die Erfassung eines Aufwands. Daraus folgt, dass ausgewiesene Erträge im Vergleich zu ausgewiesenen Aufwendungen eine dauerhaftere Natur aufweisen.[351]

Durch die asymmetrische Erfassung von Erträgen und Aufwendungen aufgrund der bedingten Vorsicht entsteht eine Asymmetrie in den Periodenabgrenzungen. Erwartete Aufwendungen werden als Periodenabgrenzungen vollständig erfasst, während erwartete Erträge nur teilweise oder gar nicht berücksichtigt werden. Das Vorzeichen und die Größe von über mehreren Perioden

---

348 Vgl. Watts (2003a), S. 288–289. Die empirischen Beiträge von Dechow/Hutton/Sloan (1999), Myers (1999) und Ahmed/Morton/Schaefer (2000) untersuchen auf Grundlage dieser Überlegung die Vorsicht in der Rechnungslegung. Die Ergebnisse sind jedoch widersprüchlich zu den Erwartungen und werden von den Autoren unzureichend begründet; vgl. Watts (2003a), S. 289.

349 Vgl. Beaver/Ryan (2000), S. 129–130 und Pae/Thornton/Welker (2005), S. 696.

350 Empirische Hinweise für diese Überlegung finden bspw. Brooks/Buckmaster (1976), S. 1367–1370; Elgers/Lo (1994), S. 294–295 und Basu (1997), S. 21.

351 Als Beispiel stelle man sich einen Vermögenswert vor. Seine Werthaltigkeit ist an die Erwartung geknüpft, dass er in Zukunft Zahlungsmittel generiert. Erwartet man, dass der Wert dieser Zahlungsmittel steigt, wäre der Wert des Vermögenswerts – sofern man jede Art von Vorsicht außer Acht lässt – umgehend durch eine Zuschreibung auf den höheren Wert anzupassen. Aufgrund der bedingten Vorsicht muss die erwartete Wertsteigerung aber erst hinreichend sicher sein. Sie wird erst über die Jahre der Nutzung und die damit einhergehende Realisierung der erwarteten Zahlungen schrittweise erfolgswirksam erfasst. Das Gegenteil gilt für eine Wertminderung. Die zu erfüllende Wahrscheinlichkeitsschwelle ist geringer als bei einer Wertsteigerung, sodass es zu einer einmaligen Abschreibung in Höhe der erwarteten Wertminderung kommt; vgl. für den Absatz und das Beispiel Watts (2003a), S. 289.

akkumulierten Periodenabgrenzungen sind für Givoly/Hayn Indikatoren für bedingte Vorsicht. Bedingte Vorsicht führt zu einem negativen Vorzeichen der akkumulierten Periodenabgrenzungen. Je größer der Umfang der akkumulierten Periodenabgrenzungen ist, desto ausgeprägter ist die bedingte Vorsicht.[352]

Basu findet empirische Hinweise, dass auf einen Gewinnrückgang mit größerer Wahrscheinlichkeit in der Folgeperiode eine Gewinnsteigerung folgt als umgekehrt. Er regressiert hierzu die Veränderung des Jahresüberschusses einer Periode auf die Veränderung des Jahresüberschusses in der Vorperiode.[353] Für die Stichprobe mit Unternehmensjahren, die Gewinnsteigerungen aufweisen, ist der Koeffizient der Veränderung des Jahresüberschusses in der Vorperiode nicht signifikant von Null zu unterschieden. Werden nur die Unternehmensjahren mit Gewinnrückgängen betrachtet, weicht der Koeffizient mit –0,65 signifikant von Null ab.[354] Die Ergebnisse von Basu sind konsistent mit der Überlegung zur bedingten Vorsicht.[355]

Im selben Beitrag stellt Basu die These auf, dass Aktienrenditen und der Jahresüberschuss einen Verlust zeitgleich in derselben Periode widerspiegeln. Anders sei das bei Gewinnen. Diese würden von den Aktienrenditen schon zeitlich vor ihrem Ausweis im Jahresüberschuss erfasst.[356] Er regressiert im Folgenden den Jahresüberschuss auf die Aktienrendite des gleichen Jahres. Er erwartet, dass der Koeffizient der Aktienrendite und das Bestimmtheitsmaß R^2 für die Stichprobe mit Unternehmensjahre, die eine negative Aktienrendite aufweisen, größer ist als bei einer Stichprobe auf Basis positiver Aktienrenditen.[357] Die Ergebnisse der Regression stimmen mit seiner Erwartung überein. Er folgert, dass Aktienrenditen

352 Vgl. Givoly/Hayn (2000), S. 292, so zitiert von Watts (2003a), S. 290.

353 Die Variablen werden mit dem Aktienkurs zu Beginn der jeweiligen Periode normiert.

354 Vgl. Basu (1997), S. 21.

355 Vgl. Watts (2003a), S. 290.

356 Vgl. Basu (1997), S. 6.

357 Vgl. Basu (1997), S. 11. Die Beiträge u.a. von Ball/Kothari/Robin (2000) und Holthausen/Watts (2000) bestätigen die Ergebnisse Basus. Eine kritische Diskussion der Basu-Regression unternimmt Witzleben (2012), S. 75–91. Dietrich/Muller III/Riedl (2007); Givoly/Hayn/Natarajan (2007); Roychowdhury/Watts (2007) und Patatoukas, Panos, N./Thomas (2011) stehen der Basu-Regression als Maß für bedingte Vorsicht kritisch gegenüber. Ihre Argumente werden aber in Teilen von Witzleben (2012), S. 78–80; Ball/Kothari/Nikolaev (2013a); Ball/Kothari/Nikolaev (2013b) und Collins/Hribar/Tian (2014) entkräftet.

eine geeignete Stellvertretergröße für das Nachrichten-Konstrukt der bedingten Vorsicht sind.[358]

Das Jones-Modell basiert auf zwei impliziten Annahmen: Erstens sind die ungesteuerten Periodenabgrenzungen proportional zur Umsatzveränderung. Zweitens ist der ungesteuerte Abschreibungsaufwand, der in den ungesteuerten Periodenabgrenzungen enthalten ist, proportional zum Sachanlagevermögen. Die zweite Annahme ist nur bei linearer Abschreibung und konstanter Nutzungsdauer und bei Ausschluss unerwarteter Wertminderungen erfüllt. Es ist offensichtlich, dass die Linearitäts-Annahme diametral zu der in diesem Abschnitt ausgeführten Eigenschaft der Periodenabgrenzungen steht – nämlich die Erträge und Aufwendungen zeitlich asymmetrisch zu erfassen. Das bedeutet, dass das Jones-Modell und alle darauf aufbauenden Modelle für die Schätzung ungesteuerter Periodenabgrenzungen fehlspezifiziert sein könnten, da sie die zeitlich asymmetrische Erfassung von Erträgen und Aufwendungen in den Periodenabgrenzungen nicht berücksichtigen.[359]

Hinweise für einen nicht linearen Zusammenhang zwischen Cashflows und Periodenabgrenzungen beobachten Basu und Ball/Kothari/Robin.[360] Die Schlussfolgerung aus diesen Hinweisen ist für Periodenabgrenzungsmodelle eine abschnittsweise lineare Modellierung mit einer geeigneten Stellvertretergröße für Nachrichten. Die Ergebnisse der Beiträge von DeAngelo/DeAngelo/Skinner und Butler/Leone/Willenborg lassen den Umfang dieses Effekts erahnen.[361] In beiden Beiträgen stellen die Autoren fest, dass die Unternehmen in Insolvenzgefahr besonders große gesteuerte Periodenabgrenzungen aufweisen. DeAngelo/DeAngelo/Skinner vermuten dahinter Gewinnsteuerung,[362] während Butler/Leone/Willenborg liquiditätsverbessernde Maßnahmen wie Factoring als Ursache sehen.[363] Die asymmetrische Erfassung von Aufwendungen und Erträgen erscheint gerade bei insolvenzbedrohten Unternehmen eine ebenfalls

---

358 Vgl. Basu (1997), S. 33–34.

359 Vgl. für den gesamten Absatz Ball/Shivakumar (2006), S. 208–209.

360 Vgl. für eine US-amerikanische Stichprobe Basu (1997), S. 15–19; für eine internationale Stichprobe Ball/Kothari/Robin (2000), S. 36–38 und für eine britische Stichprobe Ball/Shivakumar (2005), S. 114.

361 Vgl. DeAngelo/DeAngelo/Skinner (1994), S. 113 und Butler/Leone/Willenborg (2004), S. 139.

362 Vgl. DeAngelo/DeAngelo/Skinner (1994), S. 125–126 und Butler/Leone/Willenborg (2004), S. 151.

363 Vgl. DeAngelo/DeAngelo/Skinner (1994), S. 141 und Butler/Leone/Willenborg (2004), S. 156–158.

plausible Erklärung für diese Ergebnisse. Wie bereits erwähnt stellen Dechow/Sloan/Sweeney fest, dass die Jones-Modelle für eine Stichprobe von Unternehmen mit extremen wirtschaftlichen Leistungen fehlspezifiziert sind.[364] Dieses Ergebnis könnte ebenfalls mit der unzureichenden Berücksichtigung der asymmetrischen Erfassung von Erträgen und Aufwendungen in den Periodenabgrenzungen zusammenhängen.[365]

In Abschnitt 4.2.5.5 wird eine negative Korrelation zwischen Periodenabgrenzungen und Cashflows unterstellt. Sie ist begründet mit dem transitorischen Effekt der Periodenabgrenzungen, der volatilitätsmindernd auf den Jahresüberschuss wirkt, indem er die Schwankungen der Cashflows periodenübergreifend glättet. Die asymmetrische Erfassung von Erträgen und Aufwendungen in den Periodenabgrenzungen lässt aber auf eine entgegengesetzte – also positive – Korrelation zwischen Periodenabgrenzungen und Cashflows schließen.[366] Es sind also entgegengesetzt wirkende, sich überlagernde Effekte, die die Beziehung zwischen Periodenabgrenzungen und Cashflows bestimmen. Ball/Shivakumar erhalten Hinweise für beide Effekte. Sie stellen zudem fest, dass die beiden Effekte fast die gleiche Größenordnung aufweisen und sich damit teilweise gegenseitig aufheben.[367]

Für die Periodenabgrenzungsmodelle bedeutet eine Berücksichtigung der bedingten Vorsicht eine gesteigerte Trennschärfe zwischen ungesteuerten und gesteuerten Periodenabgrenzungen:[368] Auf der linken Seite der Regressionsgleichung stehen Periodenabgrenzungen, die durch die bedingte Vorsicht beeinflusst werden, während auf der rechten Seite der Gleichung durch die bisher

---

364 Vgl. Dechow/Sloan/Sweeney (1995), S. 208 und S. 212. Kothari/Leone/Wasley (2005), S. 170 und S. 181–183 bestätigen diese Ergebnisse. Sie diskutieren die asymmetrische Erfassung von Erträgen und Aufwendungen in den Periodenabgrenzungen. Eine Berücksichtigung dieser Eigenschaft durch eine abschnittsweise lineare Regressionsschätzung der Periodenabgrenzungsmodelle erfolgt jedoch nicht.

365 Vgl. für den gesamten Absatz Ball/Shivakumar (2006), S. 209.

366 Die positive (negative) Änderung der Erwartungen an die aktuellen Cashflows korreliert positiv mit einer positiven (negative) Änderung der Erwartungen an die zukünftigen Cashflows. Wenn die aktuellen Cashflows wachsen (zurückgehen), ist es wahrscheinlich, dass im Mittel auch die zukünftigen Cashflows wachsen (zurückgehen). Eine zeitnahe Erfassung der positiven (negativen) Änderung der Erwartungen an die zukünftigen Cashflows – bedingt durch ein Wachstum (Rückgang) der aktuellen Cashflows – lässt Periodenabgrenzungen entstehen, die das gleiche Vorzeichen haben wie die Veränderung des aktuellen Cashflows; vgl. Ball/Shivakumar (2006), S. 213.

367 Vgl. Ball/Shivakumar (2006), S. 213 und S. 219–221.

368 Vgl. Guay (2006), S. 252.

vorgestellten Modelle keine Berücksichtigung der bedingten Vorsicht erfolgt. Bedingte Vorsicht ist also eine ausgelassene Variable. Eine Hinzunahme der bedingten Vorsicht als erklärende Variable würde den Messfehler der Periodenabgrenzungsmodelle verringern. Ob es sich dabei um eine Reduktion des Messfehlers vom Typ μ oder Typ η handelt, hängt wegen der asymmetrischen Eigenschaften der bedingten Vorsicht davon ab, ob es sich um ein Unternehmen mit schlechten oder guten Nachrichten handelt.[369]

Ball/Shivakumar schlagen vor, die Basu-Regression[370] mit den bestehenden Periodenabgrenzungsmodellen zu verbinden und diese abschnittsweise linear zu schätzen. Die abschnittsweise lineare Regression erlaubt unterschiedliche Korrelationen der Periodenabgrenzungen mit positiven und negativen Nachrichten:[371]

$$\begin{aligned} NDAEST_{it} &= b_1 + \sum_{j=2}^{n} b_j X_{jit} \\ &\quad + rho_1 VAR_{it} + rho_2 DVAR_{it} + rho_3 DVAR_{it} \times VAR_{it}. \end{aligned} \tag{4.33}$$

Im Summenterm werden alle erklärenden Variablen X_{jit} des verwendeten Periodenabgrenzungsmodells zusammengefasst. Für das Jones-Modell wären das die Umsatzveränderungen $\Delta SALES_{it}$ und das Sachanlagevermögen PPE_{it}. Die Variable VAR_{it} ist die Stellvertretergröße für das Konstrukt Nachrichten. Bei $DVAR_{it}$ handelt es sich um eine Indikatorvariable, die den Wert Eins (Null) hat, wenn VAR_{it} für eine positive (negative) Nachricht steht. Der Ausdruck $DVAR_{it} \times VAR_{it}$ beschreibt einen Interaktionsterm. Der Parameter rho_3 gibt an, um wieviel stärker die ungesteuerten Periodenabgrenzungen auf negative Nachrichten reagieren als auf positive; erwartet wird daher ein positives Vorzeichen. Mit diesem Parameter wird die bedingte Vorsicht gemessen. Je größer rho_3 ist, desto stärker ist die Ausprägung der bedingten Vorsicht. Die gesamte Reaktion der ungesteuerten Periodenabgrenzungen auf schlechte Nachrichten ergibt sich aus der Summe von rho_1 und rho_3.[372]

---

369 Guay vermutet, dass die Berücksichtigung der bedingten Vorsicht nur den Messfehler vom Typ η reduziere und keinen Einfluss auf den Messfehler vom Typ μ besitze; vgl. Guay (2006), S. 251–253. Moreira/Pope unterstellen dagegen, dass die Art der Nachricht darüber entscheidet, welche Art von Messfehler betroffen ist; vgl. Moreira/Pope (2006), S. 10 und Moreira/Pope (2007), S. 10–11. Sie finden für ihre Vermutung auch empirische Hinweise; vgl. Moreira/Pope (2007), S. 21–24.

370 Vgl. Basu (1997).

371 Vgl. Ball/Shivakumar (2006), S. 214.

372 Vgl. Ball/Shivakumar (2006), S. 214 und Witzleben (2012), S. 75–76.

Die Basu-Regression ist in der Literatur nicht unumstritten. Ein Teil der Kritikpunkte ist für diese Arbeit übertragbar. Die zwei Hauptkritikpunkte sind die Methodik der abschnittsweisen linearen Regression und EIV. Die Argumente, die gegen die abschnittsweise lineare Regression sprechen, wurden in der Literatur weitgehend entkräftet, sodass an dieser Stelle nur noch das EIV-Problem diskutiert wird.[373]

Die bedingte Vorsicht kann nur durch unerwartete Periodenabgrenzungen berücksichtigt werden, da sie die bilanzielle Behandlung unerwarteter Geschäftsvorfalle mit unrealisierter Erfolgswirkung beschreibt. Periodenabgrenzungen, die bereits in Periode t–1 für Periode t erwartet wurden, sind daher ein Messfehler für die bedingte Vorsicht.[374] Da sich diese Arbeit nicht mit der Messung bedingter Vorsicht, sondern mit der Messung von Gewinnsteuerung beschäftigt, ist dieser Messfehler vernachlässigbar.[375] Zudem nimmt der Umfang des Messfehlers durch die Hinzunahme der Variablen der Periodenabgrenzungsmodelle ab.[376]

Die Frage, wie man das nicht beobachtbare Konstrukt Nachrichten operationalisiert, hat hingegen einen größeren Einfluss auf die Messung von Gewinnsteuerung. Basu operationalisiert das Konstrukt positive (negative) Nachricht mittels positiver (negativer) Aktienrenditen.[377] Für die bedingte Vorsicht sind Nachrichten relevant, die das Management während eines Geschäftsjahres erhält. Aktienrenditen ergeben sich aus dem Aktienkurs, der wiederum von den Handelsaktivitäten der Marktteilnehmer abhängt. Für einen streng informationseffizienten Kapitalmarkt würde diese Unterscheidung keine Rolle spielen. In der Realität gibt es keine streng informationseffizienten Kapitalmärkte. Sind die Reaktionen der Manager auf private Nachrichten in der Rechnungslegung

---

373 Vgl. Witzleben (2012), S. 76. Methodische Bedenken äußerten vor allem Dietrich/Muller III/Riedl (2007) und Patatoukas, Panos, N./Thomas (2011), die jedoch von Witzleben (2012), S. 76–83; Ball/Kothari/Nikolaev (2013b) und Ball/Kothari/Nikolaev (2013a) entkräftet wurden.

374 Vgl. Witzleben (2012), S. 76.

375 Selbst für die Basu-Regression scheint sich der Messfehler in der erklärten Variable nur gering auszuwirken; vgl. Witzleben (2012), S. 86.

376 Für Vorschläge zur Berücksichtigung der erwarteten Gewinnkomponente vgl. Ball/Kothari/Nikolaev (2013a), S. 774–779.

377 Vgl. Basu (1997), S. 5–6. Es gibt den Vorschlag einer alternativen Operationalisierung durch operative Cashflows; vgl. Ball/Shivakumar (2006), S. 216. Der operative Cashflow ist wegen simultaner Kausalität mit den Periodenabgrenzungen ungeeignet. Daher wird auf eine weitere Diskussion dieses Vorschlags verzichtet.

anders als auf öffentliche Nachrichten, wird die bedingte Vorsicht verzerrt gemessen.[378]

Soweit der Aktienmarkt mittelstreng informationseffizient ist, können Aktienrenditen zur Operationalisierung der Nachrichten herangezogen werden.[379] Die Verwendung der Aktienrenditen als Stellvertretergröße für Nachrichten ist dennoch kritisch. Insbesondere ist der Zeitraum, für den die Aktienrendite gemessen wird, zu diskutieren. Oft beginnt er neun Monate vor dem Geschäftsjahresende und endet drei Monate danach. Von Vorteil ist, dass hier Ereignisse, die bis zum Ende des Geschäftsjahres entstanden sind, aber erst nach diesem bekannt wurden, sich in den Renditen wiederfinden. Im Gewinn müssen sie gem. dem Wertaufhellungsprinzip (IAS 10.9. (b)) berücksichtigt werden. Die Messung der bedingten Vorsicht ist insoweit weitgehender. Auch eine Verzerrung der Renditen durch die Reaktion der Marktteilnehmer auf die Veröffentlichung des Abschlusses des Vorjahres dürfte damit weitgehend vermieden werden. Der verschobene Beobachtungszeitraum der Aktienrenditen hat den Nachteil, dass er auch Ereignisse erfasst, die nach dem Abschlussstichtag entstehen. Sie verzerren eine Messung der bedingten Vorsicht.[380]

Positive und negative Aktienrenditen können auch auf andere Ursachen als positive und negative unerwartete Ereignisse zurückzuführen sein. Eine positive Rendite wird bereits erzielt, wenn in einem Geschäftsjahr alle Erwartungen erfüllt wurden. Genauso kann eine negative Rendite durch eine Verfehlung der Erwartungen bedingt sein, die keinen Bezug mit unrealisierten Ereignissen aufweisen. Witzleben schlägt hier eine Bereinigung der Aktienrendite um die Kapitalkosten vor.[381]

Durch Aktienrenditen werden die Nachrichten nur aggregiert über das Geschäftsjahr hinweg gemessen. Eine Messung einzelner Nachrichten erfolgt nicht.

---

378 Vgl. Witzleben (2012), S. 86.

379 Sofern Zweifel hinsichtlich der mittelstrengen Informationseffizienz des Kapitalmarkts bestehen – es existieren empirische und theoretische Beiträge, die diese Zweifel untermauern –, ist die Aktienrendite ungeeignet für eine Operationalisierung des Konstrukts Nachrichten, vgl. Witzleben (2012), S. 86. An der mittelstrengen Informationseffizienz des Kapitalmarkts zweifeln u.a. Grossman/Stiglitz (1980); Neumann/Klein (1982), S. 169; Summers (1986), S. 593–600.

380 Vgl. Witzleben (2012), S. 86–88. Das von Witzleben aufgezeigte Problem der simultanen Kausalität zwischen Aktienrendite und Gewinn besteht für die Beziehung zwischen Aktienrendite und Periodenabgrenzungen in einem geringeren Maße. Es wird daher nicht weiter darauf eingegangen.

381 Vgl. Witzleben (2012), S. 88.

Givoly/Hayn/Natarajan zeigen in einer Simulationsstudie, dass durch die aggregierte Messung der Nachrichten die bedingte Vorsicht unterschätzt wird.[382]

Ein weiteres Problem ist, dass in Aktienrenditen alle unerwarteten Ereignisse berücksichtigt werden. Idealerweise sollte eine Stellvertretergröße für das Nachrichten-Konstrukt nur unerwartete Ereignisse erfassen, die eine bedingt vorsichtige Bilanzierung veranlassen. Die Aktienrendite erfasst aber auch solche Ereignisse, die eine realisierte Erfolgswirkung aufweisen oder nicht bilanzierungsfähig sind.[383]

Aktienrenditen sind offensichtlich nur bedingt zur Operationalisierung des Nachrichten-Konstrukts geeignet. Verwendet man sie dennoch als Stellvertretergröße, muss man bei der Bestimmung der gesteuerten Periodenabgrenzungen einen Messfehler erwarten.

382 Vgl. Givoly/Hayn/Natarajan (2007), S. 69–71; Witzleben (2012), S. 88.

383 Vgl. Witzleben (2012), S. 89. Für ausführliche Diskussion vgl. Givoly/Hayn/Natarajan (2007), S. 77–80.

5. Ein interdependentes Mehrgleichungsmodell auf Basis des McNichols-Modells

5.1 Graphische Darstellung der kausalen Beziehung

Abbildung 5.1: Kausale Zusammenhänge des Mehrgleichungssystems.

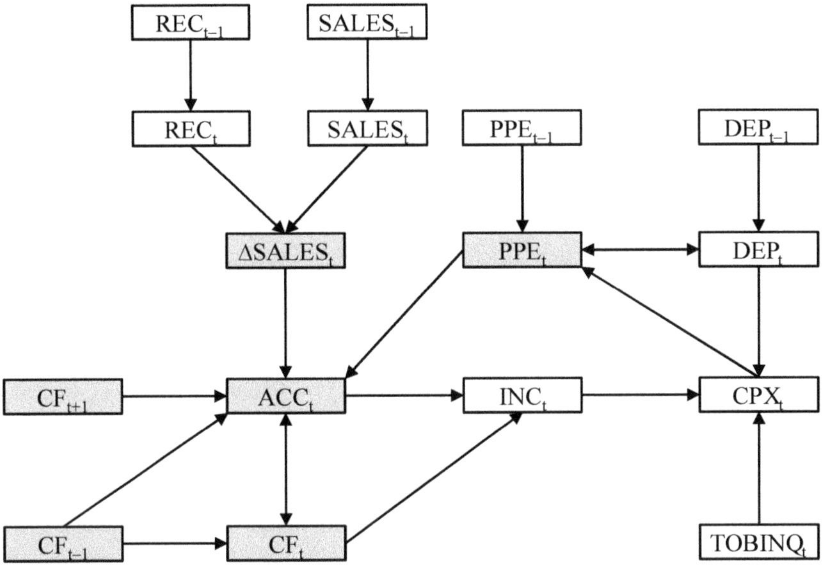

Quelle: Eigene Darstellung.

Die Pfeile zeigen die unterstellte Kausalität zwischen den einzelnen Variablen an. Grau hinterlegt sind die Variablen des McNichols-Modells.[384] Bei den

384 Für das McNichols-Modell vgl. Gleichung (4.21), S. 56.

Variablen handelt es sich um die gesamten Periodenabgrenzungen (ACC), den Umsatz (SALES), die Forderungen aus Lieferungen und Leistungen (REC), das Sachanlagevermögen (PPE), die Kapitalinvestitionen (CPX), den Jahresüberschuss (INC), die Abschreibungen (DEP), den Cashflow (CF) sowie um Tobin's Q (TOBINQ).[385]

5.2 Formale Darstellung

Ein Lösungsansatz für das Problem simultaner Kausalität ist die Verwendung eines interdependenten Gleichungsmodells.[386] Hierzu wird für jede system-endogene Variable des Modells eine Gleichung m aufgestellt, wobei m = 1,2,…,10.[387] Dabei muss die Anzahl der voneinander unabhängigen Gleichungen der Anzahl der endogenen Variablen des simultanen Gleichungssystems entsprechen.[388] Verzögerte Werte der Variablen gelten als system-exogen.[389]

Das Gleichungssystem (5.1), S. 85 besteht aus zehn Gleichungen. Acht Gleichungen sind Regressionsgleichungen, dazu kommen zwei Rechnungslegungsidentitäten. Definitionsgemäß sind die Identitäten deterministisch und besitzen folglich keinen stochastischen Störterm: ε_9 und $\varepsilon_{10} = 0$. Für die Störterme gelten die Annahmen des klassischen linearen Regressionsmodells. Der Erwartungswert des Störterms ε_m ist für alle Beobachtungen gleich Null: $E(\varepsilon_{m|it}) = 0$. Der Störterm ε_m hat für alle Beobachtungen eine konstante Varianz: $Var(\varepsilon_{m|it}) = \sigma^2$. Der Störterm ε_m ist nicht korreliert: $Cov(\varepsilon_{m|it}, \varepsilon_{m|jt}) = 0$. Der Störterm ε_m ist normalverteilt: $\varepsilon_{m|it} \sim N[E(\varepsilon_{m|it}), Var(\varepsilon_{m|it})]$. Alle vier Annahmen können durch den Ausdruck $\varepsilon_{m|it} \sim U\ N(0, \sigma^2)$, $\forall$ m = 1, 2,…,8 gebündelt werden, wobei ~U N für unabhängig normalverteilt steht. Eine konstante kontemporäre Korrelation zwischen den einzelnen Störtermen ε_m ist erlaubt. Sie hängt davon ab, welche zwei Gleichungen betrachtet werden: $Cov(\varepsilon_{m|it}, \varepsilon_{n|it}) = \sigma$ für $m \neq n$ und m, n = 1, 2,…,8. Eine nicht-kontemporäre Korrelation zwischen den einzelnen Störtermen ε_m ist ausgeschlossen: $Cov(\varepsilon_{m|it}, \varepsilon_{n|iT}) = 0$ für $t \neq T$, $m \neq n$ und m, n = 1, 2,…,8.

---

385 Eine konkrete Operationalisierung der Variablen erfolgt in Abschnitt 6.3.

386 Ein Modell begründet ein System gleichzeitiger Gleichungen, wenn alle aufgestellten Beziehungen für die Bestimmung des Wertes zumindest einer endogenen Variable des Modells notwendig sind. Die Definition impliziert, dass mindestens eine Beziehung mehr als eine endogene Variable enthält; vgl. Kmenta (1997), S. 652.

387 Vgl. Kmenta (1997), S. 652.

388 Vgl. Kmenta (1997), S. 652.

389 Kmenta verwendet den Begriff *predetermined*; vgl. Kmenta (1997), S. 652. System-exogene Variablen werden auch als vorherbestimmt oder prädeterminiert bezeichnet. Ihre Werte werden außerhalb des Systems bestimmt; vgl. von Auer (2013), S. 588.

Nachfolgend ist das interdependente Gleichungsmodell für das McNichols-Modell notiert:

$$
(5.1)\quad
\begin{bmatrix}
1 & -\gamma_{12} & 0 & 0 & -\gamma_{15} & 0 & 0 & -\gamma_{18} & 0 & 0 \\
0 & 1 & -\gamma_{23} & -\gamma_{24} & 0 & 0 & 0 & 0 & 0 & 0 \\
0 & 0 & 1 & 0 & 0 & 0 & 0 & 0 & 0 & 0 \\
0 & 0 & 0 & 1 & 0 & 0 & 0 & 0 & 0 & 0 \\
0 & 0 & 0 & 0 & 1 & -\gamma_{56} & 0 & 0 & 0 & 0 \\
0 & 0 & 0 & 0 & 0 & 1 & -\gamma_{67} & 0 & -\gamma_{69} & 0 \\
0 & 0 & 0 & 0 & -\gamma_{75} & 0 & 1 & 0 & 0 & 0 \\
-\gamma_{81} & 0 & 0 & 0 & 0 & 0 & 0 & 1 & 0 & 0 \\
-1 & 0 & 0 & 0 & 0 & 0 & 0 & -1 & 1 & 0 \\
0 & 0 & 0 & 0 & 0 & -1 & 1 & 0 & 0 & 1
\end{bmatrix}
\begin{bmatrix}
ACC_{it} \\ \Delta SALES_{it} \\ SALES_{it} \\ REC_{it} \\ PPE_{it} \\ CPX_{it} \\ DEP_{it} \\ CF_{it} \\ INC_{it} \\ PPE_{it}
\end{bmatrix}
=
\begin{bmatrix}
\beta_{10} & \beta_{11} & 0 & 0 & 0 & \beta_{15} & \beta_{16} & 0 & 0 \\
\beta_{20} & \beta_{21} & 0 & 0 & 0 & 0 & 0 & 0 & 0 \\
\beta_{30} & \beta_{31} & \beta_{32} & 0 & 0 & 0 & 0 & 0 & 0 \\
\beta_{40} & \beta_{41} & 0 & \beta_{43} & 0 & 0 & 0 & 0 & 0 \\
\beta_{50} & \beta_{51} & 0 & 0 & \beta_{54} & 0 & 0 & 0 & 0 \\
\beta_{60} & \beta_{61} & 0 & 0 & 0 & 0 & 0 & \beta_{67} & 0 \\
\beta_{70} & \beta_{71} & 0 & 0 & 0 & 0 & 0 & 0 & \beta_{78} \\
\beta_{80} & \beta_{81} & 0 & 0 & 0 & \beta_{85} & 0 & 0 & 0 \\
0 & 0 & 0 & 0 & 0 & 0 & 0 & 0 & 0 \\
0 & 0 & 0 & 0 & 1 & 0 & 0 & 0 & 0
\end{bmatrix}
\begin{bmatrix}
1 \\ 1/ASSETS_{it-1} \\ SALES_{it-1} \\ REC_{it-1} \\ PPE_{it-1} \\ CF_{it-1} \\ CF_{it+1} \\ TOBINQ_{it-1} \\ DEP_{it-1}
\end{bmatrix}
+
\begin{bmatrix}
\varepsilon_{1it} \\ \varepsilon_{2it} \\ \varepsilon_{3it} \\ \varepsilon_{4it} \\ \varepsilon_{5it} \\ \varepsilon_{6it} \\ \varepsilon_{7it} \\ \varepsilon_{8it} \\ 0 \\ 0
\end{bmatrix}.
$$

Die Koeffizienten der system-endogenen Variablen werden mit γ bezeichnet. Sie sind in der ersten Matrix des Gleichungsmodells zusammengefasst. Die Diagonale der γ-Koeffizienten-Matrix identifiziert die abhängigen Variablen der einzelnen Gleichungen. Diejenigen Koeffizienten dieser Matrix, die nicht auf der Diagonalen liegen, wechseln ihr Vorzeichen, sobald man die Gleichung nach ihrer abhängigen Variablen auflöst. Der folgende Vektor enthält die system-endogenen Variablen. Die Koeffizienten der system-exogenen Variablen werden mit β bezeichnet. Sie sind in der ersten Matrix auf der rechten Seite des Gleichungsmodells zusammengefasst. Danach folgt ein Vektor mit allen system-exogenen Variablen. Der letzte Vektor enthält die Störterme des Gleichungssystems. Diejenigen Zeilen der Koeffizienten-Matrizen, die nur Einsen und Nullen enthalten, sind Identitäten.

Alle Variablen haben einen Index i, der für ein bestimmtes Unternehmen steht, sowie einen Index t bzw. t−1, der die jeweilige Periode angibt. Alle Rechnungslegungsvariablen werden mit dem Gesamtvermögen des Vorjahres $ASSETS_{t-1}$ normiert.[390] Die gesamten Periodenabgrenzungen ACC_{it}, die Umsatzveränderungen $\Delta SALES_{it}$, der Umsatz $SALES_{it}$, die Forderungen aus Lieferungen und Leistungen REC_{it}, das Sachanlagevermögen PPE_{it}, die Kapitalinvestitionen CPX_{it}, die Abschreibungen DEP_{it}, der Cashflow CF_{it} und der Jahresüberschuss INC_{it} werden im Modell erklärt. Bei den eben aufgezählten Variablen handelt es sich um aggregierte Rechnungslegungsgrößen der gleichen Periode. Basis der Rechnungslegung ist die doppelte Buchführung. Dies führt dazu, dass die genannten Variablen miteinander verknüpft sind. Einige der erklärten Variablen sind über die Kapitalinvestitionsidentität verbunden: Der Endbestand des Sachanlagevermögens PPE_{it} muss sich aus seinem Anfangsbestand PPE_{it-1} sowie den zugehörigen Stromgrößen Abschreibungen DEP_{it} und Kapitalinvestitionen CPX_{it} ergeben. Weiterhin gilt die Identität: Der Jahresüberschuss INC_{it} ist die Summe aus Periodenabgrenzungen ACC_{it} und Cashflow CF_{it}.[391] Im Gleichungsmodell werden beide Identitäten berücksichtigt. Die Gewinn-Identität (5.2), S. 87 findet man im Gleichungsmodell in der neunten Zeile und die Kapitalinvestitionsidentität[392] (5.3), S. 87 steht in der zehnten Zeile:

---

390 Auf eine formale Darstellung dieser Normierung im Gleichungssystem wird an dieser Stelle verzichtet, um eine größere Übersichtlichkeit zu ermöglichen.

391 Vgl. Dechow/Dichev (2002), S. 39.

392 Die Kapitalinvestitionsidentität kann in dieser Form nur gelten, wenn alle anderen Wertänderungen des Sachanlagevermögens – wie bspw. Verkauf von Sachanlagen oder ungeplante Wertminderungen – ausgeschlossen sind.

(5.2) $$INC_{it} = ACC_{it} + CF_{it}.$$

(5.3) $$PPE_{it} = PPE_{it-1} + CPX_{it} - DEP_{it}.$$

(5.4) $$ACC_{it} = \beta_{10} + \beta_{11}\frac{1}{ASSETS_{it-1}} + \gamma_{12}\Delta SALES_{it} + \gamma_{15}PPE_{it} + $$
$$+\beta_{15}CF_{it-1} + \gamma_{18}CF_{it} + \beta_{16}CF_{it+1} + \varepsilon_{1it}.$$

Die erklärenden Variablen des McNichols-Modells sind die Umsatzveränderungen $\Delta SALES_{it}$, das Sachanlagevermögen PPE_{it} sowie die Cashflows der Vorperiode CF_{it-1}, der aktuellen Periode CF_t und der folgenden Periode CF_{t+1}.[393] Die drei Variablen $\Delta SALES_{it}$, PPE_{it} und CF_t sind system-endogen, da sie gleichzeitig mit der erklärten Variable ACC_{it} innerhalb des Rechnungslegungssystems bestimmt werden. Um die wechselseitige Kausalität des Rechnungslegungssystems zu berücksichtigen, werden für $\Delta SALES_{it}$, PPE_{it} und CF_t separate Beziehungen aufgestellt. Im Gleichungsmodell stehen diese Beziehungen in der zweiten, fünften und achten Zeile.

(5.5) $$\Delta SALES_{it} = \beta_{20} + \beta_{21}\frac{1}{ASSETS_{it-1}} + \gamma_{23}SALES_{it} + \gamma_{24}REC_{it} + \varepsilon_{2it}.$$

Die Umsatzveränderungen werden durch die Variablen Umsatz und Forderungen aus Lieferungen und Leistungen erklärt. Es ist schon aus arithmetischen Gründen unstrittig, dass der Umsatz der aktuellen Periode ein wesentlicher Treiber der Umsatzveränderung ist. Die Forderungen aus Lieferungen und Leistungen werden berücksichtigt, weil sich in ihnen eine mögliche Gewinnsteuerung widerspiegelt.[394] Die beiden erklärenden Variablen sind system-endogen. Sie werden daher durch die Gleichungen (5.6), S. 87 und (5.7), S. 88 im System erklärt:

(5.6) $$SALES_{it} = \beta_{30} + \beta_{31}\frac{1}{ASSETS_{it-1}} + \beta_{32}SALES_{it-1} + \varepsilon_{3it}.$$

---

393 Eine ausführliche Darstellung des Modells erfolgte in Abschnitt 4.2.5.5.

394 Denkbar ist die zeitliche Verlagerung von Umsätzen durch eine aggressive Konditionsgestaltung von Verkäufen auf Ziel. Diese Gestaltung zur Umsatzsteigerung würde zu einem unerwarteten Anstieg der Forderungen aus Lieferungen und Leistungen führen.

Der Umsatz $SALES_{it}$ wird durch seinen Vorjahreswert $SALES_{it-1}$ erklärt.[395] Einen Hinweis für die Erklärungskraft des Vorjahresumsatzes liefern in diesem Zusammenhang Dechow/Schrand: Der Umsatz hat in einer Untersuchung mehrerer Rechnungslegungsgrößen bei einer Stichprobe von 56.940 Unternehmensjahren für den Zeitraum von 1987 bis 2002 die höchste Persistenz[396] mit einem Wert von 0,85.[397]

$$(5.7) \qquad REC_{it} = \beta_{40} + \beta_{41} \frac{1}{ASSETS_{it-1}} + \beta_{43} REC_{it-1} + \varepsilon_{4it}.$$

Der Bilanzposten Forderungen aus Lieferungen und Leistungen REC_{it} speichert den Teil des Umsatzes, für den noch Forderungen offen sind. Der Wert der Forderungen aus Lieferungen und Leistungen aus der Vorperiode REC_{it-1} wird als erklärende Variable genutzt. Der selbst berechnete Persistenzwert von 0,62 fällt zwar kleiner aus als für den Umsatz, lässt aber die gewählte Vorgehensweise noch hinreichend plausibel erscheinen.[398]

$$(5.8) \qquad PPE_{it} = \beta_{50} + \beta_{51} \frac{1}{ASSETS_{it-1}} + \beta_{54} PPE_{it-1} + \gamma_{56} CPX_{it} + \varepsilon_{5it}.$$

---

395 Vgl. Dechow/Kothari/Watts (1998), S. 136.

396 Formal kann die Persistenz für eine Variable Z_t als $\delta Z_{t+1}/\delta Z_t$ notiert werden. Empirisch kann die Persistenz als α_1 folgender Regression gemessen werden: $Z_t = \alpha_0 + \alpha_1 Z_{t-1} + \varepsilon$. Vgl. Ronen/Yaari (2008), S. 378.

397 Vgl. Dechow/Schrand (2004), S. 13. Die Modellierung dieser Gleichung und der restlichen Gleichungen des Modells ist bewusst sparsam gewählt, um eine weitere Komplexitätssteigerung des Gleichungssystems zu vermeiden. Bei der Modellierung werden daher häufig Ausprägungen der Vorperiode der erklärten Variable als erklärende Variable verwendet. Zur Absicherung der Vorgehensweise wird in diesen Fällen die Persistenz bestimmt. Die Persistenz für den Umsatz beträgt 0,76. Sie entspricht dem Koeffizienten α_1 einer gepoolten KQ-Schätzung der Gleichung $SALES_t = \alpha_0 + \alpha_1 SALES_{t-1} + \varepsilon$. Die Stichprobe umfasst 36.737 Unternehmensjahre der EU15 für einen Zeitraum von 1995 bis 2011. Für eine genaue Darstellung der Stichprobe wird auf Abschnitt 6.2 verwiesen. Die Operationalisierung der Variablen erfolgt wie in Abschnitt 6.3 dargestellt.

398 Der Wert ist der Koeffizient α_1 einer gepoolten KQ-Schätzung der Gleichung $REC_{t+1} = \alpha_0 + \alpha_1 REC_t + \varepsilon$. Die Stichprobe umfasst 36.737 Unternehmensjahre der EU15 für einen Zeitraum von 1995 bis 2011. Für eine genaue Darstellung der Stichprobe wird auf Abschnitt 6.2 verwiesen. Die Operationalisierung der Variablen erfolgt wie in Abschnitt 6.3 dargestellt.

Das Sachanlagevermögen PPE_{it} wird durch die Gleichung (5.8), S. 88 geschätzt. Der Ansatz folgt Christodoulou/McLeay, indem als erklärende Größe die system-endogene Variable CPX_{it} verwendet wird. Eine weitere system-exogene erklärende Variable ist PPE_{it-1}.

Die Kapitalinvestitionen CPX_{it} variieren mit anderen Rechnungslegungsvariablen im Gleichungssystem. Daher muss für diese Variable eine weitere Beziehung aufgestellt werden:

$$(5.9) \qquad CPX_{it} = \beta_{60} + \beta_{61} \frac{1}{ASSETS_{it-1}} + \gamma_{67} DEP_{it} + \gamma_{69} INC_{it} + \beta_{67} TOBINQ_{it} + \varepsilon_{6it}.$$

Die Kapitalinvestitionen CPX_{it} sind in Abhängigkeit der wirtschaftlichen Leistungsfähigkeit des Unternehmens modelliert. Für eine externe Einschätzung dieser Leistungsfähigkeit wird Tobin's Q ($TOBINQ_{it}$) verwendet. Interne Indikatoren sind der Jahresüberschuss INC_{it} und die Abschreibungen DEP_{it}.[399] Die Variablen DEP_{it} und INC_{it} sind system-endogen. Erstere wird durch die Gleichung (5.10), S. 90 und letztere durch die Gewinn-Identität (5.2), S. 87 erklärt. Tobin's Q beschreibt das Verhältnis der Marktwerte des Fremd- und Eigenkapitals im Verhältnis zu den Wiederbeschaffungswerten der Vermögenswerte.[400] Die Variable setzt sich somit in Teilen aus Größen zusammen, die außerhalb des Rechnungslegungssystems beobachtet werden – nämlich aus den Marktwerten des Fremd- und Eigenkapitals. Folglich sind sie system-exogen. Es wird angenommen,

---

399 Christodoulou/McLeay (2014), S. 616–619 verwenden Gewinn und Abschreibungen als erklärende Variablen zur Berücksichtigung der Innenfinanzierung, während Fazzari/Hubbard/Petersen (1988) und Kaplan/Zingales (1997) hierfür den operativen Cashflow nutzen.

400 Tobin's Q wurde ursprünglich als aggregierte volkswirtschaftliche Größe für das Investitionsverhalten der Unternehmungen verwendet, vgl. Brainard/Tobin (1968) und Tobin (1969). In der Finanzwirtschaft hat sich Tobin's Q ebenfalls etabliert, allerdings als Maß für die Leistung, die das Management eines Unternehmens mit den verfügbaren Mitteln zu erzielen vermag. Die Operationalisierung unterscheidet sich aufgrund der Einzelunternehmensbetrachtung von der ursprünglichen Vorgehensweise Tobins. Im Zähler stehen die Marktwerte des Eigen- und Fremdkapitals und im Nenner steht der Reproduktionswert des Unternehmens, vgl. Glaum (1996), S. 280–285. Empirische Beiträge verwenden ausgehend von dieser Definition das Verhältnis von Marktkapitalisierung plus Buchwert der Schulden zum Gesamtvermögen als Operationalisierung von Tobin's Q, vgl. bspw. Fazzari/Hubbard/Petersen (1988), S. 194, Dasgupta/Noe/Wang (2011), S. 1269 oder Christodoulou/McLeay (2014), S. 619. Für eine Verwendung von Tobin's Q in einem Periodenabgrenzungsmodell vgl. Calmès et al. (2013), S. 28.

dass die externen Einflüsse die wesentlichen Treiber der Volatilität von Tobin's Q sind. $TOBINQ_t$ wird daher als system-exogene Variable verwendet.[401]

$$(5.10) \qquad DEP_{it} = \beta_{70} + \beta_{71}\frac{1}{ASSETS_{it-1}} + \gamma_{75}PPE_{it} + \beta_{78}DEP_{it-1} + \varepsilon_{7it}.$$

Die Abschreibungen DEP_{it} hängen von ihrem Vorjahreswert DEP_{it-1} sowie vom Wert des Sachanlagevermögens PPE_{it} ab. Abbildung 5.1 zeigt einen wechselseitigen Zusammenhang zwischen Abschreibungen und Sachanlagevermögen auf. Die Abschreibungen symbolisieren einen fiktiven oder tatsächlichen Verbrauch über den Nutzungszeitraum. Es wird erwartet, dass sich die Abschreibungen durch ihren Wert in der Vorperiode erklären lassen; insbesondere bei einem planmäßigen linearen Abschreibungsverlauf erscheint diese Annahme plausibel.[402] Diesem Verständnis nach verursachen die Abschreibungen den abnehmenden Wert des Sachanlagevermögens. Betrachtet man dagegen eine ungeplante Wertminderung, kann man auch Argumente für eine entgegengesetzte Kausalität finden: Die nicht mehr gegebene Werthaltigkeit eines Vermögenswerts ist ursächlich für die Abschreibung. Aus diesem Grund wird das Sachanlagevermögens PPE_{it} als erklärende Variable verwendet. Der wertsteigernde Effekt der Kapitalinvestitionen wird indirekt über die Kapitalinvestitionsidentität (5.3), S. 87 berücksichtigt. Somit erfasst PPE_{it} auch die Erhöhung des Abschreibevolumens aufgrund neu angeschaffter Vermögensgegenstände.

$$(5.11) \qquad CF_{it} = \beta_{80} + \beta_{81}\frac{1}{ASSETS_{it-1}} + \gamma_{81}ACC_{it} + \beta_{85}CF_{it-1} + \varepsilon_{8it}.$$

Der Cashflow CF_{it} wird durch die Periodenabgrenzungen ACC_{it} und die Vorjahreszahlungsströme CF_{it-1} erklärt. Die Periodenabgrenzungen stehen über die Gewinnidentität (5.2), S. 87 in einer direkten Beziehung zu den Zahlungsströmen und werden daher als erklärende Variable verwendet. Die Variable CF_{t-1}

401 Vgl. Christodoulou/McLeay (2014), S. 612, Fn. 7.

402 Die Persistenz der Abschreibung ist mit einem Wert von 0,75 ein weiteres Indiz dafür, dass die vorgelagerte Abschreibung eine geeignete erklärende Variable sein kann. Der Wert ist der Koeffizient α_1 einer gepoolten KQ-Schätzung der Gleichung $DEP_t = \alpha_0 + \alpha_1 DEP_{t-1} + \varepsilon$. Die Stichprobe umfasst 36.737 Unternehmensjahre der EU15 für einen Zeitraum von 1995 bis 2011. Für eine genaue Darstellung der Stichprobe wird auf Abschnitt 6.2 verwiesen. Die Operationalisierung der Variablen erfolgt wie in Abschnitt 6.3 dargestellt.

ist wegen der relativ hohen Persistenz des Cashflows von 0,67 eine geeignete erklärende Variable.[403]

5.3 Identifikation des Mehrgleichungssystems

Die Identifikation des vorgestellten Gleichungssystems (5.1), S. 85 erfolgt durch das Ordnungskriterium.[404] $\dot{K}$ bezeichnet die Anzahl der system-exogenen Variablen im gesamten Gleichungssystem. Die Anzahl der system-exogenen Variablen der betrachteten Gleichung ist K^*, während M^* für die Anzahl der system-endogenen Variablen der betrachteten Gleichung steht.[405] „Das Ordnungskriterium (…) lautet: Eine Gleichung ist

- unteridentifiziert, wenn $\dot{K} - K^* < M^* - 1$,
- genau identifiziert, wenn $\dot{K} - K^* = M^* - 1$,
- überidentifiziert, wenn $\dot{K} - K^* > M^* - 1$."[406]

Für die Gleichungen (5.4) bis (5.11) und (5.2) bis (5.3), alle Gl. S. 87–90 gilt:

1)
$$ACC_{it} = \beta_{10} + \beta_{11}\frac{1}{ASSETS_{it-1}} + \gamma_{12}\Delta SALES_{it} + \gamma_{15}PPE_{it} + $$
$$+ \beta_{15}CF_{it-1} + \gamma_{18}CF_{it} + \beta_{16}CF_{it+1} + \varepsilon_{1it}.$$
$$\dot{K} - K^* = 9 - 4 = 5 > 3 = 4 - 1 = M^* - 1.$$
Die Gleichung ist überidentifiziert.

2)
$$\Delta SALES_{it} = \beta_{20} + \beta_{21}\frac{1}{ASSETS_{it-1}} + \gamma_{23}SALES_{it} + \gamma_{24}REC_{it} + \varepsilon_{2it}.$$
$$\dot{K} - K^* = 9 - 2 = 7 > 2 = 3 - 1 = M^* - 1.$$
Die Gleichung ist überidentifiziert.

---

403 Der Wert ist der Koeffizient α_1 einer gepoolten KQ-Schätzung der Gleichung $CF_t = \alpha_0 + \alpha_1 CF_{t-1} + \varepsilon$. Die Stichprobe umfasst 36.737 Unternehmensjahre der EU15 für einen Zeitraum von 1995 bis 2011. Für eine genaue Darstellung der Stichprobe wird auf Abschnitt 6.2 verwiesen. Die Operationalisierung der Variablen erfolgt wie in Abschnitt 6.3 dargestellt.

404 Normalerweise reicht eine Prüfung des Ordnungskriteriums, um zu entscheiden, ob eine Gleichung unteridentifiziert, genau identifiziert oder überidentifiziert ist; vgl. hierzu von Auer (2013), S. 588 und S. 604.

405 Vgl. von Auer (2013), S. 588–589.

406 von Auer (2013), S. 589.

$$SALES_{it} = \beta_{30} + \beta_{31} \frac{1}{ASSETS_{it-1}} + \beta_{32} SALES_{it-1} + \varepsilon_{3it}.$$

3) $\dot{K} - K^* = 9 - 3 = 6 > 0 = 1 - 1 = M^* - 1.$

Die Gleichung ist überidentifiziert.

$$REC_{it} = \beta_{40} + \beta_{41} \frac{1}{ASSETS_{it-1}} + \beta_{43} REC_{it-1} + \varepsilon_{4it}.$$

4) $\dot{K} - K^* = 9 - 3 = 6 > 0 = 1 - 1 = M^* - 1.$

Die Gleichung ist überidentifiziert.

$$PPE_{it} = \beta_{50} + \beta_{51} \frac{1}{ASSETS_{it-1}} + \beta_{54} PPE_{it-1} + \gamma_{56} CPX_{it} + \varepsilon_{5it}.$$

5) $\dot{K} - K^* = 9 - 3 = 6 > 1 = 2 - 1 = M^* - 1.$

Die Gleichung ist überidentifiziert.

$$CPX_{it} = \beta_{60} + \beta_{61} \frac{1}{ASSETS_{it-1}} + \gamma_{67} DEP_{it} + \gamma_{69} INC_{it} + \beta_{67} TOBINQ_{it} + \varepsilon_{6it}.$$

6) $\dot{K} - K^* = 9 - 3 = 6 > 2 = 3 - 1 = M^* - 1.$

Die Gleichung ist überidentifiziert.

$$DEP_{it} = \beta_{70} + \beta_{71} \frac{1}{ASSETS_{it-1}} + \gamma_{75} PPE_{it} + \beta_{78} DEP_{it-1} + \varepsilon_{7it}.$$

7) $\dot{K} - K^* = 9 - 3 = 6 > 1 = 2 - 1 = M^* - 1.$

Die Gleichung ist überidentifiziert.

$$CF_{it} = \beta_{80} + \beta_{81} \frac{1}{ASSETS_{it-1}} + \gamma_{81} ACC_{it} + \beta_{85} CF_{it-1} + \varepsilon_{8it}.$$

8) $\dot{K} - K^* = 9 - 3 = 6 > 1 = 2 - 1 = M^* - 1.$

Die Gleichung ist überidentifiziert.

$$INC_{it} = ACC_{it} + CF_{it}.$$

9) $\dot{K} - K^* = 9 - 0 = 9 > 2 = 3 - 1 = M^* - 1.$

Die Gleichung ist überidentifiziert.

$$PPE_{it} = PPE_{it-1} + CPX_{it} - DEP_{it}.$$

10) $\dot{K} - K^{*} = 9 - 1 = 8 > 2 = 3 - 1 = M^{*} - 1.$

Die Gleichung ist überidentifiziert.

Alle Gleichungen des Gleichungssystems (5.1), S. 85 erfüllen das Ordnungskriterium und sind überidentifiziert. Das Gleichungssystem kann daher nicht mit einem einfachen KQ-Schätzer konsistent geschätzt werden. Mit der zweistufigen KQ-Methode können die Koeffizienten des Gleichungssystems identifiziert werden.[407]

407 Vgl. von Auer (2013), S. 589–590.

6. Simulationsstudie

6.1 Motivation und Erwartungen

In den vorherigen Kapiteln wurden unterschiedliche Ursachen für Messfehler bei der Bestimmung gesteuerter Periodenabgrenzungen anhand aggregierter Periodenabgrenzungsmodelle aufgezeigt. Zudem wurden unterschiedliche Verbesserungsvorschläge und Modell-Erweiterungen zur Minimierung dieser Messfehler diskutiert. In diesem Kapitel soll gezeigt werden, für welche Maßnahmen sich in einer Simulationsstudie messbare Effekte einstellen.

Um dem Problem simultaner Kausalität – verursacht durch die Eigenschaften der doppelten Buchführung – Rechnung zu tragen, wird erstmals ein Mehrgleichungssystem[408] zur Bestimmung von Gewinnsteuerung aufgestellt. In bisherigen Periodenabgrenzungsmodellen blieb die bedingte Vorsicht weitgehend unberücksichtigt,[409] obwohl es sich, wie in Abschnitt 4.2.8 diskutiert, um eine ausgelassene Variable handelt. Die Auswirkungen der bedingten Vorsicht auf die Güte der Messung von Gewinnsteuerung sind daher noch nicht untersucht. Die vorliegende Arbeit versucht, diese beiden Forschungslücken zu schließen: Erstens soll das Problem simultaner Kausalität durch ein Mehrgleichungssystem verringert werden. Zweitens wird der Effekt der bedingten Vorsicht bei der Messung von Gewinnsteuerung systematisch untersucht.

Für eine Bewertung der Periodenabgrenzungsmodelle und ihrer Erweiterungen muss ein Bezugsrahmen geschaffen werden. Erstens muss das Modell der statistischen Spezifikation genügen: Bei wiederholten Tests auf Gewinnsteuerung sollte, bei einer Stichprobe, in der keine Gewinnsteuerung vorliegt,

408 Christodoulou/McLeay (2014), S. 625 schlagen vor, ein Mehrgleichungssystem für die Messung von Gewinnsteuerung zu verwenden. Obwohl ihr Beitrag sich nicht mit der Messung von Gewinnsteuerung befasst, sind Ihre Ergebnisse in doppeltem Maße für die vorliegende Arbeit übertragbar und relevant: Erstens ist eine KQ-Schätzung der Parameter inkonsistent, wenn sie für Rechnungslegungsvariablen vorgenommen wird, da diese Variablen Rechnungslegungsidentitäten unterworfen sind. Zweitens stellen sie fest, dass ein Mehrgleichungssystem die Berücksichtigung der relevanten Rechnungslegungsidentitäten ermöglicht und somit eine konsistente Parameterschätzung zulässt; vgl. Christodoulou/McLeay (2014), S. 620–624.

409 Ball/Shivakumar (2006) kombinieren zwar Periodenabgrenzungsmodelle mit der Basu-Regression zur Berücksichtigung der bedingten Vorsicht, ohne aber den Effekt der bedingten Vorsicht bei der Messung von Gewinnsteuerung systematisch zu analysieren.

die Ablehnungsrate der Nullhypothese von keiner Gewinnsteuerung dem festgelegten Signifikanzniveau α entsprechen.[410] Zweitens soll untersucht werden, wie gut das Modell Gewinnsteuerung erkennt: Bei wiederholten Tests auf Gewinnsteuerung wird den Stichprobenunternehmen künstlich Gewinnsteuerung hinzugefügt. Je höher die Ablehnungsrate der Nullhypothese von keiner Gewinnsteuerung ist, desto besser entdeckt das Modell Gewinnsteuerung.[411] Als zusätzlichen Test für die Nachweisstärke von Gewinnsteuerung wird eine Stichprobe von deutschen Unternehmen verwendet, die in Folge einer DPR-Prüfung ihres Jahresabschlusses einen Fehlerbericht veröffentlichen mussten. Unter der Annahme, dass ein Fehlerbericht ein hinreichender Indikator für Gewinnsteuerung ist, sollte bei einem Test auf Gewinnsteuerung die Nullhypothese von keiner Gewinnsteuerung abgelehnt werden.[412] Vor dem Hintergrund der Auswahl des Prüfungsobjekts und der Ziele des Prüfungsverfahrens kann diese Annahme kritisiert werden.[413] Bei der Interpretation der Testergebnisse ist daher Zurückhaltung angebracht.

Es gibt Hinweise, dass die Periodenabgrenzungsmodelle für Stichproben von Unternehmensjahren mit extremer Wirtschaftsleistung fehlspezifiziert sind.[414] Um eine mögliche Selektionsverzerrung zu untersuchen, werden Teilstichproben in Form des höchsten (niedrigsten) Quartils der return on assets (ROA), der Marktkapitalisierung (SIZE), des Marktwert-Buchwert-Verhältnisses (MB), des Umsatzwachstums (SALESGRWOTH), des operativen Cashflow (CFO) und des Gewinn-Kurs-Verhältnisses (EP) gebildet.[415] Sofern die Modelle den Effekt der Stichprobenverzerrung bei wiederholten Tests auf Gewinnsteuerung nicht herausfiltern können, wird die Ablehnungsrate der Nullhypothese von keiner Gewinnsteuerung signifikant vom festgelegten Signifikanzniveau α abweichen. Es wird erwartet, dass die Jones-Modelle stärker von der Selektionsverzerrung betroffen sind als das McNichols-Modell, da dieses die Eigenschaft des periodengerechten Gewinnausweises berücksichtigt.

---

410 Vgl. Kothari/Leone/Wasley (2005), S. 180.

411 Vgl. Kothari/Leone/Wasley (2005), S. 187.

412 Vgl. Ecker et al. (2013), S. 200–202.

413 Für eine ausführliche Erläuterung der Kritikpunkte wird auf Kapitel 1 und Kapitel 7 verwiesen.

414 Vgl. Dechow/Sloan/Sweeney (1995), S. 208 und S. 212. Kothari/Leone/Wasley (2005), S. 181–183 bestätigten diese Ergebnisse.

415 Die Wahl der wirtschaftlichen Zahlen folgt für EP_t, und $SIZE_t$ Kothari/Leone/Wasley (2005), S. 172 und für ROA_t und SIZE Dechow et al. (2012), S. 295. Die Variablen $SALESGROWTH_t$, und CFO_t werden in beiden Beiträgen verwendet.

Alle Analysen werden für die beiden Operationalisierungen der gesamten Periodenabgrenzungen ACC_t^{BS} und ACC_t^{CF} durchgeführt. Damit wird ein Vergleich beider Ansätze ermöglicht. Es wird erwartet, dass der Cashflow-Ansatz dem Bilanzansatz überlegen ist, da er das weitergehende Maß für die gesamten Periodenabgrenzungen ist.[416]

Um den Effekt unterschiedlicher Schätzverfahren zu ergründen, werden die gesteuerten Periodenabgrenzungen mit einer Jahres-Branchen-Querschnittregression, einer gepoolten KQ-Schätzung sowie mit einem Fixed-Effects-Schätzer bestimmt. Es wird erwartet, dass die gepoolte KQ-Schätzung zum schlechtesten Ergebnis führt, da keine unternehmens- und zeitspezifischen Besonderheiten berücksichtigt werden. Das beste Ergebnis sollte die Schätzung mit fixen Effekten liefern, da es unternehmens- und zeitspezifische konstante Effekte herausfiltern kann.[417]

Für den Modellvergleich wurden als Einzelgleichungsmodelle das Jones-Modell, das modifizierte Jones-Modell und das McNichols-Modell gewählt.[418] Auswahlkriterium war die Häufigkeit der Verwendung der jeweiligen Ansätze. Das modifizierte Jones-Modell unterstellt, dass alle Veränderungen der Forderungen aus Lieferungen und Leistungen durch Gewinnsteuerung beeinflusst werden, während das Jones-Modell davon ausgeht, dass die Veränderung der Forderungen aus Lieferungen und Leistungen überhaupt nicht durch Gewinnsteuerung beeinflusst wird. Die Erwartung, dass das modifizierte Jones-Modell am wenigsten von den drei Modelle dazu geeignet ist, Gewinnsteuerung zu messen, wird durch die Annahme impliziert, dass weniger als die Hälfte der Veränderung der Forderungen aus Lieferungen und Leistungen durch Gewinnsteuerung verursacht ist.[419] Im Vergleich zu den beiden Jones-Modellen sollte das

---

416 Für den Bilanzansatz vgl. Jones (1991), S. 207; Dechow/Sloan/Sweeney (1995), S. 203; Kothari/Leone/Wasley (2005), S. 173 oder Dechow et al. (2012), S. 288. Für den Cashflow-Ansatz vgl. Hribar/Collins (2002), S. 109. Für eine Diskussion der Ansätze vgl. Abschnitt 4.2.1.

417 Für eine Diskussion der Ansätze vgl. Abschnitt 4.2.4.

418 Vgl. Jones (1991), S. 210–211; Dechow/Sloan/Sweeney (1995), S. 199 und McNichols (2002), S. 65–66.

419 Das modifizierte Jones-Modell berücksichtigt keine Umsatzveränderungen, die aus Forderungen aus Lieferungen und Leistungen resultieren, vgl. Gleichung (4.15), S. 51. Es folgt der Prämisse, dass die Umsatzveränderungen ein EIV-Problem in Form gesteuerter Forderungen aus Lieferungen und Leistungen aufweisen. Im Idealfall sind 100% der Veränderung der Forderungen aus Lieferungen und Leistungen gesteuert und das modifizierte Jones-Modell kann das EIV-Problem vollständig beseitigen. Sobald weniger als 50% der Veränderung der Forderungen aus Lieferungen und

McNichols-Modell Gewinnsteuerung besser erkennen, da es die Eigenschaft des periodengerechten Gewinnausweises erfasst.[420]

Für die vorgestellten Modelle wird ein auf der Unternehmensleistung basierendes Matching der gesteuerten Periodenabgrenzungen vorgenommen.[421] Es hat sich in der Literatur trotz seiner Schwächen de facto zu einem Standard entwickelt.[422] Durch die Berücksichtigung des Matching soll überprüft werden, ob sich die Ergebnisse der Beiträge, die US-amerikanische Daten verwenden, auch auf eine europäische Stichprobe übertragbar sind.[423] Es wird erwartet, dass das Matching die Selektionsverzerrung bei Stichproben von Unternehmen mit extremen wirtschaftlichen Eigenschaften verringert. Konstruktionsbedingt wird ein besonders starker Rückgang der Selektionsverzerrung für die ROA-Quartile erwartet. Für den Nachweis von Gewinnsteuerung wird erwartet, dass sich das Matching negativ auswirkt und den Nachweis von Gewinnsteuerung erschwert.

Die Berücksichtigung der bedingten Vorsicht erfolgt durch eine abschnittsweise lineare Regression der Einzelgleichungsmodelle.[424] Die bisherigen Ansätze haben die asymmetrische Erfassung unerwarteter und unrealisierter Erträge und Aufwendungen in den Periodenabgrenzungen nicht erfasst. Es wird erwartet, dass der Einbezug der bedingten Vorsicht die Selektionsverzerrung bei Stichproben von Unternehmen mit extremen wirtschaftlichen Eigenschaften verringert. Das gilt insbesondere für die Teilstichproben auf Basis des Marktwert-Buchwert-Verhältnisses (MB), da dieses auch als Stellvertretergröße für eine vorsichtige Rechnungslegung verwendet wird.[425] Für den Nachweis von Gewinnsteuerung wird eine höhere Nachweisstärke im Vergleich zur linearen Schätzung erwartet.

Leistungen auf Gewinnsteuerung zurückzuführen sind, wird neben einem kleineren gesteuerten Anteil (< 50%) auch ein größere ungesteuerte Anteil (> 50%) entfernt. Das Vorgehen beseitigt zwar den ursprünglichen Messfehler, erzeugt aber gleichzeitig einen neuen größeren Messfehler.

420 Für eine Diskussion der drei Modelle vgl. die Abschnitte 4.2.3, 4.2.5.3 und 4.2.5.5.

421 Grundlegend zum Matching von gesteuerten Periodenabgrenzungen vgl. Kothari/Leone/Wasley (2005), S. 184–185.

422 Vgl. Keung/Shih (2014), S. 738–741. Für eine Diskussion des Ansatzes vgl. Abschnitt 4.2.7.

423 Vgl. Kothari/Leone/Wasley (2005), S. 182–183 und S. 188–190; Dechow et al. (2012), S. 306, S. 320 und S. 323–327 oder Keung/Shih (2014), S. 749–750.

424 Grundlegend zur Berücksichtigung der bedingten Vorsicht in Periodenabgrenzungsmodellen vgl. Ball/Shivakumar (2006), S. 212–215. Für eine Diskussion des Ansatzes vgl. Abschnitt 4.2.8.

425 Vgl. Beaver/Ryan (2000), S. 129–130 und Pae/Thornton/Welker (2005), S. 696.

Das Mehrgleichungsmodell soll in Kombination mit einer zweistufigen KQ-Schätzung die Verzerrung der Schätzung aufgrund endogener erklärender Variablen mindern. Das Mehrgleichungsmodell wurde mit dem Ziel entwickelt, die Eigenarten der doppelten Buchführung zu berücksichtigen.[426] Diese Eigenarten sind ursächlich für simultane Kausalität, weil sie die Rechungslegungsvariablen derselben Periode miteinander verbinden.[427] Ausgangspunkt für die Modellierung des Mehrgleichungssystems ist das McNichols-Modell. Daher dient das McNichols-Modell als Maßstab für das Mehrgleichungsmodell. Es wird erwartet, dass das Mehrgleichungsmodell Gewinnsteuerung ehr nachweisen kann als das McNichols-Modell und von der Selektionsverzerrung geringer betroffen ist als die Einzelgleichungsmodelle.

6.2 Datenbasis

Die zur Untersuchung benötigten Rechnungslegungsdaten werden über die Datenbank Worldscope erhoben. Worldscope übernimmt die bereitgestellten Daten aus den veröffentlichten Konzernabschlüssen der Unternehmen.[428] Die Quelle für Finanzmarktdaten ist die Datenbank Datastream. Die Auswahlkriterien der Stichprobe sollen einen möglichst großen Stichprobenumfang sicherstellen. Der Abfragezeitraum bezieht sich auf die Jahre zwischen 1987 und 2012. Geografisch beschränkt sich die Abfrage auf Unternehmen aus den Ländern der EU15.[429] Um die Gefahr einer Stichprobenverzerrung durch erloschene Unternehmen zu verringern, werden die landesspezifischen Worldscope Unternehmenslisten verwendet. Die Listen enthalten aktive und inaktive Unternehmen des jeweiligen Landes und sind die umfassendsten Unternehmenslisten, die Worldscope für das jeweilige Land zur Verfügung stellt.[430] Die Stichprobe besteht zu 70% aus aktiven und zu 30% aus inaktiven Unternehmensjahren. Übereinstimmend mit dem Vorgehen in der Literatur werden die Unternehmensjahre, für die nicht alle benötigten Daten vorliegen, aus der Stichprobe entfernt. Die gewählte

---

426 Für eine Diskussion des Mehrgleichungsmodells vgl. Kapitel 5.

427 Für eine Diskussion des Endogenitätsproblems vgl. Abschnitt 3.2.2.

428 Vgl. Worldscope Database Data Definitions Guide (Issue 14.2), online unter http://extranet.datastream.com/News_Events/product_data%20news/caccounts/Worldscope%20Data%20Definition%20Guide%20(Issue%2014.2).pdf (10.12.2014).

429 Mit EU15 sind die Mitgliedstaaten der Europäischen Union bis einschließlich April 2004 gemeint.

430 Vgl. Worldscope Coverage Packet, online unter http://extranet.datastream.com/News_Events/product_data%20news/caccounts/Worldscope%20Coverage%20Summary.pdf (10.12.2014).

Operationalisierung der Periodenabgrenzungen benötigt Variablen, die erst ab dem Jahr 1994 in Worldscope vorliegen. Die Verwendung von Variablen aus der Vorperiode (t–1) und nachfolgenden Periode (t+1) schränkt den Zeitraum weiter ein, sodass sich die Stichprobe auf die Jahre zwischen 1995 und 2011 begrenzt. Zudem werden alle Finanzdienstleistungsunternehmen (SIC-Kennung 6000–6999) aus der Stichprobe entfernt. Die Unternehmen dieser Branche besitzen ein anderes Geschäftsmodell sowie zusätzliche Rechnungslegungsvorschriften, sodass ein branchenübergreifender Vergleich der Periodenabgrenzungen unzweckmäßig erscheint. Unternehmensjahre, bei denen die Dauer des Fiskaljahrs nicht mit der Dauer des Kalenderjahrs übereinstimmt, werden nicht berücksichtigt, weil dies zu einer Doppelerfassung saisonaler Schwankungen führen könnte, die fälschlicherweise als Gewinnsteuerung erfasst werden könnte. Unternehmensjahre, für die nicht mindestens zehn weitere Unternehmensjahre desselben Jahrs und derselben Branche vorliegen, finden keinen Eingang in die Stichprobe. Dadurch wird eine Mindestanzahl von elf Beobachtungen pro Jahres-Branchen-Querschnitt sichergestellt, die eine effiziente Schätzung der Periodenabgrenzungsmodelle gewährleisten soll.[431] Am Ende bleibt eine Stichprobe von 36.737 Unternehmensjahren bestehen.[432]

Um eine weitere Analyse zu ermöglichen, erfolgt eine manuelle Auswertung der Fehlerveröffentlichungen von Unternehmen nach einer Prüfung des Jahres- oder Konzernabschlusses durch die DPR.[433] Die DPR prüft seit dem 1. Juli 2005 Unternehmen, „deren Wertpapiere zum Handel im regulierten Markt an einer inländischen Börse zugelassen sind."[434] Die Prüfung erfolgt ohne besonderen Anlass zufällig und stichprobenartig (Stichprobenprüfung), auf Verlangen der BaFin oder wenn konkrete Anhaltspunkte für eine Missachtung der Rechnungslegungsvorschriften gegeben sind (Anlassprüfung).[435] Die Prüfstelle legt

---

431 Vgl. bspw. Dechow/Sloan/Sweeney (1995), S. 200.

432 Für die Schätzung der Periodenabgrenzungsmodelle mit dem abschnittsweise linearen Regressionsverfahren werden Aktienrenditen benötigt. Datastream stellt für 335 Unternehmensjahre keine Aktienrendite bereit, sodass sich der Stichprobenumfang bei dieser Analyse auf 36.402 Unternehmensjahre reduziert.

433 Mein herzlicher Dank für die Auswertung der Fehlerveröffentlichungen gilt Martin Puritscher, der mir seine Ergebnisse freundlicherweise zur Verfügung stellte.

434 DPR (2009), S. 1; vgl. auch Bockmann (2012), S. 157–159 und Thormann/Zemple (2013), Rn. 52–57.

435 Vgl. DPR (2009), S. 2; Bockmann (2012), S. 160–164 und Thormann/Zemple (2013), Rn. 83.

für jedes Berichtsjahr unterschiedliche Prüfungsschwerpunkte fest.[436] In Fällen mangelhafter Abschlüsse veranlasst die DPR das Unternehmen zu einer Fehlerveröffentlichung.[437] Stichtag für die letzte berücksichtigte Fehlerveröffentlichung ist der 31. Dezember 2013. Erfasst wurden insgesamt 200 Fehlermeldungen für Jahres- und Konzernabschlüsse der Jahre zwischen 2004 und 2012, wobei sich die Fehlerveröffentlichungen auf 146 Unternehmensjahre verteilen. Führt man die DPR-Stichprobe mit der gesamten Stichprobe zusammen, bleiben 73 Unternehmensjahre mit Fehlerveröffentlichung bestehen, für die alle weiteren Variablen erhoben werden konnten.

Grundsätzlich werden alle stetigen Variablen zum 1%- und 99%-Perzentil winsorisiert. Stetige Variablen, bei denen negative Werte sachlogisch ausgeschlossen werden können, wie bspw. beim Umsatz, werden nur zum 99%-Perzentil winsorisiert. Dabei werden die Werte unter- und oberhalb dieser Schwellen auf die entsprechenden Grenzwerte gesetzt. Das Verfahren soll den Einfluss von Ausreißern auf die Ergebnisse verringern.[438]

6.3 Periodenabgrenzungsmodelle und Variablenbeschreibung

6.3.1 Operationalisierung der Periodenabgrenzungen

Die gesamten Periodenabgrenzungen werden jeweils mit dem Bilanzansatz ACC_t^{BS} und dem Cashflow-Ansatz ACC_t^{CF} operationalisiert. Das erlaubt einen Vergleich der Testergebnisse hinsichtlich der Operationalisierung der gesamten Periodenabgrenzungen.

Nach dem Bilanzansatz sind die ACC_t^{BS} die Veränderung des kurzfristigen Umlaufvermögens exklusive Zahlungsmittel (*Δ WS.TotalCurrentAssets – Δ WS. CashAndSTInvestments*) abzüglich der Veränderungen der kurzfristigen Verbindlichkeiten *(Δ WS.TotalCurrentLiabilities – Δ WS.STDebtAndCurPortLTDebt)*

436 Vgl. DPR (2009), S. 5; Bockmann (2012), S. 163–164 und Thormann/Zemple (2013), Rn. 90–91 und Rn. 134.

437 Vgl. Bockmann (2012), S. 174–176 und Thormann/Zemple (2013), Rn. 126–128. Die Fehlerveröffentlichung erfolgt elektronisch auf der Internetseite des Bundesanzeigers: www.bundesanzeiger.de (10.12.2014). Diese Internetseite des Bundesanzeigers wurde auch für die manuelle Auswertung der Fehlerveröffentlichungen herangezogen.

438 Wie bei Stubben (2010), S. 702 oder Dechow et al. (2012), S. 291 werden die Eingangsvariablen winsorisiert und nicht wie bei Kothari/Leone/Wasley (2005), S. 177–178 die Ergebnisse. Die Winsorisierung hat gegenüber einer Trunkierung den Vorteil, dass keine Beobachtungen verloren gehen.

und der Abschreibungen (*WS.DepreciationDeplAmortExpense*). Ausgenommen von den kurzfristigen Verbindlichkeiten sind Verbindlichkeiten, die inzwischen aufgrund ihres Fälligkeitstermins zu den kurzfristigen Verbindlichkeiten gerechnet werden, aber in den Geschäftsjahren zuvor als langfristige Verbindlichkeiten bilanziert wurden (*WS.STDebtAndCurPortLTDebt*).[439] Zur Berechnung der ACC_t^{BS} wird also die Gleichung (4.1), S. 36 verwendet.

Hribar/Collins kritisieren diese Operationalisierung.[440] Sie schlagen vor, die Periodenabgrenzungen mit dem Cashflow-Ansatz als Differenz zwischen dem Gewinn vor außerordentlichen Posten und aufgegebenen Geschäftsbereichen (*WS.IncomeBefExtraItemsAndPfdDiv*) und dem operativen Cashflow (*WS.NetCashFlowOperatingCFStmt*) zu bestimmen.[441] Zur Berechnung der ACC_t^{CF} wird folglich die Gleichung (4.2), S. 37 verwendet.

6.3.2 Schätzgleichung zur Bestimmung gesteuerter Periodenabgrenzungsmodelle

Folgt man den Ausführungen in Abschnitt 3.1, sind die gesteuerten Periodenabgrenzungen DAP_{it} als Differenz zwischen den gesamten Periodenabgrenzungen ACC_{it} und den ungesteuerten Periodenabgrenzungen $NDAEST_{it}$ definiert: $DAP_{it} = ACC_{it} - NDAEST_{it}$.[442] Die gesteuerten Periodenabgrenzungen DAP_{it} werden im Folgenden durch die Residuen der Regressionsschätzung des Periodenabgrenzungsmodells operationalisiert.[443] Die erklärenden Variablen eines Periodenabgrenzungsmodells sind Stellvertretervariablen für die ungesteuerten Periodenabgrenzungen $NDAEST_{it}$.[444]

439 Vgl. Kothari/Leone/Wasley (2005), S. 173; Dechow et al. (2012), S. 288 oder Dechow/Sloan/Sweeney (1995), S. 203. In Klammer sind die Namen der entsprechenden Objekte der Worldscope-Datenbank angegeben.

440 Vgl. Hribar/Collins (2002), S. 107–115. Siehe dazu auch Abschnitt 4.2.1.

441 Hribar/Collins (2002), S. 109. In den Beiträgen von bspw. Stubben (2010), S. 702 oder Ball/Shivakumar (2006), S. 215 werden die Periodenabgrenzungen ebenfalls nach diesem Verfahren operationalisiert.

442 Vgl. McNichols/Wilson (1988), S. 5. Siehe dazu auch Abschnitt 3.1.

443 In der Darstellung von Ecker et al. (2013), S. 194 werden die Residuen der Periodenabgrenzungsmodelle explizit als gesteuerte Periodenabgrenzungen bezeichnet. Eine Trennung zwischen Ereignis- und Kontroll-Unternehmen erfolgt somit nicht. Aufgrund des Simulationsdesigns wird die Gefahr verzerrter Ergebnisse durch das EIV-Problem als gering erachtet.

444 Vgl. Dechow et al. (2012), S. 288.

Die Gleichung (6.1), S. 103 ist der Ausgangspunkt für den Vergleich der einzelnen Periodenabgrenzungsmodelle. Diese Vorgehensweise entspricht der Literatur und soll so einen Vergleich der Ergebnisse dieser Arbeit mit bestehenden Beiträgen ermöglichen.[445]

(6.1) $$ACC_{it} = \beta_0 + \beta_1 \frac{1}{ASSETS_{it-1}} + \sum_{j=2}^{n} \beta_j X_{jit} + DAP_{it}.$$

Die Variable ACC_{it} steht für die Periodenabgrenzungen. Bei $1/ASSETS_{it-1}$ (*1/WS.TotalAssets*) handelt es sich um eine Skalierungsvariable. Im Summenterm $\sum_{j=2}^{n} \beta_j X_{jit}$ sind die Kontrollvariablen für die ungesteuerten Periodenabgrenzungen gesammelt. Er dient als Platzhalter für die Variablen des jeweiligen Periodenabgrenzungsmodells. Bei der Schätzung der Modelle mit Hilfe des abschnittsweisen linearen Regressionsverfahrens kommen noch weitere Kontrollvariablen hinzu. Die Kontrollvariablen variieren also je nach Modell und Schätzverfahren. Die Störterme der Regression sind die gesteuerten Periodenabgrenzungen DAP_{it}.[446]

Die Signifikanz der mittleren gesteuerten Periodenabgrenzungen wird mit einem t-Test überprüft.[447] Die Variable, die dem t-Test unterworfen wird, ist der gleichgewichtete Mittelwert der gesteuerten Periodenabgrenzungen der bilanzpolitisch verdächtigen Unternehmen (PART = 1) dividiert durch den Standardfehler des Mittelwerts. Für den Standardfehler wird angenommen, dass die gesteuerten Periodenabgrenzungen im Querschnitt unabhängig voneinander sind. Die Annahme erscheint plausibel, da die bilanzpolitisch verdächtigen Unternehmensjahre keinen Einschränkungen hinsichtlich Branche und Jahr unterliegen. Die Teststatistik lautet:

(6.2) $$E(DAP) / SD(DAP) / \sqrt{N} \sim t_{N-1},$$

wobei

(6.3) $$E(DAP) = \frac{1}{N} \sum_{i=1}^{N} DAP_{it},$$

445 Das Forschungsdesign folgt dem Verfahren von Kothari/Leone/Wasley (2005), das auch von Stubben (2010) oder Keung/Shih (2014) verwendet wird.

446 Vgl. Dechow et al. (2012), S. 286. Es wird angenommen, dass der Störterm ($DAP_{it} = \varepsilon_{it}$) annahmegemäß unabhängig normalverteilt ist sowie einen Erwartungswert von Null und eine konstante Varianz aufweist: $\varepsilon_{it} \sim U\ N(0, \sigma^2)$.

447 Für den gesamten Absatz vgl. Kothari/Leone/Wasley (2005), S. 175.

und

$$(6.4)\qquad SD(DAP)=\sqrt{\sum_{i=1}^{N}\left[DAP_{it}-E(DAP)\right]^{2}/(N-1)}.$$

E(DAP) ist der Mittelwert der gesteuerten Periodenabgrenzungen der bilanzpolitisch verdächtigen Unternehmensjahre. SD(DAP) ist die Standardabweichung des Mittelwerts der gesteuerten Periodenabgrenzungen. Der Umfang der Stichprobe ist N.

6.3.3 Einzelgleichungsmodelle

Für die Vergleichsstudie werden die in der Literatur am häufigsten verwendeten Periodenabgrenzungsmodelle betrachtet.[448] Es handelt sich um das Jones-Modell,[449] das modifizierte Jones-Modell[450] und das McNichols-Modell.[451]

Im Jones-Modell werden als Kontrollvariablen $\Delta SALES_{it}$ (Δ *WS.Sales*) und PPE_{it} (*WS.TotalPropPlantEquipNet*) verwendet, wobei $\Delta SALES_{it}$ für die Umsatzänderungen und PPE_{it} für das Sachanlagevermögen steht:

$$(6.5)\qquad \begin{aligned} X_{1it} &= \Delta SALES_{it},\\ X_{2it} &= PPE_{it}. \end{aligned}$$

Das modifizierte Jones-Modell kann man mit den Kontrollvariablen aus Gleichung (6.6), S. 105 darstellen. Im Unterschied zum Jones-Modell wird von den Umsatzänderungen $\Delta SALES_{it}$ noch die Veränderung der Forderungen aus Lieferungen und Leistungen ΔREC_{it} (Δ *WS.TotalReceivables*) abgezogen:

---

448 Die Häufigkeit der Verwendung bestimmter Periodenabgrenzungsmodelle wird durch die Häufigkeit der Zitierungen des jeweiligen Beitrags näherungsweise gemessen. Da die Beiträge, in denen die in dieser Arbeit verwendeten Modelle erstmalig zum Einsatz kamen, eine deutlich größere Anzahl von Zitationen aufweisen als die Beiträge, die diese Modelle ebenfalls verwendeten, kann man von einer robusten Näherungsgröße ausgehen. Die Anzahl der Zitierungen wurde mithilfe der Software Publish or Perish von Anne-Will Harzing bestimmt, online unter http://www.harzing.com/pop.htm (10.12.2014). Das Programm ermittelt auf Basis von Google Scholar die Zitierhäufigkeit der einzelnen Beiträge.

449 Vgl. Jones (1991), S. 210–211.

450 Vgl. Dechow/Sloan/Sweeney (1995), S. 199.

451 Vgl. McNichols (2002), S. 65–66.

$$(6.6)\quad \begin{aligned} X_{1it} &= \Delta\left(SALES_{it} - REC_{it}\right), \\ X_{2it} &= PPE_{it}. \end{aligned}$$

Das letzte Einzelgleichungsmodell ist das McNichols-Modell, bestehend aus den Kontrollvariablen der Gleichung (6.7), S. 105. Es erweitert das Jones-Modell um die Zahlungsmittelströme aus der operativen Tätigkeit der Vorperiode CFO_{it-1} (*WS.NetCashFlowOperatingCFStmt*), der aktuellen Periode CFO_{it} und der darauffolgenden Periode CFO_{it+1}:

$$(6.7)\quad \begin{aligned} X_{1it} &= \Delta SALES_{it}, \\ X_{2it} &= PPE_{it}, \\ X_{3it} &= CFO_{it-1}, \\ X_{4it} &= CFO_{it}, \\ X_{5it} &= CFO_{it+1}. \end{aligned}$$

6.3.4 Interdependentes Mehrgleichungsmodell

Das interdependente Gleichungssystem besteht aus acht Regressionsgleichungen und zwei Identitäten. Die Regressionsgleichungen lauten:

$$(6.8)\quad \begin{aligned} ACC_{it} = {} & \beta_{10} + \beta_{11}\frac{1}{ASSETS_{it-1}} + \gamma_{12}\Delta SALES_{it} + \gamma_{15}PPE_{it} + \\ & + \beta_{15}CFO_{it-1} + \gamma_{18}CFO_{it} + \beta_{16}CFO_{it+1} + DAP_{it}, \end{aligned}$$

$$(6.9)\quad \Delta SALES_{it} = \beta_{20} + \beta_{21}\frac{1}{ASSETS_{it-1}} + \gamma_{23}SALES_{it} + \gamma_{24}REC_{it} + \varepsilon_{2it},$$

$$(6.10)\quad SALES_{it} = \beta_{30} + \beta_{31}\frac{1}{ASSETS_{it-1}} + \beta_{32}SALES_{it-1} + \varepsilon_{3it},$$

$$(6.11)\quad REC_{it} = \beta_{40} + \beta_{41}\frac{1}{ASSETS_{it-1}} + \beta_{43}REC_{it-1} + \varepsilon_{4it},$$

$$(6.12)\quad PPE_{it} = \beta_{50} + \beta_{51}\frac{1}{ASSETS_{it-1}} + \beta_{54}PPE_{it-1} + \gamma_{56}CPX_{it} + \varepsilon_{5it},$$

$$(6.13) \quad CPX_{it} = \beta_{60} + \beta_{61} \frac{1}{ASSETS_{it-1}} + \gamma_{67} DEP_{it} + \gamma_{69} INC_{it} + \beta_{67} TOBINQ_{it} + \varepsilon_{6it},$$

$$(6.14) \quad DEP_{it} = \beta_{70} + \beta_{71} \frac{1}{ASSETS_{it-1}} + \gamma_{75} PPE_{it} + \beta_{78} DEP_{it-1} + \varepsilon_{7it},$$

$$(6.15) \quad CFO_{it} = \beta_{80} + \beta_{81} \frac{1}{ASSETS_{it-1}} + \gamma_{81} ACC_{it} + \beta_{85} CFO_{it-1} + \varepsilon_{8it}.$$

Die Variable Zahlungsstrom CF aus Gleichung (5.1), S. 85 wird mit dem operativen Cashflow CFO operationalisiert. CPX_{it} (*WS.CapitalExpendituresCFStmt*) steht für die Investitionsaufwendungen, DEP_{it} (*WS.DepreciationDeplAmortExpense*) für die Abschreibungen, INC_{it} (*WS.IncomeBefExtraItemsAndPfdDiv*) für den Jahresüberschuss und $TOBINQ_{it}$ für Tobin's Q. Tobin's Q wird mit der Marktkapitalisierung plus dem Buchwert der Verbindlichkeiten (*WS.YrEndMarketCap + WS.TotalDebt*), geteilt durch das Gesamtvermögen (*WS.TotalAssets*), operationalisiert.[452] Für die Störterme der Regressionsgleichungen $\varepsilon_{m|it}$ – wobei $DAP_{it} = \varepsilon_{1|it}$ – wird angenommen, dass sie annahmegemäß unabhängig normalverteilt sind sowie einen Erwartungswert von Null und eine konstante Varianz aufweisen: $\varepsilon_{m|it} \sim U\, N(0, \sigma^2),\ \forall\ m = 1, 2, \ldots, 8$. Eine konstante kontemporäre Korrelation zwischen den einzelnen Störtermen ε_m ist erlaubt. Sie hängt davon ab, welche zwei Gleichungen betrachtet werden: $Cov(\varepsilon_{m|it}, \varepsilon_{n|it}) = \sigma$ für $m \neq n$ und $m, n = 1, 2, \ldots, 8$. Eine nicht-kontemporäre Korrelation zwischen den einzelnen Störtermen ε_m ist ausgeschlossen: $Cov(\varepsilon_{m|it}, \varepsilon_{n|iT}) = 0$ für $t \neq T$, $m \neq n$ und $m, n = 1, 2, \ldots, 8$.

Die beiden Identitäten des Modells lauten:

$$(6.16) \quad INC_{it} = ACC_{it} + CFO_{it},$$

$$(6.17) \quad PPE_{it} = PPE_{it-1} + CPX_{it} - DEP_{it}.$$

6.4 Darstellung der Schätzverfahren

Jedes Einzelgleichungsmodell wird als Querschnittregression mit dem KQ-Schätzer bestimmt. Zudem werden die Einzelgleichungsmodelle auf Panelbasis

452 Vgl. Dasgupta/Noe/Wang (2011), S. 1269.

mit der gepoolten KQ-Methode, mittels fixer Effekte für Unternehmenseffekte sowie mit Hilfe fixer Effekte für Unternehmens- und Zeiteffekte geschätzt.[453]

Bei der Querschnittanalyse werden die Koeffizienten der Modelle für jedes Jahr und jede Branche – auf Grundlage der zweistelligen SIC-Kennung – mit Hilfe des KQ-Schätzers bestimmt. Die gesamte Stichprobe hat 690 Jahres-Branchen-Querschnitte, die zwischen elf und 508 Unternehmensjahre enthalten.

Die zweite Variante ist eine gepoolte KQ-Schätzung. Der Hauptvorteil ist der im Vergleich zu Querschnitt- oder Längsschnittregressionen deutlich größere Stichprobenumfang.[454] Eine Berücksichtigung der Paneldatenstruktur erfolgt bei diesem Verfahren nicht.

Die Paneldatenstruktur der Stichprobe ermöglicht eine Kontrolle der unternehmens- und zeitspezifischen Effekte. Es wird eine Fixed-Effects-Schätzung ohne Jahresindikatoren sowie eine mit Jahresindikatoren durchgeführt[455]. Der Fixed-Effects-Schätzer ist robust gegenüber der vorliegenden unbalancierten Panelstruktur.[456] Die Modelle (6.5), (6.6) und (6.7), S. 104–105 enthalten keine zeitinvarianten Variablen. Es ist daher unschädlich, dass der Fixed-Effects-Schätzer für solche Variablen keine Koeffizienten bestimmen kann.[457]

Die Bestimmung der Parameter erfolgt beim Fixed-Effects-Verfahren auf Basis der Standardabweichung der erklärten und der erklärenden Variablen zwischen den Perioden innerhalb der Beobachtungen eines Unternehmens (Within-Schätzung oder Within-Standardabweichung). Der Fixed-Effects-Schätzers berücksichtigt somit nicht die Variation zwischen den Unternehmen (Between-Schätzung oder Between-Standardabweichung).[458] Abhilfe könnte der Random-Effects-Schätzer schaffen, der beide Variationen (Within- und Between-Standardabweichung) einbezieht und somit mehr Information zur Schätzung der Koeffizienten nutzt als der Fixed-Effects-Schätzer. Der Random-Effects-Schätzer erscheint daher gegenüber dem Fixed-Effects-Schätzer als das

453 Für eine Diskussion der Vor- und Nachteile dieser Verfahren siehe Abschnitt 4.2.4.

454 Vgl. Wooldridge (2013), S. 433.

455 Vgl. Greene (2012), S. 403–404; Baltagi (2013), S. 39–41.

456 Vgl. Greene (2012), S. 388; Wooldridge (2013), S. 473–474. Unbalanciert bedeutet, dass nicht für alle Unternehmen Beobachtungen über den gesamten Beobachtungszeitraum vorliegen.

457 Vgl. Baum (2006), S. 220; Greene (2012), S. 400 und Wooldridge (2013), S. 467.

458 Vgl. Baum (2006), S. 220–222; Greene (2012), S. 397–398; Wooldridge (2013), S. 467.

überlegene Verfahren.[459] Dennoch ist seine Verwendung abzulehnen: Erstens hat der Random-Effects-Schätzer die unrealistische Annahme, dass keine relevanten Variablen ausgelassen wurden. Zweites sprechen die Ergebnisse des Hausman-Tests gegen die Verwendung des Random-Effects-Schätzers.[460]

Für das Mehrgleichungsmodell wird im Gegensatz zu den Einzelgleichungsmodellen nicht unterstellt, dass alle erklärenden Variablen system-exogen sind. Es wird vielmehr angenommen, dass ein Teil der erklärenden Variablen aufgrund umgekehrter Kausalität system-endogen ist. Dem Problem der umgekehrten Kausalität wird durch die Modellierung als Mehrgleichungsmodell begegnet. Für jede system-endogene Variable wird eine Gleichung aufgestellt. Um die Parameterwerte schätzen zu können, wird der ZSKQ-Schätzer – ein auf Instrumentalvariablen basierendes Schätzverfahren – verwendet.[461] Im Gegensatz zum IV-Schätzer kann der ZSKQ-Schätzer mit mehreren Instrumentalvariablen und daher auch mit mehreren endogenen Regressoren umgehen. Voraussetzung für den Einsatz des ZSKQ-Schätzers ist eine Überidentifikation[462] der Gleichung bzw. des Gleichungssystems.[463]

Die Koeffizienten des Mehrgleichungsmodells werden mit einem ZSKQ-Schätzer bestimmt. Die Güte einer ZSKQ-Schätzung hängt von den verwendeten Instrumentalvariablen ab. Eine gute Instrumentalvariable soll möglichst stark mit der system-endogenen erklärenden Variablen korreliert sein, gleichzeitig aber keine kontemporäre Korrelation mit dem Störterm aufweisen.[464] Als Instrumentalvariablen werden die vorgelagerten Rechnungslegungsvariablen $SALES_{it-1}$, REC_{it-1}, PPE_{it-1}, CFO_{it-1} und DEP_{it-1} verwendet. Sie sind definitionsgemäß system-exogene

459 Eine Gegenüberstellung von Random-Effects- und Fixed-Effects-Schätzer ist bei Wooldridge (2010), S. 326–328 zu finden. Für eine Darstellung des Random-Effects-Schätzers vgl. Greene (2012), S. 410–424 und Wooldridge (2013), S. 474–478.

460 Vgl. Hausman (1978); Cameron/Trivedi (2010), S. 266–267; Wooldridge (2010), S. 328–334; Greene (2012), S. 419–420; Baltagi (2013), S. 76–80. Für eine Kritik einer testbasierten Wahl der Verfahren vgl. Wooldridge (2013), S. 477–478. Die Ergebnisse des Hausman-Tests stehen in Tabelle A.4, S. 187 bis Tabelle A.9, S. 192. Sie werden in Abschnitt 6.8.2 diskutiert.

461 Das von Theil (1958) entwickelte ZSKQ-Verfahren ist inzwischen ein ökonometrisches Standardverfahren.

462 Das Ordnungskriterium ist erfüllt, sodass von Überidentifikation ausgegangen wird; vgl. hierzu Abschnitt 5.3.

463 Vgl. Baum (2006), S. 188–189; Cameron/Trivedi (2010), S. 180; Wooldridge (2010), S. 89–104; Greene (2012), S. 355–358 und S. 369–374; Wooldridge (2013), S. 506–508 und S. 543–544.

464 Vgl. Larcker/Rusticus (2010), S. 186; Wooldridge (2010), S. 89–90; Greene (2012), S. 262; von Auer (2013), S. 487.

Variablen, weil sie nicht kontemporär mit den system-endogenen Variablen der Periode t bestimmt werden.[465] Daraus folgt, dass der unskalierte und skalierte Achsenabschnitt (1 und $1/ASSETS_{it-1}$) konstruktionsbedingt ebenfalls system-exogen ist und als Instrument verwendet wird.[466] Weitere Instrumente sind die Variablen CFO_{it+1} und $TOBINQ_{it}$. Der Cashflow aus der Folgeperiode CFO_{it+1} ist ebenfalls system-exogen, da er nicht gleichzeitig mit den system-endogenen Variablen der Periode t bestimmt wird. Die Variable $TOBINQ_{it}$ eignet sich als Instrument, weil system-exogene Kapitalmarkteinflüsse die wesentlichen Treiber der Volatilität von $TOBINQ_{it}$ sind.[467]

Ausgehend von einer simplen Regressionsgleichung: $Y_{it} = \beta_0 + \beta_1 X_{it} + \varepsilon_{it}$ wird in der ersten Stufe des ZSKQ-Verfahrens in einer Hilfsregression die Instrumentalvariable Z_{it} auf jeweils eine system-endogene Variable X_{it} regressiert ($X_{it} = \alpha_0 + \alpha_1 Z_{it} + \omega_{it}$).[468] Dabei soll die Komponente der system-endogenen Variable herausgefiltert werden, die nicht mit dem Störterm ε_{it} korreliert ist ($\alpha_0 + \alpha_1 Z_{it}$). Durch eine KQ-Schätzung werden die Parameterwerte $\breve{\alpha}_0$ bis $\breve{\alpha}_1$ bestimmt, sodass mit $\breve{X}_{it} = \breve{\alpha}_0 + \breve{\alpha}_1 Z_{it}$ die Komponente $\breve{X}_{it}$ der system-endogenen Variable X_{it}, die nicht mit dem Störterm ε_{it} korreliert ist, berechnet werden kann. In der zweiten Stufe wird dann diese Komponente $\breve{X}_{it}$, anstatt der system-endogenen Variablen X_{it}, in der eigentlich zu schätzenden Gleichung ($Y_{it} = \beta_0 + \beta_1 \breve{X}_{it} + \varepsilon_{it}$) verwendet.[469]

In einer weiteren Schätzvariante des Mehrgleichungsmodells wird von den Beobachtungen einer Variable der jeweilige unternehmensspezifische Mittelwert abgezogen, bspw. $PPE_{it} - E(PPE_i)$. Dieses Vorgehen – auch als *demeaning* bezeichnet – hat für die Parameterschätzung faktisch die gleiche Wirkung wie die Hinzunahme von fixen Effekten in die ZSKQ-Methode.[470]

465 Vgl. Kang/Sivaramakrishnan (1995), S. 359; Kang (1999), S. 16; Christodoulou/McLeay (2014), S. 618–619.

466 Vgl. Engle/Hendry/Richard (1983), S. 280–281; Kmenta (1997), S. 652; von Auer (2013), S. 588; Wooldridge (2013), S. 545–546.

467 Vgl. Christodoulou/McLeay (2014), S. 619.

468 Die formale Darstellung des ZSKQ-Verfahrens erfolgt für den Fall von einer Instrumentalvariable. Die Vorgehensweise ändert sich bei mehreren Instrumentalvariablen nicht. Es wird angenommen, dass der Störterm ω_{it} annahmegemäß unabhängig normalverteilt ist sowie einen Erwartungswert von Null und eine konstante Varianz aufweist: $\omega_{it} \sim U\ N(0, \sigma^2)$.

469 Vgl. von Auer (2013), S. 486–488.

470 Vgl. Cameron/Trivedi (2010), S. 257; Wooldridge (2013), S. 467. Für eine Anwendung vgl. Dasgupta/Noe/Wang (2011), S. 1265. Im Folgenden wird das Verfahren als ZSKQ mit fixen Effekten bezeichnet.

Eine Alternative zum zweistufigen Verfahren ist der dreistufige KQ-Schätzer (DSKQ).[471] Bei der DSKQ-Methode werden, im Gegensatz zum ZSKQ-Verfahren, bei dem die Gleichungen nacheinander geschätzt werden, alle Gleichungen des Systems gleichzeitig geschätzt. Die DSKQ-Methode ist effizienter, da sie auch die Korrelation der Störterme der einzelnen Gleichungen berücksichtigt. Der DSKQ-Schätzer nutzt zur Bestimmung der Koeffizienten also mehr Informationen als der ZSKQ-Schätzer.[472] Dennoch sprechen mehrere Argumente gegen den DSKQ-Schätzer. Erstens ist die DSKQ-Methode wenig robust gegenüber Spezifikationsfehlern des Mehrgleichungssystems, da sich jeder Modellierungsfehler einer Gleichung durch die Mechanik der Schätzmethode auf alle anderen Gleichungen des Gleichungssystems auswirkt, auch wenn alle weiteren Gleichungen korrekt spezifiziert sind. Zweitens sind homoskedastische Störterme Voraussetzung für konsistente Ergebnisse des DSKQ-Schätzers.[473] Diese sind in der vorliegenden Stichprobe nicht gegeben.[474] Zudem sprechen die Ergebnisse des Hausman-Tests[475] ebenfalls für die Verwendung des ZSKQ-Verfahrens, sodass von einer Verwendung der DSKQ-Methode abgesehen wird.

Eine Verzerrung der Standardfehler durch Autokorrelation oder Heteroskedaszität ist für den Modellvergleich bedeutungslos, da dieser auf einem Test der Residuen basiert und nicht auf dem Signifikanzniveau eines Koeffizienten[476]. Die Residuen hängen von den geschätzten Parameterwerten ab, sodass deren unverzerrte Schätzung maßgeblich ist. Dennoch werden mehrere Maßnahmen ergriffen, um eine unverzerrte Schätzung der Varianz-Kovarianz-Matrix sicherzustellen: Erstens werden alle Rechnungslegungsvariablen mit der Bilanzsumme des Vorjahres $ASSETS_{it-1}$ skaliert.[477] Zweitens wird ein gegenüber Heteroskedaszität robustes Verfahren zur Schätzung der Varianz-Kovarianz-Matrix

471 Vgl. Zellner/Theil (1962); Greene (2012), S. 369–372.

472 Vgl. Kmenta (1997), S. 695.

473 Vgl. Cameron/Trivedi (2010), S. 206–207.

474 Die Tests für Heteroskedaszität lehnen die Nullhypothese H_0 (Homoskedaszität) ab. Die Ergebnisse stehen in Tabelle A.4, S. 187 bis Tabelle A.9, S. 192. Sie werden in Abschnitt 6.8.2 diskutiert.

475 Die Ergebnisse des Hausman-Tests sind in Tabelle 6.7, S. 132 und werden in Abschnitt 6.8.2 diskutiert.

476 Die Modellvergleiche von Dechow/Sloan/Sweeney (1995) und Dechow et al. (2012) basieren auf dem Signifikanzniveau einer Indikatorvariablen. Vgl. grundlegend für diesen Ansatz Brown/Warner (1985).

477 Vgl. Jones (1991), S. 212 und Barth/Kallapur (1996), S. 555.

verwendet.[478] Zusätzlich wird die Skalierungsgröße ($1/ASSETS_{it-1}$) als erklärende Variable in die Regressionsgleichung aufgenommen, um eine Verzerrung durch Skalierungseffekte zu vermeiden.[479]

Die Periodenabgrenzungsmodelle werden in der Literatur uneinheitlich entweder mit einem unskalierten Achsenabschnitt,[480] skalierten Achsenabschnitt[481] oder mit beiden Varianten geschätzt.[482] Ein Verzicht auf einen unskalierten Achsenabschnitt überzeugt für das Testverfahren auf Gewinnsteuerung nicht,[483] sodass neben der Skalierungsgröße auch ein unskalierter Achsenabschnitt verwendet wird.[484]

6.5 Matching-Verfahren

Neben Geschäftsjahr und Branche ist die Unternehmensleistung ein Kriterium für das Matching-Verfahren. Die Maßgröße für die Unternehmensleistung ist die Gesamtkapitalrendite, die für die aktuelle Periode (ROA_{it}) sowie die Vorperiode (ROA_{it-1}) bestimmt wird.[485] Sie wird mit dem Verhältnis von Gewinn vor außerordentlichen Posten und aufgegebenen Geschäftsbereichen (*WS.IncomeBefExtraItemsAndPfdDiv*) zu Gesamtvermögen (*WS.TotalAssets*) operationalisiert. Die Vorgehensweise für das Matching folgt Kothari/Leone/Wasley.[486] Die Stichprobe wird in eine Behandlungs- und eine Kontrollgruppe aufgeteilt. In der Behandlungsgruppe sind die Unternehmensjahre, die der Gewinnsteuerung verdächtigt werden (PART = 1). In der Kontrollgruppe sind alle Unternehmensjahre, die

---

478 Für die Querschnitts-Regression werden Fama-MacBeth-Standardfehler für jeden Jahres-Branchen-Querschnitt berechnet; vgl. Fama/MacBeth (1973), S. 614–618; Petersen (2009), S. 446–447. Die gepoolte KQ-Schätzung verwendet nach Jahr und Unternehmen geclusterte Standardfehler; vgl. Petersen (2009), S. 437–441 und S. 457–458. Für die Panel-Schätzungen werden cluster-robuste Standardfehler verwendet; vgl. Cameron/Trivedi (2010), S. 239. Die ZSKQ-Schätzung des Mehrgleichungsmodells verwendet normale Standardfehler.

479 Vgl. Barth/Kallapur (1996), S. 555.

480 Vgl. Dechow et al. (2012), S. 287.

481 Vgl. bspw. Jones (1991), S. 211 oder Dechow/Sloan/Sweeney (1995), S. 198–199.

482 Vgl. bspw. Kothari/Leone/Wasley (2005), S. 173, Stubben (2010), S. 702 oder Ecker et al. (2013), S. 194.

483 Vgl. Kothari/Leone/Wasley (2005), S. 173.

484 Ein unskalierter Achsenabschnitt stellt sicher, dass die Residuen einer Regression im Mittel gleich Null sind; vgl. Kennedy (2008), S. 109–111.

485 Das Matching wird zweimal durchgeführt. Einmal ist ROA_{it} das Kriterium für Unternehmensleistung und einmal wird der Vorjahreswert ROA_{it-1} verwendet.

486 Vgl. Kothari/Leone/Wasley (2005), S. 174–175.

bilanzpolitisch unverdächtig sind (PART = 0). Als nächstes werden für alle Unternehmensjahre die gesteuerten Periodenabgrenzungen DAP_{it} geschätzt. Für die Unternehmensjahre der Behandlungsgruppe werden geeignete Unternehmensjahre aus der Kontrollgruppe als Gegenstück gesucht. In der Kontrollgruppe sind nur Unternehmensjahre, die derselben zweistelligen SIC-Branche und desselben Geschäftsjahrs angehören, wie das verdächtige Unternehmensjahr (PART = 1). Das Gegenstück wird das Unternehmensjahr der Kontrollgruppe, dessen ROA_{it} (ROA_{it-1}) am nächsten zum ROA_{it} (ROA_{it-1}) des bilanzpolitisch verdächtigen Unternehmensjahrs liegt. Im letzten Schritt werden von den gesteuerten Periodenabgrenzungen des verdächtigen Unternehmens $DAP_{it\,(PART\,=\,1)}$ die gesteuerten Periodenabgrenzungen des Gegenstücks $DAP_{it\,(Match)}$ abgezogen. Die durch das Matching angepassten gesteuerten Periodenabgrenzungen $DAP_{it\,(Matched)}$ werden einem t-Test mit der Nullhypothese $DAP_{it\,(Matched)} = 0$ unterzogen.[487]

6.6 Berücksichtigung der bedingten Vorsicht

Die bestehenden Periodenabgrenzungsmodelle werden – wie von Ball/Shivakumar vorgeschlagen – mit der Basu-Regression[488] kombiniert. Es handelt sich dabei um eine abschnittsweise lineare Regressionsschätzung der Periodenabgrenzungsmodelle. Die abschnittsweise lineare Regression ermöglicht es, die durch die bedingte Vorsicht verursachten unterschiedlichen Korrelationen der Periodenabgrenzungen mit positiven und negativen Nachrichten zu berücksichtigen:[489]

$$\text{(6.18)} \quad ACC_{it} = \beta_0 + \beta_1 \frac{1}{ASSETS_{it-1}} + \sum_{j=2}^{n} \beta_j X_{jit} + \rho_1 VAR_{it} + \rho_2 DVAR_{it} + \rho_3 DVAR_{it} \times VAR_{it} + DAP_{it}.$$

Die Gleichung (6.18), S. 112 ist eine Erweiterung der Gleichung (6.1), S. 103 mit generischen Variablen, die eine abschnittsweise lineare Schätzung der Periodenabgrenzungsmodelle erlaubt. Im Summenterm werden alle erklärenden Variablen X_{jit} des verwendeten Periodenabgrenzungsmodells zusammengefasst. Die Variable VAR_{it} ist die Stellvertretergröße des Konstrukts Nachrichten. Bei $DVAR_{it}$ handelt es sich um eine Indikatorvariable, die den Wert Eins (Null) hat, wenn

487 Vgl. Kothari/Leone/Wasley (2005), S. 174–175.

488 Vgl. Basu (1997).

489 Vgl. Ball/Shivakumar (2006), S. 214.

VAR_{it} für eine positive (negative) Nachricht steht. Der Ausdruck $DVAR_{it} \times VAR_{it}$ beschreibt einen Interaktionsterm. Der Parameter ρ_3 gibt an, um wieviel stärker die ungesteuerten Periodenabgrenzungen auf negative Nachrichten reagieren als auf positive. Es wird daher erwartet, dass ρ_3 ein positives Vorzeichen hat. Mit diesem Parameter wird die bedingte Vorsicht gemessen. Je größer ρ_3 ist, desto stärker ist die Ausprägung der bedingten Vorsicht. Die gesamte Reaktion der ungesteuerten Periodenabgrenzungen auf schlechte Nachrichten ergibt sich aus der Summe von ρ_1 und ρ_3.[490]

Im Folgenden wird für VAR_{it} die unerwartete positive (negative) Aktienrendite (*abnormal returns*/$ABNRET_{it}$) verwendet. Sie dient als Stellvertretergröße für positive (negative) Nachrichten.[491] Die Renditen $ABNRET_{it}$ sind die Differenz aus der Aktienrendite des Unternehmens und der Marktrendite des Leitaktienindex des Landes, in dem das Unternehmen gelistet ist.[492] Die Renditen werden jährlich in Prozent bestimmt. Das Zeitfenster für die Berechnung entspricht dem Geschäftsjahr.[493]

6.7 Vergleich der Periodenabgrenzungsmodelle anhand der Aussagekraft statistischer Tests auf Gewinnsteuerung

6.7.1 Aussagekraft des Tests auf Gewinnsteuerung bei zufällig gezogenen Stichproben

Der Vergleich der Periodenabgrenzungsmodelle folgt der Vorgehensweise von Kothari/Leone/Wasley. Die Aussagekraft des statistischen Tests auf Gewinnsteuerung

---

490 Vgl. Ball/Shivakumar (2006), S. 214 und Witzleben (2012), S. 75–76. Vgl. auch Abschnitt 4.2.8.

491 Vgl. Ball/Shivakumar (2006), S. 216 und Wan (2013), S. 88. Für eine Diskussion der Operationalisierung des Konstrukts Nachrichten mit Hilfe von Aktienrenditen vgl. Abschnitt 4.2.8.

492 Die Rendite $ABNRET_{it}$ wurde mit einer direkten Abfrage der Datastream-Datenbank ermittelt. Hierzu wurde folgende Abfragefunktion verwendet: PCH#(X(RI),1Y) – PCH#(X(LI),1Y). PCH#(X(RI),1Y) liefert die theoretische Wertveränderung (RI) in Prozent (PCH) einer Aktie X bei einer *buy-and-hold*-Anlagestrategie über ein Jahr (1Y), unter der Prämisse, dass Dividendenzahlungen umgehend reinvestiert werden. PCH#(X(LI),1Y) beschreibt die Wertveränderung in Prozent (PCH) des Marktindices (LI) der Aktie X über ein Jahr (1Y). Es wird der von Datastream vorgeschlagene lokale Marktindex verwendet.

493 In den Fällen, in denen das Geschäftsjahresende nicht auf ein Monatsende fällt, wird das näherliegende Monatsende als Bezugspunkt für den Berechnungszeitraum verwendet.

wird in Abhängigkeit des verwendeten Periodenabgrenzungsmodells mit folgendem Verfahren überprüft:[494]

1. Für jedes Periodenabgrenzungsmodell werden die gesteuerten Periodenabgrenzungsposten bestimmt.
2. Aus 36.737 Unternehmensjahren werden zufällig 100 Unternehmensjahre gewählt. Diese 100 Unternehmensjahre werden durch eine Indikatorvariable als bilanzpolitisch verdächtig gekennzeichnet (PART = 1). Alle anderen Unternehmensjahre werden als unverdächtig gekennzeichnet (PART = 0).
3. Der Mittelwert der gesteuerten Periodenabgrenzungsposten der verdächtigen Unternehmensjahre wird mit einem t-Test daraufhin überprüft, ob er sich bei einem Signifikanzniveau von 5% signifikant von Null unterscheidet.
4. Die Schritte zwei und drei werden 250-mal wiederholt.

Analyseziel ist eine Aussage über die Spezifikation der Periodenabgrenzungsmodelle. Wie oft wird die Nullhypothese von keiner Gewinnsteuerung abgelehnt, obwohl sie wahr ist?[495] Mit anderen Worten: Die Stichprobe ist nicht durch systematische Gewinnsteuerung beeinflusst. Es wird daher erwartet, dass der Fehler 1. Art – die Annahmerate der Alternativ-Hypothese, obwohl diese falsch ist – des Tests auf Gewinnsteuerung im Mittel dem gewählten Signifikanzniveau entspricht. Unterscheiden sich die Mittelwerte der Residuen seltener als in 2% der Fälle und häufiger als in 8% der Fälle – bei einem Signifikanzniveau von 5% – von Null, ist der Test auf Gewinnsteuerung fehlspezifiziert.[496] Das Modell wäre in diesem Fall für die Unterscheidung zwischen ungesteuerten und gesteuerten Periodenabgrenzungen ungeeignet.

6.7.2 Aussagekraft des Tests auf Gewinnsteuerung bei Stichproben auf Basis wirtschaftlicher Kennzahlen

Um den Effekt einer Selektionsverzerrung auf die Modelle zu bestimmen, wenn die Aufteilung in verdächtige und unverdächtige Unternehmensjahre mit gemeinsamen ökonomischen Eigenschaften der Unternehmensjahre korreliert, werden folgende Schritte durchgeführt:

494 Vgl. Kothari/Leone/Wasley (2005), S. 172–175.

495 Damit die Stichprobe keine systematische Gewinnsteuerung enthält, werden die verdächtigen Unternehmensjahre zufällig gezogen. Eventuelle Gewinnsteuerung soll sich so annahmegemäß im Mittel aufheben.

496 Vgl. Stubben (2010), S. 706.

1. Für jedes vorgestellte Periodenabgrenzungsmodell werden die gesteuerten Periodenabgrenzungsposten bestimmt.
2. Für jedes Stichprobenjahr werden Quartile auf Basis der return on assets (ROA), der Unternehmensgröße (SIZE), des Marktwert-Buchwert-Verhältnisses (MB), des Umsatzwachstums (SALESGRWOTH), des operativen Cashflow (CFO) und des Gewinn-Kurs-Verhältnisses (EP) gebildet.[497] Die Unternehmensjahre aus den niedrigsten (höchsten) Jahresquartilen der jeweiligen Größen werden wieder zusammengelegt. Es entstehen insgesamt zwölf Teilstichproben: sechs Teilstichproben für die niedrigsten sowie sechs Teilstichproben für die höchsten Quartile der Variablen ROA, SIZE, MB, SALESGROWTH, CFO und EP.
3. Aus der jeweiligen Teilstichprobe werden zufällig 100 Unternehmensjahre gezogen.[498] Diese 100 Unternehmensjahre werden durch eine Indikatorvariable als bilanzpolitisch verdächtig gekennzeichnet (PART = 1). Alle anderen Unternehmensjahre werden als unverdächtig gekennzeichnet (PART = 0).

---

497 Die Wahl der wirtschaftlichen Zahlen folgt für EP_t, und $SIZE_t$ Kothari/Leone/Wasley (2005), S. 172 und für ROA_t und SIZE Dechow et al. (2012), S. 295. Die Variablen $SALESGROWTH_t$, und CFO_t werden in beiden Beiträgen verwendet. ROA wird durch das Verhältnis des Jahresüberschusses (*WS.IncomeBefExtraItemsAndPfdDiv*) zum Gesamtvermögen (*WS.TotalAssets*) operationalisiert. SIZE wird durch die Marktkapitalisierung (*WS.YrEndMarketCap*) zu Beginn des Geschäftsjahres operationalisiert. MB wird durch das Verhältnis der Marktkapitalisierung (*WS.YrEndMarketCap*) zum Buchwert des Eigenkapitals (*WS.TotalCommonEquity*) zum Beginn des Geschäftsjahres operationalisiert. SALESGRWOTH wird durch die Umsatzveränderung zum Vorjahr im Verhältnis zum Umsatz der Vorperiode berechnet. Der Umsatz wird mit *WS.Sales* operationalisiert. CFO wird durch das Verhältnis des operativen Cashflows (*WS.NetCashFlowOperatingCFStmt*) zum Gesamtvermögen des Vorjahres (*WS.TotalAssets*) operationalisiert. EP wird durch den Kehrwert des Kurs-Gewinn-Verhältnisses (*WS.PERatioClose*) zum Geschäftsjahresende operationalisiert.

498 Die Ziehungen aus den Teilstichproben erfolgten ohne Zurücklegen. Da die Teilstichproben mit einem Umfang von ca. 9.160 Beobachtungen für eine Ziehung ohne Zurücklegen aller 250 Teilstichproben zu klein sind, kann es theoretisch zu einer Ziehung einer identischen Stichprobe kommen. Das Vorgehen erscheint dennoch als angemessen, da die Wahrscheinlichkeit, eine identische Teilstichprobe zu ziehen, gering ist. Es gibt 9.160 über 100 Möglichkeiten ($\approx 10^{237}$ Möglichkeiten) 100 unterschiedliche Kombinationen von Unternehmensjahren ohne Wiederholung und ohne Beachtung der Reihenfolge aus einem Pool von 9.160 Unternehmensjahren zu ziehen.

4. Der Mittelwert der gesteuerten Periodenabgrenzungsposten der verdächtigen Unternehmensjahre wird mit einem t-Test daraufhin überprüft, ob er sich signifikant von Null unterscheidet.
5. Die Schritte drei und vier werden 250-mal wiederholt.
6. Die Schritte drei bis fünf werden für jede Teilstichprobe durchgeführt.

Auch hier ist das Analyseziel, eine Aussage über die Spezifikation der Periodenabgrenzungsmodelle zu treffen. Wie oft wird die Nullhypothese von keiner Gewinnsteuerung abgelehnt, obwohl sie wahr ist?[499] Mit anderen Worten: Die Stichprobe ist nicht durch systematische Gewinnsteuerung beeinflusst. Im Unterschied zur vorherigen Analyse werden die Unternehmensjahre aber nicht mehr aus der gesamten Stichprobe gezogen, sondern aus einem Pool von Unternehmensjahren, die jeweils besonders kleine oder große Werte für eine der Kennzahlen ROA, SIZE, MB, SALESGROWTH, CFO oder EP aufweisen. Die Untersuchung ermöglicht eine Aussage, wie die Periodenabgrenzungsmodelle auf eine Stichprobenselektion auf Basis dieser Variablen reagieren. Es wird erwartet, dass der Fehler 1. Art des Tests auf Gewinnsteuerung im Mittel dem gewählten Signifikanzniveau entspricht, d.h. die Stichprobenselektion spielt keine Rolle. Unterscheiden sich die Mittelwerte der Residuen seltener als in 2% der Fälle und häufiger als in 8% der Fälle – bei einem Signifikanzniveau von 5% – von Null, ist der Test auf Gewinnsteuerung fehlspezifiziert.[500] Das Modell wäre in diesem Fall für die Unterscheidung zwischen ungesteuerten und gesteuerten Periodenabgrenzungen ungeeignet, da es den Effekt der Stichprobenselektion nicht herausfiltern kann.

6.7.3 Aussagekraft des Tests auf Gewinnsteuerung bei Stichproben mit künstlich erzeugter Gewinnsteuerung

Um zu überprüfen, in welchem Umfang die Periodenabgrenzungsmodelle Gewinnsteuerung erkennen können, werden folgende Schritte durchgeführt:

1. Aus 36.737 Unternehmensjahren werden zufällig 100 Unternehmensjahre gewählt. Diese 100 Unternehmensjahre werden durch ein Indikatorvariable als bilanzpolitisch verdächtig gekennzeichnet (PART = 1). Alle anderen Unternehmensjahre werden als unverdächtig gekennzeichnet (PART = 0).

---

499 Damit die Stichprobe keine systematische Gewinnsteuerung enthält, werden die verdächtigen Unternehmensjahre zufällig gezogen. Eventuelle Gewinnsteuerung soll sich so annahmegemäß im Mittel aufheben.

500 Vgl. Stubben (2010), S. 706.

2. Den Unternehmensjahren, die als bilanzpolitisch verdächtig markiert sind, wird künstliche Gewinnsteuerung in Form gesteuerter Periodenabgrenzungen hinzugefügt.[501] Der Startwert für den Umfang an künstlicher eingefügter Gewinnsteuerung beträgt –10% des Gesamtvermögens zum Anfang eines Geschäftsjahres.[502]
3. Für jedes Periodenabgrenzungsmodell werden die gesteuerten Periodenabgrenzungsposten bestimmt.
4. Der Mittelwert der gesteuerten Periodenabgrenzungsposten der verdächtigen Unternehmensjahre wird mit einem t-Test daraufhin überprüft, ob er sich signifikant von Null unterscheidet.
5. Die ersten vier Schritte werden 250-mal wiederholt.
6. Die Schritte eins bis fünf werden 21-mal wiederholt, dabei wird das Niveau der künstlich erzeugten Periodenabgrenzungen um jeweils ein Prozent des Gesamtvermögens erhöht. Die künstliche eingefügte Gewinnsteuerung beträgt also in der erste Runde –10% und steigt in 1%-Schritten auf 10% an.

Es wird erwartet, dass der t-Test auf Gewinnsteuerung die Nullhypothese von keiner Gewinnsteuerung ablehnt. Als Faustregel gilt, dass β – die Häufigkeit des Fehlers 2. Art – maximal das Vierfache von α – die Häufigkeit des Fehler 1. Art – betragen soll.[503] Das Signifikanzniveau des t-Tests α wurde auf 5% festgelegt,

---

501 Die künstlich erzeugte Gewinnsteuerung wird als eine Mischung von Aufwands- und Umsatzmanipulation modelliert. Die Periodenabgrenzungen werden für die Unternehmensjahre, in denen PART einen Wert von Eins annimmt, um den jeweiligen prozentualen Anteil der Bilanzsumme $ASSETS_{it-1}$ verändert. Für die Hälfte der Veränderung wird eine Manipulation der Aufwendungen unterstellt. Da keines der Modelle Aufwandsposten als erklärende Variable berücksichtigt, müssen keine weiteren Variablen angepasst werden. Der andere Teil der Gewinnsteuerung ist durch Umsatzmanipulation verursacht, sodass der Umsatz und die Forderungen aus Lieferungen und Leistungen mit jeweils 50% der Veränderung der Periodenabgrenzungen angepasst werden. Im Folgejahr werden die künstlichen Veränderungen wieder zurückgenommen; vgl. Kothari/Leone/Wasley (2005), S. 187; Keung/Shih (2014), S. 747. Eine alternative Modellierung nehmen Dechow/Sloan/Sweeney (1995), S. 201–202; Jaime/Noguer (2004), S. 86; Peasnell/Pope/Young (2000), S. 318 und Jeter/Shivakumar (1999), S. 304–305 vor. Dechow et al. (2012), S. 292–294 modellieren die künstliche Gewinnsteuerung als reine Aufwandsmanipulation.

502 Faktisch wird von den gesamten Periodenabgrenzungen der Wert von 0,1 abgezogen, da die gesamten Periodenabgrenzungen ebenfalls mit dem Gesamtvermögen zum Anfang des Geschäftsjahres normiert sind.

503 Vgl. Cohen (1988), S. 56; Ellis (2010), S. 52–56.

sodass sich eine akzeptable Teststärke (1–β) von 80% ergibt. Die Modelle liefern also akzeptable Ergebnisse, sobald der t-Test die Nullhypothese in mindestens 80% der Fälle zutreffend verwirft. Die Ablehnungsrate der Nullhypothese sollte mit steigendem Umfang an künstlicher Gewinnsteuerung ansteigen.

6.7.4 Aussagekraft des Tests auf Gewinnsteuerung bei der DPR-Stichprobe

Die letzte Stichprobe enthält Unternehmen, die von der DPR auf Bilanzierungsverstöße überprüft wurden und daraufhin einen Fehlerbericht veröffentlichen mussten. Der Fehlerbericht wird als Stellvertretergröße für Gewinnsteuerung verwendet.[504]

1. Die Stichprobe wird auf Deutschland beschränkt.
2. Für jedes vorgestellte Periodenabgrenzungsmodell werden die gesteuerten Periodenabgrenzungsposten bestimmt.
3. Die Unternehmensjahre, für die ein Fehlerbericht für einen Finanzbericht im Stichprobenzeitraum vorliegt, werden als vermeintlich bilanzpolitisch verdächtige Unternehmensjahre gekennzeichnet (PART = 1). Alle anderen Unternehmensjahre werden als unverdächtig markiert (PART = 0).
4. Der Mittelwert der gesteuerten Periodenabgrenzungsposten der verdächtigen Unternehmensjahre wird mit einem t-Test daraufhin überprüft, ob er sich signifikant von Null unterscheidet.

Es wird erwartet, dass der t-Test die Nullhypothese ablehnt. Bei diesem Vorgehen wird konstruktionsbedingt eine verbundene Hypothese getestet: Erstens wird unterstellt, dass ein Fehlerbericht ein valider Indikator für Gewinnsteuerung ist, und zweitens, dass die Periodenabgrenzungsmodelle tatsächlich Gewinnsteuerung messen. Zudem wird die Teststärke dadurch eingeschränkt, dass sich unter den unverdächtigen Unternehmen mit hoher Wahrscheinlichkeit auch gewinnsteuernde Unternehmen befinden, die nicht von der DPR geprüft wurden oder deren Gewinnsteuerung unentdeckt blieb.

---

504 Ecker et al. (2013), S. 200–202 und S. 205–206 verwenden für eine vergleichbare Untersuchung ebenfalls eine Stichprobe deutscher Unternehmen, die in den Jahren 2005 bis 2009 einen Fehlerbericht veröffentlichen mussten.

6.8 Ergebnisse

6.8.1 Deskriptive Statistik

6.8.1.1 Gesamte Stichprobe

Die Verteilung der Unternehmensjahre auf Jahre und Länder wird in Tabelle 6.1, S. 120 gezeigt. Großbritannien stellt mit 31,2% den größten Anteil an Beobachtungen. Danach folgen die beiden großen kontinentaleuropäischen Nationen Deutschland und Frankreich mit Anteilen in Höhe von 15,5% und 15,2%. Mit 8,1% der Beobachtungen stellt Schweden den viertgrößten Anteil an Unternehmensjahren. Alle weiteren Anteile sind nicht größer als 5%. Überraschend sind die verhältnismäßig kleinen bzw. großen Anteile von Spanien mit 1,6% und den Niederlanden mit 4,9%. Eine Schlussfolgerung, ob die beobachtete Verteilung an Unternehmensjahren im Zusammenhang mit der Landesgröße oder der Ausprägung des jeweiligen Kapitalmarkts steht, kann man nicht treffen, da noch weitere Effekte wie die Abdeckung durch den Datenbankanbieter, nationale Rechnungslegungs- oder Veröffentlichungsvorschriften eine Rolle spielen können.

Die Anzahl der Beobachtungen für die einzelnen Jahre nimmt vom Beginn des Beobachtungszeitraums im Jahr 1995 mit 583 Unternehmensjahren (1,6% der Gesamtstichprobe) bis ins Jahr 2008 mit 2.987 Unternehmensjahren (8,1% der Gesamtstichprobe) zu. Die Anzahl der Unternehmensjahre verdoppelt sich in den Jahren von 1995 auf 1996 sowie nochmals in der Zeitspanne von 1996 bis 2002. Für die Jahre zwischen 2006 und 2011 pendeln die Anteile der Jahresquerschnitte an der Gesamtstichprobe zwischen 7,4% und 8,1%. Auffallend ist zudem der sprunghafte Anstieg an Beobachtungen in Spanien von zehn (2005) auf 82 (2006) Beobachtungen, in Griechenland von 63 (2005) auf 207 (2006) Beobachtungen und in Italien von einer (2002) auf 136 (2003) Beobachtungen.

Die Brancheneinteilung in Tabelle A.1, S. 181 zeigt ein deutliches Übergewicht der Fertigungswirtschaft mit einem Anteil von 46,8% an der gesamten Stichprobe. Zweitgrößte Branche ist der Dienstleistungssektor mit einem Anteil von 26,1%. Die weiteren Sektoren Bergbau, Baugewerbe, Transport, Telekommunikation, Versorgungsunternehmen sowie Groß- und Einzelhandel weisen Anteile zwischen 3,1% und 9,1% auf. Nahezu bedeutungslos in Bezug auf die Anzahl der Unternehmensjahre ist der Agrarsektor mit 151 Beobachtungen. Er macht einen Anteil von 0,4% der Gesamtstichprobe aus.

Tabelle 6.1: Unternehmensjahre pro Jahr und Land

	AUT	BEL	DEU	DNK	ESP	FIN	FRA	GBR	GRC	IRL	ITA	LUX	NLD	PRT	SWE	EU15	
1995	4	11	34	0	0	18	51	347	1	11	0	1	47	17	41	583	1,6%
1996	18	13	97	77	0	26	90	636	1	20	0	1	94	28	50	1.151	3,1%
1997	+22	18	127	84	0	38	109	587	1	22	0	2	114	30	61	1.215	3,3%
1998	32	34	182	107	4	55	160	658	1	27	0	3	118	32	94	1.507	4,1%
1999	32	34	237	105	5	59	207	665	0	28	0	3	116	32	120	1.643	4,5%
2000	35	44	347	102	5	81	263	652	1	33	1	5	116	33	139	1.857	5,1%
2001	38	52	395	98	9	93	389	684	10	29	1	8	123	39	165	2.133	5,8%
2002	45	54	435	95	6	97	427	726	33	30	1	13	122	43	170	2.297	6,3%
2003	44	54	433	93	6	92	442	724	33	34	136	14	122	41	183	2.451	6,7%
2004	42	61	413	90	6	94	424	695	44	34	133	13	112	43	187	2.391	6,5%
2005	41	62	404	90	10	92	415	718	63	33	145	14	110	38	183	2.418	6,6%
2006	51	68	413	88	82	101	413	764	207	35	166	18	114	36	199	2.755	7,5%
2007	54	70	433	84	87	103	431	775	211	32	175	19	107	43	236	2.860	7,8%
2008	55	81	446	95	92	104	459	779	213	34	191	18	110	44	266	2.987	8,1%
2009	51	76	443	96	91	103	460	728	211	35	191	18	100	43	293	2.939	8,0%
2010	50	74	436	98	86	97	444	690	204	37	182	16	97	42	290	2.843	7,7%
2011	49	69	405	97	96	103	397	651	201	34	178	17	88	40	282	2.707	7,4%
1995–2011	663	875	5.680	1.499	585	1.356	5.581	11.479	1.435	508	1.500	183	1.810	624	2.959	36.737	100%
	1,8%	2,4%	15,5%	4,1%	1,6%	3,7%	15,2%	31,2%	3,9%	1,4%	4,1%	0,5%	4,9%	1,7%	8,1%	100%	

Quelle: Eigene Darstellung. Die Tabelle zeigt die Anzahl der Unternehmensjahre pro Land und Jahr. Die Ländernamen sind abgekürzt mit: AUT = Österreich, BEL = Belgien, DEU = Deutschland, DNK = Dänemark, ESP = Spanien, FIN = Finnland, FRA = Frankreich, GBR = Großbritannien, GRC = Griechenland, IRL = Irland, ITA = Italien, LUX = Luxemburg, NLD = Niederlande, PRT = Portugal, SWE = Schweden.

Die Tabelle 6.2, S. 121 gibt die statistischen Maße Mittelwert, Standardabweichung, Median, 25%-Quartil, 75%-Quartil, Schiefe und Wölbung an, um die Verteilungen der Variablen zu beschreiben. Es gibt keine Hinweise, dass die Verteilungen der Variablen eine starke Streuung aufweisen. Von den Rechnungslegungsvariablen zeigen nur die Umsatzvariablen $SALES_t$ und $SALES_{t-1}$ eine etwas ausgeprägtere Streuung. Die Variable $TOBINQ_t$ zeigt im Vergleich zu den reinen Rechnungslegungsvariablen eine stärkere Streuung, was nicht verwundert, da sie volatileren Kapitalmarkteinflüssen unterliegt. Die Abstände zwischen Mittelwerten und Medianen lassen nicht auf Verzerrungen durch Extremwerte schließen. Die Periodenabgrenzungen, der operative Cashflow und der Jahresüberschuss sind linksschief verteilt; ansonsten zeigen alle anderen Variablen eine rechtsschiefe Verteilung. Alle Variablen sind steilgipflig verteilt.

Tabelle 6.2: Deskriptive Statistiken der Rechnungslegungsvariablen für die gesamte Stichprobe

	Median	**Mittelwert**	**Standardabweichung**	**25%-Quartil**	**75%-Quartil**	**Schiefe**	**Wölbung**
$\mathbf{ACC_t^{BS}}$	−0,0445	−0,0476	0,1071	−0,0924	−0,0011	−0,1633	6,2327
$\mathbf{ACC_t^{CF}}$	−0,0444	−0,0519	0,1117	−0,0922	−0,0019	−0,6928	6,9104
$\mathbf{1/ASSETS_{t-1}}$	0,0000	0,0000	0,0000	0,0000	0,0000	4,5517	2,6278
$\mathbf{CFO_{t-1}}$	0,0674	0,0457	0,1452	0,0100	0,1176	−2,1875	1,0836
$\mathbf{CFO_t}$	0,0720	0,0567	0,1477	0,0126	0,1270	−1,5711	8,7939
$\mathbf{CFO_{t+1}}$	0,0752	0,0667	0,1602	0,0135	0,1369	−1,1886	8,7106
$\mathbf{CPX_t}$	0,0369	0,0569	0,0651	0,0163	0,0719	2,6202	0,1142
$\mathbf{DEP_{t-1}}$	0,0410	0,0492	0,0380	0,0252	0,0613	2,2325	1,0121
$\mathbf{DEP_t}$	0,0443	0,0524	0,0385	0,0274	0,0657	1,9559	8,3336
$\mathbf{INC_t}$	0,0364	0,0050	0,1659	−0,0148	0,0789	−0,2308	1,0872
$\mathbf{PPE_{t-1}}$	0,2285	0,2890	0,2529	0,0891	0,4142	1,2952	4,6593
$\mathbf{PPE_t}$	0,2171	0,2759	0,2412	0,0808	0,4011	1,1761	4,0758
$\mathbf{REC_{t-1}}$	0,2345	0,2748	0,2042	0,1345	0,3580	0,1634	6,7218
$\mathbf{REC_t}$	0,2258	0,2591	0,1815	0,1292	0,3432	1,3054	0,5237
$\mathbf{SALES_{t-1}}$	1,1148	1,2840	0,8920	0,6903	1,6343	1,5890	6,5291
$\mathbf{SALES_t}$	1,0889	1,2338	0,8254	0,6747	1,5838	1,4176	5,8151
$\mathbf{\Delta SALES_t}$	0,0563	0,1001	0,3179	−0,0289	0,1898	1,2515	8,4655
$\mathbf{\Delta(SALES_t - REC_t)}$	0,0453	0,0762	0,2724	−0,0313	0,1567	0,9632	8,0527
$\mathbf{TOBINQ_t}$	0,9065	1,2767	1,2094	0,6380	1,4084	3,2886	16,096
N				36.737			

Quelle: Eigene Darstellung. Die Tabelle zeigt Median, Mittelwert, Standardabweichung, 25%-Quartil, 75%-Quartil, Schiefe und Wölbung der verwendeten Variablen.

Tabelle 6.3: Korrelationsmatrix der Rechnungslegungsvariablen

	ACC_t^{BS}	ACC_t^{CF}	1/ASSETS	CFO_{t-1}	CFO_t	CFO_{t+1}	CPX_t	DEP_{t-1}	DEP_t	INC_t	PPE_{t-1}	PPE_t	REC_{t-1}	REC_t	$SALES_{t-1}$	$SALES_t$	ΔSALES	Δ(SALES-REC)	$TOBINQ_t$
ACC_t^{BS}		0,6856***	–0,0082	–0,0182***	–0,2999***	–0,0234***	–0,0646***	–0,3608***	–0,3709***	0,2122***	–0,0856***	–0,0802***	0,0472***	0,1763***	0,0510***	0,0740***	0,1803***	0,0602***	0,0523***
ACC_t^{CF}	0,6254***		–0,0060	–0,0285***	–0,3754***	–0,0424***	–0,0651***	–0,3417***	–0,3584***	0,3388***	–0,0740***	–0,0705***	0,0878***	0,1778***	0,0724***	0,0838***	0,1540***	0,0588***	0,0523***
$1/ASSETS_{t-1}$	–0,0467***	–0,0639***		–0,2147***	–0,1886***	–0,1721***	–0,1743***	–0,0007	0,0193***	–0,1301***	–0,2504***	–0,2452***	0,1383***	0,1543***	0,0879***	0,1056***	0,0508***	0,0372***	0,1045***
CFO_{t-1}	0,0395***	0,0692***	–0,3925***		0,5652***	0,5086***	0,3061***	0,2096***	0,2261***	0,5277***	0,2009***	0,2366***	0,0126*	0,0573***	0,2300***	0,2342***	0,0761***	0,0525***	0,1645***
CFO_t	–0,2204***	–0,2419***	–0,3274***	0,6606***		0,5875***	0,3124***	0,2043***	0,2419***	0,6245***	0,1839***	0,2273***	0,0730***	0,0796***	0,2221***	0,2734***	0,2207***	0,2469***	0,2059***
CFO_{t+1}	0,0059	0,0167**	–0,2748***	0,5730***	0,6505***		0,3003***	0,1874***	0,2410***	0,5479***	0,1746***	0,2150***	0,0667***	0,1321***	0,2088***	0,2568***	0,2419***	0,2117***	0,2249***
CPX_t	–0,0616***	–0,0620***	–0,0321***	0,1630***	0,1803***	0,1694***		0,3108***	0,4326***	0,2551***	0,5614***	0,6362***	–0,0260***	0,0156**	0,1290***	0,1600***	0,2403***	0,2103***	0,1394***
DEP_{t-1}	–0,3056***	–0,2785***	0,1151***	–0,0161**	0,0444***	0,0654***	0,1767***		0,8273***	–0,0648***	0,2626***	0,2880***	–0,1410***	–0,0510***	–0,0012	0,0716***	–0,0906***	–0,0833***	0,0624***
DEP_t	–0,3716***	–0,3335***	0,1036***	0,0371***	0,0894***	0,1156***	0,3345***	0,7420***		–0,0240***	0,3153***	0,3428***	–0,0586***	–0,0027	0,0537***	0,1111***	0,1084***	0,1017***	0,1196***
INC_t	0,2252***	0,4636***	–0,3425***	0,6415***	0,7174***	0,6028***	0,1216***	–0,1520***	–0,1450***		0,0920***	0,1346***	0,1500***	0,2282***	0,3001***	0,3604***	0,3849***	0,3309***	0,3314***
PPE_{t-1}	–0,0471***	–0,0302***	–0,1421***	0,1675***	0,1454***	0,1355***	0,4403***	0,0796***	0,1650***	0,1084***		0,9130***	–0,2082***	–0,2704***	–0,0516***	–0,1040***	0,0264***	0,0368***	–0,0514***
PPE_t	–0,0487***	–0,0300***	–0,1360***	0,1914***	0,1890***	0,1731***	0,5630***	0,1186***	0,2135***	0,1504***	0,8597***		–0,2705***	–0,2123***	–0,0966***	–0,0463***	0,0558***	0,0490***	–0,0485***
REC_{t-1}	0,0310***	0,0737***	0,0555***	0,0160**	0,0480***	0,0433***	–0,0605***	–0,1668***	–0,0537***	0,0993***	–0,1980***	–0,3097***		0,8084***	0,6226***	0,5022***	0,2168***	0,2195***	–0,0451***
REC_t	0,2029***	0,1810***	0,1063***	0,0384***	0,0524***	0,1032***	–0,0151**	–0,0637***	0,0105*	0,1807***	–0,3134***	–0,2498***	0,6986***		0,5312***	0,6153***	0,3207***	0,1988***	–0,0272***
$SALES_{t-1}$	0,0582***	0,0793***	0,0246***	0,1890***	0,1769***	0,1677***	0,0291***	–0,0837***	–0,0094	0,2184***	–0,0994***	–0,1747***	0,5914***	0,4495***		0,8702***	0,2347***	0,2153***	0,0105*
$SALES_t$	0,0878***	0,0937***	0,0626***	0,1734***	0,2260***	0,2093***	0,0620***	–0,003	0,0575***	0,2740***	–0,1827***	–0,1237***	0,4019***	0,5703***	0,8288***		0,4094***	0,3717***	0,0255***
$ΔSALES_t$	0,1590***	0,1264***	0,0683***	0,0189***	0,1416***	0,1485***	0,2015***	–0,1028***	0,1333***	0,2211***	0,0202***	0,0593***	0,2613***	0,4050***	0,2664***	0,4933***		0,9171***	0,2396***
$Δ(SALES_t$-$REC_t)$	0,0494***	0,0519***	0,0476***	0,0126*	0,1752***	0,1385***	0,1749***	–0,1020***	0,1147***	0,1975***	0,0357***	0,0512***	0,2569***	0,2467***	0,2477***	0,4555***	0,9436***		0,2123***
$TOBINQ_t$	0,0261***	0,0110*	0,2814***	–0,1390***	–0,0795***	–0,0474***	0,0927***	0,0504***	0,0884***	–0,0662***	–0,0840***	–0,0914***	0,0283***	0,0269***	0,0357***	0,0389***	0,1771***	0,1614***	

Quelle: Eigene Darstellung. Die Tabelle zeigt die Ergebnisse der Korrelationsanalyse nach *Pearson* (unterhalb der Diagonale) und *Spearman* (oberhalb der Diagonale). *** signifikant auf dem 0,1%-Niveau, ** signifikant auf dem 1%-Niveau, * signifikant auf dem 5%-Niveau.

Die Tabelle 6.3, S. 122 zeigt, dass die Periodenabgrenzungen ACC_t^{CF} (ACC_t^{BS}) mit den erklärenden Variablen der Einzelgleichungsvariablen signifikant[505] korreliert sind:[506] Die Korrelationskoeffizienten nach Spearman[507] betragen für $\Delta SALES_t$ 0,1540 (0,1803) und für $\Delta(SALES_t-REC_t)$ 0,0588 (0,0602). Der niedrige Wert für $\Delta(SALES_t-REC_t)$ im Vergleich zu $\Delta SALES_t$ überrascht nicht, da hier die mit 0,1778 (0,1763) signifikant korrelierten REC_t abgezogen werden. Der Korrelationskoeffizient für PPE_t ist -0,0705 (-0,0802). Das negative Vorzeichen ergibt sich aus dem negativen Zusammenhang zwischen Abschreibungen und Periodenabgrenzungen. Die Korrelationen mit den Cashflowgrößen sind alle negativ. Mit dem CFO_t besteht ein negativer Zusammenhang mit einem Wert von -0,3754 (-0,2999). Die Werte für CFO_{t-1} und CFO_{t+1} betragen -0,0285 (-0,0182) und -0,0424 (-0,0234). Die Werte für den operativen Cashflow der Vorperiode und der Folgeperiode sind zwar statistisch signifikant, aber ökonomisch von geringer Bedeutung. Beim Korrelationskoeffizienten nach Pearson für den operativen Cashflow der Folgeperiode zeigen sich teilweise andere Ergebnisse. Er ist mit 0,0167 (0,0059) ebenfalls von geringer ökonomischer Bedeutungen und weist zudem ein unerwartetes positives Vorzeichen auf. Weiterhin ist die Korrelation nach Pearson zwischen ACC_t^{CF} und CFO_{t+1} nur auf dem 1%-Niveau signifikant, für ACC_t^{BS} und CFO_{t+1} ist sie hingegen nicht signifikant. Die Korrelationskoeffizienten nach Pearson weisen für den operativen Cashflow der Vorperiode mit 0,0692 (0,0395) ebenfalls ein unerwartetes positives Vorzeichen auf.

Für das Mehrgleichungsmodell werden nur noch die Korrelationswerte betrachtet, die für die Gleichungen (6.9) bis (6.15), S. 105-106 relevant sind, da die relevanten Werte für die Gleichung (6.8), S. 105 bereits bei den Einzelgleichungsmodellen behandelt wurden. Die Variable $\Delta SALES_t$ ist nach Spearman mit $SALES_t$ und REC_t mit 0,4094 und 0,3207 wie erwartet positiv korreliert. Die Variablen $SALES_t$ und REC_t sind mit ihren zeitlich vorgelagerten Pendants mit Korrelationswerten von 0,8702 und 0,8084 erwartungsgemäß stark korreliert. Die Variablen PPE_{t-1} und CPX_t korrelieren mit PPE_t mit Werten von 0,9130 und 0,6362 ebenfalls stark. Der Korrelation zwischen CPX_t und erklärenden Variablen DEP_t, INC_t und $TOBINQ_t$ fällt dagegen mit 0,4326, 0,2551 und 0,1394 nicht ganz so stark aus. Zwischen DEP_t

505 Soweit nicht anders erwähnt wird, ist in diesem Abschnitt mit signifikanter Korrelation ein Signifikanzniveau von 0,1% gemeint.

506 Die folgenden Korrelationskoeffizienten beziehen sich immer auf die erwähnte Variable und die Periodenabgrenzungen ACC_t^{CF}. Die Werte in Klammer stehen für den Korrelationskoeffizienten mit ACC_t^{BS} und der zuvor im Text genannten Variable.

507 Die Korrelationskoeffizienten nach Pearson unterschieden sich nicht wesentlich von denen nach Spearman, sofern keine andere Aussage dazu getroffen wird.

und den Variablen und PPE_t und DEP_{t-1} besteht eine Wechselwirkung von 0,3428 und 0,8273. Die Variable CFO_t zeigt mit ACC_t^{CF} (ACC_t^{BS}) und ihrer vorgelagerten Variante CFO_{t-1} Korrelationswerte von –0,3754 (–0,2999) und 0,5652.

Tabelle 6.4: Korrelationsmatrix der zusätzlichen Variablen des abschnittsweisen linearen Verfahrens

	ACC_t^{BS}	ACC_t^{CF}	VAR_t	$DVAR_t$	$DVAR_t \times VAR_t$
ACC_t^{BS}		0,6863***	0,0370***	–0,0246***	0,0461***
ACC_t^{CF}	0,6247***		0,0765***	–0,0489***	0,0847***
VAR_t	0,0396***	0,0905***		–0,7481***	0,8852***
$DVAR_t$	–0,0392***	–0,0827***	–0,7036**		–0,7471***
$DVAR_t \times VAR_t$	0,0791***	0,1540***	0,7045***	–0,6831***	

Quelle: Eigene Darstellung. Das Konstrukt Nachrichten wurde mit ABNRET operationalisiert (VAR = ABNRET). Die Tabelle zeigt die Ergebnisse der Korrelationsanalyse nach *Pearson* (unterhalb der Diagonale) und *Spearman* (oberhalb der Diagonale). *** signifikant auf dem 0,1%-Niveau, ** signifikant auf dem 1%-Niveau, * signifikant auf dem 5%-Niveau.

Die Korrelationskoeffizienten der zusätzlichen Variablen des abschnittsweisen linearen Regressionsverfahrens sind in Tabelle 6.4, S. 124 zu finden. Der Zusammenhang zwischen den Periodenabgrenzungen und den unerwarteten Aktienrenditen als auch dem Interaktionsterm ist ökonomisch und statistisch signifikant positiv. Die Indikatorvariable für schlechte Nachrichten ist signifikant negativ mit den Periodenabgrenzungen korreliert. Die Korrelationen stützen die Erwartung, dass der Koeffizient für den Interaktionsterm ein positives Vorzeichen aufweisen wird.

6.8.1.2 Stichproben auf Basis wirtschaftlicher Kennzahlen

Die Teilstichproben auf Basis wirtschaftlicher Kennzahlen weisen unterschiedliche Mediane und Mittelwerte im Vergleich zu den Werten der gesamten Stichprobe auf, wie ein Vergleich der Werte aus Tabelle 6.2, S. 121 mit den Werten aus Tabelle A.3, S. 185 zeigt.

Die Mediane und Mittelwerte der Periodenabgrenzungen ACC_t^{CF} und ACC_t^{BS} sind für das oberste Quartil der ROA-Stichprobe kleiner als für die gesamte Stichprobe. Die operativen Cashflows CFO_{t-1}, CFO_t und CFO_{t+1} sind doppelt so groß. Die Umsatzvariablen sind ebenfalls größer. Für das unterste Quartil der ROA-Stichprobe kehrt sich das Bild um. Die Werte für die Periodenabgrenzung sind betragsmäßig größer, während die Werte für die Cashflow- und Umsatzvariablen kleiner sind. Die Werte für das Sachanlagevermögen PPE_{t-1} und PPE_t unterscheiden sich für das oberste Quartil der ROA-Stichprobe nicht wesentlich von den Werten der gesamten Stichprobe, während sich für das unterste Quartil der ROA-Stichprobe deutlich kleinere Werte ergeben.

Das oberste Quartil der SIZE-Stichprobe weist im Vergleich zur Gesamtstichprobe größere Werte für die Cashflow-Variablen auf, während die Werte für die Umsatz-Variablen kleiner sind. Die Werte für den Jahresüberschuss sind größer als bei der Gesamtstichprobe. Besonders auffällig sind bei dieser Teilstichprobe die deutlich größeren Werte für das Sachanlagevermögen. Die Werte für das unterste Quartil der SIZE-Stichprobe zeigen im Vergleich zum obersten Quartil ein gegenläufiges Bild. Die Werte für die Umsatzvariable sind größer als bei der Gesamtstichprobe. Eine plausible Erklärung für die kleineren (größeren) Werte bei den Umsatzvariablen scheint die Skalierung der Variablen mit der Bilanzsumme $ASSETS_{t-1}$ zu sein. Die Werte für die Periodenabgrenzungen unterscheiden sich für beide Quartile nur gering von denen der Gesamtstichprobe.

Die Unternehmensjahre, die im obersten Quartil der MB-Stichprobe liegen, zeigen im Vergleich zur Gesamtstichprobe größere Werte für die Variablen CFO_{t-1}, CFO_{t}, CFO_{t+1}, REC_{t-1}, REC_{t}, $SALES_{t-1}$, $SALES_{t}$ und $\Delta SALES_{t}$. Für $\Delta(SALES_{t}-REC_{t})$ sind die Werte deutlich kleiner. Eine denkbare Erklärung für dieses Muster ist, dass ein wesentlicher Teil der im Mittel höheren Umsätze im Zusammenhang mit Forderungen aus Lieferungen und Leistungen stehen. Dafür sprechen auch die hohen Werte für die Variable CFO_{t+1}, die eine Begleichung der Forderungen im Folgejahr signalisieren. Folgt man dieser Interpretation, ist das Marktwert-Buchwert-Verhältnis ein Indikator für Wachstum. Für das unterste Quartil der MB-Stichprobe sind die Werte der drei Cashflow-Größen kleiner, während die Werte der Variablen REC_{t}, REC_{t-1} und $SALES_{t}$ fast gleich groß sind. Die Werte für die Periodenabgrenzungen unterscheiden sich weder für das oberste noch das unterste Quartil wesentlich von der Gesamtstichprobe.

Die Unternehmensjahre des obersten Quartils der SALESGROWTH-Stichprobe zeigen betragsmäßig kleinere Werte für die Periodenabgrenzungen, während die Variablen, die im Zusammenhang mit der Umsatzerfassung stehen, größere Werte als bei der Gesamtstichprobe aufweisen. Die negativen Werte für die Variable $\Delta(SALES_{t}-REC_{t})$ zeigen, dass das Umsatzwachstum der Teilstichprobe mit einem überproportionalen Wachstum der Forderungen aus Lieferungen und Leistungen einhergeht. Für das unterste Quartil der SALESGROWTH-Stichprobe sind Werte der Periodenabgrenzungen betragsmäßig größer. Im Mittel geht der Umsatzrückgang der Teilstichprobe mit einem überproportionalen Rückgang der Forderungen aus Lieferungen und Leistungen einher.

Die Werte des obersten Quartils der CFO-Stichprobe sind selektionsbedingt für die Cashflow-Variablen größer als die Werte der gesamten Stichprobe. Aufgrund der Beziehung zwischen CFO_{t} und ACC_{t} sind die Werte für die

Periodenabgrenzungen betragsmäßig größer. So beträgt bspw. der Mittelwert von ACC_t^{CF} für das oberste Quartil der CFO-Stichprobe –0,1005, während er für die Gesamtstichprobe nur –0,0519 beträgt. Die im Mittel größeren operativen Cashflows spiegeln sich auch in dem im Mittel größeren Jahresüberschuss und Umsatz wider. Auffällig sind auch hier die größeren Werte für das Sachanlagevermögen, Abschreibungen und Kapitalinvestitionen. Für das unterste Quartil der Cashflow-Stichprobe sind die Werte für die Periodenabgrenzungen betragsmäßig kleiner. Die Werte für die drei CFO-Variablen sind kleiner als die Werte der Gesamtstichprobe. Genauso verhält es sich für die Werte der Variablen PPE_{t-1}, PPE_t, CPX_t, DEP_{t-1}, DEP_t, $SALES_{t-1}$ und $SALES_t$. Der Jahresüberschuss INC_t ist ebenfalls kleiner und im Mittel negativ.

Das oberste Quartil der EP-Stichprobe zeigt Mediane und Mittelwerte für die Periodenabgrenzungen, die betragsmäßig kleiner sind als die Werte für die Gesamtstichprobe. So beträgt bspw. der Median von ACC_t^{CF} für das oberste Quartil der EP-Stichprobe –0,0234, während er für die Gesamtstichprobe nur –0,0444 beträgt. Die Werte für CFO_{t-1}, CFO_t, CFO_{t+1}, INC_t, REC_{t-1}, REC_t, $SALES_{t-1}$ und $SALES_t$ sind größer. Der Wert für $\Delta(SALES_t–REC_t)$ ist fast null. Das unterste Quartil der EP-Stichprobe weist betragsmäßig größere Periodenabgrenzungen auf. So beträgt bspw. der Mittelwert von ACC_t^{CF} für das unterste Quartil der EP-Stichprobe –0,1161, während er für die Gesamtstichprobe nur –0,0519 beträgt. Auffällig sind die im Verhältnis zur gesamten Stichprobe kleineren Werte für das Sachanlagevermögen. Die mittleren Werte für die operativen Cashflows und den Jahresüberschuss sind negativ.

Es lassen sich keine Hinweise finden, die gegen eine Verwendung der Größen ROA, SIZE, MB, SALESGROWTH, CFO und EP als Indikator für außergewöhnliche wirtschaftliche Leistungsfähigkeit sprechen.

6.8.1.3 DPR-Stichprobe

Für die DPR-Stichprobe findet sich die Anzahl der Unternehmensjahre pro Jahr in Tabelle 6.5, S. 127. Die DPR-Stichprobe ist unterteilt in eine unbeschränkte und eine beschränkte Variante. Die beschränkte DPR-Stichprobe enthält 3.618 Beobachtungen von Unternehmen am deutschen Kapitalmarkt für den Zeitraum von 1996–2011. Sie ist dahingehend beschränkt, dass – wie in der gesamten Stichprobe – mindestens elf Unternehmensjahre für jeden Jahres-Branchen-Querschnitt existieren müssen. Aufgrund dieser Beschränkung ist auch das Jahr 1995 aus dem Beobachtungszeitraum gefallen, da hierfür keine Beobachtungen existieren, die die genannten Bedingungen erfüllen. Von den 3.618 Beobachtungen gelten 42 als bilanzpolitisch verdächtig (PART = 1), da für sie eine Fehlermeldung veröffentlicht wurde. Im Umkehrschluss gelten somit 3.576 Unternehmensjahre als bilanzpolitisch unverdächtig (PART = 0). Die unbeschränkte DPR-Stichprobe verzichtet auf eine Mindestanzahl an Unternehmensjahren für den jeweiligen Jahres-Branchen-Querschnitt. Für diese Stichprobe können im Folgenden keine Querschnittregressionen durchgeführt werden; die Möglichkeit zu Regressionsanalysen auf Panelbasis bleibt aber bestehen. Die unbeschränkte DPR-Stichprobe hat einen Umfang von 5.680 Unternehmensjahren, die sich auf die Jahre zwischen 1995 und 2011 verteilen. Dabei gelten 73 Beobachtungen als bilanzpolitisch verdächtig (PART = 1), während 5.607 Unternehmensjahre als unverdächtig (PART = 0) klassifiziert werden.

Tabelle 6.5: Anzahl der Unternehmensjahre pro Jahr der DPR-Stichprobe

	Beschränkte DPR-Stichprobe			Unbeschränkte DPR-Stichprobe		
Jahr	**Gesamt**	**PART = 0**	**PART = 1**	**Gesamt**	**PART = 0**	**PART = 1**
1995	0	0	0	34	34	0
1996	15	15	0	97	97	0
1997	31	31	0	127	127	0
1998	65	65	0	182	182	0
1999	126	126	0	237	237	0
2000	219	219	0	347	347	0
2001	267	267	0	395	395	0
2002	305	305	0	435	435	0
2003	302	302	0	433	433	0
2004	287	284	3	413	410	3
2005	255	247	8	404	390	14
2006	286	281	5	413	404	9
2007	298	292	6	433	422	11
2008	315	305	10	446	433	13
2009	294	290	4	443	434	9
2010	287	283	4	436	428	8
2011	266	264	2	405	399	6
1995–2011	3.618	3.576	42	5.680	5.607	73

Quelle: Eigene Darstellung. Die Tabelle zeigt für die DPR-Stichprobe die Anzahl der Unternehmensjahre pro Jahr. Bei der beschränkten DPR-Stichprobe enthält jeder Jahres-Branchen-Querschnitt mindestens elf Unternehmensjahre. Bei der unbeschränkten DPR-Stichprobe gibt es diese Auflage nicht. PART = 0 gilt für die Unternehmensjahre, für die keine Fehlerveröffentlichungen vorliegen. PART = 1 gilt für die Unternehmensjahre, für die Fehlerveröffentlichungen vorliegen.

Die Branchenverteilung der beiden DPR-Stichproben ist im Anhang in Tabelle A.2, S. 183 zu finden. Die beschränkte DPR-Stichprobe besteht nur aus Unternehmen der Fertigungswirtschaft, des Dienstleistungssektors sowie aus Telekommunikations- und Versorgungsunternehmen. Bei der unbeschränkten DPR-Stichprobe liegen Beobachtungen aus allen Branchen vor.

Tabelle 6.6: Deskriptive Statistik der Rechnungslegungsvariablen der DPR-Stichprobe

	Beschränkte DPR-Stichprobe				**Unbeschränkte DPR-Stichprobe**			
	Part = 0		**Part = 1**		**Part = 0**		**Part = 1**	
	Median	**Mittel -wert**	**Median**	**Mittel -wert**	**Median**	**Mittel -wert**	**Median**	**Mittel -wert**
ACC_t^{BS}	−0,0493	−0,0565	−0,0168	−0,0315	−0,0505	−0,0554	−0,0308	−0,0258
ACC_t^{CF}	−0,0506	−0,0588	−0,0164	−0,0177	−0,0504	−0,0568	−0,0220	−0,0198
$1/ASSETS_{t-1}$	0,0000	0,0000	0,0000	0,0000	0,0000	0,0000	0,0000	0,0000
CFO_{t-1}	0,0636	0,0420	0,0241	0,0009	0,0671	0,0490	0,0486	0,0110
CFO_t	0,0704	0,0571	0,0185	−0,0271	0,0720	0,0611	0,0424	−0,0075
CFO_{t+1}	0,0746	0,0682	−0,0011	−0,0123	0,0750	0,0707	0,0494	0,0202
CPX_t	0,0352	0,0536	0,0241	0,0564	0,0395	0,0575	0,0284	0,0499
DEP_{t-1}	0,0456	0,0587	0,0279	0,0475	0,0473	0,0577	0,0347	0,0520
DEP_t	0,0479	0,0594	0,0356	0,0491	0,0488	0,0588	0,0413	0,0517
INC_t	0,0292	−0,0011	0,0172	−0,0345	0,0287	0,0052	0,0207	−0,0185
PPE_{t-1}	0,1876	0,2325	0,0988	0,1769	0,2231	0,2677	0,1367	0,2119
PPE_t	0,1775	0,2175	0,1322	0,1936	0,2135	0,2550	0,1344	0,2156
REC_{t-1}	0,2296	0,2689	0,2237	0,3170	0,2178	0,2526	0,1972	0,2696
REC_t	0,2220	0,2477	0,2600	0,3099	0,2119	0,2361	0,2110	0,2639
$SALES_{t-1}$	1,1556	1,3101	1,0222	1,3747	1,2160	1,3828	1,3385	1,4230
$SALES_t$	1,1245	1,2320	0,9955	1,2151	1,1841	1,3188	1,1538	1,3532
$\Delta SALES_t$	0,0568	0,0787	0,0793	0,1077	0,0533	0,0815	0,0785	0,1436
$\Delta(SALES_t - REC_t)$	0,0449	0,0589	0,0558	0,0444	0,0439	0,0622	0,0668	0,0947
$TOBINQ_t$	0,8532	1,1327	0,8006	0,9446	0,8261	1,0987	0,8603	1,1603
N	3.576		42		5.607		73	
	3.618				5.680			

Quelle: Eigene Darstellung. Die Tabelle zeigt für die DPR-Stichprobe den Median und den Mittelwert der verwendeten Variablen. Bei der beschränkten DPR-Stichprobe enthält jeder Jahres-Branchen-Querschnitt mindestens elf Unternehmensjahre. Bei der unbeschränkten DPR-Stichprobe gibt es diese Auflage nicht. PART = 0 gilt für die Unternehmensjahre, für die keine Fehlerveröffentlichungen vorliegen. PART = 1 gilt für die Unternehmensjahre, für die Fehlerveröffentlichungen vorliegen.

Die Mittelwerte und Mediane der Variablen beider DPR-Stichproben, zu finden in Tabelle 6.6, S. 128, unterscheiden sich für die bilanzpolitisch unverdächtigen

Unternehmensjahre (PART = 0) bis auf Ausnahmen nicht wesentlich von den Werten für die gesamte Stichprobe. Median und Mittelwert des Umsatzes sind für die deutschen unverdächtigen Unternehmen größer als für EU15-Unternehmen. Der Median und der Mittelwert des Sachanlagevermögens sind nur für die beschränkte Stichprobe kleiner. Die Unterschiede, die sich aus der Einschränkung der Stichprobe auf deutsche Unternehmen ergeben, veranlassen nicht, verzerrte Ergebnisse für die Regressionsanalysen zu erwarten.

Vergleicht man Mediane und Mittelwerte der bilanzpolitisch verdächtigen Unternehmen (PART = 1) mit den Werten der unverdächtigen Unternehmen (PART = 0), zeigen sich – unabhängig davon, ob es sich um die beschränkte oder unbeschränkte Stichprobe handelt – deutliche Unterschiede. Die Periodenabgrenzungen ACC_t^{CF} und ACC_t^{BS} sind größer, während die Werte für die operativen Cashflows CFO_{t-1}, CFO_t und CFO_{t+1} kleiner sind. Die Werte für das Sachanlagevermögen PPE_{t-1} und PPE_t und den Jahresüberschuss INC_t sind ebenfalls kleiner. Für die Werte der Forderungen aus Lieferungen und Leistungen REC_{t-1} und REC_t sowie den Umsatz $SALES_{t-1}$ und $SALES_t$ sind die Unterschiede im direkten Vergleich zwischen verdächtigen und unverdächtigen Beobachtungen nicht systematisch. Auffällig ist jedoch der Anstieg bzw. der vergleichsweise geringe Rückgang bei den Forderungen aus Lieferungen und Leistungen REC für die bilanzpolitisch verdächtigen Unternehmensjahre t im Vergleich zu t–1, während gleichzeitig die Werte für den Umsatz von t–1 zu t stärker zurückgehen als bei den unverdächtigen Unternehmensjahren. Die festgestellten Unterschiede könnten einen Hinweis auf den unterstellten Zusammenhang zwischen Fehlerveröffentlichung und Gewinnsteuerung sein.

6.8.2 Test der statistischen Voraussetzungen der Regressionsanalysen

Die statistischen Voraussetzungen einer linearen Regression werden durch eine Reihe von Tests geprüft. Die Ergebnisse der Tests für die Einzelgleichungsmodelle sind in den Regressionstabellen A.4, S. 187 bis A.12, S. 196 abgebildet.

Der Breusch-Pagan-Test[508] unterstellt in seiner Nullhypothese, dass die Varianz der Residuen konstant ist. Die Nullhypothese wird in allen Fällen abgelehnt. Für die Panel-Schätzung mit fixen Effekten wird der modifizierte Wald-Test für gruppenspezifische Heteroskedastizität verwendet.[509] Er bestätigt die Ergebnisse des Breusch-Pagan-Tests, sodass von heteroskedastischen Residuen auszugehen

508 Vgl. Breusch/Pagan (1979).

509 Vgl. Baum (2001) und Greene (2000), S. 598. Die veraltete Auflage von Greenes Lehrbuch wird zitiert, weil die Darstellung des modifizierten Wald-Tests in den neueren Auflagen nicht mehr enthalten ist.

ist. Um eine Verzerrung der Standardfehler zu verringern, wird für die Einzelgleichungsmodelle ein gegenüber Heteroskedastizität robustes Verfahren zur Schätzung der Varianz-Kovarianz-Matrix verwendet.

Der Wooldridge-Test[510] prüft, ob die Residuen der Panel-Modelle autokorreliert sind. Die Ergebnisse des Tests unterscheiden sich in Abhängigkeit der Operationalisierung der Periodenabgrenzungen. Ist ACC_t^{CF} der Regressand, lehnt der Wooldridge-Test die Nullhypothese von keiner Autokorrelation immer ab. Ist ACC_t^{BS} die zu erklärende Variable, unterscheiden sich die Ergebnisse in Abhängigkeit der weiteren Modellvariablen: Für das Jones-Modell sind nur die abschnittsweise linearen Varianten von Autokorrelation betroffen. Für das modifizierte Jones-Modell wird weder für seine lineare noch seine abschnittsweise lineare Variante Autokorrelation festgestellt. Für das McNichols-Modell verwirft der Wooldridge-Test die Nullhypothese in allen Fällen. Die Testergebnisse deuten auf Verzerrung durch autokorrelierte Residuen hin. Um eine Verzerrung der Standardfehler zu verringern, wird für die Einzelgleichungsmodelle ein gegenüber Autokorrelation robustes Verfahren zur Schätzung der Varianz-Kovarianz-Matrix verwendet.

Um eine Verzerrung der Schätzung durch Multikollinearität auszuschließen, wird für jedes Modell und jede Variante der Mittelwert der Varianzinflationsfaktoren[511] der Modellvariablen bestimmt. Er beträgt für das Jones-Modell in seiner linearen Variante 1,019. Für die abschnittsweisen linearen Schätzungen des Jones-Modells ergeben sich Werte von 1,712. Für das modifizierte Jones-Modell ergeben sich nur minimal unterschiedliche Werte. Die Werte des VIF für das McNichols-Modell liegen zwischen 1,581 und 1,865. Die Mittelwerte der Varianzinflationsfaktoren sind für alle Modelle und Varianten so klein, dass keine Hinweise für Multikollinearität vorliegen.

Der Breusch-Pagan-Lagrange-Multiplikator-Test[512] prüft, ob unternehmens- oder zeitspezifische Effekte vorliegen. Die Nullhypothese – es existieren keine solchen Effekte – wird erwartungsgemäß für alle Modellvarianten abgelehnt. Eine Panel-Schätzung mit der KQ-Methode ist aufgrund dieser Testergebnisse abzulehnen, da bei dieser Methodik unternehmens- oder zeitspezifische Effekte nicht berücksichtigt werden. Die Verwendung des Fixed-Effects-Schätzers behebt dieses Problem.

Unter der Annahme, dass die unternehmensspezifischen Effekte zufällig sind, sollten die Schätzungen der Koeffizienten sowohl mit dem Random-Effects-Schätzer

---

510 Vgl. Drukker (2003) und Wooldridge (2010), S. 319–320.
511 Vgl. Kennedy (2008), S. 199; Greene (2012), S. 129–131; Wooldridge (2013), S. 94.
512 Vgl. Breusch/Pagan (1980); Baltagi (2013), S. 68–70.

als auch mit dem Fixed-Effects-Schätzer konsistent sein. Der Hausman-Test[513] vergleicht die Koeffizienten dieser beiden Schätzungen. Die Nullhypothese von keiner systematischen Differenz zwischen den Koeffizienten der Random-Effects-Schätzung und Fixed-Effects-Schätzung wird unabhängig von der Modellvariante abgelehnt. Die konstanten unternehmensspezifischen Effekte sind also nicht zufällig und die Verwendung eines Fixed-Effects-Schätzers ist angebracht. Der Einsatz eines Random-Effects-Schätzers ist aufgrund seiner verzerrten Koeffizienten-Schätzung abzulehnen.

Um zu überprüfen, ob die Jahresindikatoren zur Erfassung zeitspezifischer Effekte Erklärungskraft besitzen, wird ein gemeinsamer F-Test der Jahresindikatoren durchgeführt.[514] Die signifikanten Ergebnisse des F-Tests lehnen für alle Modelle und Varianten den Verzicht auf Jahresindikatoren ab. Neben der Berücksichtigung konstanter, unbeobachteter, unternehmensspezifischer Effekte durch den Fixed-Effects-Schätzer erscheint die Verwendung von Jahresindikatoren angebracht, um so auch die konstanten, unbeobachteten, zeitspezifischen Effekte zu berücksichtigen.

Der Durbin-Wu-Hausman-Test ermöglicht eine Prüfung der Modellvariablen auf Endogenität. Die signifikanten Test-Statistiken in Tabelle 6.7, S. 132 bestätigen die Vermutung, dass die Variablen $\Delta SALES_t$, PPE_t und CFO_t der ersten Gleichung des Mehrgleichungsmodells keine system-exogene Variablen sind.

Einen Hinweis für die Relevanz der gewählten Instrumente liefert ein F-Test auf Signifikanz der ersten Stufe des ZSKQ-Verfahrens. Die Relevanz einzelner Instrumente kann nicht untersucht werden. Man kann nur eine Aussage über die Relevanz der verwendeten Instrumente als Ganzes treffen. Der Ergebnisse des ersten Stufe ZSKQ-Schätzung des Mehrgleichungsmodells zeigen Tabelle A.10, S. 194 und Tabelle A.11, S. 195. Die Faustregel von Stock/Wright/Yogo wird bei neun Instrumenten und den hohen F-Statistiken zwischen 196 und 15.027 erfüllt.[515]

Die Test-Statistiken und Bestimmtheitsmaße der Hilfsregressionen der ersten Stufe einer isolierten ZSKQ-Schätzung der ersten Gleichung des Mehrgleichungsmodells unter Verwendung aller Instrumentalvariablen findet sich in Tabelle 6.7, S. 132. Auch hier erfüllen die F-Werte die Faustregel von Stock/Wright/Yogo.

513 Vgl. Hausman (1978); Cameron/Trivedi (2010), S. 266–267; Wooldridge (2010), S. 328–334; Greene (2012), S. 419–420; Baltagi (2013), S. 76–80.

514 Vgl. Baum (2006), S. 224–226.

515 Die Faustregel von Stock/Wright/Yogo gibt bei einer Anzahl von 1, 2, 3, 5, 10 und 15 Instrumenten 8,96, 11,59, 12,83, 15,09, 20,88 und 26,80 als untere Grenzwerte für den F-Test vor; vgl. Stock/Wright/Yogo (2002), S. 522 und Larcker/Rusticus (2010), S. 192.

Tabelle 6.7: Statistische Tests für das Mehrgleichungsmodell

	(1) Panel ZSKQ ACC_t^{CF}	(2) Panel ZSKQ ACC_t^{BF}	(3) Panel ZSKQ FE ACC_t^{CF}	(4) Panel ZSKQ FE ACC_t^{BF}
Endogenität				
Durbin-Wu-Hausman-Test (χ^2) [1)]	894***	1079***	95,13***	10,35**
Durbin-Wu-Hausman-Test (F) [1)]	349***	446***	31,55***	3,50**
Überidentifikation				
Hansen-Sargan-Test[1)]	7,68**	10,53***	175***	391***
Hansen-Sargan-Test[2)]	32.792***	32.701***	12.702***	12.620***
Schwache Instrumente [3)]				
F-Test ($\Delta SALES_t$)	987***	987***	682***	682***
F-Test (PPE_t)	22.587***	22.587***	1.081***	1.081***
F-Test (CFO_t)	52,02***	52,02***	71,05***	71,05***
Partielles R^2 ($\Delta SALES_t$)	0,1184	0,1184	0,0849	0,0849
Partielles R^2 (PPE_t)	0,7546	0,7546	0,1283	0,1283
Partielles R^2 (CFO_t)	0,0070	0,0070	0,0096	0,0096
Sheas korr. partielles R^2 ($\Delta SALES_t$)	0,0844	0,0844	0,0617	0,0617
Sheas korr. partielles R^2 (PPE_t)	0,6982	0,6982	0,1074	0,1074
Sheas korr. partielles R^2 (CFO_t)	0,0048	0,0048	0,0065	0,0065
ZSKQ vs. DSKQ				
Hausman-Test	202,35***	179,33***	190,65***	114,21***

Quelle: Eigene Darstellung. Die Tabelle zeigt die statistischen Tests für das Mehrgleichungsmodell. [1)] Der Hansen-Sargan-Test wird für eine isolierte robuste ZSKQ-Schätzung der ersten Gleichung des Mehrgleichungsmodells unter Verwendung aller Instrumentalvariablen durchgeführt. [2)] Der Hansen-Sargan-Test wird für eine ZSKQ-Schätzung des Mehrgleichungsmodells durchgeführt. [3)] Die Test-Statistiken und Bestimmtheitsmaße zeigen die Werte für Hilfsregressionen der ersten Stufe einer isolierten ZSKQ-Schätzung der ersten Gleichung des Mehrgleichungsmodells unter Verwendung aller Instrumentalvariablen.

Mit dem Hansen-Sargan-Test kann man für ein überidentifiziertes Modell Hinweise für die Validität – im Sinne von Exogenität – der Instrumentalvariablen finden.[516] Unabhängig davon, ob die Instrumentalvariablen für die erste Gleichung isoliert oder für das ganze Mehrgleichungssystem getestet werden, lehnt der Hansen-Sargan-Test die Nullhypothese ab, – d.h. mindestens eine Instrumentalvariable ist nicht exogen. Bei der Interpretation der Ergebnisse des Hansen-Sargan-Tests ist zu beachten, dass dieser Test Homoskedastizität voraussetzt. Die Statistik-Software STATA erlaubt für die Schätzung des Mehrgleichungsmodells keine robuste Varianz-Kovarianz-Matrix, sodass die Ergebnisse des Hansen-Sargan-Tests für das Mehrgleichungsmodell verzerrt sein könnten. Eine isolierte ZSKQ-Schätzung der restlichen Gleichungen des Mehrgleichungsmodells ermöglicht die robuste Bestimmung der Varianz-Kovarianz-Matrix. Die anschließenden Hansen-Sargan-Tests bestätigen jedoch das Ergebnis des vermeintlich verzerrten Tests. Die Qualität der Instrumente bleibt zweifelhaft. Eine verzerrte Schätzung der Koeffizienten ist zu befürchten.

Eine Verwendung des effizienteren DSKQ-Verfahren[517] kommt nicht in Frage. Es ist sehr empfindlich gegenüber einer Fehlspezifikation des Modells. Nur bei vollständig korrekter Modellierung aller Gleichungen ist das DSKQ-Verfahren konsistent. In diesem Fall wäre das ZSKQ-Verfahren ebenfalls konsistent, d.h. beide Verfahren kämen zu ähnlichen Parameterwerten.[518] Der Hausman-Test[519] vergleicht die Koeffizienten des ZSKQ-Schätzers mit denen des DSKQ-Schätzers. Die Nullhypothese von keiner systematischen Differenz zwischen den Koeffizienten der ZSKQ-Schätzung und DSKQ-Schätzung wird unabhängig von der Modellvariante abgelehnt. Zudem ist das DSKQ-Verfahren nur unter der Annahme von Homoskedastizität effizienter als das ZSKQ-Verfahren.[520] Die Annahme von Homoskedastizität musste für die Stichprobe bereits verworfen werden.

---

516 Vgl. Cameron/Trivedi (2010), S. 191–192.

517 Vgl. Zellner/Theil (1962); Wooldridge (2010), S. 224–226; Greene (2012), S. 371.

518 Vgl. Greene (2012), S. 371–374.

519 Vgl. Hausman (1978); Cameron/Trivedi (2010), S. 266–267; Christodoulou/McLeay (2014), S. 622.

520 Vgl. Cameron/Trivedi (2010), S. 206–207.

6.8.3 Ergebnisse der Regressionsanalysen auf Basis der gesamten Stichprobe

6.8.3.1 Lineare Regressionsschätzung

Die Ergebnisse der linearen Regressionsschätzungen des Jones-Modells auf Basis der Gesamtstichprobe werden in Tabelle A.4, S. 187 gezeigt.[521] Die Parameter sind für alle Schätzverfahren signifikant. Sie variieren geringfügig in ihrem Betrag. Die Koeffizienten für $\Delta SALES_t$ sind bei der Querschnittregression mit einem Wert von 0,0325 am kleinsten und für die Panelschätzung nach der KQ-Methode mit 0,0473 am größten. Dazwischen liegen die Werte für die Fixed-Effects-Schätzungen mit und ohne Jahresindikatoren. Die Parameter für PPE_t liegen zwischen −0,0226 (QS KQ) und −0,0438 (FE mit Jahresindikatoren). Die Koeffizienten beider Variablen weisen das erwartete Vorzeichen auf und sind statistisch signifikant. Das Bestimmtheitsmaß R^2 ist sehr klein und für die Fixed-Effects-Schätzer negativ, was gegen die Erklärungskraft des Jones-Modells spricht. Für die Verwendung des Fixed-Effects-Verfahren spricht das *Akaike information criterion* (AIC), das bei dieser Schätzmethodik die kleineren und damit besseren Werte ausgibt.[522]

Für das modifizierte Jones-Modell sind die Koeffizienten der linearen Regressionsanalysen mit Ausnahme des Parameters der Variablen $\Delta(SALES_t - REC_t)$ bei der Querschnittschätzung signifikant. Die signifikanten Werte für $\Delta(SALES_t - REC_t)$ liegen zwischen 0,0163 (FE) und 0,00766 (FE mit Jahresindikatoren). Die Werte für PPE_t liegen im Bereich von −0,0138 und −0,0319. Die Vorzeichen der Koeffizienten entsprechen den Erwartungen. Das Bestimmtheitsmaß R^2 zeigt eine noch geringere Erklärungskraft des Modells. Gemäß dem Informationskriterium AIC hat die Fixed-Effects-Schätzung die höchste Anpassungsgüte. Die vollständigen Ergebnisse sind in Tabelle A.6, S. 189 abgebildet.

Die Tabelle A.8, S. 191 zeigt die Ergebnisse der verschiedenen Regressionsschätzungen des McNichols-Modells. Die Koeffizienten aller Variablen sind signifikant. Die Werte für $\Delta SALES_t$ liegen zwischen 0,0595 (QS KQ) und 0,0688 (FE). Für PPE_t liegen die Koeffizienten zwischen −0,0150 (Panel KQ) und −0,0358 (FE mit Jahresindikatoren). Die Parameter für CFO_{t-1} liegen zwischen 0,219 (FE mit Jahresindikatoren) und 0,274 (Panel KQ). Die Koeffizienten für

521 Soweit nicht anders erwähnt, werden die Regressionsergebnisse verwendet, bei denen die gesamten Periodenabgrenzungen mit dem Cashflow-Ansatz operationalisiert wurden.

522 Vgl. zur Berechnung und Interpretation des AIC von Auer (2013), S. 294.

CFO_t haben Werte zwischen −0,428 (Panel KQ) und −0,626 (QS KQ). Für die operativen Cashflows der Folgeperiode CFO_{t+1} liegen Parameter im Intervall von 0,101 (FE mit Jahresindikatoren) und 0,153 (QS KQ). Das Bestimmtheitsmaß R^2 ist mit Werten von 0,142 (FE) und 0,285 (FE mit Jahresindikatoren) deutlich größer als bei den Jones-Modellen. Die AIC-Werte zeigen auch für dieses Modell, dass eine Schätzung mit fixen Effekten zu Koeffizienten führt, die eine bessere Anpassungsgüte aufweisen als Koeffizienten einer KQ-Schätzung.

Die Ergebnisse der Schätzungen des Mehrgleichungsmodells sind in Tabelle A.12, S. 196 aufgeführt. Fast alle Koeffizienten in allen Gleichungen sind statistisch signifikant. Eine Ausnahme bilden die Parameter für CPX_t in der fünften Gleichung bei einer Schätzung mit fixen Effekten. Die Variablen der ersten Gleichung (Gl. (6.8), S. 105) sind identisch mit dem McNichols-Modell. Bei der Panel-Schätzung mit der ZSKQ-Methode ohne fixe Effekte überraschen die im Vergleich zum McNichols-Modell umgekehrten Vorzeichen für die drei Cashflow-Variablen. Die Werte der Fixed-Effects-Schätzung sind dem McNichols-Modell ähnlicher. Sie haben alle das erwartete Vorzeichen. Sie sind bis auf den Koeffizienten für $\Delta SALES_t$ betragsmäßig kleiner als bei der Schätzung des Einzelgleichungsmodells.

Der Koeffizient für $SALES_t$ in der zweiten Gleichung (Gl. (6.9), S. 105) hat bei der Schätzung mit der ZSKQ-Methode ohne fixe Effekte einen Wert von 0,0681 und das erwartete positive Vorzeichen. Bei der Schätzung mit fixen Effekten ergibt sich ein Wert von −0,326. Dass eine weitere Einheit $SALES_t$ die Umsatzveränderung $\Delta SALES_t$ um 30% verringern soll, erscheint nicht plausibel. Das Gleiche gilt für den Koeffizienten von REC_t, der mit 3,188 unerwartet groß ist. Das negative R^2 bestätigt die Vermutung, dass die ZSKQ-Schätzung mit fixen Effekten zu unplausiblen Ergebnissen führt. Die Ursache könnte ein ökonometrischer Effekt sein, da modellbedingt der *first-difference*-Ansatz – die linke Seite der Gleichung – mit fixen Effekten – die rechte Seite der Gleichung – vermischt wurde. Die Schätzung ohne fixe Effekte ergibt auch für REC_t einen nachvollziehbareren Koeffizienten von 0,383 und ein R^2 von 0,23.

Die Koeffizienten für $SALES_{t-1}$ und REV_{t-1} sind für die dritte und vierte Gleichung (Gl. (6.10) und (6.11), S. 105) und bei einer ZSKQ-Schätzung mit Werten von 0,766 und 0,618 erwartungsgemäß groß. Die Fixed-Effects-Schätzung verkleinert die Werte der Koeffizienten auf 0,324 bzw. 0,204. Die kleineren Werte lassen vermuten, dass bei diesen Variablen eine große konstante unbeobachtete Heterogenität zwischen den Unternehmen besteht, die durch die fixen Effekte herausgefiltert werden.

Der Parameterwert für PPE_{t-1} in der fünften Gleichung (Gl. (6.12), S. 105) beträgt für die ZSKQ-Schätzung 0,841 und für die ZSKQ-Schätzung mit fixen Effekten 0,289. Für CPX_t haben die Koeffizienten Werte von –0,224 (ZSKQ) und –0,228 (ZSKQ FE). Das negative Vorzeichen der Parameter für CPX_t entspricht nicht den Erwartungen. Die anderen Koeffizienten sind hinsichtlich ihres Vorzeichens und ihrer Größenordnung plausibel.

Die Koeffizienten für die ZSKQ-Schätzung der sechsten Gleichung (Gl. (6.13), S. 106) betragen für DEP_t 0,642, für INC_t 0,0948 und für $TOBINQ_t$ 0,0042. Die Berücksichtigung fixer Effekte verkleinert den Parameter von DEP_t. Die Werte lauten für DEP_t 0,276, für CPX_t 0,12 und für $TOBINQ_t$ 0,00619. Das Bestimmtheitsmaß ist mit Werten von 0,14 und 0,05 klein.

Für die siebte Gleichung (Gl. (6.14), S. 106) haben die Parameter für die Variablen PPE_t und DEP_{t-1} Werte von 0,0183 und 0,734 (ZSKQ) bzw. 0,0734 und 0,353 (ZSKQ FE). Die Werte erscheinen hinsichtlich ihres Vorzeichens und ihrer Größenordnung plausibel.

Die Parameterwerte der ZSKQ-Schätzung der letzten Gleichung (Gl. (6.15), S. 106) sind für ACC_t^{CF} –0,140 und für CFO_{t-1} 0,646. Die Verwendung fixer Effekte ergibt Koeffizienten für ACC_t^{CF} und CFO_{t-1} von 0,438 und 0,159.

Die Schätzung des Mehrgleichungsmodells erfolgt aufgrund der beiden Rechnungslegungsidentitäten beschränkt: Der Koeffizient von INC_t der sechsten Gleichung muss der Summe der Koeffizienten CFO_t aus Gleichung eins und ACC_t^{CF} aus Gleichung acht entsprechen (Gl. (6.16), S. 106). Die zweite Einschränkung bezieht sich auf den Parameter von PPE_t der ersten Gleichung. Er muss dem Koeffizienten von PPE_{t-1} aus Gleichung fünf abzüglich des Koeffizienten von CPX_t derselben Gleichung und zuzüglich des Koeffizienten von DEP_t der sechsten Gleichung entsprechen (Gl. (6.17), S. 106). Die beiden Rechnungslegungsidentitäten werden also durch eine beschränkte Schätzung der Koeffizienten berücksichtigt. Die Tabelle 6.8, S. 137 zeigt die Beschränkungen in einer Übersicht. Sie sind auf die zweite Nachkommastelle erfüllt.

Werden die gesamten Periodenabgrenzungen mit dem Bilanzansatz ACC_t^{BS} operationalisiert, ändern sich die Ergebnisse nur marginal. Nur für das modifizierte Jones-Modell sind die Koeffizienten beider Fixed-Effects-Schätzungen insignifikant. Das Bestimmtheitsmaß R^2 deutet auf eine minimale Erklärungskraft des Jones- und des modifizierten Jones-Modells hin. Die Werte des AIC sprechen bei allen drei Modellen für die Verwendung der Fixed-Effects-Schätzung. Im Mehrgleichungsmodell ergeben sich für die meisten Koeffizienten nur geringe Unterschiede. Relevante Abweichungen sind für die erste und fünfte Gleichung festzustellen: Der Koeffizient von PPE_t in Gleichung eins hat für die

Schätzung mit fixen Effekten ein unerwartetes positives Vorzeichen und einen Wert von 0,0588. Einen Vorzeichenwechsel gibt es auch für den Parameter von CPX_t der fünften Gleichung bei einer Fixed-Effects-Schätzung. Er hat nun einen Wert von 0,0335. Das Vorzeichen entspricht nun den Erwartungen. Die Einhaltung der Parameter-Beschränkungen ist gewährleistet, wie Tabelle 6.8, S. 137 zeigt.

Tabelle 6.8: Berücksichtigung der Rechnungslegungsidentitäten im Mehrgleichungsmodell

	[6] INC_t	=	**[1] CFO_t**	+	**[8] $ACC_t^{CF/BS}$**		
Panel ZSKQ ACC_t^{CF}	0,10	=	0,24	+	−0,14		
Panel ZSKQ ACC_t^{BS}	0,09	=	0,16	+	−0,07		
Panel ZSKQ FE ACC_t^{CF}	0,12	=	−0,32	+	0,44		
Panel ZSKQ FE ACC_t^{CF}	0,12	=	−0,23	+	0,35		
	[1] PPE_t	=	**[5] PPE_{t-1}**	+	**[5] CPX_t**	–	**[6] DEP_t**
Panel ZSKQ ACC_t^{CF}	−0,02	=	0,84	+	−0,22	–	0,64
Panel ZSKQ ACC_t^{BS}	−0,03	=	0,84	+	−0,23	–	0,64
Panel ZSKQ FE ACC_t^{CF}	−0,03	=	0,29	+	−0,04	–	0,28
Panel ZSKQ FE ACC_t^{CF}	0,06	=	0,28	+	0,03	–	0,26

Quelle: Eigene Darstellung. Die Tabelle zeigt die Beschränkungen der Koeffizienten des Mehrgleichungsmodells, die zwei Rechnungslegungsidentitäten abbilden.

6.8.3.2 Abschnittsweise lineare Regressionsschätzung

Die abschnittsweise lineare Regressionsschätzung des Jones-Modells führt – wie in Tabelle A.5, S. 188 zu sehen ist – zu signifikanten Koeffizienten der Variablen $\Delta SALES_t$ und PPE_t. Sie unterscheiden sich nur geringfügig von den Parametern der linearen Schätzung. Die Koeffizienten für den Interaktionsterm $DABNRET_t \times ABNRET_t$ sind statistisch signifikant. Mit Werten zwischen 0,0646 (FE) und 0,141 (QS KQ) sind sie auch ökonomisch signifikant und entsprechen dem erwarteten positiven Vorzeichen. Die Ergebnisse für das modifizierte Jones-Modell sind in Tabelle A.7, S. 190 angegeben. Die Tabelle A.9, S. 192 zeigt die Ergebnisse für das McNichols-Modell. Auch hier sind im Vergleich zur linearen Schätzung keine wesentlichen Unterschiede bei den Parametern erkennbar. Die positiven Koeffizienten für den Interaktionsterm $DVAR_t \times VAR_t$ sind in beiden Fällen ökonomisch und statistisch signifikant. Die Ergebnisse für R^2 und das AIC zeigen gegenüber den linearen Varianten der Modelle ebenfalls nur geringfügige Unterschiede. Die Ergebnisse ändern sich durch eine Operationalisierung der Periodenabgrenzungen mit ACC_t^{BS} bei allen Modellen mit einer Ausnahme nur geringfügig: Die Koeffizienten des Interaktionsterms sind für kein Modell signifikant, wenn sie für den Jahres-Branchen-Querschnitt geschätzt werden. Zudem sind sie für alle Modell- und Schätzvarianten nur halb so groß wie bei einer Regression mit ACC_t^{CF}.

6.8.4 Ergebnisse des Tests auf Gewinnsteuerung bei zufällig gezogenen Stichproben

6.8.4.1 Mittelwerte der gesteuerten Periodenabgrenzung

Wie Tabelle A.41, S. 240 zeigt, unterscheiden sich der Mittelwerte der gesteuerten Periodenabgrenzungen unabhängig von der Schätzmethode oder des verwendeten Modells bei der gesamten Stichprobe nicht signifikant von Null. Die Ergebnisse lassen für die Stichprobe keine systematische Gewinnsteuerung erkennen. Die Überprüfung der Modelleigenschaften anhand wiederholter t-Tests des Mittelwerts der gesteuerten Periodenabgrenzungen von 100 immer wieder zufällig gezogenen Unternehmensjahren ist daher zulässig.

6.8.4.2 Ablehnungsraten der Nullhypothese

In Tabelle 6.9, S. 140 sind die Annahmeraten der beiden Alternativhypothesen H_1: $E(DAP_t) > 0$ bzw. H_1: $E(DAP_t) < 0$ nach 250 t-Tests der Nullhypothesen H_0: $E(DAP_t) \leq 0$ bzw. H_0: $E(DAP_t) \geq 0$ aufgeführt. Der Mittelwert $E(DAP_t)$ wird für die gesteuerten Periodenabgrenzungen von 100 zufällig gezogenen Unternehmensjahren bestimmt. Das Signifikanzniveau des t-Tests ist auf 5% festgelegt.[523] Die Residuen der Regressionsschätzungen der Periodenabgrenzungsmodelle sind die gesteuerten Periodenabgrenzungen.

Für die gesamte Stichprobe ist keine systematische Gewinnsteuerung erkennbar, daher sollte bei zufällig gezogenen Teilstichproben auch keine systematische Gewinnsteuerung nachweisbar sein. Die Annahmerate der in diesem Fall falschen Alternativhypothesen sollte idealerweise dem gewählten Signifikanzniveau des t-Tests von 5% und damit dem erwarteten Fehler α entsprechen. Eine um 3% höhere oder niedrigere Annahmerate gilt als akzeptabel.[524]

523 Addiert man die Annahmeraten für H_1: $E(DAP_t) > 0$ und H_1: $E(DAP_t) < 0$ zusammen, ergibt sich die Annahmerate für H_1: $E(DAP_t) \neq 0$ für einen t-Test mit H_0: $E(DAP_t) = 0$ bei einem Signifikanzniveau von 10%.

524 Vgl. Stubben (2010), S. 706.

Die Annahmeraten der falschen Alternativhypothese liegen für alle linearen und abschnittsweisen linearen Modelle unabhängig von der Operationalisierung der gesamten Periodenabgrenzungen oder des Schätzverfahrens im akzeptablen Bereich. Die einzigen Ausnahmen bilden die Fixed-Effects-Schätzung des modifizierten Jones-Modells und die Fixed-Effects-Schätzung mit Jahresindikatoren des Jones-Modells, wenn die gesamten Periodenabgrenzungen mit dem Cashflow-Ansatz operationalisiert werden. In 8,8% der Fälle wird hier fälschlicherweise von gesteuerten Periodenabgrenzungen kleiner Null ausgegangen. Der Toleranzbereich von 8% wurde also nur knapp überschritten. Alle Modelle erfüllen die statistischen Spezifikationen und kommen für weitere Analysen von Gewinnsteuerung in Betracht.

Das Matching-Verfahren verschlechtert die Ergebnisse. Die Annahmerate für H_1: $E(DAP_t) < 0$ liegt nun häufiger über dem Grenzwert von 8%. Wie erwartet führt das Matching konstruktionsbedingt zu einer Unterschätzung der gesteuerten Periodenabgrenzungen. Zu einer starken Verzerrung der Ergebnisse kommt es jedoch nicht. Die höchste Annahmerate von H_1 liegt bei 11,2%. Das Matching-Verfahren verschlechtert die statistischen Spezifikationen.

Tabelle 6.9: Annahmeraten von H_1 bei t-Tests der DAP_t auf Basis der gesamten Stichprobe

			Gesamte Stichprobe ACC_t^{CF}				Gesamte Stichprobe ACC_t^{BS}			
			QS KQ	Panel KQ	Panel FE	Panel FE[1)]	QS KQ	Panel KQ	Panel FE	Panel FE[1)]
Lineare Regression										
Jones	Kein Matching	H_1: E(DAP) < 0	3,2%	4,4%	7,6%	8,0%	5,2%	6,8%	8,0%	8,0%
		H_1: E(DAP) > 0	6,0%	4,4%	6,8%	6,8%	5,2%	5,6%	6,0%	6,0%
	Matching ROA_t	H_1: E(DAP) < 0	7,2%	8,8%	10,8%	10,4%	8,8%	9,2%	6,8%	7,6%
		H_1: E(DAP) > 0	4,0%	4,0%	4,4%	4,8%	4,8%	4,8%	3,2%	2,8%
	Matching ROA_{t-1}	H_1: E(DAP) < 0	5,2%	5,2%	4,8%	4,8%	7,6%	6,0%	7,6%	8,4%
		H_1: E(DAP) > 0	4,4%	4,4%	4,8%	5,2%	6,8%	6,4%	6,0%	6,0%
Mod. Jones	Kein Matching	H_1: E(DAP) < 0	4,4%	6,0%	7,2%	7,6%	4,8%	8,0%	7,6%	8,0%
		H_1: E(DAP) > 0	4,0%	4,0%	6,8%	6,0%	5,2%	5,6%	5,2%	6,0%
	Matching ROA_t	H_1: E(DAP) < 0	7,6%	8,8%	10,4%	10,4%	8,4%	8,0%	6,4%	6,0%
		H_1: E(DAP) > 0	3,6%	4,0%	4,8%	5,2%	5,6%	5,2%	4,0%	3,6%
	Matching ROA_{t-1}	H_1: E(DAP) < 0	4,0%	5,2%	5,2%	5,2%	8,0%	6,8%	7,6%	8,4%
		H_1: E(DAP) > 0	4,0%	4,4%	5,2%	5,2%	6,0%	6,0%	6,8%	6,4%
McNichols	Kein Matching	H_1: E(DAP) < 0	4,0%	2,8%	6,0%	4,0%	3,6%	6,0%	7,2%	6,8%
		H_1: E(DAP) > 0	4,8%	5,6%	7,2%	6,4%	7,6%	5,2%	5,2%	5,6%
	Matching ROA_t	H_1: E(DAP) < 0	6,8%	8,0%	8,8%	9,2%	6,4%	8,8%	4,8%	5,2%
		H_1: E(DAP) > 0	4,0%	5,2%	5,6%	6,0%	4,8%	5,6%	4,4%	4,4%
	Matching ROA_{t-1}	H_1: E(DAP) < 0	4,0%	6,0%	4,0%	4,8%	6,8%	6,0%	6,8%	7,2%
		H_1: E(DAP) > 0	2,8%	3,6%	5,2%	6,0%	5,2%	5,6%	4,4%	4,8%
Abschnittsweise lineare Regression ($ABNRET_t$)										
Jones	Kein Matching	H_1: E(DAP) < 0	4,8%	4,4%	7,6%	7,2%	5,2%	7,2%	8,0%	8,4%
		H_1: E(DAP) > 0	4,8%	5,2%	6,0%	4,8%	6,8%	6,0%	5,6%	7,2%
	Matching ROA_t	H_1: E(DAP) < 0	7,6%	8,8%	11,2%	10,8%	8,0%	8,4%	6,8%	7,2%
		H_1: E(DAP) > 0	4,4%	4,0%	5,2%	5,2%	4,4%	5,6%	2,8%	3,2%
	Matching ROA_{t-1}	H_1: E(DAP) < 0	6,0%	3,6%	4,0%	4,0%	7,6%	6,0%	6,0%	6,4%
		H_1: E(DAP) > 0	4,0%	4,4%	5,6%	5,6%	6,8%	5,6%	6,0%	6,0%
Mod. Jones	Kein Matching	H_1: E(DAP) < 0	3,6%	4,8%	7,6%	6,8%	6,4%	7,6%	8,4%	8,0%
		H_1: E(DAP) > 0	5,2%	5,6%	6,4%	4,8%	6,4%	5,2%	5,6%	5,2%
	Matching ROA_t	H_1: E(DAP) < 0	8,4%	8,0%	10,4%	10,4%	7,6%	8,0%	7,6%	6,4%
		H_1: E(DAP) > 0	4,8%	4,4%	5,2%	5,2%	5,2%	5,6%	3,6%	3,6%
	Matching ROA_{t-1}	H_1: E(DAP) < 0	5,2%	3,6%	4,4%	4,0%	8,4%	6,4%	5,6%	7,2%
		H_1: E(DAP) > 0	4,4%	4,4%	5,2%	6,0%	8,0%	3,6%	6,0%	6,0%
McNichols	Kein Matching	H_1: E(DAP) < 0	4,8%	3,6%	7,2%	6,0%	4,4%	6,0%	6,8%	7,2%
		H_1: E(DAP) > 0	4,8%	5,2%	6,4%	5,6%	8,0%	6,0%	6,0%	5,2%
	Matching ROA_t	H_1: E(DAP) < 0	7,2%	8,4%	8,4%	9,6%	6,8%	8,4%	6,0%	5,6%
		H_1: E(DAP) > 0	5,2%	5,2%	5,6%	5,6%	3,6%	5,2%	4,4%	4,4%
	Matching ROA_{t-1}	H_1: E(DAP) < 0	5,6%	5,2%	4,8%	5,6%	6,8%	6,4%	6,4%	7,2%
		H_1: E(DAP) > 0	3,2%	3,6%	4,8%	5,2%	3,6%	5,6%	4,0%	4,0%
Zweistufige lineare Regression										
Mehrgleichung	Kein Matching	H_1: E(DAP) < 0		5,2%	8,0%			6,4%	7,6%	
		H_1: E(DAP) > 0		5,6%	6,8%			6,0%	5,2%	
	Matching ROA_t	H_1: E(DAP) < 0		9,2%	9,2%			8,0%	6,0%	
		H_1: E(DAP) > 0		3,6%	5,2%			5,2%	4,4%	
	Matching ROA_{t-1}	H_1: E(DAP) < 0		5,2%	4,8%			7,6%	8,4%	
		H_1: E(DAP) > 0		4,4%	4,4%			6,0%	4,0%	

Quelle: Eigene Darstellung. Die Tabelle zeigt die Annahmeraten der Alternativhypothese H_1: E(DAP) < 0 bzw. H_1: E(DAP) > 0 bei 250 t-Tests von der Nullhypothese, dass der Mittelwert der gesteuerten Periodenabgrenzungen Null entspricht (H_0: DAP = 0), bei einem Signifikanzniveau von 5%. Grau hinterlegt sind die Werte, die außerhalb des akzeptablen Bereichs von 2% bis 8% liegen. [1)] Fixed-Effects-Schätzung mit Jahresindikatoren.

6.8.5 Ergebnisse des Tests auf Gewinnsteuerung bei Stichproben auf Basis wirtschaftlicher Kennzahlen

6.8.5.1 Mittelwerte der gesteuerten Periodenabgrenzung

Die Mittelwerte der gesteuerten Periodenabgrenzungen, die mit Hilfe von Querschnittregressionen geschätzt wurden, sind in Tabelle A.13, S. 198 aufgeführt. Die Tabelle A.14, S. 199 zeigt die Mittelwerte der gesteuerten Periodenabgrenzungen bei einer Panelschätzung mit der KQ- bzw. ZSKQ-Methode. Die Mittelwerte der Fixed-Effects-Schätzungen mit und ohne Jahresindikatoren sind in Tabelle A.15, S. 200 und Tabelle A.16, S. 201 zu finden.

In allen Tabellen zeigen sich für die signifikant von Null abweichenden Mittelwerte der gesteuerten Periodenabgrenzungen keine systematischen Unterschiede zwischen einer Operationalisierung der gesamten Periodenabgrenzungen mit dem Cashflow-Ansatz oder dem Bilanzansatz. Die Mittelwerte der gesteuerten Periodenabgrenzungen sind bei einer Verwendung des Bilanzansatzes überwiegend kleiner als bei einer Operationalisierung mit dem Cashflow-Ansatz. Diese Feststellung spricht dafür, dass der Cashflow-Ansatz zu größeren gesamten Periodenabgrenzungen führt als der Bilanz-Ansatz.

Für die Stichproben auf Basis von ROA und EP unterscheiden sich alle Mittelwerte signifikant von Null. Für diese Stichproben wird unabhängig von Operationalisierung, Modell oder Schätzer eine Selektionsverzerrung erwartet.

Für die MB-Stichproben werden ebenfalls verzerrte Ergebnisse erwartet. Warum bei der gepoolten KQ-Schätzung die Mittelwerte von DAP_t in vielen Fällen nicht signifikant von Null abweichen, ist unklar. Es könnte sich um ein statistisches Artefakt handeln. Für diese Vermutung spricht, dass sich der Effekt bei den anderen Schätzverfahren nicht zeigt.

Für die SIZE-Stichprobe wird keine Selektionsverzerrung erwartet, wenn ein Fixed-Effects-Schätzer verwendet wird. Der unbeobachtete Effekt der Unternehmensgröße ist anscheinend konstant, sodass er durch die fixen Effekte herausgefiltert werden kann. Die Mittelwerte der gesteuerten Periodenabgrenzungen unterscheiden sich folglich nicht signifikant von Null. Das gilt jedoch nicht für die abschnittsweise lineare Schätzung der Modelle bei Verwendung des Cashflow-Ansatzes. Die Ursache hierfür dürfte nicht in der Fixed-Effects-Schätzung liegen, sondern in einem unklaren Zusammenhang von SIZE, $ABNRET_t$ und ACC_t^{CF}, der in den Modellen nicht erfasst wird.

Alle Mittelwerte der gesteuerten Periodenabgrenzungen unterscheiden sich für das unterste SALESGROWTH-Quartil signifikant von Null. Es wird daher eine Selektionsverzerrung für dieses Quartil erwartet. Für Unternehmensjahre mit starkem Umsatzwachstum sind die Ergebnisse gemischt. Das Jones- und das McNichols-Modell können diesen Effekt berücksichtigen. Sie schätzen im Mittel gesteuerte Periodenabgrenzungen, die sich nicht signifikant von Null unterscheiden. Für das modifizierte Jones-Modell weichen die Mittelwerte signifikant von Null ab. Der Abzug der Veränderungen der Forderungen aus Lieferungen und Leistungen von den Umsatzveränderungen könnte hierfür die Ursache sein. Wenn bei starkem Umsatzwachstum die Forderungen überproportional wachsen, wäre das eine Erklärung für die Ergebnisse. Die annahmegemäß proportional mit dem Umsatz wachsenden gesamten Periodenabgrenzungen werden auf eine Umsatzgröße regressiert, die dieses Wachstum nur noch unterproportional berücksichtigt. In Folge würde die Messung der gesteuerten Periodenabgrenzungen größer ausfallen. Entsprechend sind die gesteuerten Periodenabgrenzungen im Mittel auch häufiger signifikant größer als Null.

Für die CFO-Stichproben ist ebenfalls mit verzerrten Ergebnissen zu rechnen. Die Mittelwerte von DAP_t sind signifikant ungleich Null. Eine Ausnahme sind die Schätzungen des McNichols-Modells für das unterste CFO-Quartil. Sie entsprechen den Erwartungen und unterscheiden sich nicht signifikant von Null. Es scheint, dass die Hinzunahme der Variablen CFO_{t-1}, CFO_t und CFO_{t+1} nur für Unternehmensjahre mit besonders geringem CFO eine Selektionsverzerrung verhindert.

Bis auf den bereits genannten Unterschied für die SIZE-Stichprobe ist kein systematischer Unterschied zwischen linearer und abschnittsweiser linearer Schätzung erkennbar. Der Erwartung, dass die abschnittsweise lineare Regression gegenüber einer Stichprobenselektion robuster ist als die lineare Regression, wird damit nicht entsprochen.

6.8.5.2 Ablehnungsraten der Nullhypothese

6.8.5.2.1 Vorgehensweise

Die Analyse der Mittelwerte der gesteuerten Periodenabgrenzungen bei Stichproben auf Basis ökonomischer Kennzahlen hat gezeigt, dass mit einer Selektionsverzerrung zu rechnen ist. Die Analyse der gesteuerten Periodenabgrenzungen – dargestellt in Tabelle A.18, S. 203 bis Tabelle A.29, S. 225 – bestätigt diese Erwartung. Die Annahmeraten der beiden Alternativhypothesen H_1: $E(DAP_t) > 0$ bzw. H_1: $E(DAP_t) < 0$ nach 250 t-Tests der Nullhypothesen H_0: $E(DAP_t) \leq 0$ und H_0: $E(DAP_t) \geq 0$ liegen in vielen Fällen nicht mehr innerhalb des akzeptablen Intervalls von 2% bis 8%. Idealerweise sollte die Annahmerate der Alternativhypothesen dem gewählten Signifikanzniveau des t-Tests von 5% entsprechen, da für die Stichprobe keine systematische Gewinnsteuerung erwartet wird.[525] Der Mittelwert $E(DAP_t)$ wird jeweils für die gesteuerten Periodenabgrenzungen von 100 zufällig gezogenen Unternehmensjahren bestimmt. Die Unternehmensjahre werden aus den unteren und oberen Quartilen der Variablen ROA, SIZE, MB, SALESGROWTH, CFO und EP gezogen. Die Residuen der Regressionsschätzungen der Periodenabgrenzungsmodelle sind die Stellvertretergröße für die gesteuerten Periodenabgrenzungen.

6.8.5.2.2 ROA-Stichprobe

Die Annahmeraten für H_1 weichen bei den ROA-Quartilen deutlich von den erwarteten 5% ab.[526] Die Einzelgleichungsmodelle lehnen je nach Modell und Schätzer in 81,6% (Jones-Modell, Panel FE, oberes Quartil) bis 100% (McNichols-Modell, alle Schätzer, beide Quartile) der Fälle die Nullhypothese von H_0: $E(DAP_t) \leq 0$ (oberes Quartil) bzw. H_0: $E(DAP_t) \geq 0$ (unteres Quartil) ab. Das Mehrgleichungsmodell weist ebenfalls inakzeptable Ergebnisse auf. Für das obere Quartil bei einer Schätzung ohne fixe Effekte beträgt die Annahmerate von H_1: $E(DAP_t) > 0$ 39,6%. Das Ergebnis ist im Vergleich zu den Einzelgleichungs-Modellen deutlich besser. Absolut betrachtet, schließt es noch immer zu häufig auf gewinnsteigernde Bilanzpolitik. Eine Hinzunahme fixer Effekte führt zu einer Annahmerate von H_1 94,4%. Es bleibt unklar, ob das bessere Ergebnis auf die Modellierung zurückzuführen ist oder ob es sich um einen statistischen Effekt handelt.

Die abschnittsweise lineare Schätzung der Modelle verbessert die Ergebnisse nur geringfügig. Die Annahmeraten von H_1 liegen mit mindestens 79% für alle Modelle, alle Schätzer und beide Quartile im inakzeptablen Bereich.

Das Matching auf Basis von ROA_t lässt die Annahmeraten für H_1 sinken. Für das obere Quartil sind die Ergebnisse alle im Toleranzbereich zwischen 2% und 8%. Für das untere Quartil wird H_0: $E(DAP_t) \geq 0$ in maximal 10% der Fälle abgelehnt (McNichols-Modell, Panel KQ, unteres Quartil). Der positive Effekt des Matching bleibt auch bei einer abschnittsweisen linearen Schätzung der Modelle erhalten. Für das Mehrgleichungsmodell führt das Matching auf Basis von ROA_t zu akzeptablen Annahmeraten von H_1. Ein Matching auf Basis von ROA_{t-1} hat zwar einen positiven, aber deutlich schwächeren Effekt als ein Matching auf Ba-

525 Addiert man die Annahmeraten für H_1: $E(DAP_t) > 0$ und H_1: $E(DAP_t) < 0$ zusammen, ergibt sich die Annahmerate für H_1: $E(DAP_t) \neq 0$ für einen t-Test mit H_0: $E(DAP_t) = 0$ bei einem Signifikanzniveau von 10%.

526 Die Ergebnisse sind in Tabelle A.18, S. 203 aufgeführt. Die gesamten Periodenabgrenzungen wurden mit dem Cashflow-Ansatz operationalisiert.

sis von ROA_t. Die Annahmeraten von H_1 liegen immer deutlich außerhalb des Toleranzbereichs.

Operationalisiert man die gesamten Periodenabgrenzungen mit dem Bilanzansatz, ergibt sich ein ähnliches Bild.[527] Die Modelle weisen inakzeptable Annahmeraten für H_1 auf. Der Effekt ist jedoch schwächer ausgeprägt: Die Einzelgleichungsmodelle lehnen je nach Modell und Schätzer in 17,2% (Jones-Modell, Panel FE, oberes Quartil) bis 95,6% (McNichols-Modell, Panel KQ, unteres Quartil) der Fälle die Nullhypothese von H_0: $E(DAP_t) \leq 0$ (oberes Quartil) bzw. H_0: $E(DAP_t) \geq 0$ (unteres Quartil) ab. Für die Schätzung des Mehrgleichungsmodells ohne fixe Effekte sind die Annahmeraten von H_1 für das obere Quartil mit 2% und 6,4% im akzeptablen Bereich. Eine Hinzunahme fixer Effekte führt zu inakzeptablen Raten zwischen 0,4% und 36%.

6.8.5.2.3 SIZE-Stichprobe

Die Annahmeraten für H_1 weichen bei den SIZE-Quartilen teilweise von den erwarteten 5% ab.[528] Die Verzerrung ist bei den Einzelgleichungsmodellen nicht besonders ausgeprägt: Je nach Modell und Schätzer wird in 8,8% (Jones-Modell, QS KQ, oberes Quartil) bis 17,2% (McNichols-Modell, Panel KQ, oberes Quartil) der Fälle die Nullhypothese von H_0: $E(DAP_t) \leq 0$ (oberes Quartil) bzw. H_0: $E(DAP_t) \geq 0$ (unteres Quartil) abgelehnt. Es fällt auf, dass eine Verwendung fixer Effekte für alle Modelle in beiden Quartilen zu akzeptablen Annahmeraten von H_1 führt. Das Mehrgleichungsmodell weist für beide Quartile und beide Schätzvarianten akzeptable Ergebnisse auf.

Die abschnittsweise lineare Schätzung der Modelle verschlechtert die Ergebnisse etwas. Die Annahmeraten von H_1 liegen insbesondere für das McNichols-Modell häufiger außerhalb des Toleranzbereichs.

Das Matching auf Basis von ROA_t lässt die Annahmeraten für H_1 deutlich steigen. Es verstärkt die Verzerrung. Die Annahmeraten von H_1 sind nun häufiger kleiner als 2% bzw. größer als 8%. Das Matching auf Basis von ROA_{t-1} kann nur auf den ersten Blick überzeugen. Die Annahmeraten für H_1 sind vor allem für das McNichols-Modell nun häufiger im akzeptablen Intervall. Das Matching verdreht jedoch das Vorzeichen der Ergebnisse: Während ohne Matching im unteren (oberen) Quartil häufiger auf gewinnmindernde (gewinnerhöhende) Bilanzpolitik geschlossen wird, führt das Matching zu den umgekehrten Schlüssen:

527 Die Ergebnisse sind in Tabelle A.24, S. 215 aufgeführt.

528 Die Ergebnisse sind in Tabelle A.19, S. 205 aufgeführt. Die gesamten Periodenabgrenzungen wurden mit dem Cashflow-Ansatz operationalisiert.

Im unteren (oberen) Quartil wird häufiger auf gewinnerhöhende (gewinnmindernde) Bilanzpolitik geschlossen.[529] Das Matching ist für die SIZE-Stichprobe daher abzulehnen.

Operationalisiert man die gesamten Periodenabgrenzungen mit dem Bilanzansatz, ist der Effekt der Stichprobenselektion schwächer.[530] Die Modelle weisen seltener inakzeptable Annahmeraten für H_1 auf. Betragsmäßig ist der Effekt ebenfalls schwächer ausgeprägt: Die höchste Annahmerate von H_1 beträgt nun noch 13,2% (McNichols-Modell, Panel KQ, oberes Quartil). Auch für die abschnittsweise lineare Regression reduziert die Verwendung des Bilanzansatzes die Häufigkeit verzerrter Annahmeraten.

6.8.5.2.4 MB-Stichprobe

Die Annahmeraten für H_1 weichen bei den MB-Quartilen teilweise von den erwarteten 5% ab.[531] Die Verzerrung hängt bei den Einzelgleichungsmodellen von Modell und Schätzer ab. Die höchste Ablehnungsrate von H_0: $E(DAP_t) \leq 0$ (oberes Quartil) bzw. H_0: $E(DAP_t) \geq 0$ (unteres Quartil) beträgt 18% für das obere Quartil (modifiziertes Jones- und McNichols-Modell, Panel FE) sowie 22,8% für das untere Quartil (McNichols-Modell, QS KQ). Es fällt auf, dass das Jones-Modell am häufigsten akzeptable Annahmeraten von H_1 aufweist, während das McNichols-Modell am seltensten Annahmeraten von H_1 innerhalb der Toleranzgrenze besitzt. Für das Mehrgleichungsmodell sind die Annahmeraten ebenfalls außerhalb der akzeptablen Grenzen. Zudem schließt es für das untere (obere) Quartil auf gewinnsteigernde (gewinnmindernde) Bilanzpolitik, während die Einzelgleichungsmodelle auf gewinnmindernde (gewinnsteigernde) Bilanzpolitik schließen. Werden fixe Effekte für die Schätzung des Mehrgleichungsmodells verwendet, stimmt die Richtung der Ergebnisse mit den Einzelgleichungsmodellen überein. Der Effekt der Verzerrung fällt mit Annahmeraten von H_1 zwischen 10,8% und 15,2% schwächer aus als bei den Einzelgleichungsmodellen.

Die abschnittsweise lineare Schätzung der Modelle verschlechtert die Ergebnisse. Die Annahmeraten von H_1 liegen häufiger und auch deutlicher außerhalb des Toleranzbereichs.

Das Matching auf der Basis von ROA_t lässt die Annahmeraten für H_1 deutlich sinken. Es vermindert die Verzerrung. Die Annahmeraten von H_1 sind nun

529 Dieser Befund gilt in noch stärkerem Maße für Matching auf Basis von ROA_t.

530 Die Ergebnisse sind in Tabelle A.25, S. 217 aufgeführt.

531 Die Ergebnisse sind in Tabelle A.20, S. 207 aufgeführt. Die gesamten Periodenabgrenzungen wurden mit dem Cashflow-Ansatz operationalisiert.

häufiger im Toleranzbereich zwischen 2% und 8%. Das Matching auf Basis von ROA_{t-1} hat ebenfalls eine positive Wirkung. Sie fällt jedoch schwächer aus als bei einem Matching auf Basis von ROA_t. Das Matching scheint ein geeignetes Mittel gegen die Stichprobenselektion der MB-Stichprobe zu sein.

Operationalisiert man die gesamten Periodenabgrenzungen mit dem Bilanzansatz, ist der Effekt der Stichprobenselektion schwächer.[532] Die Modelle weisen deutlich seltener inakzeptable Annahmeraten für H_1 auf. Betragsmäßig ist der Effekt ebenfalls schwächer ausgeprägt: Die höchste Annahmerate von H_1 beträgt nun noch 14,4% (modifiziertes Jones-Modell, Panel FE mit Jahresindikatoren, oberes Quartil). Für die abschnittsweise lineare Regression reduziert die Verwendung des Bilanzansatzes die Häufigkeit verzerrter Annahmeraten.

6.8.5.2.5 SALESGROWTH-Stichprobe

Die Annahmeraten für H_1 weichen bei den SALESGROWTH-Quartilen teilweise von den erwarteten 5% ab.[533] Für das untere Quartil liegen die Annahmeraten für H_1 für alle Modelle und Schätzer außerhalb des akzeptablen Intervalls. Wie erwartet ist die Verzerrung am stärksten für das modifizierte Jones-Modell ausgeprägt. Die Annahmeraten von H_1: $E(DAP_t) < 0$ liegen hier zwischen 25,6% (Panel FE) und 35,2% (QS KQ). Auch für das obere SALESGROWTH-Quartil sind die Ergebnisse für das modifizierte Jones-Modell inakzeptabel. Für das Jones- und das McNichols-Modell bewegen sich die Annahmeraten von H_1 fast immer zwischen 2% und 8%. Nur für die gepoolte KQ-Schätzung schließen die Modelle bei besonders starkem Umsatzwachstum fälschlicherweise auf gewinnmindernde Gewinnsteuerung. Die Richtung der unterstellten Gewinnsteuerung überrascht, weil sie gegenläufig zu den anderen Annahmeraten der Stichprobe ist. Es scheint sich um ein Problem des Schätzverfahrens zu handeln, da es auch für die gepoolte KQ-Schätzung des abschnittsweisen linearen Verfahrens auftritt. Das Mehrgleichungsmodell weist für beide Quartile deutliche verzerrte Annahmeraten von H_1 auf. Zudem ist die Richtung der unterstellten Gewinnsteuerung gegenläufig zu den Ergebnissen der anderen Modelle.

Die abschnittsweise lineare Schätzung der Modelle vermindert die Größenordnung der Verzerrung geringfügig. Zu auffälligen Änderungen der Häufigkeit von Annahmeraten von H_1 außerhalb des Toleranzbereichs kommt es nicht. Die Ergebnisse sind weitgehend vergleichbar mit denen der linearen Schätzung.

---

532 Die Ergebnisse sind in Tabelle A.26, S. 219 aufgeführt.

533 Die Ergebnisse sind in Tabelle A.21, S. 209 aufgeführt. Die gesamten Periodenabgrenzungen wurden mit dem Cashflow-Ansatz operationalisiert.

Das Matching auf Basis von ROA_t verdreht das Vorzeichen der Ergebnisse: Während ohne Matching im unteren (oberen) Quartil häufiger auf gewinnmindernde (gewinnerhöhende) Bilanzpolitik geschlossen wird, führt das Matching auf Basis von ROA_t zu den umgekehrten Schlüssen: Im unteren (oberen) Quartil wird häufiger auf gewinnerhöhende (gewinnmindernde) Bilanzpolitik geschlossen. Verwendet man für das Matching ROA_{t-1} anstatt ROA_t, sind Ergebnisse für das Jones-Modell immer im akzeptablen Bereich. Für das McNichols-Modell ist die Annahmerate von H_1: $E(DAP_t) < 0$ nur einmal mit 8,8% (QS KQ, unteres Quartil) knapp über dem Grenzwert. Für das modifizierte Jones-Modell bringt das Matching auch auf Basis von ROA_{t-1} keine Besserung.

Operationalisiert man die gesamten Periodenabgrenzungen mit dem Bilanzansatz, ist der Effekt der Stichprobenselektion schwächer.[534] Das Jones- und das McNichols-Modell weisen deutlich seltener inakzeptable Annahmeraten für H_1 auf. Das modifizierte Jones-Modell liefert fast durchweg verzerrte Ergebnisse. Betragsmäßig ist der Effekt ebenfalls schwächer ausgeprägt: Die höchste Annahmerate von H_1 beträgt nun noch 14,8% (McNichols-Modell, Panel FE mit Jahresindikatoren, unteres Quartil). Für die abschnittsweise lineare Regression reduziert die Verwendung des Bilanzansatzes die Häufigkeit verzerrter Annahmeraten.

6.8.5.2.6 *CFO-Stichprobe*

Die Annahmeraten für H_1 weichen bei den CFO-Quartilen fast immer von den erwarteten 5% ab.[535] Einzig das McNichols-Modell weist für das untere CFO-Quartil in Teilen akzeptable Annahmeraten von H_1 auf.[536] Es ist auch betragsmäßig von der Verzerrung mit Annahmeraten am geringsten betroffen. Die Jones-Modelle weisen vollkommen verzerrte Ergebnisse auf. Gleiches gilt für das Mehrgleichungsmodell. Eine abschnittsweise lineare Schätzung der Modelle ändert nichts an der Selektionsverzerrung. Das Matching-Verfahren verschafft

---

534 Die Ergebnisse sind in Tabelle A.27, S. 221 aufgeführt.

535 Die Ergebnisse sind in Tabelle A.22, S. 211 aufgeführt. Die gesamten Periodenabgrenzungen wurden mit dem Cashflow-Ansatz operationalisiert.

536 Es überrascht nicht, dass die Modelle für das untere (obere) CFO-Quartil häufiger auf gewinnsteigernde (gewinnmindernde) Bilanzpolitik schließen. Zwischen Periodenabgrenzungen und Cashflows besteht ein negativer Zusammenhang. Bei niedrigen (hohen) Cashflows sind die Periodenabgrenzungen verhältnismäßig groß (klein), sodass tendenziell eher auf gewinnsteigernde (gewinnmindernde) Bilanzpolitik geschlossen wird.

ebenfalls keine Abhilfe. Operationalisiert man die gesamten Periodenabgrenzungen mit dem Bilanzansatz, ist der Effekt der Stichprobenselektion unverändert.[537]

6.8.5.2.7 EP-Stichprobe

Die Annahmeraten für H_1 weichen bei den EP-Quartilen immer von den erwarteten 5% ab.[538] Alle drei Einzelgleichungsmodelle haben unabhängig vom Schätzverfahren deutlich verzerrte Annahmeraten für H_1. Gleiches gilt für das Mehrgleichungsmodell. Eine abschnittsweise lineare Schätzung der Modelle ändert nichts an der Selektionsverzerrung.

Das Matching-Verfahren mit ROA_t als Kriterium kann die Verzerrung deutlich verkleinern. Dieser Effekt war zu erwarten, da sowohl in der Variable für die Stichprobenselektion EP als auch im Matching-Kriterium ROA_t der Gewinn enthalten ist. Für das untere Quartil werden dadurch fast akzeptable Annahmeraten von H_1 erzielt. Für das obere Quartil fällt die Korrektur durch das Matching schwächer aus, sodass keine Annahmeraten im akzeptablen Intervall erreicht werden.

Operationalisiert man die gesamten Periodenabgrenzungen mit dem Bilanzansatz, ist der Effekt der Stichprobenselektion schwächer.[539] Das Matching-Verfahren kann die Verzerrung für das untere Quartil weitgehend korrigieren.

6.8.5.2.8 Fazit

Für die Ergebnisse gibt es zwei Erklärungen: Erstens sind die ökonomischen Kennzahlen mit Gewinnsteuerung korreliert. Die Periodenabgrenzungsmodelle erkennen diese Gewinnsteuerung und lehnen die Nullhypothese somit zu Recht ab. Zweitens sind die ökonomischen Kennzahlen nicht mit Gewinnsteuerung korreliert. Die Periodenabgrenzungsmodelle erkennen dennoch Gewinnsteuerung und lehnen die Nullhypothese somit zu Unrecht ab. Die erste Erklärung erscheint unwahrscheinlich, da die verwendeten Kennzahlen Indikatoren für Unternehmenswachstum sind und nicht mit Bilanzpolitik assoziiert sind. Zudem werden die Unternehmensjahre zufällig aus den jeweiligen Quartilen gezogen. Plausibler erscheint die zweite Erklärung: Die Modelle können nur unzureichend zwischen Unternehmenswachstum und Bilanzpolitik trennen.

---

537 Die Ergebnisse sind in Tabelle A.28, S. 223 aufgeführt.

538 Die Ergebnisse sind in Tabelle A.23, S. 213 aufgeführt. Die gesamten Periodenabgrenzungen wurden mit dem Cashflow-Ansatz operationalisiert.

539 Die Ergebnisse sind in Tabelle A.29, S. 225 aufgeführt.

Alle Modelle und Schätzer liefern für die ROA-Stichproben verzerrte Ergebnisse. Die Ergebnisse des McNichols-Modells sind stärker verzerrt als die Ergebnisse der beiden Jones-Modelle. Die Modelle erkennen für das obere (untere) ROA-Quartil gewinnerhöhende (gewinnsenkende) Bilanzpolitik. Das Matching auf Basis von ROA_t kann die Verzerrung erwartungsgemäß fast vollständig herausfiltern. Die Verzerrung ist stärker, wenn ACC_t^{CF} anstatt ACC_t^{BS} als erklärte Variable verwendet wird.

Für die SIZE-Stichproben ergeben sich teilweise verzerrte Ergebnisse. Die Ergebnisse des McNichols-Modells sind etwas stärker verzerrt als die Ergebnisse der beiden Jones-Modelle. Die Modelle erkennen für das obere (untere) SIZE-Quartil gewinnerhöhende (gewinnsenkende) Bilanzpolitik. Die Verzerrung lässt sich durch die Hinzunahme fixer Effekte herausfiltern. Das Matching verstärkt und ändert das Vorzeichen der Verzerrung und sollte für diese Stichprobe nicht verwendet werden. Die Verzerrung ist stärker, wenn ACC_t^{CF} anstatt ACC_t^{BS} als erklärte Variable verwendet wird.

Für die MB-Stichproben ergeben sich teilweise verzerrte Ergebnisse. Die Ergebnisse des McNichols-Modells sind etwas stärker verzerrt als die Ergebnisse der beiden Jones-Modelle. Die Modelle erkennen für das obere (untere) MB-Quartil gewinnerhöhende (gewinnsenkende) Bilanzpolitik. Das Matching auf Basis von ROA_t kann die Verzerrung fast vollständig herausfiltern. Die Verzerrung ist stärker, wenn ACC_t^{CF} anstatt ACC_t^{BS} als erklärte Variable verwendet wird.

Für die SALESGROWTH-Stichprobe ist das modifizierte Jones-Modell wie erwartet am stärksten von der Selektionsverzerrung betroffen. Die besten Ergebnisse kann das Jones-Modell aufweisen. Die Modelle erkennen für das obere (untere) SALESGROWTH-Quartil gewinnerhöhende (gewinnsenkende) Bilanzpolitik. Das Matching-Verfahren auf Basis von ROA_{t-1} scheint die Verzerrung herauszufiltern. Ein Matching mit ROA_t als Kriterium verdreht die Vorzeichen der vermeintlich entdeckten Gewinnsteuerung und sollte unterbleiben. Die Verzerrung ist stärker, wenn ACC_t^{CF} anstatt ACC_t^{BS} als erklärte Variable verwendet wird.

Für die CFO-Stichprobe zeigt sich für fast alle Modelle und Schätzer eine starke Selektionsverzerrung. Die Modelle erkennen für das obere (untere) CFO-Quartil gewinnsenkende (gewinnerhöhende) Bilanzpolitik. Nur das McNichols-Modell ist für das untere Quartil teilweise unverzerrt. Die Wahl des Schätzverfahrens, das Matching, die Berücksichtigung der bedingten Vorsicht oder die Operationalisierung der gesamten Periodenabgrenzungen können diese Verzerrung nicht korrigieren.

Für die EP-Stichprobe sind alle Modelle und Schätzer von einer starken Selektionsverzerrung betroffen. Die Modelle erkennen für das obere (untere) EP-Quartil gewinnerhöhende (gewinnsenkende) Bilanzpolitik. Das Matching-Verfahren auf Basis von ROA_t scheint die Verzerrung teilweise herauszufiltern. Die Verzerrung ist stärker, wenn ACC_t^{CF} anstatt ACC_t^{BS} als erklärte Variable verwendet wird.

Die Erwartung, dass die Jones-Modelle stärker von der Selektionsverzerrung betroffen sind als das McNichols-Modell, erfüllt sich nicht. Für die Stichproben ROA, MB, SIZE und SALESGROWTH ist die Selektionsverzerrung für das McNichols-Modell stärker als für die Jones-Modelle. Nur für das untere CFO-Quartil weist das McNichols-Modell teilweise unverzerrte Ergebnisse auf. Weder die Berücksichtigung der bedingten Vorsicht durch die abschnittsweise lineare Regression, noch das Mehrgleichungsmodell führen zu einer systematischen Reduktion der Selektionsverzerrung. Die Berücksichtigung der bedingten Vorsicht und das Mehrgleichungsmodell können damit die Erwartung nicht erfüllen: Die Selektionsverzerrung ist im Vergleich zu den anderen Verfahren bzw. Modellen nicht geringer. Für die ROA-, MB- und SALESGROWTH-Stichproben sowie für das untere EP-Quartil kann das Matching-Verfahren die Selektionsverzerrung korrigieren und übertrifft damit die Erwartungen.[540] Für die SIZE-Stichprobe filtert die Hinzunahme fixer Effekte die Selektionsverzerrung heraus. Da zudem die Verwendung fixer Effekte bei den anderen Stichproben zu keinem negativen Effekt führt, scheinen sich die Erwartungen an die Überlegenheit dieses Schätzverfahrens zu bestätigen, zumindest hinsichtlich der Selektionsverzerrung. Auffällig ist der Effekt, den die unterschiedliche Operationalisierung der gesamten Periodenabgrenzungen auf die Stichprobenselektion hat. Für alle Stichproben ist der Effekt der Stichprobenselektion schwächer, wenn der Bilanzansatz verwendet wird. Das Ergebnis überrascht, da eine Überlegenheit des Cashflow-Ansatzes erwartet wurde.

6.8.6 Ergebnisse des Tests auf Gewinnsteuerung bei Stichproben mit künstlich erzeugter Gewinnsteuerung

6.8.6.1 Vorgehensweise

Im Folgenden werden die Ergebnisse der t-Tests bei Stichproben mit systematischer Gewinnsteuerung diskutiert. Das Ziel dieser Tests ist es, die Teststärke der Periodenabgrenzungsmodelle und den Einfluss alternativer Schätzverfahren

540 Es wurde nur eine Korrektur der Selektionsverzerrung für die ROA-Quartile erwartet.

auf die Teststärke zu ermitteln. Hierzu wird die Ablehnungsrate der Nullhypothese H_0: $E(DAP_t) \neq 0$ bei 250 t-Tests einer Stichprobe von 100 zufällig gezogenen Unternehmensjahren, denen künstlich Gewinnsteuerung hinzugefügt wurde, untersucht. Der Umfang der künstlichen Gewinnsteuerung beträgt einen Bruchteil des Gesamtvermögens zu Beginn des Geschäftsjahres. Die Tests werden sowohl für gewinnmindernde und gewinnerhöhende Gewinnsteuerung durchgeführt. Es wird mit einer negativen, also gewinnmindernden, künstlichen Gewinnsteuerung begonnen. Der Umfang an künstlicher Gewinnsteuerung beträgt zunächst –10% des Gesamtvermögens und wird schrittweise um 1% bis zu einer positiven, also gewinnerhöhenden, künstlichen Gewinnsteuerung von 10% des Gesamtvermögens erhöht. Je größer die Ablehnungsrate der Nullhypothese ist, desto größer ist die Teststärke des Modells. Die Häufigkeit des Fehlers 2. Art (β) sollte maximal das Vierfache der Häufigkeit des Fehler 1. Art (α) betragen.[541] Das Signifikanzniveau (α) des t-Tests wurde auf 5% festgelegt, sodass sich eine akzeptable Teststärke (1–β) von 80% ergibt. Die Modelle liefern somit akzeptable Ergebnisse, sobald der t-Test die Nullhypothese in mindestens 80% der Fälle zutreffend verwirft. Die Teststärke hängt auch immer vom gewählten Signifikanzniveau ab, da dieses zusammen mit der Stichprobengröße und der Standardabweichung den Ablehnungsbereich des Hypothesentest bestimmt.[542] Weiterhin wäre es denkbar, dass Gewinnsteuerung in praxi auch in einer anderen Form vorgenommen wird, als sie hier modelliert wurde.[543] In diesem Fall wären die ermittelten Teststärken nutzlos, da die Modelle einen simulierten Effekt erkennen, der mit tatsächlicher Gewinnsteuerung nichts zu tun hat. Es wäre ebenfalls vorstellbar, dass die Modellierung der Gewinnsteuerung die Ursache einer vermeintlich großen Teststärke einzelner Modelle sein könnte. Die gewählte Modellierung der Gewinnsteuerung folgt der Vorgehensweise von Kothari/Leone/Wasley und Keung/Shih.[544] Die Autoren halten eine Diskussion der genannten Fehlerquellen für entbehrlich. Dennoch können sie nicht vollständig als Ursache für die Ergebnisse ausgeschlossen werden. Die Gefahr, dass die in der Stichprobe vorhandene tatsächliche Gewinnsteuerung die künstliche Gewinnsteuerung abschwächt oder verstärkt, ist gering. Es handelt sich um Zufallsstichproben, sodass sich solche Effekte im Mittel ausgleichen sollten.

541 Vgl. Cohen (1988), S. 56; Ellis (2010), S. 52–56.
542 Vgl. bspw. von Auer (2013), S. 127–128.
543 Für die Modellierung der künstlichen Gewinnsteuerung siehe Abschnitt 6.7.3.
544 Vgl. Kothari/Leone/Wasley (2005), S. 187 und Keung/Shih (2014), S. 747.

Tabelle 6.10: Ablehnungsraten von H_0 bei künstlich erzeugter Gewinnsteuerung: Querschnittregressionen mit KQ-Methode (ACC_t^{CF})

Umfang der künstlichen Gewinnsteuerung	**−10%**	**−9%**	**−8%**	**−7%**	**−6%**	**−5%**	**−4%**	**−3%**	**−2%**	**−1%**	**0%**	**1%**	**2%**	**3%**	**4%**	**5%**	**6%**	**7%**	**8%**	**9%**	**10%**
Jones-Modell / Querschnitt / KQ / ACC_t^{CF}																					
Kein Matching	100,0%	100,0%	100,0%	100,0%	100,0%	99,6%	91,6%	79,6%	44,4%	17,2%	4,0%	19,2%	46,8%	74,4%	92,0%	98,4%	100,0%	100,0%	100,0%	100,0%	100,0%
Matching ROA_t	100,0%	100,0%	100,0%	99,6%	98,8%	96,4%	83,6%	58,8%	35,2%	10,4%	6,0%	7,2%	25,6%	56,0%	76,4%	91,6%	96,8%	99,6%	100,0%	100,0%	100,0%
Matched ROA_{t-1}	100,0%	100,0%	99,6%	98,4%	97,6%	88,0%	72,0%	50,8%	24,0%	12,8%	5,6%	10,8%	28,4%	48,8%	78,4%	89,6%	97,2%	99,2%	99,6%	100,0%	100,0%
$AWLR_{(ABNRET)}$ [1]	100,0%	100,0%	100,0%	100,0%	100,0%	99,6%	92,4%	80,8%	40,8%	16,4%	3,6%	13,6%	42,4%	76,4%	91,2%	99,2%	100,0%	100,0%	100,0%	100,0%	100,0%
Modifiziertes Jones-Modell / Querschnitt / KQ / ACC_t^{CF}																					
Kein Matching	100,0%	100,0%	100,0%	100,0%	100,0%	99,6%	92,4%	81,2%	45,2%	16,0%	4,0%	17,6%	46,8%	76,4%	92,4%	98,4%	100,0%	100,0%	100,0%	100,0%	100,0%
Matching ROA_t	100,0%	100,0%	100,0%	100,0%	99,2%	98,0%	83,6%	60,4%	37,2%	10,8%	5,6%	8,0%	24,0%	56,4%	77,6%	93,2%	96,8%	99,6%	100,0%	100,0%	100,0%
Matched ROA_{t-1}	100,0%	100,0%	100,0%	99,2%	98,0%	89,2%	71,6%	50,0%	24,8%	13,6%	4,4%	10,8%	27,6%	48,4%	78,4%	90,8%	97,6%	99,6%	99,6%	100,0%	100,0%
$AWLR_{(ABNRET)}$ [1]	100,0%	100,0%	100,0%	100,0%	100,0%	99,6%	92,8%	81,6%	42,0%	17,2%	4,4%	14,8%	42,0%	75,6%	93,6%	99,2%	100,0%	100,0%	100,0%	100,0%	100,0%
McNichols-Modell / Querschnitt / KQ / ACC_t^{CF}																					
Kein Matching	100,0%	100,0%	100,0%	100,0%	100,0%	99,6%	98,0%	84,8%	49,6%	17,2%	3,6%	21,6%	53,2%	80,8%	94,0%	99,2%	100,0%	100,0%	100,0%	100,0%	100,0%
Matching ROA_t	100,0%	100,0%	100,0%	100,0%	100,0%	100,0%	92,4%	77,6%	51,6%	14,8%	7,6%	14,8%	36,4%	76,0%	89,6%	97,2%	99,2%	100,0%	100,0%	100,0%	100,0%
Matched ROA_{t-1}	100,0%	100,0%	100,0%	99,6%	99,6%	94,8%	82,4%	59,2%	31,6%	10,8%	2,0%	15,6%	33,6%	59,2%	85,2%	93,2%	99,2%	99,6%	100,0%	100,0%	100,0%
$AWLR_{(ABNRET)}$ [1]	100,0%	100,0%	100,0%	100,0%	100,0%	99,6%	97,6%	84,4%	49,2%	16,4%	4,4%	20,4%	53,6%	84,0%	95,2%	99,2%	100,0%	100,0%	100,0%	100,0%	100,0%

Quelle: Eigene Darstellung. Die Tabelle zeigt die Ablehnungsrate der Nullhypothese H0: E(DAP) = 0 bei 250 t-Tests bei einem Signifikanzniveau von 5%. Grau hinterlegt sind die Werte, die unterhalb der kritischen Schwelle von 80% liegen. Die künstlich erzeugte Gewinnsteuerung ist anteilig zum Gesamtvermögen zu Beginn eines Geschäftsjahres angegeben.
[1] Das Konstrukt Nachrichten wurde mit ABNRET operationalisiert (VAR = ABNRET).

Tabelle 6.11: Ablehnungsraten von H_0 bei künstlich erzeugter Gewinnsteuerung: Querschnittregressionen mit KQ-Methode (ACC_t^{BS})

Umfang der künstlichen Gewinnsteuerung	**−10%**	**−9%**	**−8%**	**−7%**	**−6%**	**−5%**	**−4%**	**−3%**	**−2%**	**−1%**	**0%**	**1%**	**2%**	**3%**	**4%**	**5%**	**6%**	**7%**	**8%**	**9%**	**10%**
Jones-Modell / Querschnitt / KQ / ACC_t^{BS}																					
Kein Matching	100,0%	100,0%	100,0%	100,0%	100,0%	100,0%	98,4%	82,4%	50,0%	16,8%	2,8%	13,6%	47,2%	86,4%	96,0%	100,0%	100,0%	100,0%	100,0%	100,0%	100,0%
Matching ROA_t	100,0%	100,0%	100,0%	99,6%	99,6%	92,4%	78,4%	58,4%	34,8%	10,4%	4,8%	8,0%	28,8%	57,2%	73,6%	88,8%	96,4%	100,0%	100,0%	100,0%	100,0%
Matched ROA_{t-1}	100,0%	100,0%	100,0%	99,6%	98,0%	95,2%	77,6%	56,4%	26,4%	10,8%	2,8%	10,8%	28,8%	58,4%	73,6%	92,4%	97,6%	100,0%	100,0%	100,0%	100,0%
$AWLR_{(ABNRET)}$ 1)	100,0%	100,0%	100,0%	100,0%	100,0%	99,6%	97,6%	81,2%	46,8%	18,4%	2,8%	12,8%	46,0%	82,0%	95,6%	99,6%	100,0%	100,0%	100,0%	100,0%	100,0%
Modifiziertes Jones-Modell / Querschnitt / KQ / ACC_t^{BS}																					
Kein Matching	100,0%	100,0%	100,0%	100,0%	100,0%	100,0%	98,0%	84,4%	49,6%	18,4%	3,6%	14,8%	49,2%	85,2%	96,8%	100,0%	100,0%	100,0%	100,0%	100,0%	100,0%
Matching ROA_t	100,0%	100,0%	100,0%	99,6%	99,6%	94,8%	78,8%	58,8%	37,2%	10,4%	4,8%	8,0%	28,8%	57,2%	76,8%	89,6%	96,8%	100,0%	100,0%	100,0%	100,0%
Matched ROA_{t-1}	100,0%	100,0%	100,0%	100,0%	98,4%	96,4%	78,4%	56,8%	27,2%	11,6%	2,4%	10,8%	30,0%	60,0%	74,4%	92,4%	98,0%	100,0%	100,0%	100,0%	100,0%
$AWLR_{(ABNRET)}$ 1)	100,0%	100,0%	100,0%	100,0%	100,0%	99,6%	98,4%	82,0%	45,6%	18,4%	3,6%	14,4%	47,6%	84,0%	96,4%	99,6%	100,0%	100,0%	100,0%	100,0%	100,0%
McNichols-Modell / Querschnitt / KQ / ACC_t^{BS}																					
Kein Matching	100,0%	100,0%	100,0%	100,0%	100,0%	100,0%	99,2%	84,4%	52,4%	19,2%	3,6%	20,0%	54,8%	84,8%	97,2%	100,0%	100,0%	100,0%	100,0%	100,0%	100,0%
Matching ROA_t	100,0%	100,0%	100,0%	99,6%	99,6%	96,0%	87,2%	61,6%	40,0%	12,0%	4,0%	13,2%	36,4%	64,4%	83,6%	94,4%	98,8%	100,0%	100,0%	100,0%	100,0%
Matched ROA_{t-1}	100,0%	100,0%	100,0%	100,0%	98,4%	97,2%	78,0%	58,4%	29,6%	10,4%	4,8%	12,0%	33,6%	64,0%	84,4%	93,6%	98,4%	100,0%	100,0%	100,0%	100,0%
$AWLR_{(ABNRET)}$ 1)	100,0%	100,0%	100,0%	100,0%	100,0%	100,0%	99,2%	83,2%	50,8%	15,6%	3,2%	18,8%	52,4%	82,8%	97,2%	98,8%	100,0%	100,0%	100,0%	100,0%	100,0%

Quelle: Eigene Darstellung. Die Tabelle zeigt die Ablehnungsrate der Nullhypothese H_0: E(DAP) = 0 bei 250 t-Tests bei einem Signifikanzniveau von 5%. Grau hinterlegt sind die Werte, die unterhalb der kritischen Schwelle von 80% liegen. Die künstlich erzeugte Gewinnsteuerung ist anteilig zum Gesamtvermögen zu Beginn eines Geschäftsjahres angegeben.
1) Das Konstrukt Nachrichten wurde mit ABNRET operationalisiert (VAR = ABNRET).

Tabelle 6.12: Ablehnungsraten von H_0 bei künstlich erzeugter Gewinnsteuerung: Panelregressionen mit KQ-Methode (ACC_t^{CF})

Umfang der künstlichen Gewinnsteuerung	−10%	−9%	−8%	−7%	−6%	−5%	−4%	−3%	−2%	−1%	0%	1%	2%	3%	4%	5%	6%	7%	8%	9%	10%
Jones-Modell / Panel / KQ / ACC_t^{CF}																					
Kein Matching	100,0%	100,0%	100,0%	100,0%	100,0%	99,6%	91,6%	78,8%	38,4%	12,8%	4,4%	17,2%	44,0%	73,2%	89,6%	98,0%	100,0%	100,0%	100,0%	100,0%	100,0%
Matching ROA_t	100,0%	100,0%	100,0%	99,2%	98,4%	96,8%	81,2%	61,2%	38,0%	9,6%	5,6%	8,0%	25,6%	56,0%	74,4%	92,4%	96,8%	99,6%	100,0%	100,0%	100,0%
Matched ROA_{t-1}	100,0%	100,0%	100,0%	98,4%	98,8%	86,4%	71,2%	50,4%	26,4%	11,2%	4,4%	11,6%	27,6%	51,2%	76,4%	90,4%	97,2%	99,2%	99,6%	100,0%	100,0%
$AWLR_{(ABNRET)}$ [1)]	100,0%	100,0%	100,0%	100,0%	100,0%	99,6%	90,4%	78,4%	39,6%	12,8%	4,4%	16,0%	42,4%	75,6%	91,2%	98,4%	100,0%	100,0%	100,0%	100,0%	100,0%
Modifiziertes Jones-Modell / Panel / KQ / ACC_t^{CF}																					
Kein Matching	100,0%	100,0%	100,0%	100,0%	100,0%	99,2%	92,0%	79,6%	40,8%	14,4%	4,4%	17,2%	45,2%	74,8%	91,6%	99,2%	100,0%	100,0%	100,0%	100,0%	100,0%
Matching ROA_t	100,0%	100,0%	100,0%	99,2%	98,8%	97,6%	83,2%	63,2%	40,4%	10,4%	6,0%	8,0%	25,2%	57,6%	77,6%	93,6%	97,2%	99,6%	100,0%	100,0%	100,0%
Matched ROA_{t-1}	100,0%	100,0%	100,0%	98,8%	99,2%	88,8%	72,8%	50,4%	28,4%	12,8%	4,4%	11,2%	27,2%	50,8%	76,4%	91,2%	97,6%	99,2%	99,6%	100,0%	100,0%
$AWLR_{(ABNRET)}$ [1)]	100,0%	100,0%	100,0%	100,0%	100,0%	99,6%	91,2%	80,0%	41,2%	14,4%	3,6%	16,8%	43,6%	76,4%	92,8%	99,6%	100,0%	100,0%	100,0%	100,0%	100,0%
McNichols-Modell / Panel / KQ / ACC_t^{CF}																					
Kein Matching	100,0%	100,0%	100,0%	100,0%	100,0%	99,6%	97,2%	83,2%	49,2%	13,2%	4,4%	20,8%	54,8%	80,0%	94,4%	99,6%	100,0%	100,0%	100,0%	100,0%	100,0%
Matching ROA_t	100,0%	100,0%	100,0%	99,6%	100,0%	98,4%	95,6%	79,6%	51,6%	15,2%	5,2%	15,6%	36,4%	74,4%	92,8%	98,4%	99,6%	100,0%	100,0%	100,0%	100,0%
Matched ROA_{t-1}	100,0%	100,0%	100,0%	99,6%	100,0%	93,2%	82,0%	62,4%	33,6%	11,6%	2,8%	14,4%	34,0%	63,2%	86,0%	94,4%	98,4%	99,2%	100,0%	100,0%	100,0%
$AWLR_{(ABNRET)}$ [1)]	100,0%	100,0%	100,0%	100,0%	100,0%	100,0%	98,0%	86,4%	51,6%	13,6%	3,6%	22,4%	54,4%	81,6%	96,0%	100,0%	100,0%	100,0%	100,0%	100,0%	100,0%
Mehrgleichungsmodell / Panel / ZSKQ / ACC_t^{CF}																					
Kein Matching	100,0%	100,0%	100,0%	99,6%	99,6%	95,6%	82,8%	65,6%	28,0%	10,8%	5,2%	15,2%	32,0%	60,0%	80,8%	94,4%	98,4%	99,2%	100,0%	100,0%	100,0%
Matching ROA_t	99,6%	100,0%	98,8%	96,8%	92,4%	82,8%	65,2%	43,6%	23,6%	8,4%	4,4%	6,4%	17,2%	36,0%	57,2%	76,0%	88,4%	96,8%	98,4%	100,0%	100,0%
Matched ROA_{t-1}	99,6%	99,6%	98,8%	96,0%	88,0%	71,2%	57,6%	41,2%	18,8%	10,4%	4,8%	9,2%	20,4%	37,6%	60,8%	78,8%	89,6%	98,4%	98,4%	99,6%	100,0%

Quelle: Eigene Darstellung. Die Tabelle zeigt die Ablehnungsrate der Nullhypothese H_0: E(DAP) = 0 bei 250 t-Tests bei einem Signifikanzniveau von 5%. Grau hinterlegt sind die Werte, die unterhalb der kritischen Schwelle von 80% liegen. Die künstlich erzeugte Gewinnsteuerung ist anteilig zum Gesamtvermögen zu Beginn eines Geschäftsjahres angegeben.
[1)] Das Konstrukt Nachrichten wurde mit ABNRET operationalisiert (VAR = ABNRET).

Tabelle 6.13: Ablehnungsraten von H_0 bei künstlich erzeugter Gewinnsteuerung: Panelregressionen mit KQ-Methode (ACC_t^{BS})

Umfang der künstlichen Gewinnsteuerung	−10%	−9%	−8%	−7%	−6%	−5%	−4%	−3%	−2%	−1%	0%	1%	2%	3%	4%	5%	6%	7%	8%	9%	10%
Jones-Modell / Panel / KQ / ACC_t^{BS}																					
Kein Matching	100,0%	100,0%	100,0%	100,0%	100,0%	99,2%	96,8%	79,6%	45,6%	14,8%	3,2%	14,0%	45,6%	84,8%	94,4%	100,0%	100,0%	100,0%	100,0%	100,0%	100,0%
Matching ROA_t	100,0%	100,0%	100,0%	99,6%	98,8%	94,0%	78,4%	59,6%	36,4%	12,0%	4,4%	6,8%	27,6%	53,2%	72,0%	88,8%	97,2%	100,0%	100,0%	100,0%	100,0%
Matched ROA_{t-1}	100,0%	100,0%	100,0%	98,8%	98,4%	94,0%	75,2%	56,8%	27,6%	10,0%	3,6%	11,2%	28,0%	58,0%	74,4%	91,6%	99,2%	100,0%	100,0%	100,0%	100,0%
$AWLR_{(ABNRET)}$ 1)	100,0%	100,0%	100,0%	100,0%	100,0%	98,8%	95,2%	81,2%	46,0%	14,8%	2,4%	14,4%	48,0%	84,4%	94,0%	100,0%	100,0%	100,0%	100,0%	100,0%	100,0%
Modifiziertes Jones-Modell / Panel / KQ / ACC_t^{BS}																					
Kein Matching	100,0%	100,0%	100,0%	100,0%	100,0%	99,2%	97,2%	81,6%	46,8%	16,0%	3,2%	14,0%	46,8%	84,0%	94,8%	100,0%	100,0%	100,0%	100,0%	100,0%	100,0%
Matching ROA_t	100,0%	100,0%	100,0%	99,6%	99,2%	94,0%	80,0%	60,4%	38,4%	11,6%	4,8%	7,2%	28,0%	56,8%	74,8%	90,4%	98,0%	100,0%	100,0%	100,0%	100,0%
Matched ROA_{t-1}	100,0%	100,0%	100,0%	99,2%	98,4%	93,6%	76,0%	56,4%	29,2%	11,2%	3,2%	12,0%	29,6%	58,8%	76,0%	92,8%	99,2%	100,0%	100,0%	100,0%	100,0%
$AWLR_{(ABNRET)}$ 1)	100,0%	100,0%	100,0%	100,0%	100,0%	99,2%	97,2%	80,4%	44,8%	16,8%	3,2%	13,6%	48,0%	84,8%	95,6%	100,0%	100,0%	100,0%	100,0%	100,0%	100,0%
McNichols-Modell / Panel / KQ / ACC_t^{BS}																					
Kein Matching	100,0%	100,0%	100,0%	100,0%	100,0%	99,6%	99,6%	86,8%	54,0%	15,2%	3,2%	15,2%	51,2%	85,2%	96,4%	100,0%	100,0%	100,0%	100,0%	100,0%	100,0%
Matching ROA_t	100,0%	100,0%	100,0%	100,0%	99,6%	96,8%	86,0%	66,0%	44,4%	16,4%	4,4%	11,6%	31,6%	58,0%	85,2%	94,8%	99,2%	100,0%	100,0%	100,0%	100,0%
Matched ROA_{t-1}	100,0%	100,0%	100,0%	99,6%	98,4%	96,8%	81,2%	63,6%	30,8%	10,0%	2,4%	11,6%	35,2%	66,4%	78,8%	96,4%	98,8%	100,0%	100,0%	100,0%	100,0%
$AWLR_{(ABNRET)}$ 1)	100,0%	100,0%	100,0%	100,0%	100,0%	99,6%	99,6%	87,6%	53,6%	15,6%	2,4%	16,0%	51,2%	86,0%	96,4%	100,0%	100,0%	100,0%	100,0%	100,0%	100,0%
Mehrgleichungsmodell / Panel / ZSKQ / ACC_t^{BS}																					
Kein Matching	100,0%	100,0%	100,0%	100,0%	99,6%	97,6%	92,4%	72,0%	38,0%	12,0%	3,6%	13,6%	38,8%	71,6%	87,2%	97,6%	98,8%	100,0%	100,0%	100,0%	100,0%
Matching ROA_t	100,0%	100,0%	100,0%	98,4%	96,8%	87,2%	68,4%	50,8%	29,6%	11,2%	4,0%	6,0%	21,2%	42,8%	61,2%	80,4%	93,6%	99,6%	99,6%	99,6%	100,0%
Matched ROA_{t-1}	100,0%	100,0%	99,6%	96,8%	95,2%	84,0%	63,2%	48,0%	24,0%	9,6%	2,8%	10,4%	21,2%	48,8%	66,0%	85,6%	94,8%	100,0%	100,0%	100,0%	100,0%

Quelle: Eigene Darstellung. Die Tabelle zeigt die Ablehnungsrate der Nullhypothese H_0: E(DAP) = 0 bei 250 t-Tests bei einem Signifikanzniveau von 5%. Grau hinterlegt sind die Werte, die unterhalb der kritischen Schwelle von 80% liegen. Die künstlich erzeugte Gewinnsteuerung ist anteilig zum Gesamtvermögen zu Beginn eines Geschäftsjahres angegeben.
1) Das Konstrukt Nachrichten wurde mit ABNRET operationalisiert (VAR = ABNRET).

Tabelle 6.14: Ablehnungsraten von H_0 bei künstlich erzeugter Gewinnsteuerung: Panelregressionen mit fixen Effekten (ACC_t^{CF})

Umfang der künstlichen Gewinnsteuerung	**−10%**	**−9%**	**−8%**	**−7%**	**−6%**	**−5%**	**−4%**	**−3%**	**−2%**	**−1%**	**0%**	**1%**	**2%**	**3%**	**4%**	**5%**	**6%**	**7%**	**8%**	**9%**	**10%**
Jones-Modell / Panel / FE / ACC_t^{CF}																					
Kein Matching	100,0%	100,0%	100,0%	100,0%	100,0%	99,6%	97,6%	89,6%	47,6%	13,2%	5,6%	17,6%	56,4%	82,0%	95,2%	99,6%	100,0%	100,0%	100,0%	100,0%	100,0%
Matching ROA_t	100,0%	100,0%	100,0%	99,6%	99,2%	98,0%	87,6%	70,4%	38,0%	12,4%	5,6%	8,0%	33,6%	62,4%	84,4%	97,2%	99,2%	100,0%	100,0%	100,0%	100,0%
Matched ROA_{t-1}	100,0%	100,0%	100,0%	98,4%	99,6%	92,4%	79,6%	61,6%	29,6%	12,0%	4,0%	12,4%	31,2%	60,0%	84,0%	95,6%	100,0%	100,0%	100,0%	100,0%	100,0%
$AWLR_{(ABNRET)}$ [1]	100,0%	100,0%	100,0%	100,0%	100,0%	100,0%	96,0%	89,2%	50,0%	15,2%	4,8%	17,6%	55,2%	82,8%	96,0%	99,6%	100,0%	100,0%	100,0%	100,0%	100,0%
Modifiziertes Jones-Modell / Panel / FE / ACC_t^{CF}																					
Kein Matching	100,0%	100,0%	100,0%	100,0%	100,0%	100,0%	97,6%	90,4%	48,8%	14,0%	4,4%	16,8%	55,6%	83,6%	95,6%	99,6%	100,0%	100,0%	100,0%	100,0%	100,0%
Matching ROA_t	100,0%	100,0%	100,0%	99,6%	99,2%	98,0%	88,4%	70,8%	39,6%	12,8%	4,8%	8,0%	34,8%	62,8%	85,2%	97,6%	99,2%	100,0%	100,0%	100,0%	100,0%
Matched ROA_{t-1}	100,0%	100,0%	100,0%	99,6%	99,6%	94,4%	80,4%	63,2%	32,0%	12,0%	3,6%	11,6%	31,6%	60,4%	86,0%	96,8%	100,0%	100,0%	100,0%	100,0%	100,0%
$AWLR_{(ABNRET)}$ [1]	100,0%	100,0%	100,0%	100,0%	100,0%	100,0%	96,0%	89,2%	50,0%	15,6%	4,4%	17,2%	55,6%	84,8%	96,0%	99,6%	100,0%	100,0%	100,0%	100,0%	100,0%
McNichols-Modell / Panel / FE / ACC_t^{CF}																					
Kein Matching	100,0%	100,0%	100,0%	100,0%	100,0%	100,0%	100,0%	93,6%	58,4%	20,0%	5,2%	24,8%	66,0%	90,8%	98,4%	100,0%	100,0%	100,0%	100,0%	100,0%	100,0%
Matching ROA_t	100,0%	100,0%	100,0%	100,0%	100,0%	99,2%	98,4%	81,2%	53,2%	14,0%	7,2%	18,0%	49,6%	78,0%	96,0%	99,6%	100,0%	100,0%	100,0%	100,0%	100,0%
Matched ROA_{t-1}	100,0%	100,0%	100,0%	100,0%	100,0%	98,4%	91,2%	71,2%	35,2%	13,6%	2,0%	18,4%	44,0%	69,6%	91,6%	98,8%	100,0%	100,0%	100,0%	100,0%	100,0%
$AWLR_{(ABNRET)}$ [1]	100,0%	100,0%	100,0%	100,0%	100,0%	100,0%	99,6%	94,0%	59,2%	21,2%	4,0%	24,0%	64,4%	91,2%	99,6%	100,0%	100,0%	100,0%	100,0%	100,0%	100,0%
Mehrgleichungsmodell / Panel / ZSKQ mit fixen Effekten / ACC_t^{CF}																					
Kein Matching	100,0%	100,0%	100,0%	100,0%	100,0%	100,0%	98,8%	91,2%	53,2%	18,8%	6,0%	19,2%	59,2%	87,6%	96,4%	99,6%	100,0%	100,0%	100,0%	100,0%	100,0%
Matching ROA_t	100,0%	100,0%	100,0%	100,0%	99,2%	98,4%	93,2%	74,8%	44,0%	11,2%	5,2%	12,8%	40,4%	70,4%	88,8%	99,6%	99,2%	100,0%	100,0%	100,0%	100,0%
Matched ROA_{t-1}	100,0%	100,0%	100,0%	99,6%	100,0%	96,4%	82,8%	66,4%	32,0%	12,4%	2,4%	16,4%	36,8%	68,0%	88,8%	98,0%	100,0%	100,0%	100,0%	100,0%	100,0%

Quelle: Eigene Darstellung. Die Tabelle zeigt die Ablehnungsrate der Nullhypothese H_0: E(DAP) = 0 bei 250 t-Tests bei einem Signifikanzniveau von 5%. Grau hinterlegt sind die Werte, die unterhalb der kritischen Schwelle von 80% liegen. Die künstlich erzeugte Gewinnsteuerung ist anteilig zum Gesamtvermögen zu Beginn eines Geschäftsjahres angegeben.
[1] Das Konstrukt Nachrichten wurde mit ABNRET operationalisiert (VAR = ABNRET).

Tabelle 6.15: Ablehnungsraten von H_0 bei künstlich erzeugter Gewinnsteuerung: Panelregressionen mit fixen Effekten (ACC_t^{BS})

Umfang der künstlichen Gewinnsteuerung	**−10%**	**−9%**	**−8%**	**−7%**	**−6%**	**−5%**	**−4%**	**−3%**	**−2%**	**−1%**	**0%**	**1%**	**2%**	**3%**	**4%**	**5%**	**6%**	**7%**	**8%**	**9%**	**10%**
Jones-Modell / Panel / FE / ACC_t^{BS}																					
Kein Matching	100,0%	100,0%	100,0%	100,0%	100,0%	100,0%	99,2%	89,2%	51,6%	18,0%	4,4%	18,4%	52,8%	85,6%	94,8%	99,6%	100,0%	100,0%	100,0%	100,0%	100,0%
Matching ROA_t	100,0%	100,0%	100,0%	99,6%	99,2%	94,4%	85,2%	66,4%	35,6%	14,8%	3,2%	10,0%	33,2%	59,2%	80,0%	92,4%	99,2%	100,0%	100,0%	100,0%	100,0%
Matched ROA_{t-1}	100,0%	100,0%	100,0%	99,2%	98,4%	94,4%	80,0%	61,6%	29,2%	12,4%	3,6%	14,4%	32,8%	62,8%	82,4%	94,4%	100,0%	100,0%	100,0%	100,0%	100,0%
$AWLR_{(ABNRET)}$ 1)	100,0%	100,0%	100,0%	100,0%	100,0%	99,6%	98,8%	88,4%	52,0%	17,6%	3,6%	17,6%	52,4%	86,4%	96,0%	99,6%	100,0%	100,0%	100,0%	100,0%	100,0%
Modifiziertes Jones-Modell / Panel / FE / ACC_t^{BS}																					
Kein Matching	100,0%	100,0%	100,0%	100,0%	100,0%	99,6%	99,6%	90,4%	52,4%	18,0%	4,4%	17,2%	53,2%	87,6%	96,8%	99,6%	100,0%	100,0%	100,0%	100,0%	100,0%
Matching ROA_t	100,0%	100,0%	100,0%	99,6%	99,2%	95,2%	86,0%	67,2%	37,6%	15,2%	2,8%	9,2%	35,6%	64,0%	82,0%	93,6%	99,6%	100,0%	100,0%	100,0%	100,0%
Matched ROA_{t-1}	100,0%	100,0%	100,0%	99,6%	98,4%	94,4%	82,0%	64,8%	31,2%	12,4%	3,2%	12,0%	35,6%	64,0%	84,0%	94,8%	100,0%	100,0%	100,0%	100,0%	100,0%
$AWLR_{(ABNRET)}$ 1)	100,0%	100,0%	100,0%	100,0%	100,0%	99,6%	99,2%	90,0%	53,2%	18,4%	4,8%	17,2%	53,2%	88,0%	96,4%	99,6%	100,0%	100,0%	100,0%	100,0%	100,0%
McNichols-Modell / Panel / FE / ACC_t^{BS}																					
Kein Matching	100,0%	100,0%	100,0%	100,0%	100,0%	100,0%	100,0%	92,8%	58,0%	20,8%	5,6%	23,6%	62,0%	91,6%	98,4%	100,0%	100,0%	100,0%	100,0%	100,0%	100,0%
Matching ROA_t	100,0%	100,0%	100,0%	100,0%	100,0%	96,8%	90,0%	74,8%	45,2%	16,4%	3,2%	11,2%	42,8%	68,8%	90,8%	95,6%	99,6%	100,0%	100,0%	100,0%	100,0%
Matched ROA_{t-1}	100,0%	100,0%	100,0%	99,6%	98,8%	96,0%	86,0%	70,4%	34,0%	13,6%	3,6%	12,8%	42,8%	71,6%	89,2%	96,8%	100,0%	100,0%	100,0%	100,0%	100,0%
$AWLR_{(ABNRET)}$ 1)	100,0%	100,0%	100,0%	100,0%	100,0%	100,0%	99,6%	94,0%	57,6%	21,2%	4,0%	23,2%	62,0%	91,2%	98,4%	99,6%	100,0%	100,0%	100,0%	100,0%	100,0%
Mehrgleichungsmodell / Panel / ZSKQ mit fixen Effekten / ACC_t^{BS}																					
Kein Matching	100,0%	100,0%	100,0%	100,0%	100,0%	100,0%	100,0%	93,6%	56,0%	21,2%	4,0%	22,0%	60,4%	90,4%	99,2%	99,6%	100,0%	100,0%	100,0%	100,0%	100,0%
Matching ROA_t	100,0%	100,0%	100,0%	100,0%	99,6%	96,4%	89,6%	72,8%	41,6%	16,4%	2,8%	11,6%	42,4%	70,0%	86,4%	96,4%	100,0%	100,0%	100,0%	100,0%	100,0%
Matched ROA_{t-1}	100,0%	100,0%	100,0%	99,6%	98,8%	95,6%	86,0%	68,4%	34,0%	14,4%	2,8%	12,8%	42,0%	68,4%	88,4%	97,2%	100,0%	100,0%	100,0%	100,0%	100,0%

Quelle: Eigene Darstellung. Die Tabelle zeigt die Ablehnungsrate der Nullhypothese H_0: E(DAP) = 0 bei 250 t-Tests bei einem Signifikanzniveau von 5%. Grau hinterlegt sind die Werte, die unterhalb der kritischen Schwelle von 80% liegen. Die künstlich erzeugte Gewinnsteuerung ist anteilig zum Gesamtvermögen zu Beginn eines Geschäftsjahres angegeben.
1) Das Konstrukt Nachrichten wurde mit ABNRET operationalisiert (VAR = ABNRET).

Tabelle 6.16: Ablehnungsraten von H_0 bei künstlich erzeugter Gewinnsteuerung: Panelregressionen mit fixen Effekten und Jahresindikatoren (ACC_t^{CF})

Umfang der künstlichen Gewinnsteuerung	**−10%**	**−9%**	**−8%**	**−7%**	**−6%**	**−5%**	**−4%**	**−3%**	**−2%**	**−1%**	**0%**	**1%**	**2%**	**3%**	**4%**	**5%**	**6%**	**7%**	**8%**	**9%**	**10%**
Jones-Modell / Panel / FE mit Jahresindikatoren / ACC_t^{CF}																					
Kein Matching	100,0%	100,0%	100,0%	100,0%	100,0%	100,0%	98,4%	90,4%	50,8%	14,8%	4,8%	16,8%	57,2%	84,0%	96,0%	99,6%	100,0%	100,0%	100,0%	100,0%	100,0%
Matching ROA_t	100,0%	100,0%	100,0%	99,6%	99,2%	98,0%	87,6%	70,4%	38,4%	12,0%	5,2%	8,0%	34,4%	62,8%	84,8%	97,2%	99,2%	100,0%	100,0%	100,0%	100,0%
Matched ROA_{t-1}	100,0%	100,0%	100,0%	99,6%	99,6%	93,6%	78,8%	63,6%	30,8%	12,4%	3,6%	12,8%	30,8%	60,0%	84,0%	95,6%	100,0%	100,0%	100,0%	100,0%	100,0%
$AWLR_{(ABNRET)}$ [1]	100,0%	100,0%	100,0%	100,0%	100,0%	100,0%	97,2%	90,4%	48,8%	15,2%	4,8%	18,0%	54,4%	84,8%	96,4%	99,6%	100,0%	100,0%	100,0%	100,0%	100,0%
Modifiziertes Jones-Modell / Panel / FE mit Jahresindikatoren / ACC_t^{CF}																					
Kein Matching	100,0%	100,0%	100,0%	100,0%	100,0%	100,0%	98,4%	91,6%	51,6%	14,8%	4,8%	16,8%	57,6%	84,8%	95,6%	99,6%	100,0%	100,0%	100,0%	100,0%	100,0%
Matching ROA_t	100,0%	100,0%	100,0%	99,6%	99,6%	98,0%	87,6%	71,2%	39,6%	11,6%	4,8%	8,4%	36,0%	62,4%	86,0%	98,0%	99,2%	100,0%	100,0%	100,0%	100,0%
Matched ROA_{t-1}	100,0%	100,0%	100,0%	99,6%	99,6%	94,0%	79,6%	62,8%	31,6%	12,8%	3,2%	12,4%	32,0%	60,4%	85,2%	96,8%	100,0%	100,0%	100,0%	100,0%	100,0%
$AWLR_{(ABNRET)}$ [1]	100,0%	100,0%	100,0%	100,0%	100,0%	100,0%	98,0%	90,4%	50,8%	14,8%	4,0%	16,8%	57,2%	84,8%	96,4%	99,6%	100,0%	100,0%	100,0%	100,0%	100,0%
McNichols-Modell / Panel / FE mit Jahresindikatoren / ACC_t^{CF}																					
Kein Matching	100,0%	100,0%	100,0%	100,0%	100,0%	100,0%	100,0%	94,8%	60,8%	20,0%	3,2%	24,0%	66,8%	91,2%	98,4%	100,0%	100,0%	100,0%	100,0%	100,0%	100,0%
Matching ROA_t	100,0%	100,0%	100,0%	100,0%	100,0%	99,2%	98,4%	81,6%	53,2%	14,8%	6,4%	17,2%	49,6%	78,8%	96,0%	99,6%	100,0%	100,0%	100,0%	100,0%	100,0%
Matched ROA_{t-1}	100,0%	100,0%	100,0%	100,0%	100,0%	98,4%	90,4%	72,4%	34,8%	12,8%	2,4%	18,4%	45,2%	69,6%	92,4%	98,8%	100,0%	100,0%	100,0%	100,0%	100,0%
$AWLR_{(ABNRET)}$ [1]	100,0%	100,0%	100,0%	100,0%	100,0%	100,0%	99,6%	94,8%	60,8%	21,6%	3,6%	24,0%	66,0%	92,8%	99,6%	100,0%	100,0%	100,0%	100,0%	100,0%	100,0%

Quelle: Eigene Darstellung. Die Tabelle zeigt die Ablehnungsrate der Nullhypothese H_0: E(DAP) = 0 bei 250 t-Tests bei einem Signifikanzniveau von 5%. Grau hinterlegt sind die Werte, die unterhalb der kritischen Schwelle von 80% liegen. Die künstlich erzeugte Gewinnsteuerung ist anteilig zum Gesamtvermögen zu Beginn eines Geschäftsjahres angegeben. [1] Das Konstrukt Nachrichten wurde mit ABNRET operationalisiert (VAR = ABNRET).

Tabelle 6.17: Ablehnungsraten von H_0 bei künstlich erzeugter Gewinnsteuerung: Panelregressionen mit fixen Effekten und Jahresindikatoren (ACC_t^{BS})

Umfang der künstlichen Gewinnsteuerung	**−10%**	**−9%**	**−8%**	**−7%**	**−6%**	**−5%**	**−4%**	**−3%**	**−2%**	**−1%**	**0%**	**1%**	**2%**	**3%**	**4%**	**5%**	**6%**	**7%**	**8%**	**9%**	**10%**
Jones-Modell / Panel / FE mit Jahresindikatoren / ACC_t^{BS}																					
Kein Matching	100,0%	100,0%	100,0%	100,0%	100,0%	100,0%	99,6%	89,6%	53,6%	18,4%	4,4%	17,2%	54,8%	86,4%	95,6%	99,6%	100,0%	100,0%	100,0%	100,0%	100,0%
Matching ROA_t	100,0%	100,0%	100,0%	99,6%	99,2%	94,4%	85,6%	66,0%	36,4%	14,8%	2,8%	9,6%	34,0%	60,4%	80,4%	92,8%	99,2%	100,0%	100,0%	100,0%	100,0%
Matched ROA_{t-1}	100,0%	100,0%	100,0%	99,2%	98,4%	94,0%	80,4%	62,8%	28,8%	12,8%	4,0%	14,8%	34,0%	62,0%	83,2%	94,0%	100,0%	100,0%	100,0%	100,0%	100,0%
$AWLR_{(ABNRET)}$ [1]	100,0%	100,0%	100,0%	100,0%	100,0%	100,0%	99,6%	89,2%	53,2%	17,2%	3,2%	16,8%	54,0%	87,2%	96,4%	99,6%	100,0%	100,0%	100,0%	100,0%	100,0%
Modifiziertes Jones-Modell / Panel / FE mit Jahresindikatoren / ACC_t^{BS}																					
Kein Matching	100,0%	100,0%	100,0%	100,0%	100,0%	100,0%	99,6%	90,8%	53,2%	18,8%	5,6%	18,0%	55,2%	86,4%	97,2%	99,6%	100,0%	100,0%	100,0%	100,0%	100,0%
Matching ROA_t	100,0%	100,0%	100,0%	99,6%	99,2%	95,6%	86,0%	67,6%	36,8%	16,0%	3,6%	8,8%	37,2%	63,2%	80,8%	93,6%	100,0%	100,0%	100,0%	100,0%	100,0%
Matched ROA_{t-1}	100,0%	100,0%	100,0%	99,2%	98,4%	94,4%	82,4%	66,0%	32,4%	12,8%	3,6%	12,0%	37,2%	64,4%	83,2%	95,2%	100,0%	100,0%	100,0%	100,0%	100,0%
$AWLR_{(ABNRET)}$ [1]	100,0%	100,0%	100,0%	100,0%	100,0%	99,6%	99,6%	91,2%	53,2%	18,4%	3,6%	18,0%	54,8%	86,4%	96,8%	99,6%	100,0%	100,0%	100,0%	100,0%	100,0%
McNichols-Modell / Panel / FE mit Jahresindikatoren / ACC_t^{BS}																					
Kein Matching	100,0%	100,0%	100,0%	100,0%	100,0%	100,0%	100,0%	93,6%	61,2%	21,2%	4,8%	22,8%	64,0%	92,4%	98,4%	100,0%	100,0%	100,0%	100,0%	100,0%	100,0%
Matching ROA_t	100,0%	100,0%	100,0%	100,0%	100,0%	96,8%	90,8%	75,6%	45,2%	16,0%	3,6%	11,2%	44,0%	68,8%	90,8%	95,6%	99,6%	100,0%	100,0%	100,0%	100,0%
Matched ROA_{t-1}	100,0%	100,0%	100,0%	99,6%	98,8%	96,0%	86,4%	70,4%	34,0%	14,0%	3,2%	12,8%	42,8%	71,6%	90,0%	97,2%	100,0%	100,0%	100,0%	100,0%	100,0%
$AWLR_{(ABNRET)}$ [1]	100,0%	100,0%	100,0%	100,0%	100,0%	100,0%	100,0%	93,2%	60,4%	21,6%	4,4%	22,8%	63,6%	92,4%	100,0%	99,6%	100,0%	100,0%	100,0%	100,0%	100,0%

Quelle: Eigene Darstellung. Die Tabelle zeigt die Ablehnungsrate der Nullhypothese H_0: E(DAP) = 0 bei 250 t-Tests bei einem Signifikanzniveau von 5%. Grau hinterlegt sind die Werte, die unterhalb der kritischen Schwelle von 80% liegen. Die künstlich erzeugte Gewinnsteuerung ist anteilig zum Gesamtvermögen zu Beginn eines Geschäftsjahres angegeben.
[1] Das Konstrukt Nachrichten wurde mit ABNRET operationalisiert (VAR = ABNRET).

6.8.6.2 Modellvergleich bei Querschnittregression mit der KQ-Methode

Die Tabelle 6.10, S. 152 (Tabelle 6.11, S. 153) zeigt die Ablehnungsraten der Nullhypothese, wenn die gesteuerten Periodenabgrenzungen durch Jahres-Branchen-Regressionen der Einzelgleichungsmodelle bestimmt werden und die Operationalisierung der gesamten Periodenabgrenzungen mit dem Cashflow-Ansatz (Bilanzansatz) erfolgt.[545]

Die drei Einzelgleichungsmodelle unterscheiden sich in den Ablehnungsraten von H_0, wenn die künstlich eingefügte Gewinnsteuerung zwischen −3% und +3% des Gesamtvermögens liegt. Ab ±4% künstlicher Gewinnsteuerung erkennen die Modelle zutreffend die eingefügte Bilanzpolitik mit Ablehnungsraten von H_0 über 90%. Bei −3% schwanken die Ablehnungsraten zwischen 79,6% (Jones-Modell) und 84,8% (McNichols-Modell). Bei einem Niveau von −2% sinken die Ablehnungsraten bereits deutlich ab. Sie liegen zwischen 44,4% (Jones-Modell) und 49,6% (McNichols-Modell). Beträgt die künstliche Gewinnsteuerung nur noch −1%, sinken die Ablehnungsraten auf 16% (modifiziertes Jones-Modell) und 17,2% (Jones- und McNichols-Modell) ab. Bei positiver künstlicher Bilanzpolitik von 1% betragen die Ablehnungsraten zwischen 17,6% (modifiziertes Jones-Modell) und 21,6% (McNichols-Modell). Für 2% liegen die Ablehnungsraten zwischen 46,8% (beide Jones-Modelle) und 53,2% (McNichols-Modell) und für 3% zwischen 74,4% (Jones-Modell) und 80,8% (McNichols-Modell).

Durch das Matching auf Basis ROA_t oder ROA_{t-1} verringert sich die Ablehnungsquote der Nullhypothese. Ab einem Umfang von ±5% künstlicher Gewinnsteuerung erreichen auch die Matching-Verfahren eine Teststärke von über 80%. Für den Bereich zwischen −3% und +3% sind die Ablehnungsquoten bis zu 31,2 Prozentpunkte (modifiziertes Jones-Modell, ROA_{t-1}, −3%) schlechter als bei t-Tests von gesteuerten Periodenabgrenzungen ohne Matching.[546] Der negative Effekt des Matching ist besonders ausgeprägt für das ±2%- und ±3%-Niveau künstlicher Gewinnsteuerung. Für das ±1%-Niveau künstlicher Gewinnsteuerung beträgt der Rückgang der Teststärke zwischen 2,4 (McNichols-Modell, ROA_t, −1%) und 12 (Jones-Modell, ROA_t, +1%) Prozentpunkten.

---

545 In den Abschnitten 6.8.6.2 bis 6.8.6.5 werden zunächst die Ergebnisse diskutiert, wenn als erklärende Variable ACC_t^{CF} verwendet wird. Die Auswirkungen einer Operationalisierung der gesamten Periodenabgrenzungen mit dem Bilanzansatz werden am Ende des jeweiligen Abschnitts in einem eigenen Absatz erörtert.

546 Einziger Ausreißer ist die Ablehnungsrate des McNichols-Modells bei einem – 2%-Niveau künstlicher Gewinnsteuerung. Die Ablehnungsrate beträgt mit ROA_t-Matching 51,6% und ohne Matching 49,6%.

Die abschnittsweise lineare Regression beeinflusst die Ablehnungsraten von H_0 nur geringfügig und unsystematisch. Bei künstlicher Gewinnsteuerung im Bereich von ±3% des Gesamtvermögens schwanken die Ablehnungsraten der Modelle bei abschnittsweiser linearer Schätzung um −5,6 (Jones-Modell, +1%) und +3,2 (McNichols-Modell, +3%) Prozentpunkte im Vergleich zur linearen Regressionsanalyse.

Wenn zur Berechnung der gesamten Periodenabgrenzungen der Bilanzansatz verwendet wird, sind keine systematisch anderen Ergebnisse im Vergleich zu einer Operationalisierung mit ACC_t^{CF} festzustellen. Das McNichols-Modell weist – bis auf eine Ausnahme – gleichhohe oder höhere Ablehnungsraten der Nullhypothese auf als die Jones-Modelle. Die Ablehnungsquoten schwanken im Vergleich zu einer Verwendung von ACC_t^{CF} um −12 (Jones-Modell, +3%) und +16 (McNichols-Modell, ROA_t-Matching, −3%) Prozentpunkte. Zudem erreichen alle Modelle – ohne Matching – bereits bei 3% künstlicher Gewinnsteuerung die Ablehnungsquoten der Nullhypothese von über 80%.

6.8.6.3 Modellvergleich bei Panelregressionen mit der KQ-Methode

In Tabelle 6.12, S. 154 (Tabelle 6.13, S. 155) finden sich die Ablehnungsraten der Nullhypothese, wenn die gesteuerten Periodenabgrenzungen durch gepoolte KQ-Schätzungen der Einzelgleichungsmodelle oder einer ZSKQ-Schätzung des Mehrgleichungsmodells bestimmt werden und die gesamten Periodenabgrenzungen mit dem Cashflow-Ansatz (Bilanzansatz) operationalisiert werden.

Die vier Modelle unterscheiden sich in den Ablehnungsraten von H_0, wenn die künstlich eingefügte Gewinnsteuerung zwischen −3% und +3% des Gesamtvermögens liegt. Ab ±4% künstlicher Gewinnsteuerung erkennen die Modelle zutreffend die eingefügte Bilanzpolitik mit Ablehnungsraten von H_0 über 80%. Bei −3% schwanken die Ablehnungsraten zwischen 65,6% (Mehrgleichungsmodell) und 83,2% (McNichols-Modell). Bei einem Niveau von −2% nehmen die Ablehnungsraten deutlich ab. Sie liegen zwischen 28% (Mehrgleichungsmodell) und 49,2% (McNichols-Modell). Beträgt die künstliche Gewinnsteuerung nur noch −1%, sinken die Ablehnungsraten ab auf 10,8% (Mehrgleichungsmodell) und 14,4% (modifiziertes Jones-Modell). Bei positiver künstlicher Bilanzpolitik von 1% betragen die Ablehnungsraten zwischen 15,2% (Mehrgleichungsmodell) und 20,8% (McNichols-Modell). Für 2% liegen die Ablehnungsraten zwischen 32% (Mehrgleichungsmodell) und 54,8% (McNichols-Modell) und für 3% zwischen 60% (Mehrgleichungsmodell) und 80% (McNichols-Modell). Die ZSKQ-Schätzung des Mehrgleichungsmodells führt zu Ablehnungsraten der Nullhypothese, die durchweg unter denen der anderen Modelle liegen.

Durch das Matching auf Basis ROA_t oder ROA_{t-1} nimmt die Ablehnungsquote der Nullhypothese ab. Ab einem Umfang von ±4% (±5%) künstlicher Gewinnsteuerung erreicht auch das ROA_t-Matching (ROA_{t-1}-Matching) eine Teststärke von über 80%. Für den Bereich zwischen −3% und +3% sind die Ablehnungsquoten bis zu 29,2 Prozentpunkte (modifiziertes Jones-Modell, ROA_t, −3%) schlechter als bei t-Tests von gesteuerten Periodenabgrenzungen ohne Matching.[547] Der negative Effekt des Matching ist besonders ausgeprägt für das ±2%- und ±3%-Niveau künstlicher Gewinnsteuerung. Für das ±1%-Niveau künstlicher Gewinnsteuerung beträgt der Rückgang der Teststärke zwischen 9,2 (beide Jones-Modelle, ROA_t, +1%) und 3,2 (Jones-Modell, ROA_t, +1%) Prozentpunkten.

Die abschnittsweise lineare Regression beeinflusst die Ablehnungsraten von H_0 nur geringfügig und unsystematisch. Bei künstlicher Gewinnsteuerung im Bereich von ±3% des Gesamtvermögens schwanken die Ablehnungsraten der Modelle bei abschnittsweiser linearer Schätzung um −1,6 (beide Jones-Modelle, +2%) und +3,2 (McNichols-Modell, −3%) Prozentpunkte im Vergleich zur linearen Regressionsanalyse.

Wenn zur Berechnung der gesamten Periodenabgrenzungen der Bilanzansatz verwendet wird, sind keine systematisch anderen Ergebnisse im Vergleich zu einer Operationalisierung mit ACC_t^{CF} festzustellen. Das McNichols-Modell weist mit einer Ausnahme gleichhohe oder höhere Ablehnungsraten der Nullhypothese auf als die Jones-Modelle. Die Ablehnungsquoten schwanken im Vergleich zu einer Verwendung von ACC_t^{CF} um −16,4 (McNichols-Modell, ROA_t, 3%) und +12,8 (Mehrgleichungsmodell, ROA_{t-1}, −5%) Prozentpunkte.

6.8.6.4 *Modellvergleich bei Panelregressionen mit fixen Effekten*

Die Tabelle 6.14, S. 156 (Tabelle 6.15, S. 157) zeigt die Ablehnungsraten der Nullhypothese, wenn die gesteuerten Periodenabgrenzungen durch Fixed-Effects-Schätzungen der Einzelgleichungsmodelle oder durch eine ZSKQ-Schätzung mit fixen Effekten des Mehrgleichungsmodells bestimmt werden und die Operationalisierung der gesamten Periodenabgrenzungen mit dem Cashflow-Ansatz (Bilanzansatz) erfolgt.

Die vier Modelle unterscheiden sich in den Ablehnungsraten von H_0, wenn die künstlich eingefügte Gewinnsteuerung zwischen −3% und +3% des Gesamtvermögens liegt. Ab ±3% künstlicher Gewinnsteuerung erkennen die Modelle

547 Zwei Ausnahmen betreffen das McNichols-Modell. Die Ablehnungsquote nimmt durch das Matching überraschenderweise um 2 (McNichols-Modell, ROA_t, −1%) und 2,4 (McNichols-Modell, ROA_t, −2%) Prozentpunkte zu.

zutreffend die eingefügte Bilanzpolitik mit Ablehnungsraten von H_0 über 80%. Bei −3% schwanken die Ablehnungsraten zwischen 89,6% (Jones-Modell) und 93,6% (McNichols-Modell). Bei einem Niveau von −2% sinken die Ablehnungsraten stark ab. Sie liegen zwischen 47,6% (Jones-Modell) und 58,4% (McNichols-Modell). Beträgt die künstliche Gewinnsteuerung nur noch −1%, gehen die Ablehnungsraten zurück auf 13,2% (Jones-Modell) und 20% (McNichols-Modell). Bei positiver künstlicher Bilanzpolitik von 1% betragen die Ablehnungsraten zwischen 16,8% (modifiziertes Jones-Modelle) und 24,8% (McNichols-Modell). Für 2% liegen die Ablehnungsraten zwischen 55,6% (modifiziertes Jones-Modell) und 66% (McNichols-Modell) und für 3% zwischen 82% (Jones-Modell) und 90,8% (McNichols-Modell). Die Ablehnungsquoten der Nullhypothese liegen für das Mehrgleichungsmodell immer über den Quoten der beiden Jones-Modelle, aber unter den Ablehnungsraten des McNichols-Modells.

Durch das Matching auf Basis ROA_t oder ROA_{t-1} nimmt die Ablehnungsquote der Nullhypothese ab. Ab einem Umfang von ±4% (±5%) künstlicher Gewinnsteuerung erreicht auch das ROA_t-Matching (ROA_{t-1}-Matching) eine Teststärke von über 80%. Für den Bereich zwischen −3% und +3% sind die Ablehnungsquoten bis zu 28 Prozentpunkte (Jones-Modell, ROA_{t-1}, −3%) schlechter als bei t-Tests von gesteuerten Periodenabgrenzungen ohne Matching.[548] Der negative Effekt des Matching ist besonders ausgeprägt für das ±2%- und ±3%-Niveau künstlicher Gewinnsteuerung. Für das ±1%-Niveau künstlicher Gewinnsteuerung beträgt der Rückgang der Teststärke zwischen 0,8 (Jones-Modell, ROA_t, −1%) und 10,4 (Mehrgleichungsmodell, ROA_t, +1%) Prozentpunkten.

Die abschnittsweise lineare Regression beeinflusst die Ablehnungsraten von H_0 nur geringfügig und unsystematisch. Bei künstlicher Gewinnsteuerung im Bereich von ±3% des Gesamtvermögens schwanken die Ablehnungsraten der Modelle bei abschnittsweiser linearer Schätzung um −1,6 (McNichols-Modell, +2%) und +2,4 (Jones-Modell, −2%) Prozentpunkte im Vergleich zur linearen Regressionsanalyse.

Wenn zur Berechnung der gesamten Periodenabgrenzungen der Bilanzansatz verwendet wird, sind keine systematisch anderen Ergebnisse im Vergleich zu einer Operationalisierung mit ACC_t^{CF} festzustellen. Das McNichols-Modell und das Mehrgleichungsmodell weisen gleichhohe oder höhere Ablehnungsraten der Nullhypothese auf als die Jones-Modelle. Die Ablehnungsquoten schwanken im

548 Einziger Ausreißer ist die Ablehnungsrate des McNichols-Modells bei einem – 2%-Niveau künstlicher Gewinnsteuerung. Die Ablehnungsrate beträgt mit ROA_t-Matching 51,6% und ohne Matching 49,6%.

Vergleich zu einer Verwendung von ACC_t^{CF} um −9,2 (McNichols-Modell, ROA_t, 3%) und +5,2 (Mehrgleichungsmodell, ROA_t, −1% und ROA_{t-1}, 2%) Prozentpunkte.

6.8.6.5 *Modellvergleich bei Panelregressionen mit fixen Effekten und Jahresindikatoren*

Die Tabelle 6.16, S. 158 (Tabelle 6.17, S. 159) präsentiert die Ablehnungsraten der Nullhypothese, wenn die gesteuerten Periodenabgrenzungen durch Fixed-Effects-Schätzungen mit Jahresindikatoren der Einzelgleichungsmodelle bestimmt werden und die gesamten Periodenabgrenzungen mit dem Cashflow-Ansatz (Bilanzansatz) operationalisiert werden.

Die drei Einzelgleichungsmodelle unterscheiden sich in den Ablehnungsraten von H_0, wenn die künstlich eingefügte Gewinnsteuerung zwischen −3% und +3% des Gesamtvermögens liegt. Ab ±3% künstlicher Gewinnsteuerung erkennen die Modelle zutreffend die eingefügte Bilanzpolitik mit Ablehnungsraten von H_0 über 80%. Bei −3% schwanken die Ablehnungsraten zwischen 90,4% (Jones-Modell) und 94,8% (McNichols-Modell). Bei einem Niveau von −2% gehen die Ablehnungsraten deutlich zurück. Sie liegen zwischen 50,8% (Jones-Modell) und 60,8% (McNichols-Modell). Beträgt die künstliche Gewinnsteuerung nur noch −1%, sinken die Ablehnungsraten auf 14,8% (beide Jones-Modelle) und 20% (McNichols-Modell) ab. Bei positiver künstlicher Bilanzpolitik von 1% betragen die Ablehnungsraten zwischen 16,8% (beide Jones-Modelle) und 24% (McNichols-Modell). Für 2% liegen die Ablehnungsraten zwischen 57,2% (Jones-Modell) und 66,8% (McNichols-Modell) und für 3% zwischen 84% (Jones-Modell) und 91,2% (McNichols-Modell).

Durch das Matching auf Basis ROA_t oder ROA_{t-1} nimmt die Ablehnungsquote der Nullhypothese ab. Ab einem Umfang von ±4% (±5%) künstlicher Gewinnsteuerung erreicht auch das ROA_t-Matching (ROA_{t-1}-Matching) eine Teststärke von über 80%. Für den Bereich zwischen −3% und +3% sind die Ablehnungsquoten bis zu 28,8 Prozentpunkte (modifiziertes Jones-Modell, ROA_t, −3%) schlechter als bei t-Tests von gesteuerten Periodenabgrenzungen ohne Matching. Der negative Effekt des Matching ist besonders ausgeprägt für das ±2%- und ±3%-Niveau künstlicher Gewinnsteuerung. Für das ±1%-Niveau künstlicher Gewinnsteuerung beträgt der Rückgang der Teststärke zwischen 2 (modifiziertes Jones-Modell, ROA_t, −1%) und 8,8 (Jones-Modell, ROA_t, +1%) Prozentpunkten.

Die abschnittsweise lineare Regression beeinflusst die Ablehnungsraten von H_0 nur geringfügig und unsystematisch. Bei künstlicher Gewinnsteuerung im Bereich von ±3% des Gesamtvermögens schwanken die Ablehnungsraten der Modelle bei abschnittsweiser linearer Schätzung um −2,8 (Jones-Modell, +2%)

und +1,6 (Jones-Modell, −1% und McNichols-Modell, +3%) Prozentpunkte im Vergleich zur linearen Regressionsanalyse.

Wenn zur Berechnung der gesamten Periodenabgrenzungen der Bilanzansatz verwendet wird, sind keine systematisch anderen Ergebnisse im Vergleich zu einer Operationalisierung mit ACC_t^{CF} festzustellen. Das McNichols-Modell weist gleichhohe oder höhere Ablehnungsraten der Nullhypothese auf als die Jones-Modelle. Die Ablehnungsquoten schwanken im Vergleich zu einer Verwendung von ACC_t^{CF} um −10 (McNichols-Modell, ROA_t, 3%) und +2 (McNichols-Modell, ROA_{t-1}, 3%) Prozentpunkte.

6.8.6.6 *Vergleich der Schätzverfahren*

Betrachtet man die Teststärken des Jones-Modells in Tabelle A.30, S. 227 (Tabelle A.31, S. 228), zeigt sich, dass diese durch die Wahl der Schätzvariante um bis zu 13,2 (Panel FE mit Jahresindikatoren vs. Panel KQ, 2%) Prozentpunkte erhöht werden können.[549] Werden die gesamten Periodenabgrenzungen mit dem Bilanzansatz operationalisiert, steigt die Teststärke um maximal 10 Prozentpunkte (Panel FE mit Jahresindikatoren vs. Panel KQ, −3%) an. Das modifizierte Jones-Modell – in Tabelle A.32, S. 229 (Tabelle A.33, S. 230) dargestellt – reagiert auf eine Veränderung der Schätzmethode mit einer bis 12,4 Prozentpunkte (Panel FE mit Jahresindikatoren vs. Panel KQ, 2%) höheren Teststärke. Erfolgt die Operationalisierung der gesamten Periodenabgrenzungen mit dem Bilanzansatz, steigt die Teststärke um maximal 9,2 Prozentpunkte (Panel FE mit Jahresindikatoren vs. Panel KQ, −3%) an. Beim McNichols-Modell in Tabelle A.34, S. 231 (Tabelle A.35, S. 232) ergibt sich ein maximaler Unterschied von 11,6 Prozentpunkten (Panel FE mit Jahresindikatoren vs. Panel KQ, −3% und −2%). Die Verwendung von ACC_t^{BS} führt zu einem Anstieg von maximal 12,8 Prozentpunkten (Panel FE mit Jahresindikatoren vs. Panel KQ, 2%). Für das Mehrgleichungsmodell erhöht sich – wie Tabelle A.36, S. 233 zeigt – die Teststärke durch die Hinzunahme fixer Effekte deutlich. Der Zugewinn beträgt zwischen 4 (Panel ZSKQ mit FE vs. Panel ZSKQ, +1%) und 27,6 (Panel ZSKQ mit FE vs. Panel ZSKQ, +3%) Prozentpunkten.[550] Eine Operationalisierung der gesamten

---

549 Für diese und die folgenden Aussagen in diesem Absatz werden Teststärken bei −3% bis +3% künstlicher Gewinnsteuerung betrachtet. Bei ±4% künstliche Gewinnsteuerung erreichen alle Modelle die geforderte Teststärke von 80%. Es wird nur die lineare Regression ohne Matching betrachtet.

550 Die Angaben in Klammern beziehen auf die Ergebnisse bei einer Operationalisierung der gesamten Periodenabgrenzungen mit dem Bilanzansatz.

Periodenabgrenzungen mit dem Bilanzansatz ändert daran nichts. Die Teststärke erhöht sich hier um mindestens 8,4 (Panel ZSKQ mit FE vs. Panel ZSKQ, +1%) und höchstens 21,6 (Panel ZSKQ mit FE vs. Panel ZSKQ, −3% und +2%) Prozentunkte. Die Schätzmethodik beeinflusst die Teststärke also durchaus, jedoch nicht in dem Maße, dass es bei künstlicher Gewinnsteuerung zwischen −2% und +2% einem Modell gelingt, allein durch ein anderes Schätzverfahren eine Teststärke von mindestens 80% zu erreichen. Zudem ist der Effekt der Schätzmethode bei ±1% künstlicher Gewinnsteuerung geringer.

6.8.6.7 Fazit

Es zeigt sich, dass die künstliche Gewinnsteuerung mindestens 3% des Gesamtvermögens aufweisen muss, damit die Modelle die geforderte Teststärke von 80% erreichen. Für das Intervall von −2% bis +2% künstlicher Gewinnsteuerung sind die Ablehnungsraten der Nullhypothese für alle Modelle nicht zufriedenstellend. Das McNichols-Modell erfüllt die Erwartungen: Es hat in nahezu allen Fällen die höchste Ablehnungsrate der Nullhypothese. Die Ablehnungsraten unterscheiden sich für die beiden Jones-Modelle kaum. Der erwartete Effekt, dass das modifizierte Jones-Modell im Vergleich zum Jones-Modell schlechter geeignet ist, Gewinnsteuerung zu messen, zeigt sich nicht. Das Mehrgleichungsmodell weist die H_0 fast immer seltener zurück als das McNichols-Modell. Wird es ohne fixe Effekte geschätzt, liegen die Quoten sogar unter denen der Jones-Modelle. Die Ergebnisse für das Mehrgleichungsmodell sind enttäuschend: Es kann die Erwartungen, Gewinnsteuerung eher nachzuweisen als das McNichols-Modell, nicht bestätigen.

Durch das Matching verringert sich die Ablehnungsquote der Nullhypothese. Der Rückgang der Ablehnungsquote ist stärker, wenn ROA_t statt ROA_{t-1} als Matching-Kriterium verwendet wird. Die Ergebnisse entsprechen den Erwartungen und stimmen mit der bisherigen Literatur überein.[551] Die abschnittsweise lineare Regression beeinflusst die Ablehnungsraten der Nullhypothese nur geringfügig und unsystematisch. Sie kann damit auch für den Nachweis von Gewinnsteuerung die Erwartungen nicht erfüllen.

Vergleicht man die Teststärken der Modelle in Abhängigkeit des Schätzverfahrens, zeigt sich, dass eine Panel-Schätzung mit fixen Effekten und Jahresindikatoren meistens zu den höchsten Teststärken führt.[552] Die niedrigsten Teststärken haben – wie erwartet – die Modelle bei der gepoolten KQ-Schätzung.

---

551 Vgl. Kothari/Leone/Wasley (2005), S. 195–196 und Keung/Shih (2014), S. 763–764.

552 Eine Ausnahme sind die Teststärken der Jones-Modelle bei -1% Niveau künstlicher Gewinnsteuerung und Schätzung mit der KQ-Methode für Jahres-Branchen-Querschnitt.

Die Erwartung, dass der Fixed-Effects-Schätzer den anderen Schätzverfahren überlegen ist, wird bestätigt.

Eine Operationalisierung der gesamten Periodenabgrenzungen mit dem Bilanzansatz führt im Mittel zu höheren Teststärken als eine Operationalisierung mit dem Cashflow-Ansatz. Der Effekt wird schwächer, wenn man einen Fixed-Effects-Schätzer verwendet. Der festgestellte Effekt ist gegenläufig zur Erwartung, dass der Cashflow-Ansatz zu einem geringeren Messfehler führt als der Bilanzansatz.

6.8.7 Ergebnisse des Tests auf Gewinnsteuerung bei der DPR-Stichprobe

Die Tabelle A.37, S. 234 zeigt die Ergebnisse der Regressionsanalyse des Jones-Modells. Die Parameter für $\Delta SALES_t$ und PPE_t haben alle das erwartete Vorzeichen und sind bis auf die gepoolte KQ-Schätzungen beider DPR-Stichproben (ACC_t^{CF}) von PPE_t signifikant. Die Tabelle A.38, S. 235 präsentiert die Ergebnisse der Regressionsanalyse des modifizierten Jones-Modells. Die Parameterwerte sind in den meisten Fällen nicht signifikant. Die Tabelle A.39, S. 236 zeigt die Ergebnisse der Regressionsanalyse des McNichols-Modells. Die Koeffizienten sind bis auf eine Ausnahme – PPE_t bei der gepoolten KQ-Schätzung – immer signifikant und verfügen über das erwartete Vorzeichen. Die Ergebnisse der Regressionsanalyse des Mehrgleichungsmodells zeigt Tabelle A.40, S. 238. Die Vorzeichen der Parameter sind identisch mit den Vorzeichen der Koeffizienten, wenn das Modell für die gesamte Stichprobe geschätzt wird. Beim Mehrgleichungsmodell führt die Hinzunahme fixer Effekte zu einigen nicht signifikanten Parametern für die Variablen der ersten Gleichung [PPE_t: (4), (7), (8), CFO_t: (3), (4), (7), (8) und CFO_{t+1}: (3), (4), (7)], der fünften Gleichung [CPX_t: (7), (8)], der sechsten Gleichung [DEP_t: (4)] und der achten Gleichung [ACC_t^{CF}: (3), (4), (7)].[553] Die Standardabweichungen der Koeffizienten sind im Vergleich zur gesamten Stichprobe bei den DPR-Stichproben deutlich größer. Eine Ursache kann die geringere Stichprobengröße sein. Das wäre auch eine plausible Erklärung für die nicht signifikanten Parameterwerte.

Die Tabelle A.41, S. 240 zeigt die Mittelwerte der gesteuerten Periodenabgrenzungen für die beschränkte und unbeschränkte DPR-Stichprobe. Die Mittelwerte sind für alle Modell- und Schätz-Kombinationen gleich Null. Für die gesamte DPR-Stichprobe (PART = 0 oder 1) ist keine systematische Gewinnsteuerung erkennbar.

Die Mittelwerte der gesteuerten Periodenabgrenzungen der Unternehmensjahre, für die ein Fehlerbericht vorliegt, – also die Unternehmensjahre, die als

553 Die in den Klammern angegebenen Nummern beziehen sich auf die Nummern der Schätzvarianten des Mehrgleichungssystems in Tabelle A.40, S. 238.

bilanzpolitisch verdächtig gelten (PART = 1) – zeigt Tabelle 6.18, S. 169. Keiner der Mittelwerte ist gleich Null. Statistisch signifikant von Null unterscheiden sich aber nur einige Mittelwerte.

Alle Mittelwerte der Querschnittregression und alle Mittelwerte der Schätzung mit fixen Effekten und Jahresindikatoren unterscheiden sich nicht signifikant von Null. Vergleicht man die die Modelle anhand der Mittelwerte der gesteuerten Periodenabgrenzungen, stellt man fest, dass beide Jones-Modelle in vier von sechs Panel-Schätzungen der unbeschränkten DPR-Stichprobe einen Mittelwert aufweisen, der sich signifikant von Null unterscheidet. Es spielt dabei keine Rolle, ob die Schätzung linear oder abschnittsweise linear erfolgt. Die Mittelwerte des Mehrgleichungsmodells sind für die Schätzung mit fixen Effekten für die unbeschränkte und beschränkte DPR-Stichprobe ebenfalls signifikant. Das McNichols-Modell weist immer die kleinsten Werte auf. Zudem unterscheiden sich diese unabhängig von der Schätzmethode nie signifikant von Null. Es überrascht nicht, dass das McNichols-Modell im Mittel kleinere Werte aufweist. Die Periodenabgrenzungen sind als die Residuen der Regressionsschätzung operationalisiert. Die zusätzlichen erklärenden Cashflow-Variablen des McNichols-Modells verringern im Vergleich zu den Jones-Modellen den nicht erklärten Anteil der Regressionsschätzung. Zu den kleineren Mittelwerten kommt noch die geringe Anzahl an verdächtigen Beobachtungen, sodass die nicht signifikanten Ergebnisse auch auf eine statistische Mechanik zurückzuführen sein könnten.

Bei einer Operationalisierung der gesamten Periodenabgrenzungen mit ACC_t^{BS} sind die Mittelwerte der gesteuerten Periodenabgrenzungen kleiner als bei einer Operationalisierung mit ACC_t^{CF}. Es unterscheidet sich auch nur noch ein Wert signifikant von Null: der Mittelwert des modifizierten Jones-Modells bei einer gepoolten KQ-Schätzung der unbeschränkten Stichprobe.

Tendenziell kann man eine positive Gewinnsteuerung bei der DPR-Stichprobe erkennen, da die Werte positiv und teilweise auch signifikant sind. Einen klaren Schluss lässt die Analyse jedoch nicht zu: Erstens sind die Ergebnisse nicht robust genug gegenüber einer alternativen Operationalisierung der Periodenabgrenzungen. Zweitens sind die Ergebnisse für das McNichols-Modell nicht signifikant. Drittens sind die Ergebnisse für die beschränkte DPR-Stichprobe ebenfalls nicht signifikant. Ursachen könnten der geringe Umfang der gemessenen Gewinnsteuerung in Kombination mit der kleinen Stichprobengröße sein.

Vor dem Hintergrund der vorherigen Analysen, die gezeigt haben, dass das McNichols-Modell in Kombination mit fixen Effekten die besten Ergebnisse für den Nachweis von Gewinnsteuerung liefert, erscheint folgende Überlegung plausibel: Die Gewinnsteuerung in der DPR-Stichprobe ist so klein, dass sie mit diesem Ansatz statistisch nicht nachweisbar ist.

Tabelle 6.18: Mittelwerte der gesteuerten Periodenabgrenzungsposten von Unternehmensjahren mit Fehlerbericht (PART = 1)

	QS /KQ		Panel / KQ / ZSQK		Panel / FE / ZSQK mit FE		Panel / FE mit Jahresindikatoren	
	Unbeschränkt	Beschränkt	Unbeschränkt	Beschränkt	Unbeschränkt	Beschränkt	Unbeschränkt	Beschränkt
		N=42	N=73	N=42	N=73	N=42	N=73	N=42
ACC_t^{CF}								
Jones-Model		0,0322	0,0313*	0,0380	0,0291*	0,0379	0,0206	0,0285
Mod. Jones-Modell		0,0288	0,0341*	0,0406	0,0296*	0,0379	0,0211	0,0278
McNichols-Modell		−0,0037	0,0113	0,0169	0,0164	0,0236	0,0071	0,0142
Mehrgleichungsmodell			0,0319	0,0401	0,0297**	0,0393*		
ACC_t^{CF} / AWL[1] $_{(ABNRET)}$[2]								
Jones-Model		0,0288	0,0333*	0,0400	0,0294*	0,0370	0,0220	0,0289
Mod. Jones-Modell		0,0267	0,0363*	0,0432	0,0299*	0,0372	0,0224	0,0282
McNichols-Modell		0,0004	0,0123	0,0178	0,0163	0,0213	0,0081	0,0133
ACC_t^{BS}								
Jones-Model		0,0105	0,0232	0,0214	0,0192	0,0142	0,0137	0,0074
Mod. Jones-Modell		0,0060	0,0269	0,0242	0,0195	0,0136	0,0140	0,0057
McNichols-Modell		−0,0111	0,0085	0,0038	0,0096	0,0024	0,0039	−0,0040
Mehrgleichungsmodell			0,0227	0,0247	0,0198	0,0153		
ACC_t^{BS} / Panel / FE / AWL[1] $_{(ABNRET)}$[2]								
Jones-Model		0,0060	0,0243	0,0221	0,0193	0,0135	0,0150	0,0077
Mod. Jones-Modell		0,0032	0,0284*	0,0259	0,0198	0,0132	0,0154	0,0062
McNichols-Modell		−0,0120	0,0090	0,0040	0,0096	0,0009	0,0050	−0,0046

Quelle: Eigene Darstellung. Die Tabelle zeigt die Mittelwerte der gesteuerten Periodenabgrenzungsposten DAP_t von Unternehmensjahren mit Fehlerbericht (PART = 1) [1]Abschnittsweise lineare Regression mit den zusätzlichen Variablen VAR_t, $DVAR_t$ und $DVAR_t$*VAR_t. [2]Das Konstrukt Nachrichten wurde mit ABNRET operationalisiert (VAR = ABNRET). *** signifikant ≠ 0 auf dem 0,1%-Niveau, ** signifikant ≠ 0 auf dem 1%-Niveau, * signifikant ≠ 0 auf dem 5%-Niveau.

7. Grenzen der empirischen Untersuchung

Man sollte sich über die allgemeinen Grenzen der Aussagekraft von empirischen Untersuchungen bewusst sein.[554] Ihre Erörterung ist aber nicht die Zielsetzung dieses Kapitels, sondern vielmehr werden spezifische Probleme der empirischen Untersuchung der vorliegenden Arbeit betrachtet.

Aggregierte Periodenabgrenzungsmodelle auf Basis der Unternehmensleistung basieren unabhängig von der Ausgestaltung der Simulationsstudie oder des Schätzverfahrens auf einer angreifbaren Annahme. Sie bestimmen Gewinnsteuerung als die Abweichung vom Mittel der Stichprobe. Warum eine Abweichung vom Mittel Gewinnsteuerung sein soll, erscheint unklar. Sie kann ebenso durch unternehmensspezifische Effekte verursacht sein, die nicht im Zusammenhang mit Gewinnsteuerung stehen.

Das bereits in Abschnitt 3.2.2 diskutierte Endogenitätsproblem – das kann man vorausschicken – lässt sich niemals vollständig lösen. Es führt zu verzerrten Schätzungen der Koeffizienten, egal ob die KQ-Methode oder eine Fixed-Effects-Schätzung durchgeführt wird. Die Ursachen sind ausgelassene Variablen, Messfehler in den Variablen und simultane Kausalität.[555]

Um die Messfehler aufgrund ausgelassener Variablen zu verringern, wurden die gesteuerten Periodenabgrenzungen mit einem Fixed-Effects-Schätzer bestimmt. Dieser Schätzer erfasst alle zeitlich konstanten unbeobachteten Einflüsse. Unbeobachtete Einflüsse, die im Zeitablauf Schwankungen unterliegen, können nicht mit Hilfe ökonometrischer Methoden aufgedeckt werden. Durch Berücksichtigung der transitorischen Eigenschaften der Periodenabgrenzungen mit Hilfe der Cashflow-Variablen und der bedingten Vorsicht mit Hilfe der unerwarteten Aktienrendite wurde im Vergleich zum Jones-Modell ein Teil dieser Einflüsse bei der Messung von Gewinnsteuerung erfasst.

Als gesteuerte Periodenabgrenzungen werden die Residuen der Periodenabgrenzungsmodelle verwendet. Eine Trennung zwischen Ereignis- und Kontroll-Unternehmen erfolgt somit nicht. Die Schätzung der ungesteuerten Periodenabgrenzungen erfolgt daher unsauber und es kommt zu einem Messfehler bei den gesteuerten Periodenabgrenzungen. Aufgrund des Simulationsdesigns wird die Gefahr verzerrter Ergebnisse als gering erachtet.

---

554 Vgl. Chmielewicz (1994), S. 142–149.

555 Vgl. für eine Übersicht bspw. Wooldridge (2010), S. 53–55; Greene (2012), S. 259–262 oder Wooldridge (2013), S. 82–83.

Die Annahme einer einseitig gerichteten Kausalbeziehung ist für Rechnungslegungsgrößen der gleichen Periode nicht haltbar. Deshalb wurde dem Problem der simultanen Kausalität mit dem Mehrgleichungsmodell begegnet, das die besonderen Eigenschaften des Rechnungslegungssystems berücksichtigt. Das für das Mehrgleichungsmodell verwendete Schätzverfahren – die zweistufige KQ-Methode – verwendet zur Minimierung des Endogenitätsproblems zudem Instrumentalvariablen.

Die Analysen der Instrumentalvariablen haben gezeigt, dass mindestens eine Instrumentalvariable nicht exogen ist. Das schlechte Abschneiden des Mehrgleichungsmodells im Modellvergleich könnte an den verwendeten Instrumentalvariablen liegen. Die Suche nach relevanten und exogenen Instrumente ist beschwerlich und kann unbefriedigend ausfallen, da Variablen mit diesen Eigenschaft nicht vorhanden oder nicht messbar sind.[556] Eine naheliegende Verwendung stärker vorgelagerten Rechnungslegungsvariablen bspw. aus der Vorvorperiode anstatt der Vorperiode wurde wegen der abnehmenden Relevanz der Instrumente verworfen.[557]

Die Modellierung der Gewinnsteuerung kann die Teststärke der Periodenabgrenzungsmodelle beeinflussen. Im schlechtesten Fall wären die Ergebnisse von der Modellierung der künstlichen Gewinnsteuerung getrieben. Das wäre der Fall, wenn bestimmte Periodenabgrenzungsmodelle durch die Modellierung der künstlichen Gewinnsteuerung systematisch benachteiligt oder bevorteilt werden würden. Die Modellierung der künstlichen Gewinnsteuerung folgt der Vorgehensweise in der Literatur, sodass die Gefahr einer systematischen Beeinflussung der Ergebnisse als gering erachtet wird.[558]

Die Unternehmensjahre, für die ein Fehlerbericht in Folge einer Prüfung des Jahres- oder Konzernabschlusses durch die DPR vorliegt, werden als Stichprobe bilanzpolitisch verdächtigter Beobachtungen verwendet. Eine Unterscheidung in geprüfte und ungeprüfte Unternehmensjahre ist nicht möglich, da die DPR-Prüfung nur in Folge der Fehlerveröffentlichung publik wird. Das gewählte Vorgehen kann nur eine Approximation sein. Zum einen wurde auf eine genaue Analyse der DPR-Fehlermeldung verzichtet, um einen noch kleineren Stichprobenumfang zu vermeiden. In der Stichprobe können sich folglich Unternehmen befinden, die zwar Rechnungslegungsverstöße aufweisen, aber keine Gewinnsteuerung betrieben haben. Denkbare Beispiel wären Verstöße, die im

556 Vgl. Larcker/Rusticus (2010), S. 186–187.

557 Vgl. Kang/Sivaramakrishnan (1995), S. 359 und Babalyan (2004), S. 64.

558 Vgl. Kothari/Leone/Wasley (2005), S. 187; Keung/Shih (2014), S. 747.

Zusammenhang mit den Angaben im Lagebericht oder Anhang stehen.[559] Es ist außerdem unwahrscheinlich, dass in der DPR-Stichprobe alle Unternehmensjahre enthalten sind, bei denen Gewinnsteuerung betrieben wurde, da die DPR-Prüfung nur anlassbezogen oder stichprobenartig erfolgt.[560] Da in jedem Jahr nur ein Bruchteil der Abschüsse geprüft wird, besteht immer die Möglichkeit, dass Unternehmensjahre als bilanzpolitisch unverdächtig klassifiziert werden, obwohl in diesen Jahren Gewinnsteuerung betrieben wurde. Zudem scheint es plausibel, dass eine DPR-Prüfung bei Gewinnsteuerung nicht zwangsläufig zu einem Fehlerbericht führt, schließlich ist Gewinnsteuerung auch im Rahmen der Rechnungslegungsstandards möglich, während die DPR eine Verletzung dieser Standards untersucht. In der DPR-Stichprobe der bilanzpolitisch unverdächtigen Unternehmensjahre bleibt also trotz DPR-Prüfung eine Dunkelziffer von Beobachtungen, die wohl Gewinnsteuerung betrieben haben.

Obwohl die DPR erst Abschlüsse ab dem Jahr 2004 prüft, umfasst die DPR-Stichprobe auch den Zeitraum davor bis ins Jahr 1995, damit ein möglichst großer Stichprobenumfang erzielt wird. Damit verbunden ist die Inkaufnahme eines Messfehlers, da für die Jahre 1995 bis 2003 zwangsläufig keine bilanzpolitisch verdächtigen Beobachtungen vorliegen können. Beobachtungen, die in diesen Jahren Gewinnsteuerung betrieben haben, werden daher in die Gruppe unverdächtiger Unternehmensjahre sortiert und verursachen dadurch einen Messfehler.

559 Vgl. Prüfungsgegenstand ist der Jahres- oder Konzernabschluss, – damit auch die Anhangangaben, – sowie der Lagebericht, vgl. Bockmann (2012), S. 155–157 und Thormann/Zemple (2013), Rn. 58.

560 Vgl. Bockmann (2012), S. 160–164 und Thormann/Zemple (2013), Rn. 83–92.

8. Thesenförmige Zusammenfassung

1. Der Gewinn setzt sich aus Cashflows und Periodenabgrenzungen zusammen. In Theorie und Praxis ist man sich einig, dass das Management einen Teil der Periodenabgrenzungen bewusst steuert. Gesteuerte und ungesteuerte Periodenabgrenzungen sind nicht direkt beobachtbar. Man kann nur die Summe der gesamten Periodenabgrenzungen beobachten. Um diese in einen gesteuerten und einen ungesteuerten Teil aufzuteilen, werden Periodenabgrenzungsmodelle verwendet.
2. Wenn man dem Gewinn einen Informationsgehalt über den Cashflow hinaus beimisst, kann ein zusätzlicher Informationsgehalt nur in den Periodenabgrenzungen liegen. Eine entscheidungsrelevante Information sollte sich gerade durch die Existenz unerwarteter Periodenabgrenzungen ausdrücken, weil erwartete Periodenabgrenzungen bei ihrer Realisierung Entscheidungen nicht zu ändern vermögen. Bei rigoroser Betrachtung des Ansatzes der Periodenabgrenzungsmodelle kann entscheidungsnützliche Information nur in Form von bewusster und unerwarteter Gewinnsteuerung existieren. Damit widerspricht der Ansatz den herkömmlichen informationsökonomischen Zielen der Rechnungslegung, die bewusste Gewinnsteuerung als Nachteil ansehen.
3. Die Periodenabgrenzungsmodelle sind nur eine Approximation der Wirklichkeit. Die Stellvertretergröße für Gewinnsteuerung ist daher immer mit einem Messfehler behaftet. Die Ursachen des Messfehlers können in drei Gruppen kategorisiert werden. Es handelt sich dabei um (1) ausgelassene Variablen, (2) Fehler in den Variablen und (3) simultane Kausalität. Die drei Probleme werden unter dem Überbegriff Endogenitätsproblem subsumiert. Ihnen ist gemeinsam, dass alle dazu führen, dass mindestens die erklärende Variable des Periodenabgrenzungsmodells mit dem Fehlerterm korreliert. Die Folge ist eine verzerrte Messung der Gewinnsteuerung.
4. Der Messfehler führt dazu, dass fälschlicherweise gesteuerte Periodenabgrenzungen als ungesteuerte Periodenabgrenzungen (Messfehler vom Typ μ) oder ungesteuerte Periodenabgrenzungen als gesteuerte Periodenabgrenzungen (Messfehler vom Typ η) erkannt werden. In den Untersuchungen, die die gesteuerten Periodenabgrenzungen als Regressand verwenden, führt der Messfehler μ zu einer geringeren Wahrscheinlichkeit, die Nullhypothese abzulehnen, wenn sie falsch ist (vermehrter Fehler 2. Art). Der Messfehler η verzerrt die Ergebnisse des Hypothesentests ebenfalls. Wenn

der Messfehler η mit dem Selektionskriterium der Stichprobe korreliert, steigt die Wahrscheinlichkeit, die Nullhypothese abzulehnen, obwohl sie wahr ist (vermehrter Fehler 1. Art). Auch wenn keine Korrelation zwischen dem Selektionskriterium der Stichprobe und dem Messfehler η vorliegt, sind die Ergebnisse des Hypothesentests verzerrt. In diesem Fall sinkt die Wahrscheinlichkeit, die Nullhypothese abzulehnen, wenn sie falsch ist (vermehrter Fehler 2. Art).

5. Für das Jones- und das modifizierte Jones-Modell stellte man für Stichproben mit hoher (niedriger) Wirtschaftsleistung fest, dass die Schätzungen der gesteuerten Periodenabgrenzungen größer (kleiner) als erwartet ausfallen. Die Modelle sind für solche Stichproben zur Messung von Gewinnsteuerung ungeeignet, da es ihnen nicht gelingt, zwischen Unternehmenswachstum und Gewinnsteuerung zu differenzieren.
6. Dem ersten Problem ausgelassener Variablen wurde in der Literatur mit zahlreichen Varianten des Jones-Modells begegnet. Das Modell von Kang/Sivaramakrishnan berücksichtigt als zusätzliche erklärende Variable die Summe aus Material-, Personal- und sonstigem betrieblichen Aufwand. Zur Berücksichtigung des Unternehmenswachstums fügten Jeter/Shivakumar den Cashflow, Larcker/Richardson das Buchwert-Marktwert-Verhältnis und Dechow/Richardson/Sloan das Umsatzwachstum als erklärende Variable hinzu. Die Erweiterung von McNichols verwendet den Cashflow der aktuellen Periode, der Vorperiode und der Folgeperiode. Im Gegensatz zu den anderen Erweiterungen kann McNichols die Erweiterung mit der Berücksichtigung des periodengerechten Gewinnausweises theoretisch fundiert begründen.
7. Die bedingte Vorsicht beschreibt die bilanzielle Behandlung unerwarteter Geschäftsvorfälle mit unrealisierter Erfolgswirkung. Sie führt zu einer asymmetrischen Erfassung von Erträgen und Aufwendungen, die sich in den Periodenabgrenzungen widerspiegelt. Erwartete Aufwendungen werden als Periodenabgrenzungen vollständig erfasst, während erwartete Erträge mit geringen Ausnahmen bei bestimmten Rechnungslegungssystemen nicht berücksichtigt werden. Die bedingte Vorsicht ist für die Periodenabgrenzungsmodelle eine ausgelassene Variable. Ball/Shivakumar schlagen vor, sie durch Hinzunahme der erklärenden Variablen der Basu-Regression in den bestehenden Periodenabgrenzungsmodellen zu berücksichtigen. Die Basu-Regression ist umstritten, insbesondere die Operationalisierung des Konstrukts Nachrichten mit Hilfe unerwarteter Aktienrenditen ist angreifbar.

8. Das zweite Problem Fehler in den Variablen wurde durch das modifizierte Jones-Modell und das Forward-Looking-Modell aufgegriffen. Beide Ansätze unterstellen, dass ein Teil der Umsatzänderungen durch Gewinnsteuerung beeinflusst ist und dadurch die Messung der ungesteuerten Periodenabgrenzungen verzerrt wird. Das modifizierte Jones-Modell, das Forderungen aus Lieferungen und Leistungen vollständig als gesteuert betrachtet, erweist sich als unzweckmäßig. Das Forward-Looking-Modell, das einen Mittelweg zwischen den beiden Jones-Modellen darstellt, erscheint geeigneter.
9. Die Operationalisierung der gesamten Periodenabgrenzungen kann aufgrund von Fehler in den Variablen ebenfalls Ursache des Messfehlers sein. Bei einer Operationalisierung der gesamten Periodenabgrenzungen mit dem Bilanzansatz kommt es für Unternehmensjahre mit Fusionen und Übernahmen, Desinvestitionen oder Währungsumrechnungen sowie Umklassifikation von Erträgen und Aufwendungen oder Änderungen der Rechnungslegungsvorschriften zu einem stärkeren Messfehler als bei Verwendung des Cashflow-Ansatzes.
10. Das dritte Problem simultaner Kausalität wurde von Kang/Sivaramakrishnan versucht, mit Hilfe eines ökonometrischen Verfahrens auf Basis von Instrumentalvariablen zu lösen. Der Ansatz zeigte vielversprechende Ergebnisse. Einen direkten Vergleich mit bestehenden Modellen erlaubt der Beitrag nicht, da die Periodenabgrenzungsmodelle mit unterschiedlichen Verfahren geschätzt wurden und Kang/Sivaramakrishnan nur für ihr Modell den Instrumentalvariablen-Ansatz verwendeten. Zudem kann bemängelt werden, dass die Instrumentalvariablen nicht auf ihre statistische Eignung überprüft wurden.
11. Um einen größeren Stichprobenumfang zu ermöglichen, wird inzwischen die Querschnittanalyse der Längsschnittanalyse vorgezogen. Die Kombination beider Dimensionen in Form einer Panelanalyse wird ebenfalls genutzt. Der Längsschnittanalyse liegt die Prämisse zugrunde, dass keine unbeobachteten zeitspezifischen Effekte existieren. Die Querschnittanalyse geht davon aus, dass keine unbeobachteten unternehmensspezifischen Effekte existieren. Die Einschränkungen der Längs- und Querschnittanalyse hinsichtlich einer Mindestanzahl an Beobachtungen werden bei einer Panel-Schätzung vermieden. Werden dabei die Paneleigenschaften der Stichprobe durch die Verwendung eines KQ-Schätzers ignoriert, kann es zu größeren Messfehlern kommen als bei der Längs- und Querschnittanalyse mit Hilfe eines KQ-Schätzers. Eine KQ-Schätzung unterstellt, dass keine unbeobachteten zeit- oder unternehmensspezifischen Unterschiede vorliegen. Die Anforderungen, die die drei

Erhebungsvarianten – Längsschnitt, Querschnitt und Panel – an die Variablen stellen, dürften in der Regel nicht erfüllt sein. Es überrascht, dass für die Panelanalyse nur selten ökonometrische Standardverfahren wie Fixed-Effects-Schätzer verwendet werden, obwohl diese für die Panelanalyse geeigneter sind als die KQ-Methode.

12. *Performance matching* wird in der Literatur als Standardverfahren verwendet. Der unkritische Umgang mit dem Matching-Verfahren ist zu hinterfragen. Es wurde ausdrücklich für Stichproben entwickelt, die eine Selektionsverzerrung hinsichtlich der Wirtschaftsleistung aufweisen. Vielfach wird in der Literatur darauf verzichtet, diese Selektionsverzerrung der Stichprobe aufzuzeigen oder wenigstens zu diskutieren. Sofern keine Selektionsverzerrung besteht, führt das Matching zu einem Messfehler vom Typ μ. Es sinkt die Wahrscheinlichkeit, die Nullhypothese abzulehnen, wenn sie falsch ist (Häufigkeit des Fehlers 2. Art steigt). Der Effekt ist in empirischen Beiträgen sogar stärker ausgeprägt als in Simulationsstudien, weil das Matching mit Variablen erfolgt, die u.U. bereits durch Gewinnsteuerung beeinflusst wurden.
13. In der Literatur fehlt eine Auseinandersetzung mit dem Problem simultaner Kausalität, die den problemverursachenden Eigenschaften der doppelten Buchführung Rechnung trägt. Weiter blieb in bisherigen Periodenabgrenzungsmodellen, mit Ausnahme des Vorschlags von Ball/Shivakumar, die bedingte Vorsicht unberücksichtigt. Die vorliegende Arbeit versucht, diese Forschungslücken zu schließen: Erstens soll das Problem simultaner Kausalität durch ein Mehrgleichungssystem in Anlehnung an Christodoulou/McLeay (2014) verringert werden. Zweitens wird der Effekt der bedingten Vorsicht bei der Messung von Gewinnsteuerung systematisch untersucht. Der Effekt der bedingten Vorsicht wird durch die von Ball/Shivakumar (2006) vorgeschlagene Kombination aus Periodenabgrenzungsmodell und Basu-Regression operationalisiert.
14. Die Simulationsstudie zeigt, dass die Operationalisierung der gesamten Periodenabgrenzungen einen Einfluss auf die Teststärke der Modelle und das Ausmaß der Selektionsverzerrung hat. Für alle Stichproben auf Basis von Quartilen wirtschaftlicher Kennzahlen ist der Effekt der Stichprobenselektion schwächer, wenn der Bilanzansatz verwendet wird. Eine Operationalisierung der gesamten Periodenabgrenzungen mit dem Bilanzansatz führt im Mittel zu höheren Teststärken bei künstlich eingefügter Gewinnsteuerung als eine Operationalisierung mit dem Cashflow-Ansatz: Ein überraschendes Ergebnis, da der Cashflow-Ansatz in der Literatur dem Bilanzansatz mit der Begründung vorgezogen wird, dass er den kleineren Messfehler aufweise.

15. Die Wahl des Schätzverfahrens beeinflusst die Teststärke der Modelle. Bei einer Panelanalyse ist die Verwendung der gepoolten KQ-Methode zur Schätzung der gesteuerten Periodenabgrenzungen abzulehnen, da mit dieser Methode die künstliche Gewinnsteuerung am seltensten erkannt wird. Bessere Ergebnisse erzielt der Fixed-Effects-Schätzer, der im Vergleich mit anderen Schätzverfahren durchweg die höchsten Erkennungsraten für die künstliche Gewinnsteuerung aufweist. Die zusätzliche Verwendung von Jahresindikatoren zur Erfassung konstanter unbeobachteter zeitspezifischer Effekte erscheint aufgrund statistischer Testergebnisse angebracht. Die Auswirkungen auf die Simulationsstudie fallen im Vergleich zum Fixed-Effects-Schätzer gering aus. Auch im Vergleich zur Querschnittanalyse schneidet die Panelschätzung mit fixen Effekten für den Nachweis von Gewinnsteuerung besser ab. Die Selektionsverzerrung kann durch die untersuchten Schätzverfahren bis auf eine Ausnahme nicht verringert werden. Für die SIZE-Stichprobe lässt sich die Selektionsverzerrung durch die Verwendung fixer Effekte korrigieren.
16. Beide Jones-Modelle können im Modellvergleich nicht überzeugen. Sie sind anfällig gegenüber der Stichprobenselektion und die Teststärken liegen unterhalb den Teststärken des McNichols-Modells. Das McNichols-Modell erkennt am zuverlässigsten die eingefügte künstliche Gewinnsteuerung. Für das untere CFO-Quartil kann das McNichols-Modell die Selektionsverzerrung teilweise korrigieren. Das Mehrgleichungsmodell kann nicht überzeugen. Es korrigiert weder die Selektionsverzerrung, noch weist es höhere Teststärken als die Einzelgleichungsmodelle auf.
17. Für das *performance matching* bestätigt die Simulationsstudie die Ergebnisse von Kothari/Leone/Wasley (2005). Die Teststärke der Modelle nimmt durch das Matching ab. Die künstlich eingefügte Gewinnsteuerung wird seltener erkannt. Keung/Shih kritisieren zu Recht die Praxis in der Literatur, das Matching unkritisch als Standardverfahren zu verwenden. Die Stärke des Matching ist die Korrektur der Selektionsverzerrung, sofern das Matching-Kriterium mit dem Kriterium der Stichprobenselektion korreliert. Je stärker die Korrelation, desto stärker fällt die Korrektur aus. In der Simulationsstudie kann das Matching-Verfahren, wenn ROA_t bzw. ROA_{t-1} als Matching-Kriterium verwendet wird, die Selektionsverzerrung für die ROA-, MB- und SALESGROWTH-Stichproben sowie für das untere EP-Quartil korrigieren.
18. Die Berücksichtigung der bedingten Vorsicht führt in der Simulationsstudie zu keiner systematischen Verbesserung der Teststärke oder Abnahme der Selektionsverzerrung. Auch wenn der Effekt der bedingten Vorsicht auf die

gesteuerten Periodenabgrenzungen gering ist, sollte die bedingte Vorsicht in den Periodenabgrenzungsmodellen berücksichtigt werden, weil sie die Verzerrung der Schätzung der gesteuerten Perioden aufgrund ausgelassener Variablen vermindert.

19. Die Ergebnisse der Simulationsstudie sind mit den Ergebnissen von Kothari/Leone/Wasley (2005) und Dechow et al. (2012) teilweise deckungsgleich. Es bestätigt sich, dass das McNichols Modell den beiden Jones-Modellen überlegen ist. Ebenfalls bestätigt die Simulationsstudie, dass die Einzelgleichungsmodelle ungeeignet sind, bei einer realistischen Größe von Gewinnsteuerung diese nachzuweisen. Die bekannten Stärken und Schwächen des *performance matching* zeigen sich auch bei einer europäische Stichprobe. Unerwartete Ergebnisse ergibt der Vergleich der unterschiedlichen Operationalisierung der gesamten Periodenabgrenzungen, jedoch gibt es keine Anhaltspunkte dieses Ergebnis auf die europäische Datenbasis zurückzuführen. Die von Christodoulou/McLeay (2014) geweckten Erwartungen an das Mehrgleichungsmodell erfüllen sich nicht, da das Mehrgleichungsmodell durchweg schlechtere Ergebniss erzielt als die Einzelgleichungsmodelle. Die statistischen Ergebnisse der DPR-Stichprobe können als vorsichtigen Hinweis für die Hypothese interpretiert werden, dass diese Stichprobe eine positive Gewinnsteuerung aufweist. Belastbare statistische Hinweise für diese Hypothese – wie sie in US-amerikanischen Studien mit der vergleichbaren AEER-Stichprobe bestehen – sind existieren jedoch nicht.
20. Verbindet man die Erkenntnisse der kritischen Würdigung mit den Ergebnissen der Simulationsstudie, ist zu bezweifeln, dass aggregierte Periodenabgrenzungsmodelle ein geeigneter Messansatz für Gewinnsteuerung sind. Den Modellen gelingt es nicht, zwischen ungesteuerten Periodenabgrenzungen aufgrund von wirtschaftlichem Wachstum und gesteuerten Periodenabgrenzungen, aufgrund von Gewinnsteuerung zu unterscheiden. Unternehmenswachstum wird regelmäßig als Gewinnsteuerung erkannt. Die Teststärken sind unabhängig von Modell, Schätzer oder Operationalisierung für realistische Größen von Gewinnsteuerung sehr niedrig. Erst ab einer Gewinnsteuerung i.H.v. 3% des Gesamtvermögens schließen die Modelle zuverlässig auf Gewinnsteuerung. Für Stichproben mit einem geringen Ausmaß an Gewinnsteuerung kann man mit diesem Ansatz Gewinnsteuerung statistisch nicht nachweisen, wofür die Analyse der DPR-Stichprobe auch Hinweise liefert.

Anhang

Tabelle A.1: Branchenverteilung der Stichprobe

SIC2	Anzahl	Anteil	Bezeichnung
Agriculture, Forestry, And Fishing (N=151; 0,4%)			
01	151	0,4%	Agricultural Production Crops
Mining (N=1.138; 3,1%)			
10	429	1,2%	Metal Mining
13	650	1,8%	Oil And Gas Extraction
14	59	0,2%	Mining And Quarrying Of Nonmetallic Minerals, Except Fuels
Construction (N=1.584; 4,3%)			
15	743	2,0%	Building Construction General Contractors And Operative Builders
16	637	1,7%	Heavy Construction Other Than Building Construction Contractors
17	204	0,6%	Construction Special Trade Contractors
Manufacturing (N=17.199; 46,8%)			
20	1.614	4,4%	Food And Kindred Products
22	443	1,2%	Textile Mill Products
23	449	1,2%	Apparel And Other Finished Products Made From Fabrics And Similar Materials
24	289	0,8%	Lumber And Wood Products, Except Furniture
25	190	0,5%	Furniture And Fixtures
26	660	1,8%	Paper And Allied Products
27	928	2,5%	Printing, Publishing, And Allied Industries
28	2.136	5,8%	Chemicals And Allied Products
29	88	0,2%	Petroleum Refining And Related Industries
30	574	1,6%	Rubber And Miscellaneous Plastics Products
32	827	2,3%	Stone, Clay, Glass, And Concrete Products
33	658	1,8%	Primary Metal Industries
34	812	2,2%	Fabricated Metal Products, Except Machinery And Transportation Equipment
35	2.517	6,9%	Industrial And Commercial Machinery And Computer Equipment
36	2.119	5,8%	Electronic And Other Electrical Equipment And Components, Except Computer Equipment
37	1.153	3,1%	Transportation Equipment
38	1.396	3,8%	Measuring, Analyzing, And Controlling Instruments; Photographic, Medical And Optical Goods; Watches And Clocks
39	346	0,9%	Miscellaneous Manufacturing Industries

SIC2	Anzahl	Anteil	Bezeichnung
Transportation, Communications, Electric, Gas, And Sanitary Services (N=3.336; 9,1%))			
42	192	0,5%	Motor Freight Transportation And Warehousing
44	628	1,7%	Water Transportation
45	345	0,9%	Transportation By Air
47	54	0,1%	Transportation Services
48	1.047	2,8%	Communications
49	1.070	2,9%	Electric, Gas, And Sanitary Services
Wholesale Trade (N=2.126; 5,8%)			
50	1.370	3,7%	Wholesale Trade-durable Goods
51	756	2,1%	Wholesale Trade-non-durable Goods
Retail Trade (N=1.564; 4,3%)			
53	23	0,1%	General Merchandise Stores
54	242	0,7%	Food Stores
55	242	0,7%	Automotive Dealers And Gasoline Service Stations
56	275	0,7%	Apparel And Accessory Stores
57	164	0,4%	Home Furniture, Furnishings, And Equipment Stores
58	258	0,7%	Eating And Drinking Places
59	360	1,0%	Miscellaneous Retail
Services (N=9.604; 26,1%)			
70	325	0,9%	Hotels, Rooming Houses, Camps, And Other Lodging Places
73	5.940	16,2%	Business Services
78	403	1,1%	Motion Pictures
79	740	2,0%	Amusement And Recreation Services
80	312	0,8%	Health Services
87	1.785	4,9%	Engineering, Accounting, Research, Management, And Related Services
89	99	0,3%	Miscellaneous Services
Gesamt	36.737	100,0%	

Quelle: Eigene Darstellung. Die Tabelle zeigt die Branchenverteilung der Stichprobe. Die Brancheneinteilung erfolgt nach dem US-amerikanischen Klassifikationsschema Standard Industrial Classification (SIC); vgl. https://www.osha.gov/pls/imis/sic_manual.html (Stand: 10.12.2014). Die Branchen sind nach Divisionen sortiert. In der Klammer nach dem Divisionsname steht die Anzahl der Unternehmensjahre und deren Anteil an der gesamten Stichprobe.

Tabelle A.2: Branchenverteilung der DPR-Stichprobe

	Beschränkte DPR-Stichprobe			Unbeschränkte DPR-Stichprobe		
SIC2	Gesamt	PART = 0	PART = 1	Gesamt	PART = 0	PART = 1
1	0	0	0	30	29	1
10	0	0	0	21	20	1
13	0	0	0	6	6	0
14	0	0	0	11	11	0
15	0	0	0	39	37	2
16	0	0	0	55	55	0
17	0	0	0	10	10	0
20	151	150	1	183	181	2
22	0	0	0	74	74	0
23	0	0	0	107	106	1
24	0	0	0	72	72	0
25	0	0	0	27	27	0
26	0	0	0	74	73	1
27	0	0	0	61	58	3
28	358	351	7	381	374	7
29	0	0	0	11	10	1
30	65	65	0	161	156	5
32	106	106	0	161	161	0
33	0	0	0	60	59	1
34	0	0	0	116	116	0
35	703	702	1	710	709	1
36	434	425	9	462	453	9
37	211	209	2	242	240	2
38	235	233	2	261	259	2
39	0	0	0	81	81	0
42	0	0	0	21	20	1
44	0	0	0	53	53	0
45	0	0	0	31	31	0
47	0	0	0	14	14	0
48	60	58	2	126	123	3
49	121	118	3	179	176	3
50	0	0	0	129	128	1
51	0	0	0	77	75	2
52	0	0	0	6	6	0
53	0	0	0	2	2	0
54	0	0	0	26	25	1
55	0	0	0	14	14	0
56	0	0	0	15	15	0
57	0	0	0	33	33	0

SIC2	Beschränkte DPR-Stichprobe			Unbeschränkte DPR-Stichprobe		
	Gesamt	PART = 0	PART = 1	Gesamt	PART = 0	PART = 1
59	0	0	0	87	84	3
70	0	0	0	30	30	0
73	925	916	9	937	928	9
78	105	103	2	140	138	2
79	0	0	0	58	57	1
80	0	0	0	107	105	2
87	144	140	4	156	152	4
89	0	0	0	23	21	2
Σ	3.618	3.576	42	5.680	5.607	73

Quelle: Eigene Darstellung. Die Tabelle zeigt die Branchenverteilung der Stichprobe. Die Brancheneinteilung erfolgt nach dem US-amerikanischen Klassifikationsschema Standard Industrial Classification (SIC); vgl. https://www.osha.gov/pls/imis/sic_manual.html (Stand: 10.12.2014). Bei der beschränkten DPR-Stichprobe enthält jeder Jahres-Branchen-Querschnitt mindestens elf Unternehmensjahre. Bei der unbeschränkten DPR-Stichprobe gibt es diese Auflage nicht. PART = 0 gilt für die Unternehmensjahre, für die keine Fehlerveröffentlichungen vorliegen. PART = 1 gilt für die Unternehmensjahre, für die Fehlerveröffentlichungen vorliegen.

Tabelle A.3: Deskriptive Statistiken für die Rechnungslegungsvariablen der Teilstichproben auf Basis unterschiedlicher wirtschaftlicher Kennzahlen

Panel A: Unterste Quartile der Teilstichproben auf Basis wirtschaftlicher Kennzahlen

	ROA		SIZE		MB		SALESGROWTH		CFO		EP	
	Median	Mittelwert	Median	Mittelwert	Median	Mittelwert	Median	Mittelwert	Median	Mittelwert	Median	Mittelwert
ACC_t^{BS}	–0,0718	–0,0834	–0,0490	–0,0572	–0,0476	–0,0535	–0,0593	–0,0679	–0,0130	–0,0166	–0,0721	–0,0830
ACC_t^{CF}	–0,0932	–0,1172	–0,0495	–0,0627	–0,0484	–0,0596	–0,0569	–0,0735	–0,0013	–0,0185	–0,0917	–0,1161
$1/ASSETS_{t-1}$	0,0000	0,0000	0,0000	0,0000	0,0000	0,0000	0,0000	0,0000	0,0000	0,0000	0,0000	0,0000
CFO_{t-1}	–0,0065	–0,0663	0,0318	–0,0089	0,0440	0,0258	0,0498	0,0198	–0,0105	–0,0684	–0,0006	–0,0576
CFO_t	–0,0158	–0,0693	0,0373	0,0097	0,0454	0,0339	0,0372	0,0095	–0,0540	–0,1188	–0,0086	–0,0604
CFO_{t+1}	–0,0012	–0,0475	0,0381	0,0205	0,0460	0,0402	0,0372	0,0179	–0,0073	–0,0510	0,0031	–0,0382
CPX_t	0,0229	0,0447	0,0245	0,0463	0,0292	0,0460	0,0251	0,0412	0,0217	0,0429	0,0235	0,0456
DEP_{t-1}	0,0443	0,0576	0,0414	0,0549	0,0414	0,0506	0,0433	0,0540	0,0338	0,0466	0,0446	0,0577
DEP_t	0,0469	0,0602	0,0425	0,0544	0,0410	0,0491	0,0401	0,0483	0,0367	0,0484	0,0475	0,0605
INC_t	–0,1138	–0,1919	0,0099	–0,0536	0,0122	–0,0261	–0,0063	–0,0645	–0,0583	–0,1354	–0,1050	–0,1814
PPE_{t-1}	0,1585	0,2424	0,1779	0,2489	0,2623	0,3104	0,1976	0,2550	0,1396	0,2254	0,1727	0,2515
PPE_t	0,1360	0,2172	0,1686	0,2395	0,2545	0,3003	0,1797	0,2362	0,1221	0,2013	0,1492	0,2241
REC_{t-1}	0,1973	0,2496	0,2528	0,2963	0,2099	0,2374	0,2134	0,2439	0,2179	0,2756	0,2018	0,2548
REC_t	0,1776	0,2142	0,2506	0,2889	0,2060	0,2338	0,1878	0,2095	0,2099	0,2582	0,1812	0,2181
$SALES_{t-1}$	0,8439	1,0313	1,1526	1,3195	0,9703	1,1067	1,0469	1,1897	0,9196	1,1380	0,8644	1,0545
$SALES_t$	0,7924	0,9299	1,1664	1,3121	0,9733	1,1077	0,8772	0,9727	0,8615	1,0490	0,8076	0,9486
$\Delta SALES_t$	–0,0046	–0,0062	0,0378	0,0835	0,0138	0,0220	–0,1156	–0,1945	0,0177	0,0580	–0,0060	–0,0019
$\Delta(SALES_t\text{-}REC_t)$	–0,0007	–0,0049	0,0297	0,0623	0,0129	0,0169	–0,0967	–0,1667	0,0075	0,0273	–0,0009	–0,0013
$TOBINQ_t$	0,8203	1,3847	0,7582	1,1367	0,6144	0,7854	0,7769	1,1049	0,8823	1,4518	0,7996	1,3777
N	9.190		9.190		9.190		9.191		9.190		9.190	

Panel B: Oberste Quartile der Teilstichproben auf Basis wirtschaftlicher Kennzahlen

	ROA		SIZE		MB		SALESGROWTH		CFO		EP	
	Median	Mittelwert	Median	Mittelwert	Median	Mittelwert	Median	Mittelwert	Median	Mittelwert	Median	Mittelwert
ACC_t^{BS}	−0,0342	−0,0304	−0,0443	−0,0446	−0,0444	−0,0462	−0,0328	−0,0339	−0,0797	−0,0887	−0,0331	−0,0273
ACC_t^{CF}	−0,0245	−0,0145	−0,0438	−0,0476	−0,0436	−0,0495	−0,0382	−0,0445	−0,0879	−0,1005	−0,0234	−0,0133
$1/ASSETS_{t-1}$	0,0000	0,0000	0,0000	0,0000	0,0000	0,0000	0,0000	0,0000	0,0000	0,0000	0,0000	0,0000
CFO_{t-1}	0,1234	0,1186	0,0880	0,0921	0,0920	0,0450	0,0511	0,0148	0,1288	0,1230	0,0833	0,0826
CFO_t	0,1427	0,1497	0,0930	0,0999	0,0986	0,0605	0,0769	0,0535	0,1772	0,2036	0,0948	0,1021
CFO_{t+1}	0,1433	0,1540	0,0970	0,1095	0,1074	0,0776	0,0848	0,0687	0,1559	0,1681	0,0929	0,1015
CPX_t	0,0455	0,0649	0,0487	0,0639	0,0412	0,0654	0,0434	0,0739	0,0569	0,0803	0,0423	0,0602
DEP_{t-1}	0,0400	0,0467	0,0413	0,0458	0,0406	0,0502	0,0350	0,0444	0,0504	0,0592	0,0385	0,0444
DEP_t	0,0437	0,0503	0,0447	0,0502	0,0474	0,0580	0,0472	0,0591	0,0570	0,0664	0,0408	0,0464
INC_t	0,1164	0,1391	0,0513	0,0524	0,0660	0,0116	0,0516	0,0105	0,0937	0,1031	0,0715	0,0917
PPE_{t-1}	0,2181	0,2752	0,2878	0,3377	0,1747	0,2489	0,2010	0,3029	0,2593	0,3110	0,2669	0,3139
PPE_t	0,2096	0,2646	0,2744	0,3242	0,1626	0,2375	0,1863	0,2857	0,2636	0,3162	0,2605	0,3070
REC_{t-1}	0,2550	0,2942	0,1954	0,2260	0,2592	0,3185	0,2578	0,3267	0,2464	0,2869	0,2554	0,2843
REC_t	0,2511	0,2837	0,1896	0,2138	0,2485	0,2967	0,2600	0,3141	0,2386	0,2756	0,2533	0,2789
$SALES_{t-1}$	1,3310	1,5335	1,0051	1,1528	1,2747	1,4875	1,0981	1,3495	1,2865	1,4871	1,2705	1,4465
$SALES_t$	1,3236	1,5000	0,9770	1,1027	1,2298	1,4064	1,2137	1,4207	1,3144	1,4946	1,2729	1,4329
$\Delta SALES_t$	0,1213	0,1857	0,0556	0,0932	0,1124	0,1926	0,3115	0,4264	0,1203	0,1971	0,0805	0,1364
$\Delta(SALES_t - REC_t)$	0,0982	0,1477	0,0452	0,0728	0,0129	0,0169	−0,0967	−0,1667	0,0075	0,0273	−0,0009	−0,0013
$TOBINQ_t$	1,4331	1,8433	1,0610	1,4429	0,6144	0,7854	0,7769	1,1049	0,8823	1,4518	0,7996	1,3777
N	9.174		9.174		9.174		9.174		9.174		9.174	

Quelle: Eigene Darstellung. Die Tabelle zeigt Median und Mittelwert der verwendeten Variablen für die Teilstichproben auf Basis der untersten und obersten Quartile der Kennzahlen return on assets (ROA), Unternehmensgröße (SIZE), Marktwert-Buchwert-Verhältnis des Eigenkapitals (MB), Umsatzwachstum (SALESGROWTH), operativer Cashflow (CFO) und dem Kehrwert des Kurs-Gewinns-Verhältnisses (EP).

Tabelle A.4: Lineare Regressionsschätzung des Jones-Modells auf Basis der Gesamtstichprobe

	(1)	(2)	(3)	(4)	(5)	(6)	(7)	(8)
	QS KQ	**QS KQ**	**Panel KQ**	**Panel KQ**	**Panel FE**	**Panel FE**	**Panel FE**	**Panel FE**
	ACC_t^{CF}	ACC_t^{BS}	ACC_t^{CF}	ACC_t^{BS}	ACC_t^{CF}	ACC_t^{BS}	ACC_t^{CF}	ACC_t^{BS}
$\Delta SALES_t$	0,0325***	0,0475***	0,0473***	0,0565***	0,0456***	0,0554***	0,0372***	0,0493***
	(0,00466)	(0,00517)	(0,00438)	(0,00532)	(0,00332)	(0,00356)	(0,00340)	(0,00362)
PPE_t	–0,0370***	–0,0419***	–0,0226***	–0,0301***	–0,0391***	–0,0339***	–0,0438***	–0,0364***
	(0,00485)	(0,00454)	(0,00734)	(0,00443)	(0,00852)	(0,00839)	(0,00878)	(0,00863)
Beobachtungen	36.737	36.737	36.737	36.737	36.737	36.737	36.737	36.737
Querschnitte/Unternehmen	690	690			5.580	5.580	5.580	5.580
Jahres-FE					Nein	Nein	Ja	Ja
R^2 / Korrigiertes R^2	0,017	0,031	0,0235	0,0330	–0,155	–0,149	0,037	0,035
AIC			–57.645	–61.121	–70.597	–71.742	–71.208	–72.108
F-Test			135,4***	183,8***	220,3***	269,4***	41,61***	35,85***
Breusch-Pagan-Test			208,8***	821,3***				
Modifizierter Wald-Test					$1,32 \cdot 10^{38}$***	$3,86 \cdot 10^{37}$***	$1,77 \cdot 10^{37}$***	$1,73 \cdot 10^{39}$***
Wooldridge-Test			16,82***	1,952	16,82***	1,952	16,82***	1,952
Varianzinflationsfaktor			1,019	1,019				
Breusch-Pagan-LM-Test					1.452***	828,6***	1.473***	828,2***
Hausman-Test					282,7***	69,06***	276,9***	70,23***
F-Test der fixen Jahreseffekte					29,69***	22,71***		

Quelle: Eigene Darstellung. Die Tabelle zeigt die Ergebnisse der linearen Regressionsanalyse des Jones-Modells auf Basis der gesamten Stichprobe. Die Ergebnisse für den skalierten und unskalierten Achsenabschnitt bei den Regressionen (1) bis (8) sowie die Jahresindikatoren bei den Regressionen (7) und (8) werden nicht gezeigt. Für die Regressionen (1) und (2) ist das unkorrigierte Bestimmtheitsmaß R^2 angegeben. Standardfehler in Klammern. *** signifikant auf dem 1%-Niveau, ** signifikant auf dem 5%-Niveau, * signifikant auf dem 10%-Niveau.

Tabelle A.5: Abschnittsweise lineare Regressionsschätzung (VAR = ABNRET) des Jones-Modells auf Basis der Gesamtstichprobe

	(1) QS KQ ACC_t^{CF}	(2) QS KQ ACC_t^{BS}	(3) Panel KQ ACC_t^{CF}	(4) Panel KQ ACC_t^{BS}	(5) Panel FE ACC_t^{CF}	(6) Panel FE ACC_t^{BS}	(7) Panel FE ACC_t^{CF}	(8) Panel FE ACC_t^{BS}
$\Delta SALES_t$	0,0294***	0,0479***	0,0412***	0,0546***	0,0417***	0,0548***	0,0314***	0,0478***
	(0,00532)	(0,00527)	(0,00462)	(0,00550)	(0,00333)	(0,00361)	(0,00342)	(0,00369)
PPE_t	−0,0519***	−0,0561***	−0,0262***	−0,0317***	−0,0359***	−0,0333***	−0,0444***	−0,0366***
	(0,00564)	(0,00534)	(0,00693)	(0,00419)	(0,00837)	(0,00833)	(0,00861)	(0,00855)
VAR_t	−0,0591	0,00560	−0,00707*	−0,00926***	−0,00358	−0,00638***	−0,00272	−0,00494**
	(0,0434)	(0,0178)	(0,00363)	(0,00337)	(0,00230)	(0,00237)	(0,00232)	(0,00238)
$DVAR_t$	0,00567	0,00354	0,00780***	0,00424**	0,00765***	0,00472***	0,00626***	0,00363**
	(0,00566)	(0,00438)	(0,00249)	(0,00194)	(0,00172)	(0,00173)	(0,00172)	(0,00173)
$DVAR_t \times VAR_t$	0,141***	0,0195	0,0946***	0,0500***	0,0646***	0,0312***	0,0707***	0,0332***
	(0,0447)	(0,0222)	(0,0132)	(0,00895)	(0,00551)	(0,00518)	(0,00561)	(0,00535)
Beobachtungen	36.402	36.402	36.402	36.402	36.402	36.402	36.402	36.402
Querschnitte/Unternehmen	690	690			5.551	5.551	5.551	5.551
Jahres-FE					Nein	Nein	Ja	Ja
R^2 / Korrigiertes R^2	0,013	0,031	0,0422	0,0369	0,030	0,027	0,049	0,037
AIC			−58.008	−60.888	−70.517	−71.354	−71.222	−71.719
F-Test			153,7***	119,7***	63,78***	47,49***	46,06***	32,83***
Breusch-Pagan-Test			1.660***	296,5***				
Modifizierter Wald-Test					$4{,}02*10^{38}$***	$4{,}02*10^{36}$***	$2{,}99*10^{37}$***	$5{,}13*10^{36}$***
Wooldridge-Test			14,04***	3,038*	14,04***	3,038*	14,04***	3,038*
Varianzinflationsfaktor			1,712	1,712				
Breusch-Pagan-LM-Test					1.298***	783,3***	1.293***	771,1***
Hausman-Test					251,8***	65,71***	228,1***	61,54***
F-Test der fixen Jahreseffekte					33,26***	21,54***		

Quelle: Eigene Darstellung. Die Tabelle zeigt die Ergebnisse der abschnittsweisen linearen Regressionsanalyse des Jones-Modells auf Basis der gesamten Stichprobe. Das Konstrukt Nachrichten wurden mit ABNRET operationalisiert (VAR = ABNRET). Die Ergebnisse für den skalierten und unskalierten Achsenabschnitt bei den Regressionen (1) bis (8) sowie die Jahresindikatoren bei den Regressionen (7) und (8) werden nicht gezeigt. Für die Regressionen (1) und (2) ist das unkorrigierte Bestimmtheitsmaß R^2 angegeben. Standardfehler in Klammern. *** signifikant auf dem 1%-Niveau, ** signifikant auf dem 5%-Niveau, * signifikant auf dem 10%-Niveau.

Tabelle A.6: Lineare Regressionsschätzung des modifizierten Jones-Modells auf Basis der Gesamtstichprobe

	(1) QS KQ ACC_t^{CF}	(2) QS KQ ACC_t^{BS}	(3) Panel KQ ACC_t^{CF}	(4) Panel KQ ACC_t^{BS}	(5) Panel FE ACC_t^{CF}	(6) Panel FE ACC_t^{BS}	(7) Panel FE ACC_t^{CF}	(8) Panel FE ACC_t^{BS}
$\Delta(SALES_t - REC_t)$	0,00531	0,00525	0,0236***	0,0217***	0,0163***	0,0106***	0,00766**	0,00304
	(0,00496)	(0,00608)	(0,00545)	(0,00679)	(0,00380)	(0,00425)	(0,00387)	(0,00431)
PPE_t	−0,0319***	−0,0340***	−0,0198**	−0,0263***	−0,0138**	0,00133	−0,0233***	−0,00640
	(0,00480)	(0,00472)	(0,00775)	(0,00485)	(0,00843)	(0,00856)	(0,00868)	(0,00875)
Beobachtungen	36.737	36.737	36.737	36.737	36.737	36.737	36.737	36.737
Querschnitte/Unternehmen	690	690			5.580	5.580	5.580	5.580
Jahres-FE					Nein	Nein	Ja	Ja
R^2 / Korrigiertes R^2	0,002	0,005	0,00882	0,00821	−0,172	−0,177	0,027	0,017
AIC			−57.096	−60.190	−70.058	−70.857	−70.833	−71.415
F-Test			50,06***	56,96***	65,67***	15,93***	35,10***	28,19***
Breusch-Pagan-Test			2164***	231,4***				
Modifizierter Wald-Test					$3{,}65 * 10^{37}$***	$1{,}81 * 10^{37}$***	$3{,}17 * 10^{39}$***	$4{,}25 * 10^{37}$***
Wooldridge-Test			25,45***	0,000149	25,45***	0,000149	25,45***	0,000149
Varianzinflationsfaktor			1,017	1,017				
Breusch-Pagan-LM-Test					1.400***	807,2***	1.443***	824,9***
Hausman-Test					300,4***	84,61***	288,2***	81,21***
F-Test der fixen Jahreseffekte					36,93***	31,48***		

Quelle: Eigene Darstellung. Die Tabelle zeigt die Ergebnisse der linearen Regressionsanalyse des modifizierten Jones-Modells auf Basis der gesamten Stichprobe. Die Ergebnisse für den skalierten und unskalierten Achsenabschnitt bei den Regressionen (1) bis (8) sowie die Jahresindikatoren bei den Regressionen (7) und (8) werden nicht gezeigt. Für die Regressionen (1) und (2) ist das unkorrigierte Bestimmtheitsmaß R^2 angegeben. Standardfehler in Klammern. *** signifikant auf dem 1%-Niveau, ** signifikant auf dem 5%-Niveau, * signifikant auf dem 10%-Niveau.

Tabelle A.7: Abschnittsweise lineare Regressionsschätzung (VAR = ABNRET) des modifizierten Jones-Modells auf Basis der Gesamtstichprobe

	(1) QS KQ ACC_t^{CF}	(2) QS KQ ACC_t^{BS}	(3) Panel KQ ACC_t^{CF}	(4) Panel KQ ACC_t^{BS}	(5) Panel FE ACC_t^{CF}	(6) Panel FE ACC_t^{BS}	(7) Panel FE ACC_t^{CF}	(8) Panel FE ACC_t^{BS}
$\Delta(SALES_t - REC_t)$	0,00209	0,00304	0,0168***	0,0188***	0,0124***	0,00957**	0,00168	0,000790
	(0,00573)	(0,00610)	(0,00603)	(0,00726)	(0,00383)	(0,00431)	(0,00390)	(0,00438)
PPE_t	−0,0478***	−0,0490***	−0,0238***	−0,0284***	−0,0120	0,00118	−0,0262***	−0,00828
	(0,00572)	(0,00562)	(0,00732)	(0,00461)	(0,00827)	(0,00850)	(0,00850)	(0,00868)
VAR_t	−0,0612	0,00449	−0,00449	−0,00560	−0,00174	−0,00363	−0,000704	−0,00177
	(0,0459)	(0,0179)	(0,00403)	(0,00401)	(0,00231)	(0,00239)	(0,00234)	(0,00239)
$DVAR_t$	0,00295	−0,000560	0,00766***	0,00403*	0,00745***	0,00440**	0,00595***	0,00314*
	(0,00559)	(0,00470)	(0,00256)	(0,00206)	(0,00174)	(0,00175)	(0,00173)	(0,00175)
$DVAR_t \times VAR_t$	0,145***	0,0212	0,0962***	0,0522***	0,0666***	0,0341***	0,0731***	0,0368***
	(0,0471)	(0,0228)	(0,0139)	(0,0102)	(0,00555)	(0,00522)	(0,00565)	(0,00539)
Beobachtungen	36.402	36.402	36.402	36.402	36.402	36.402	36.402	36.402
Querschnitte/Unternehmen	690	690			5.551	5.551	5.551	5.551
Jahres-FE					Nein	Nein	Ja	Ja
R^2 / Korrigiertes R^2	0,006	0,009	0,0307	0,0139	0,018	0,004	0,042	0,020
AIC			−57.573	−60.030	−70.058	−70.507	−70.952	−71.087
F-Test			118,4***	60,99***	41,14***	10,06***	42,51***	26,63***
Breusch-Pagan-Test			3.658***	620,1***				
Modifizierter Wald-Test					$3{,}13 \cdot 10^{37}$***	$1{,}35 \cdot 10^{37}$***	$4{,}56 \cdot 10^{37}$***	$1{,}35 \cdot 10^{37}$***
Wooldridge-Test			21,34***	0,116	21,34***	0,116	21,34***	0,116
Varianzinflationsfaktor			1,709	1,709				
Breusch-Pagan-LM-Test					1.244***	753,9***	1.260***	757,4***
Hausman-Test					262,1***	75,25***	230,0***	64,62***
F-Test der fixen Jahreseffekte					41,21***	30,91***		

Quelle: Eigene Darstellung. Die Tabelle zeigt die Ergebnisse der abschnittsweisen linearen Regressionsanalyse des modifizierten Jones-Modells auf Basis der gesamten Stichprobe. Das Konstrukt Nachrichten wurden mit ABNRET operationalisiert (VAR = ABNRET). Die Ergebnisse für den skalierten und unskalierten Achsenabschnitt bei den Regressionen (1) bis (8) sowie die Jahresindikatoren bei den Regressionen (7) und (8) werden nicht gezeigt. Für die Regressionen (1) und (2) ist das unkorrigierte Bestimmtheitsmaß R^2 angegeben. Standardfehler in Klammern. *** signifikant auf dem 1%-Niveau, ** signifikant auf dem 5%-Niveau, * signifikant auf dem 10%-Niveau.

Tabelle A.8: Lineare Regressionsschätzung des McNichols-Modells auf Basis der Gesamtstichprobe

	(1) QS KQ ACC_t^{CF}	(2) QS KQ ACC_t^{BS}	(3) Panel KQ ACC_t^{CF}	(4) Panel KQ ACC_t^{BS}	(5) Panel FE ACC_t^{CF}	(6) Panel FE ACC_t^{BS}	(7) Panel FE ACC_t^{CF}	(8) Panel FE ACC_t^{BS}
$\Delta SALES_t$	0,0595***	0,0665***	0,0680***	0,0742***	0,0688***	0,0744***	0,0631***	0,0705***
	(0,00432)	(0,00504)	(0,00402)	(0,00399)	(0,00307)	(0,00343)	(0,00317)	(0,00349)
PPE_t	–0,0208***	–0,0235***	–0,0150**	–0,0225***	–0,0337***	–0,0297***	–0,0358***	–0,0300***
	(0,00424)	(0,00429)	(0,00605)	(0,00371)	(0,00786)	(0,00816)	(0,00804)	(0,00838)
CFO_{t-1}	0,235***	0,166***	0,274***	0,216***	0,227***	0,189***	0,219***	0,182***
	(0,0136)	(0,0138)	(0,0127)	(0,0128)	(0,0113)	(0,00118)	(0,00971)	(0,0101)
CFO_t	–0,626***	–0,493***	–0,494***	–0,414***	–0,521***	–0,428***	–0,520***	–0,429***
	(0,0147)	(0,0141)	(0,0132)	(0,0132)	(0,00969)	(0,0101)	(0,0113)	(0,0118)
CFO_{t+1}	0,153***	0,135***	0,130***	0,106***	0,119***	0,101***	0,118***	0,100***
	(0,0115)	(0,0112)	(0,00927)	(0,00608)	(0,00881)	(0,00867)	(0,00878)	(0,00867)
Beobachtungen	36.737	36.737	36.737	36.737	36.737	36.737	36.737	36.737
Querschnitte/Unternehmen	690	690			5.580	5.580	5.580	5.580
Jahres-FE					Nein	Nein	Ja	Ja
R^2 / Korrigiertes R^2	0,192	0,165	0,218	0,180	0,142	0,058	0,285	0,209
AIC			–65.789	–67.180	–81.525	–79.052	–82.137	–79.386
F-Test			545,5***	413,2***	1.948***	1.309***	184,1***	99,88***
Breusch-Pagan-Test			172,3***	722,4***				
Modifizierter Wald-Test					$3,97*10^{41}$***	$8,39*10^{36}$***	$2,87*10^{38}$***	$5,24*10^{37}$***
Wooldridge-Test			75,74***	3,921*	75,74***	3,921*	75,74***	3,921*
Varianzinflationsfaktor			1,581	1,581				
Breusch-Pagan-LM-Test					2.624***	1.246***	2.658***	1.242***
Hausman-Test					357,6***	89,26***	348,8***	89,39***
F-Test der fixen Jahreseffekte					26,19***	19,05***		

Quelle: Eigene Darstellung. Die Tabelle zeigt die Ergebnisse der linearen Regressionsanalyse des McNichols-Modells auf Basis der gesamten Stichprobe. Die Ergebnisse für den skalierten und unskalierten Achsenabschnitt bei den Regressionen (1) bis (8) sowie die Jahresindikatoren bei den Regressionen (7) und (8) werden nicht gezeigt. Für die Regressionen (1) und (2) ist das unkorrigierte Bestimmtheitsmaß R^2 angegeben. Standardfehler in Klammern. *** signifikant auf dem 1%-Niveau, ** signifikant auf dem 5%-Niveau, * signifikant auf dem 10%-Niveau.

Tabelle A.9: Abschnittsweise lineare Regressionsschätzung (VAR = ABNRET) des McNichols-Modells auf Basis der Gesamtstichprobe

	(1) QS KQ ACC_t^{CF}	(2) QS KQ ACC_t^{BS}	(3) Panel KQ ACC_t^{CF}	(4) Panel KQ ACC_t^{BS}	(5) Panel FE ACC_t^{CF}	(6) Panel FE ACC_t^{BS}	(7) Panel FE ACC_t^{CF}	(8) Panel FE ACC_t^{BS}
$\Delta SALES_t$	0,0473***	0,0628***	0,0610***	0,0710***	0,0631***	0,0719***	0,0549***	0,0666***
	(0,00568)	(0,00567)	(0,00427)	(0,00424)	(0,00304)	(0,00345)	(0,00314)	(0,00353)
PPE_t	−0,0213***	−0,0304***	−0,0157***	−0,0227***	−0,0258***	−0,0260***	−0,0335***	−0,0286***
	(0,00501)	(0,00529)	(0,00582)	(0,00345)	(0,00734)	(0,00792)	(0,00745)	(0,00809)
CFO_{t-1}	0,203***	0,151***	0,265***	0,213***	0,222***	0,188***	0,211***	0,179***
	(0,0273)	(0,0199)	(0,0123)	(0,0120)	(0,00935)	(0,00988)	(0,00935)	(0,00985)
CFO_t	−0,634***	−0,530***	−0,523***	−0,428***	−0,544***	−0,440***	−0,547***	−0,442***
	(0,0311)	(0,0247)	(0,0116)	(0,0121)	(0,0114)	(0,0120)	(0,0114)	(0,0120)
CFO_{t+1}	0,129***	0,127***	0,123***	0,100***	0,112***	0,0955***	0,110***	0,0946***
	(0,0153)	(0,0206)	(0,00958)	(0,00556)	(0,00867)	(0,00868)	(0,00866)	(0,00870)
VAR_t	−0,0137	−0,0252	0,000431	−0,00318	0,00659***	0,00180	0,00685***	0,00276
	(0,0234)	(0,0323)	(0,00239)	(0,00271)	(0,00196)	(0,00215)	(0,00199)	(0,00216)
$DVAR_t$	−0,00558	−0,0163	0,00727***	0,00380**	0,00721***	0,00436***	0,00558***	0,00310**
	(0,00824)	(0,0103)	(0,00273)	(0,00193)	(0,00147)	(0,00157)	(0,00146)	(0,00156)
$DVAR_t \times VAR_t$	0,0971***	0,0444	0,113***	0,0657***	0,0728***	0,0374***	0,0818***	0,0417***
	(0,0305)	(0,0385)	(0,0153)	(0,0109)	(0,00504)	(0,00487)	(0,00513)	(0,00505)
Beobachtungen	36.402	36.402	36.402	36.402	36.402	36.402	36.402	36.402
Querschnitte/Unternehmen	690	690			5.551	5.551	5.551	5.551
Jahres-FE					Nein	Nein	Ja	Ja
R^2 / Korrigiertes R^2	0,219	0,162	0,254	0,191	0,297	0,207	0,314	0,217
AIC			−67.105	−67.253	−82.222	−78.828	−83.113	−79.238

	(1) QS KQ ACC_t^{CF}	(2) QS KQ ACC_t^{BS}	(3) Panel KQ ACC_t^{CF}	(4) Panel KQ ACC_t^{BS}	(5) Panel FE ACC_t^{CF}	(6) Panel FE ACC_t^{BS}	(7) Panel FE ACC_t^{CF}	(8) Panel FE ACC_t^{BS}
F-Test			511,7***	319,4***	430,7***	209,8***	186,5***	94,03***
Breusch-Pagan-Test			45,69***	407,0***				
Modifizierter Wald-Test					$8{,}26 \cdot 10^{37}$***	$1{,}69 \cdot 10^{38}$***	$3{,}08 \cdot 10^{37}$***	$3{,}16 \cdot 10^{38}$***
Wooldridge-Test			63,7***	2,75*	63,7***	2,75*	63,7***	2,75*
Varianzinflationsfaktor			1,865	1,865				
Breusch-Pagan-LM-Test					2.202***	1.070***	2.168***	1.036***
Hausman-Test					315,1***	78,27***	281,8***	70,70***
F-Test der fixen Jahreseffekte					37,04***	21,76***		

Quelle: Eigene Darstellung. Die Tabelle zeigt die Ergebnisse der abschnittsweisen linearen Regressionsanalyse des McNichols-Modells auf Basis der gesamten Stichprobe. Das Konstrukt Nachrichten wurden mit ABNRET operationalisiert (VAR = ABNRET). Die Ergebnisse für den skalierten und unskalierten Achsenabschnitt bei den Regressionen (1) bis (8) sowie die Jahresindikatoren bei den Regressionen (7) und (8) werden nicht gezeigt. Für die Regressionen (1) und (2) ist das unkorrigierte Bestimmtheitsmaß R^2 angegeben. Standardfehler in Klammern. *** signifikant auf dem 1%-Niveau, ** signifikant auf dem 5%-Niveau, * signifikant auf dem 10%-Niveau.

Tabelle A.10: Ergebnisse der KQ-Regressionen der ersten Stufe des ZSKQ-Verfahrens für das Mehrgleichungsmodell auf Basis der Gesamtstichprobe

	(1) Panel KQ ACC_t^{CF}	(2) Panel KQ ACC_t^{BS}	(3) Panel KQ $\Delta SALES_t$	(4) Panel KQ $SALES_t$	(5) Panel KQ REC_t	(6) Panel KQ PPE_t	(7) Panel KQ CPX_t	(8) Panel KQ DEP_t	(9) Panel KQ CFO_t
$1/ASSETS_{t-1}$	−35,795***	−19,492**	191,204***	547,009***	186,173***	58,586***	18,177***	18,438***	−127,223***
	(7,993)	(7,597)	(21,909)	(32,345)	(9,216)	(8,730)	(4,221)	(1,871)	(7,392)
$SALES_{t-1}$	0,00576***	0,00707***	0,0546***	0,826***	0,00667***	−0,00843***	0,00344***	−0,000156	0,00485***
	(0,000800)	(0,000761)	(0,00219)	(0,00324)	(0,000923)	(0,000874)	(0,000423)	(0,000187)	(0,000740)
REC_{t-1}	−0,000837	−0,0331***	0,245***	−0,614***	0,569***	−0,152***	0,00335*	0,0169***	0,0152***
	(0,00349)	(0,00331)	(0,00956)	(0,0141)	(0,00402)	(0,00381)	(0,00184)	(0,000816)	(0,00322)
PPE_{t-1}	−0,00593***	−0,0138***	0,107***	−0,435***	−0,140***	0,779***	0,110***	0,0188***	0,0119***
	(0,00230)	(0,00219)	(0,00630)	(0,00930)	(0,00265)	(0,00251)	(0,00121)	(0,000538)	(0,00213)
CFO_{t-1}	0,0460***	0,0201***	−0,204***	−0,0474**	0,0340***	0,0608***	0,0332***	0,00607***	0,410***
	(0,00501)	(0,00477)	(0,0137)	(0,0203)	(0,00578)	(0,00548)	(0,00265)	(0,00117)	(0,00464)
CFO_{t+1}	−0,00763*	0,00396	0,367***	0,515***	0,112***	0,0829***	0,0258***	0,0114***	0,360***
	(0,00431)	(0,00409)	(0,0118)	(0,0174)	(0,00497)	(0,00470)	(0,00227)	(0,00101)	(0,00398)
$TOBINQ_t$	0,00341***	0,00414***	0,0425***	−0,00922***	−0,00386***	−0,00340***	0,00683***	0,00172***	0,00153***
	(0,000482)	(0,000458)	(0,00132)	(0,00195)	(0,000556)	(0,000527)	(0,000255)	(0,000113)	(0,000446)
DEP_{t-1}	−0,798***	−0,872***	−0,819***	0,978***	0,226***	0,159***	0,234***	0,747***	0,144***
	(0,0151)	(0,0144)	(0,0415)	(0,0613)	(0,0175)	(0,0165)	(0,00800)	(0,00355)	(0,0140)
Beobachtungen	36.737	36.737	36.737	36.737	36.737	36.737	36.737	36.737	36.737
Korrigiertes R^2	0,0852	0,100	0,151	0,726	0,539	0,766	0,247	0,577	0,552
F-Test	428,9***	513,2***	818,7***	12.140***	5.373***	15.027***	1.511***	6.275***	5.665***
VIF	1,383	1,383	1,383	1,383	1,383	1,383	1,383	1,383	1,383

Quelle: Eigene Darstellung. Die Tabelle zeigt die Ergebnisse der KQ-Regressionen der system-endogenen Variablen auf die system-exogenen Variablen auf Basis der gesamten Stichprobe. Es handelt sich dabei um die erste Stufe des ZSKQ-Verfahrens. Die Ergebnisse für den unskalierten Achsenabschnitt bei den Regressionen (1) bis (9) werden nicht gezeigt. Standardfehler in Klammern. *** signifikant auf dem 1%-Niveau, ** signifikant auf dem 5%-Niveau, * signifikant auf dem 10%-Niveau.

Tabelle A.11: Ergebnisse der KQ-Regressionen der ersten Stufe des ZSKQ-Verfahrens mit fixen Effekten für das Mehrgleichungsmodell auf Basis der Gesamtstichprobe

	(1) Panel KQ ACC_t^{CF}	(2) Panel KQ ACC_t^{BS}	(3) Panel KQ $\Delta SALES_t$	(4) Panel KQ $SALES_t$	(5) Panel KQ REC_t	(6) Panel KQ PPE_t	(7) Panel KQ CPX_t	(8) Panel KQ DEP_t	(9) Panel KQ CFO_t
$1/ASSETS_{t-1}$	250,710***	111,423***	996,623***	2,652e+06***	793,018***	369,933***	141,709***	45,868***	−248,814***
	(16,659)	(16,442)	(46,436)	(59,411)	(16,938)	(16,354)	(7,911)	(3,641)	(15,956)
$SALES_{t-1}$	0,0147***	0,0216***	−0,0641***	0,395***	0,0254***	−0,00108	0,00822***	0,000826**	0,00783***
	(0,00153)	(0,00151)	(0,00427)	(0,00547)	(0,00156)	(0,00151)	(0,000728)	(0,000335)	(0,00147)
REC_{t-1}	−0,0327***	−0,115***	0,505***	−0,334***	0,161***	−0,0798***	0,00906***	0,00667***	0,0363***
	(0,00559)	(0,00552)	(0,0156)	(0,0199)	(0,00568)	(0,00549)	(0,00265)	(0,00122)	(0,00535)
PPE_{t-1}	0,00288	0,0173***	0,165***	−0,401***	−0,0938***	0,320***	0,0353***	0,0210***	−0,0374***
	(0,00461)	(0,00455)	(0,0129)	(0,0165)	(0,00469)	(0,00453)	(0,00219)	(0,00101)	(0,00442)
CFO_{t-1}	0,102***	0,0746***	−0,00333	0,217***	0,0291***	0,0451***	0,0297***	0,00336***	0,184***
	(0,00565)	(0,00558)	(0,0158)	(0,0202)	(0,00575)	(0,00555)	(0,00268)	(0,00124)	(0,00541)
CFO_{t+1}	0,0468***	0,0509***	0,380***	0,622***	0,158***	0,0832***	0,0157***	0,0116***	0,174***
	(0,00472)	(0,00466)	(0,0131)	(0,0168)	(0,00480)	(0,00463)	(0,00224)	(0,00103)	(0,00452)
$TOBINQ_t$	0,00964***	0,00906***	0,0497***	0,0553***	0,0102***	0,00754***	0,00688***	−0,000176	0,00591***
	(0,000670)	(0,000661)	(0,00187)	(0,00239)	(0,000681)	(0,000658)	(0,000318)	(0,000146)	(0,000642)
DEP_{t-1}	−0,383***	−0,467***	−1,129***	1,131***	0,155***	0,206***	0,00756	0,385***	0,137***
	(0,0218)	(0,0216)	(0,0609)	(0,0779)	(0,0222)	(0,0214)	(0,0104)	(0,00477)	(0,0209)
Beobachtungen	36.737	36.737	36.737	36.737	36.737	36.737	36.737	36.737	36.737
Korrigiertes R^2	0,0410	0,0407	0,116	0,275	0,171	0,149	0,0625	0,173	0,104
F-Test	197,5***	196,0***	604,6***	1.745***	945,7***	803,4***	306,9***	961,0***	532,2***
VIF	1,352	1,352	1,352	1,352	1,352	1,352	1,352	1,352	1,352

Quelle: Eigene Darstellung. Die Tabelle zeigt die Ergebnisse der KQ-Regressionen der system-endogenen Variablen auf die system-exogenen Variablen auf Basis der gesamten Stichprobe. Es handelt sich dabei um die erste Stufe des ZSKQ-Verfahrens. Von allen Variablen wurde der jeweilige unternehmensspezifische Mittelwert abgezogen (demeaning). Die Ergebnisse für den unskalierten Achsenabschnitt bei den Regressionen (1) bis (9) werden nicht gezeigt. Standardfehler in Klammern. *** signifikant auf dem 1%-Niveau, ** signifikant auf dem 5%-Niveau, * signifikant auf dem 10%-Niveau.

Tabelle A.12: Schätzung des Mehrgleichungsmodells auf Basis der Gesamtstichprobe

	(1) Panel ZSKQ ACC_t^{CF}	(2) Panel ZSKQ ACC_t^{BF}	(3) Panel ZSKQ FE ACC_t^{CF}	(4) Panel ZSKQ FE ACC_t^{BF}
Gleichung 1: [$ACC_t^{CF/BS}$]				
$\Delta SALES_t$	0,143***	0,121***	0,119***	0,0381***
	(0,00607)	(0,00557)	(0,00610)	(0,00617)
PPE_t	−0,0251***	−0,0277***	−0,0254*	0,0588***
	(0,00316)	(0,00290)	(0,0130)	(0,0133)
CFO_{t-1}	−0,0173*	−0,0155*	0,189***	0,147***
	(0,00937)	(0,00881)	(0,00875)	(0,00792)
CFO_t	0,235***	0,161***	−0,318***	−0,231***
	(0,0176)	(0,0168)	(0,0370)	(0,0310)
CFO_{t+1}	−0,170***	−0,125***	0,0620***	0,0721***
	(0,00832)	(0,00780)	(0,00773)	(0,00709)
R^2 / χ^2	−0,28/ 1.143***	−0,14 / 867***	0,21 / 1.519***	0,16 / 799***
Gleichung 2: [$\Delta SALES_t$]				
$SALES_t$	0,0681***	0,0681***	−0,326***	−0,326***
	(0,00250)	(0,00250)	(0,0154)	(0,0154)
REC_t	0,383***	0,383***	3,188***	3,188***
	(0,0133)	(0,0133)	(0,0802)	(0,0802)
R^2 / χ^2	0,23 /3.770***	0,23 / 3.756***	−0,28 / 2.294***	−0,28 / 2.295***
Gleichung 3:[$SALES_t$]				
$SALES_{t-1}$	0,766***	0,766***	0,324***	0,324***
	(0,00270)	(0,00269)	(0,00397)	(0,00397)
R^2 / χ^2	0,69 / 81.127	0,69 / 81.322***	0,20 / 9.272***	0,20 / 9.252***
Gleichung 4: [REC_t]				
REC_{t-1}	0,618***	0,618***	0,204***	0,204***
	(0,00331)	(0,00331)	(0,00406)	(0,00406)
R^2 / χ^2	0,49 / 35.661***	0,49 / 35.657***	0,12 / 4.945***	0,12 / 4.947***
Gleichung 5 [PPE_t]				
PPE_{t-1}	0,841***	0,841***	0,289***	0,286***
	(0,00325)	(0,00324)	(0,00457)	(0,00452)

	(1) Panel ZSKQ ACC_t^{CF}	(2) Panel ZSKQ ACC_t^{BF}	(3) Panel ZSKQ FE ACC_t^{CF}	(4) Panel ZSKQ FE ACC_t^{BF}
CPX_t	−0,224***	−0,228***	−0,0388	0,0335
	(0,0126)	(0,0126)	(0,0272)	(0,0272)
R^2 / χ^2	0,71 / 102.390***	0,71 / 127.318***	0,11 / 5.435***	0,14 / 5.613***
Gleichung 6: [CPX_t]				
DEP_t	0,642***	0,642***	0,276***	0,260***
	(0,0105)	(0,0105)	(0,0234)	(0,0232)
INC_t	0,0948***	0,0936***	0,120***	0,116***
	(0,00295)	(0,00295)	(0,00549)	(0,00546)
$TOBINQ_t$	0,00420***	0,00421***	0,00619***	0,00627***
Gleichung 6: [CPX_t]				
	(0,000273)	(0,000273)	(0,000336)	(0,000334)
R^2 / χ^2	0,14 / 5.046***	0,14 / 5.023***	0,05 / 1.826***	0,05 / 1.805***
Gleichung 7: [DEP_t]				
PPE_t	0,0183***	0,0183***	0,0734***	0,0734***
	(0,000641)	(0,000641)	(0,00281)	(0,00281)
DEP_{t-1}	0,734***	0,734***	0,353***	0,353***
	(0,00354)	(0,00354)	(0,00445)	(0,00445)
R^2 / χ^2	0,56 / 47.626***	0,57 / 47.626***	0,24 / 8.000***	0,24 / 8.000***
Gleichung 8: [CFO_t]				
$ACC_t^{CF/BS}$	−0,140***	−0,0679***	0,438***	0,348***
	(0,0174)	(0,0166)	(0,0369)	(0,0307)
CFO_{t-1}	0,646***	0,641***	0,159***	0,178***
	(0,00423)	(0,00425)	(0,00874)	(0,00718)
R^2 / χ^2	0,49 / 31.211***	0,46 / 30.073***	−0,52 / 1.325***	−0,30 / 1.693***
Beobachtungen	36.737	36.737	36.737	36.737
Jahres-FE	Nein	Nein	Nein	Nein

Quelle: Eigene Darstellung. Die Tabelle zeigt die Ergebnisse der Regressionsanalyse des Mehrgleichungs-Modells auf Basis der gesamten Stichprobe. Die erklärte Variable der Gleichung ist in eckigen Klammern. Die Ergebnisse für den skalierten und unskalierten Achsenabschnitt bei den Regressionen (1) bis (4) werden nicht gezeigt. Standardfehler in Klammern. *** signifikant auf dem 1%-Niveau, ** signifikant auf dem 5%-Niveau, * signifikant auf dem 10%-Niveau.

Tabelle A.13: Mittelwerte der gesteuerten Periodenabgrenzungsposten aus Querschnittregressionen von Stichproben mit extremen ökonomischen Eigenschaften

	ROA		SIZE		MB		SALESGROWTH		CFO		EP	
	Unteres Quartil	**Oberes Quartil**	**Unteres Quartil**	**Oberes Quartil**	**Unteres Quartil**	**Oberes Quartil**	**Unteres Quartil**	**Oberes Quartil**	**Unteres Quartil**	**Oberes Quartil**	**Unteres Quartil**	**Oberes Quartil**
ACC_t^{CF} / Querschnitt / KQ												
Jones-Model	–0,0492***	0,0297***	–0,0027*	0,0023**	–0,0058***	0,0034**	–0,0075***	–0,0013	0,0326***	–0,0421***	–0,0487***	0,0283***
Mod. Jones-Modell	–0,0522***	0,0318***	–0,0038**	0,0025***	–0,0077***	0,0054***	–0,0152***	0,0068***	0,0315***	–0,0402***	–0,0518***	0,0291***
McNichols-Modell	–0,0550***	0,0381***	–0,0031**	0,0037***	–0,0075***	0,0042***	–0,0094***	–0,0012	–0,0015	–0,0077***	–0,0543***	0,0317***
ACC_t^{CF} / Querschnitt / KQ / $AWL^{1)}_{(ABNRET)}$ [2)]												
Jones-Model	–0,0385***	0,0242***	–0,0028*	0,0009	–0,0061***	0,0050***	–0,0046***	0,0000	0,0353***	–0,0418***	–0,0379***	0,0244***
Mod. Jones-Modell	–0,0404***	0,0257***	–0,0039**	0,0011	–0,0079***	0,0070***	–0,0109***	0,0070***	0,0346***	–0,0404***	–0,0398***	0,0250***
McNichols-Modell	–0,0451***	0,0334***	–0,0038***	0,0028***	–0,0092***	0,0070***	–0,0062***	–0,0008	0,0008	–0,0072***	–0,0440***	0,0283***
ACC_t^{BS} / Querschnitt / KQ												
Jones-Model	–0,0234***	0,0109***	–0,0029*	0,0020**	–0,0021*	0,0005	–0,0032**	–0,0001	0,0285***	–0,0356***	–0,0230***	0,0124***
Mod. Jones-Modell	–0,0273***	0,0138***	–0,0044***	0,0022**	–0,0049***	0,0033**	–0,0141***	0,0114***	0,0273***	–0,0329***	–0,0269***	0,0136***
McNichols-Modell	–0,0298***	0,0189***	–0,0030**	0,0034***	–0,0035***	0,0011	–0,0048***	–0,0006	0,0000	–0,0074***	–0,0292***	0,0160***
ACC_t^{BS} / Querschnitt / KQ / $AWL^{1)}_{(ABNRET)}$ [2)]												
Jones-Model	–0,0187***	0,0090***	–0,0026*	0,0015*	–0,0016	0,0009	–0,0022*	0,0006	0,0285***	–0,0341***	–0,0185***	0,0107***
Mod. Jones-Modell	–0,0213***	0,0109***	–0,0041***	0,0017*	–0,0044***	0,0038***	–0,0118***	0,0110***	0,0278***	–0,0321***	–0,0211***	0,0115***
McNichols-Modell	–0,0244***	0,0164***	–0,0033**	0,0029***	–0,0040***	0,0023*	–0,0034***	–0,0002	0,0012	–0,0073***	–0,0239***	0,0142***

Quelle: Eigene Darstellung. Die Tabelle zeigt die Mittelwerte der gesteuerten Periodenabgrenzungsposten DAP_t. [1)] Abschnittsweise lineare Regression mit den zusätzlichen Variablen VAR_t, $DVAR_t$ und $DVAR_t*VAR_t$. [2)] Das Konstrukt Nachrichten wurde mit ABNRET operationalisiert (VAR = ABNRET). *** signifikant ≠ 0 auf dem 0,1%-Niveau, ** signifikant ≠ 0 auf dem 1%-Niveau, * signifikant ≠ 0 auf dem 5%-Niveau.

Tabelle A.14: Mittelwerte der gesteuerten Periodenabgrenzungsposten aus Panelregressionen von Stichproben mit extremen ökonomischen Eigenschaften

	ROA		SIZE		MB		SALESGROWTH		CFO		EP	
	Unteres Quartil	**Oberes Quartil**	**Unteres Quartil**	**Oberes Quartil**	**Unteres Quartil**	**Oberes Quartil**	**Unteres Quartil**	**Oberes Quartil**	**Unteres Quartil**	**Oberes Quartil**	**Unteres Quartil**	**Oberes Quartil**
ACC_t^{CF} / Panel / KQ bzw. ZSKQ												
Jones-Model	–0,0581***	0,0330***	–0,0031*	0,0021*	–0,0030*	–0,0011	–0,0077***	–0,0062***	0,0375***	–0,0527***	–0,0574***	0,0366***
Mod. Jones-Modell	–0,0613***	0,0354***	–0,0041**	0,0021*	–0,0054***	0,0016	–0,0159***	0,0029*	0,0365***	–0,0502***	–0,0606***	0,0376***
McNichols-Modell	–0,0711***	0,0459***	–0,0023	0,0039***	–0,0037***	–0,0016	–0,0110***	–0,0059***	–0,0001	–0,0168***	–0,0699***	0,0431***
Mehrgleichungsmodell	–0,0360***	0,0255***	–0,0002	0,0007	–0,0031***	0,0026**	0,0074***	–0,0150***	0,0156***	–0,0208***	–0,0356***	0,0238***
ACC_t^{CF} / Panel / KQ / AWL[1] $_{(ABNRET)}$ [2]												
Jones-Model	–0,0496***	0,0289***	–0,0031*	–0,0001	–0,0036**	0,0004	–0,0045***	–0,0053***	0,0434***	–0,0556***	–0,0490***	0,0340***
Mod. Jones-Modell	–0,0520***	0,0307***	–0,0042**	–0,0002	–0,0061***	0,0032*	–0,0120***	0,0032*	0,0428***	–0,0537***	–0,0513***	0,0348***
McNichols-Modell	–0,0628***	0,0429***	–0,0029*	0,0021**	–0,0060***	0,0016	–0,0072***	–0,0060***	0,0029*	–0,0170***	–0,0615***	0,0408***
ACC_t^{BS} / Panel / KQ bzw. ZSKQ												
Jones-Model	–0,0286***	0,0119***	–0,0034*	0,0020**	–0,0003	–0,0035**	–0,0042***	–0,0031*	0,0342***	–0,0456***	–0,0286***	0,0184***
Mod. Jones-Modell	–0,0331***	0,0152***	–0,0049***	0,0019*	–0,0036**	0,0002	–0,0155***	0,0094***	0,0327***	–0,0422***	–0,0328***	0,0198***
McNichols-Modell	–0,0408***	0,0239***	–0,0029*	0,0038***	–0,0013	–0,0037**	–0,0071***	–0,0032*	0,0014	–0,0145***	–0,0403***	0,0243***
Mehrgleichungsmodell	–0,0191***	0,0112***	–0,0010	0,0005	–0,0025**	0,0024*	–0,0073***	0,0031**	0,0144***	–0,0174***	–0,0190***	0,0109***
ACC_t^{BS} / Panel / KQ / AWL[1] $_{(ABNRET)}$ [2]												
Jones-Model	–0,0252***	0,0106***	–0,0033*	0,0009	–0,0001	–0,0032*	–0,0029*	–0,0024	0,0367***	–0,0465***	–0,0252***	0,0174***
Mod. Jones-Modell	–0,0286***	0,0132***	–0,0049***	0,0008	–0,0036**	0,0007	–0,0136***	0,0097***	0,0358***	–0,0437***	–0,0284***	0,0185***
McNichols-Modell	–0,0364***	0,0225***	–0,0032*	0,0027***	–0,0022*	–0,0022	–0,0051***	–0,0031*	0,0032*	–0,0145***	–0,0358***	0,0231***

Quelle: Eigene Darstellung. Die Tabelle zeigt die Mittelwerte der gesteuerten Periodenabgrenzungsposten DAP_t. [1] Abschnittsweise lineare Regression mit den zusätzlichen Variablen VAR_t, $DVAR_t$ und $DVAR_t*VAR_t$. [2] Das Konstrukt Nachrichten wurde mit ABNRET operationalisiert (VAR = ABNRET). *** signifikant ≠ 0 auf dem 0,1%-Niveau, ** signifikant ≠ 0 auf dem 1%-Niveau, * signifikant ≠ 0 auf dem 5%-Niveau.

Tabelle A.15: Mittelwerte der gesteuerten Periodenabgrenzungsposten aus Panelregressionen mit fixen Effekten von Stichproben mit extremen ökonomischen Eigenschaften

	ROA		SIZE		MB		SALESGROWTH		CFO		EP	
	Unteres Quartil	Oberes Quartil	Unteres Quartil	Oberes Quartil	Unteres Quartil	Oberes Quartil	Unteres Quartil	Oberes Quartil	Unteres Quartil	Oberes Quartil	Unteres Quartil	Oberes Quartil
ACC_t^{CF} / Panel / FE bzw. ZSKQ mit FE												
Jones-Model	−0,0357***	0,0235***	−0,0016	0,0011	−0,0054***	0,0060***	−0,0046***	−0,0022	0,0323***	−0,0351***	−0,0351***	0,0223***
Mod. Jones-Modell	−0,0377***	0,0249***	−0,0018	0,0012	−0,0063***	0,0071***	−0,0112***	0,0047***	0,0318***	−0,0338***	−0,0370***	0,0231***
McNichols-Modell	−0,0440***	0,0319***	−0,0005	0,0007	−0,0052***	0,0049***	−0,0066***	−0,0007	0,0018	−0,0055***	−0,0432***	0,0279***
Mehrgleichungsmodell	−0,0360***	0,0255***	−0,0002	0,0007	−0,0031***	0,0026**	0,0074***	−0,0150***	0,0156***	−0,0208***	−0,0356***	0,0238***
ACC_t^{CF} / Panel / FE / AWL[1] $_{(ABNRET)}$ [2]												
Jones-Model	−0,0333***	0,0222***	−0,0025*	0,0013	−0,0065***	0,0071***	−0,0037**	−0,0024*	0,0337***	−0,0360***	−0,0328***	0,0215***
Mod. Jones-Modell	−0,0349***	0,0233***	−0,0030*	0,0015*	−0,0076***	0,0084***	−0,0099***	0,0042***	0,0333***	−0,0350***	−0,0343***	0,0223***
McNichols-Modell	−0,0408***	0,0303***	−0,0023*	0,0014*	−0,0078***	0,0072***	−0,0052***	−0,0013	0,0024*	−0,0059***	−0,0402***	0,0273***
ACC_t^{BS} / Panel / FE bzw. ZSKQ mit FE												
Jones-Model	−0,0155***	0,0074***	−0,0015	0,0005	−0,0027**	0,0030**	−0,0024*	−0,0018	0,0278***	−0,0299***	−0,0154***	0,0083***
Mod. Jones-Modell	−0,0184***	0,0094***	−0,0019	0,0006	−0,0040***	0,0046***	−0,0120***	0,0083***	0,0268***	−0,0279***	−0,0181***	0,0095***
McNichols-Modell	−0,0222***	0,0142***	−0,0006	0,0002	−0,0026**	0,0021*	−0,0040***	−0,0005	0,0027*	−0,0056***	−0,0221***	0,0129***
Mehrgleichungsmodell	−0,0191***	0,0112***	−0,0010	0,0005	−0,0025**	0,0024*	−0,0073***	0,0031**	0,0144***	−0,0174***	−0,0190***	0,0109***
ACC_t^{BS} / Panel / FE / AWL[1] $_{(ABNRET)}$ [2]												
Jones-Model	−0,0149***	0,0073***	−0,0017	0,0004	−0,0027**	0,0031**	−0,0022*	−0,0016	0,0281***	−0,0299***	−0,0149***	0,0082***
Mod. Jones-Modell	−0,0173***	0,0089***	−0,0023	0,0007	−0,0043***	0,0050***	−0,0114***	0,0082***	0,0274***	−0,0283***	−0,0171***	0,0093***
McNichols-Modell	−0,0208***	0,0136***	−0,0015	0,0005	−0,0036***	0,0031**	−0,0034***	−0,0007	0,0029*	−0,0057***	−0,0207***	0,0128***

Quelle: Eigene Darstellung. Die Tabelle zeigt die Mittelwerte der gesteuerten Periodenabgrenzungsposten DAP_t. [1] Abschnittsweise lineare Regression mit den zusätzlichen Variablen VAR_t, $DVAR_t$ und $DVAR_t$*VAR_t. [2] Das Konstrukt Nachrichten wurde mit ABNRET operationalisiert (VAR = ABNRET). *** signifikant ≠ 0 auf dem 0,1%-Niveau, ** signifikant ≠ 0 auf dem 1%-Niveau, * signifikant ≠ 0 auf dem 5%-Niveau.

Tabelle A.16: Mittelwerte der gesteuerten Periodenabgrenzungsposten aus Panelregressionen mit fixen Effekten und Jahresindikatoren von Stichproben mit extremen ökonomischen Eigenschaften

	ROA		SIZE		MB		SALESGROWTH		CFO		EP	
	Unteres Quartil	**Oberes Quartil**	**Unteres Quartil**	**Oberes Quartil**	**Unteres Quartil**	**Oberes Quartil**	**Unteres Quartil**	**Oberes Quartil**	**Unteres Quartil**	**Oberes Quartil**	**Unteres Quartil**	**Oberes Quartil**
ACC_t^{CF} / Panel / FE mit Jahresindikatoren												
Jones-Model	–0,0364***	0,0239***	–0,0017	0,0013	–0,0057***	0,0064***	–0,0065***	–0,0002	0,0320***	–0,0346***	–0,0357***	0,0226***
Mod. Jones-Modell	–0,0384***	0,0252***	–0,0019	0,0014*	–0,0065***	0,0075***	–0,0129***	0,0064***	0,0314***	–0,0332***	–0,0376***	0,0234***
McNichols-Modell	–0,0446***	0,0322***	–0,0005	0,0008	–0,0054***	0,0053***	–0,0079***	0,0007	0,0016	–0,0051***	–0,0438***	0,0282***
ACC_t^{CF} / Panel / FE mit Jahresindikatoren / $AWL^{1)}_{(ABNRET)}$ 2)												
Jones-Model	–0,0337***	0,0223***	–0,0029*	0,0018**	–0,0072***	0,0079***	–0,0056***	–0,0003	0,0336***	–0,0357***	–0,0331***	0,0219***
Mod. Jones-Modell	–0,0352***	0,0233***	–0,0034**	0,0021**	–0,0082***	0,0091***	–0,0115***	0,0059***	0,0331***	–0,0347***	–0,0345***	0,0226***
McNichols-Modell	–0,0413***	0,0305***	–0,0027*	0,0019***	–0,0084***	0,0080***	–0,0067***	0,0003	0,0021	–0,0054***	–0,0406***	0,0278***
ACC_t^{BS} / Panel / FE mit Jahresindikatoren												
Jones-Model	–0,0160***	0,0077***	–0,0017	0,0007	–0,0030**	0,0034**	–0,0038***	–0,0002	0,0276***	–0,0296***	–0,0159***	0,0086***
Mod. Jones-Modell	–0,0190***	0,0097***	–0,0021	0,0009	–0,0042***	0,0049***	–0,0134***	0,0098***	0,0265***	–0,0275***	–0,0187***	0,0099***
McNichols-Modell	–0,0227***	0,0145***	–0,0007	0,0004	–0,0027**	0,0024*	–0,0049***	0,0006	0,0026*	–0,0053***	–0,0225***	0,0132***
ACC_t^{BS} / Panel / FE mit Jahresindikatoren / $AWL^{1)}_{(ABNRET)}$ 2)												
Jones-Model	–0,0151***	0,0073***	–0,0020	0,0008	–0,0033***	0,0037***	–0,0035***	–0,0002	0,0281***	–0,0298***	–0,0151***	0,0084***
Mod. Jones-Modell	–0,0175***	0,0088***	–0,0028*	0,0012	–0,0049***	0,0055***	–0,0128***	0,0096***	0,0272***	–0,0281***	–0,0173***	0,0096***
McNichols-Modell	–0,0211***	0,0137***	–0,0018	0,0009	–0,0042***	0,0037***	–0,0044***	0,0004	0,0028*	–0,0055***	–0,0210***	0,0131***

Quelle: Eigene Darstellung. Die Tabelle zeigt die Mittelwerte der gesteuerten Periodenabgrenzungsposten DAP_t. 1) Abschnittsweise lineare Regression mit den zusätzlichen Variablen VAR_t, $DVAR_t$ und $DVAR_t$*VAR_t. 2) Das Konstrukt Nachrichten wurde mit ABNRET operationalisiert (VAR = ABNRET). *** signifikant ≠ 0 auf dem 0,1%-Niveau, ** signifikant ≠ 0 auf dem 1%-Niveau, * signifikant ≠ 0 auf dem 5%-Niveau.

Tabelle A.17: Mittelwerte der gesteuerten Periodenabgrenzungsposten aller Unternehmensjahre der beschränkten und unbeschränkten DPR-Stichprobe

	QS /KQ		Panel / KQ / ZSQK		Panel / FE / ZSQK mit FE		Panel / FE mit Jahresindikatoren	
	Unbeschränkt	**Beschränkt**	**Unbeschränkt**	**Beschränkt**	**Unbeschränkt**	**Beschränkt**	**Unbeschränkt**	**Beschränkt**
ACC_t^{CF}								
Jones-Model		0,0000	0,0000	0,0000	0,0000	0,0000	0,0000	0,0000
Mod. Jones-Modell		0,0000	0,0000	0,0000	0,0000	0,0000	0,0000	0,0000
McNichols-Modell		0,0000	0,0000	0,0000	0,0000	0,0000	0,0000	0,0000
Mehrgleichungs-modell			0,0000	0,0000	0,0000	0,0000		
ACC_t^{CF} / AWL[1] $_{(ABNRET)}$ [2]								
Jones-Model		0,0000	0,0000	0,0000	0,0000	0,0000	0,0000	0,0000
Mod. Jones-Modell		0,0000	0,0000	0,0000	0,0000	0,0000	0,0000	0,0000
McNichols-Modell		0,0000	0,0000	0,0000	0,0000	0,0000	0,0000	0,0000
ACC_t^{BS}								
Jones-Model		0,0000	0,0000	0,0000	0,0000	0,0000	0,0000	0,0000
Mod. Jones-Modell		0,0000	0,0000	0,0000	0,0000	0,0000	0,0000	0,0000
ACC_t^{BS}								
McNichols-Modell		0,0000	0,0000	0,0000	0,0000	0,0000	0,0000	0,0000
Mehrgleichungs-modell			0,0000	0,0000	0,0000	0,0000		
ACC_t^{BS} / Panel / FE / AWL[1] $_{(ABNRET)}$ [2]								
Jones-Model		0,0000	0,0000	0,0000	0,0000	0,0000	0,0000	0,0000
Mod. Jones-Modell		0,0000	0,0000	0,0000	0,0000	0,0000	0,0000	0,0000
McNichols-Modell		0,0000	0,0000	0,0000	0,0000	0,0000	0,0000	0,0000

Quelle: Eigene Darstellung. Die Tabelle zeigt die Mittelwerte der gesteuerten Periodenabgrenzungsposten DAP_t. [1] Abschnittsweise lineare Regression mit den zusätzlichen Variablen VAR_t, $DVAR_t$ und $DVAR_t$*VAR_t. [2] Das Konstrukt Nachrichten wurde mit ABNRET operationalisiert (VAR = ABNRET). *** signifikant ≠ 0 auf dem 0,1%-Niveau, ** signifikant ≠ 0 auf dem 1%-Niveau, * signifikant ≠ 0 auf dem 5%-Niveau.

Tabelle A.18: Annahmeraten von H_1 bei t-Tests der DAP_t auf Basis der ROA-Stichprobe (ACC_t^{CF})

Stichprobenbasis: ROA			Unteres Quartil				Oberes Quartil			
ACC_t^{CF}			QS KQ	Panel KQ	Panel FE	Panel FE[1)]	QS KQ	Panel KQ	Panel FE	Panel FE[1)]
Lineare Regression										
Jones	Kein Matching	H_1: E(DAP) < 0	98,0%	99,2%	92,4%	92,4%	0,0%	0,0%	0,0%	0,0%
		H_1: E(DAP) > 0	0,0%	0,0%	0,0%	0,0%	92,4%	95,2%	81,6%	83,6%
	Matching ROA_t	H_1: E(DAP) < 0	8,4%	9,6%	9,2%	9,2%	4,0%	3,6%	2,8%	3,2%
		H_1: E(DAP) > 0	3,2%	3,6%	3,6%	3,6%	6,8%	6,4%	6,4%	7,2%
	Matching ROA_{t-1}	H_1: E(DAP) < 0	62,8%	62,4%	54,4%	56,8%	0,0%	0,0%	0,0%	0,0%
		H_1: E(DAP) > 0	0,0%	0,0%	0,0%	0,0%	44,0%	47,6%	46,8%	48,0%
Mod. Jones	Kein Matching	H_1: E(DAP) < 0	98,8%	99,2%	92,4%	93,6%	0,0%	0,0%	0,0%	0,0%
		H_1: E(DAP) > 0	0,0%	0,0%	0,0%	0,0%	96,0%	97,6%	86,4%	87,2%
	Matching ROA_t	H_1: E(DAP) < 0	9,6%	9,2%	9,2%	8,8%	4,4%	3,6%	2,0%	2,4%
		H_1: E(DAP) > 0	3,2%	4,4%	3,6%	3,6%	6,8%	5,6%	6,8%	7,2%
	Matching ROA_{t-1}	H_1: E(DAP) < 0	66,8%	67,2%	57,6%	60,0%	0,0%	0,0%	0,0%	0,0%
		H_1: E(DAP) > 0	0,0%	0,0%	0,0%	0,0%	44,8%	47,6%	48,8%	49,2%
McNichols	Kein Matching	H_1: E(DAP) < 0	100,0%	100,0%	100,0%	100,0%	0,0%	0,0%	0,0%	0,0%
		H_1: E(DAP) > 0	0,0%	0,0%	0,0%	0,0%	100,0%	100,0%	100,0%	100,0%
	Matching ROA_t	H_1: E(DAP) < 0	6,4%	10,0%	6,4%	6,4%	2,0%	2,4%	2,8%	2,8%
		H_1: E(DAP) > 0	4,4%	2,8%	3,2%	3,2%	7,6%	6,8%	6,8%	6,4%
	Matching ROA_{t-1}	H_1: E(DAP) < 0	83,2%	86,4%	79,2%	80,0%	0,0%	0,0%	0,0%	0,0%
		H_1: E(DAP) > 0	0,0%	0,0%	0,0%	0,0%	78,4%	83,2%	83,6%	83,6%
Abschnittsweise lineare Regression ($ABNRET_t$)										
Jones	Kein Matching	H_1: E(DAP) < 0	91,6%	96,8%	88,4%	88,8%	0,0%	0,0%	0,0%	0,0%
		H_1: E(DAP) > 0	0,0%	0,0%	0,0%	0,0%	79,2%	85,2%	76,8%	78,0%
	Matching ROA_t	H_1: E(DAP) < 0	8,0%	8,4%	9,6%	9,6%	5,2%	3,6%	2,0%	2,4%
		H_1: E(DAP) > 0	3,6%	3,2%	3,2%	2,8%	8,0%	6,0%	6,8%	6,8%
	Matching ROA_{t-1}	H_1: E(DAP) < 0	50,0%	53,2%	50,4%	51,6%	0,8%	0,0%	0,0%	0,0%
		H_1: E(DAP) > 0	0,4%	0,0%	0,0%	0,0%	34,4%	40,8%	41,6%	42,0%

Stichprobenbasis: ROA ACC_t^{CF}			Unteres Quartil				Oberes Quartil			
			QS KQ	Panel KQ	Panel FE	Panel FE[1)]	QS KQ	Panel KQ	Panel FE	Panel FE[1)]
Mod. Jones	Kein Matching	H_1: E(DAP) < 0	92,4%	97,6%	90,8%	90,0%	0,0%	0,0%	0,0%	0,0%
		H_1: E(DAP) > 0	0,0%	0,0%	0,0%	0,0%	83,6%	89,6%	80,8%	81,2%
	Matching ROA_t	H_1: E(DAP) < 0	7,2%	8,8%	9,6%	9,6%	5,2%	3,2%	2,4%	2,0%
		H_1: E(DAP) > 0	4,0%	3,6%	2,8%	2,8%	7,2%	6,4%	6,8%	6,0%
	Matching ROA_{t-1}	H_1: E(DAP) < 0	52,0%	56,0%	53,2%	53,6%	0,8%	0,0%	0,0%	0,0%
		H_1: E(DAP) > 0	0,4%	0,0%	0,0%	0,0%	36,4%	40,8%	46,0%	44,8%
McNichols	Kein Matching	H_1: E(DAP) < 0	99,6%	100,0%	99,2%	99,6%	0,0%	0,0%	0,0%	0,0%
		H_1: E(DAP) > 0	0,0%	0,0%	0,0%	0,0%	100,0%	100,0%	99,6%	99,6%
	Matching ROA_t	H_1: E(DAP) < 0	6,4%	12,8%	7,2%	8,0%	3,2%	1,6%	2,4%	2,4%
		H_1: E(DAP) > 0	4,8%	2,8%	2,8%	2,8%	7,2%	7,6%	8,8%	8,4%
	Matching ROA_{t-1}	H_1: E(DAP) < 0	70,0%	75,6%	74,4%	74,4%	0,0%	0,0%	0,0%	0,0%
		H_1: E(DAP) > 0	0,0%	0,0%	0,0%	0,0%	68,8%	77,6%	80,4%	80,0%
Zweistufige lineare Regression										
Mehrgleichung	Kein Matching	H_1: E(DAP) < 0		84,4%	95,2%			0,0%	0,0%	
		H_1: E(DAP) > 0		0,0%	0,0%			39,6%	94,4%	
	Matching ROA_t	H_1: E(DAP) < 0		7,6%	7,6%			4,4%	3,2%	
		H_1: E(DAP) > 0		3,2%	2,0%			6,4%	7,2%	
	Matching ROA_{t-1}	H_1: E(DAP) < 0		35,2%	64,4%			0,0%	0,0%	
		H_1: E(DAP) > 0		0,8%	0,0%			24,4%	64,8%	

Quelle: Eigene Darstellung. Die Tabelle zeigt die Annahmeraten der Alternativhypothese H_1: E(DAP) < 0 bzw. H_1: E(DAP) > 0 bei 250 t-Tests von der Nullhypothese, dass der Mittelwert der gesteuerten Periodenabgrenzungen Null entspricht (H_0: DAP = 0), bei einem Signifikanzniveau von 5%. Grau hinterlegt sind die Werte, die außerhalb des akzeptablen Bereichs von 2% bis 8% liegen. [1)] Fixed-Effects-Schätzung mit Jahresindikatoren.

Tabelle A.19: Annahmeraten von H_1 bei t-Tests der DAP_t auf Basis der SIZE-Stichprobe (ACC_t^{CF})

Stichprobenbasis: SIZE ACC_t^{CF}			Unteres Quartil QS KQ	Unteres Quartil Panel KQ	Unteres Quartil Panel FE	Unteres Quartil Panel FE[1)]	Oberes Quartil QS KQ	Oberes Quartil Panel KQ	Oberes Quartil Panel FE	Oberes Quartil Panel FE[1)]
Lineare Regression										
Jones	Kein Matching	H_1: E(DAP) < 0	8,8%	8,4%	7,6%	8,0%	3,6%	2,0%	4,4%	2,4%
		H_1: E(DAP) > 0	3,6%	5,2%	6,0%	5,6%	8,8%	7,6%	5,6%	7,2%
	Matching ROA_t	H_1: E(DAP) < 0	0,8%	1,2%	2,4%	2,4%	26,0%	28,0%	21,6%	22,0%
		H_1: E(DAP) > 0	16,0%	20,4%	11,6%	12,4%	0,4%	0,0%	0,8%	0,8%
	Matching ROA_{t-1}	H_1: E(DAP) < 0	2,0%	1,6%	3,6%	4,0%	9,2%	10,0%	2,8%	3,2%
		H_1: E(DAP) > 0	8,4%	10,4%	6,8%	7,2%	2,8%	2,0%	2,4%	2,4%
Mod. Jones	Kein Matching	H_1: E(DAP) < 0	10,8%	9,6%	7,2%	8,0%	2,8%	1,6%	3,2%	2,8%
		H_1: E(DAP) > 0	2,0%	4,8%	5,2%	4,8%	9,6%	7,2%	5,2%	6,8%
	Matching ROA_t	H_1: E(DAP) < 0	1,2%	1,2%	2,4%	2,0%	28,8%	30,0%	24,4%	24,4%
		H_1: E(DAP) > 0	18,0%	21,2%	12,8%	13,2%	0,4%	0,0%	0,4%	0,4%
	Matching ROA_{t-1}	H_1: E(DAP) < 0	2,4%	1,6%	4,4%	4,4%	10,0%	11,2%	3,2%	3,2%
		H_1: E(DAP) > 0	7,6%	9,6%	7,6%	7,2%	2,8%	1,6%	2,0%	2,4%
McNichols	Kein Matching	H_1: E(DAP) < 0	8,8%	6,0%	6,4%	7,2%	0,8%	0,4%	3,2%	2,4%
		H_1: E(DAP) > 0	3,2%	4,4%	5,2%	4,8%	16,4%	17,2%	6,4%	7,6%
	Matching ROA_t	H_1: E(DAP) < 0	0,0%	0,4%	0,4%	0,4%	30,0%	40,8%	38,0%	40,8%
		H_1: E(DAP) > 0	24,0%	36,4%	19,6%	20,0%	0,0%	0,0%	0,0%	0,0%
	Matching ROA_{t-1}	H_1: E(DAP) < 0	2,0%	2,0%	4,0%	4,0%	6,0%	8,0%	2,0%	2,0%
		H_1: E(DAP) > 0	8,4%	11,6%	7,6%	8,0%	3,2%	2,8%	3,2%	2,8%
Abschnittsweise lineare Regression ($ABNRET_t$)										
Jones	Kein Matching	H_1: E(DAP) < 0	8,8%	8,8%	8,4%	9,2%	4,0%	4,4%	3,2%	2,8%
		H_1: E(DAP) > 0	4,4%	6,0%	4,8%	4,4%	5,6%	3,6%	6,0%	8,0%
	Matching ROA_t	H_1: E(DAP) < 0	2,8%	1,2%	2,0%	2,0%	21,6%	25,6%	20,0%	19,6%
		H_1: E(DAP) > 0	16,0%	19,2%	11,2%	11,6%	0,4%	0,0%	0,8%	1,2%
	Matching ROA_{t-1}	H_1: E(DAP) < 0	2,8%	2,0%	3,6%	3,6%	10,8%	14,4%	2,8%	2,4%
		H_1: E(DAP) > 0	6,4%	8,4%	6,8%	5,6%	2,0%	1,2%	2,4%	2,4%

Stichprobenbasis: SIZE ACC_t^{CF}			Unteres Quartil				Oberes Quartil			
			QS KQ	Panel KQ	Panel FE	Panel FE[1)]	QS KQ	Panel KQ	Panel FE	Panel FE[1)]
Mod. Jones	Kein Matching	H_1: E(DAP) < 0	10,0%	9,6%	8,8%	9,6%	4,0%	4,4%	2,8%	2,8%
		H_1: E(DAP) > 0	2,4%	5,2%	4,0%	4,0%	5,2%	3,2%	6,0%	8,0%
	Matching ROA_t	H_1: E(DAP) < 0	2,4%	1,2%	2,4%	2,4%	23,6%	27,6%	20,0%	18,4%
		H_1: E(DAP) > 0	14,4%	18,8%	11,6%	11,6%	0,4%	0,0%	0,8%	1,2%
	Matching ROA_{t-1}	H_1: E(DAP) < 0	2,8%	2,0%	4,4%	4,4%	10,0%	14,4%	2,0%	2,4%
		H_1: E(DAP) > 0	6,0%	8,0%	5,6%	6,0%	2,0%	0,8%	2,4%	2,4%
McNichols	Kein Matching	H_1: E(DAP) < 0	10,4%	6,8%	8,8%	8,8%	1,2%	0,8%	2,4%	1,2%
		H_1: E(DAP) > 0	3,6%	4,4%	4,0%	2,4%	14,4%	10,4%	9,2%	10,8%
	Matching ROA_t	H_1: E(DAP) < 0	1,2%	0,8%	0,8%	0,8%	23,6%	37,2%	29,6%	28,4%
		H_1: E(DAP) > 0	17,2%	28,4%	15,6%	16,0%	0,0%	0,0%	0,0%	0,0%
	Matching ROA_{t-1}	H_1: E(DAP) < 0	2,8%	0,8%	5,2%	6,4%	8,0%	8,8%	2,4%	2,0%
		H_1: E(DAP) > 0	7,6%	9,6%	6,4%	5,6%	4,0%	2,8%	4,4%	3,6%
Zweistufige lineare Regression										
Mehrgleichung	Kein Matching	H_1: E(DAP) < 0		5,6%	6,4%			4,0%	3,6%	
		H_1: E(DAP) > 0		5,2%	6,0%			6,0%	6,4%	
	Matching ROA_t	H_1: E(DAP) < 0		0,8%	1,2%			16,8%	24,8%	
		H_1: E(DAP) > 0		12,8%	16,4%			1,6%	0,0%	
	Matching ROA_{t-1}	H_1: E(DAP) < 0		1,6%	3,6%			6,8%	1,2%	
		H_1: E(DAP) > 0		8,8%	8,0%			3,6%	3,6%	

Quelle: Eigene Darstellung. Die Tabelle zeigt die Annahmeraten der Alternativhypothese H_1: E(DAP) < 0 bzw. H_1: E(DAP) > 0 bei 250 t-Tests von der Nullhypothese, dass der Mittelwert der gesteuerten Periodenabgrenzungen Null entspricht (H_0: DAP = 0), bei einem Signifikanzniveau von 5%. Grau hinterlegt sind die Werte, die außerhalb des akzeptablen Bereichs von 2% bis 8% liegen. [1)] Fixed-Effects-Schätzung mit Jahresindikatoren.

Tabelle A.20: Annahmeraten von H_1 bei t-Tests der DAP_t auf Basis der MB-Stichprobe (ACC_t^{CF})

Stichprobenbasis: MB			Unteres Quartil				Oberes Quartil			
ACC_t^{CF}			QS KQ	Panel KQ	Panel FE	Panel FE[1)]	QS KQ	Panel KQ	Panel FE	Panel FE[1)]
Lineare Regression										
Jones	Kein Matching	H_1: E(DAP) < 0	14,4%	7,6%	20,0%	19,6%	2,4%	4,4%	0,8%	0,8%
		H_1: E(DAP) > 0	2,0%	3,6%	2,4%	2,4%	9,6%	4,8%	14,0%	14,8%
	Matching ROA_t	H_1: E(DAP) < 0	3,2%	2,8%	5,2%	5,2%	6,0%	5,6%	5,2%	5,2%
		H_1: E(DAP) > 0	7,2%	6,8%	2,8%	2,4%	4,4%	4,0%	4,8%	6,0%
	Matching ROA_{t-1}	H_1: E(DAP) < 0	5,6%	6,8%	8,8%	8,8%	4,4%	4,0%	2,8%	2,8%
		H_1: E(DAP) > 0	5,2%	5,2%	3,6%	3,2%	7,2%	7,2%	10,4%	11,2%
Mod. Jones	Kein Matching	H_1: E(DAP) < 0	17,6%	14,8%	21,2%	22,0%	1,6%	3,2%	0,8%	0,8%
		H_1: E(DAP) > 0	2,0%	2,0%	2,8%	2,8%	14,4%	7,2%	16,4%	18,0%
	Matching ROA_t	H_1: E(DAP) < 0	4,0%	4,4%	5,6%	5,2%	5,6%	4,8%	4,8%	4,8%
		H_1: E(DAP) > 0	5,6%	6,0%	2,8%	2,4%	4,4%	4,8%	6,8%	7,2%
	Matching ROA_{t-1}	H_1: E(DAP) < 0	8,0%	7,6%	9,6%	10,0%	3,6%	3,2%	2,8%	2,8%
		H_1: E(DAP) > 0	5,2%	4,8%	2,8%	2,8%	3,0%	9,2%	11,2%	13,2%
McNichols	Kein Matching	H_1: E(DAP) < 0	22,8%	12,8%	19,2%	20,8%	1,2%	4,8%	1,2%	0,8%
		H_1: E(DAP) > 0	0,4%	2,8%	0,4%	0,4%	14,8%	5,6%	17,6%	18,0%
	Matching ROA_t	H_1: E(DAP) < 0	1,6%	1,6%	4,8%	4,8%	5,8%	8,8%	7,6%	7,2%
		H_1: E(DAP) > 0	8,0%	10,0%	6,4%	6,0%	4,0%	3,2%	4,0%	4,0%
	Matching ROA_{t-1}	H_1: E(DAP) < 0	9,2%	8,0%	8,8%	9,2%	4,8%	3,2%	2,4%	1,6%
		H_1: E(DAP) > 0	3,2%	3,2%	1,6%	1,6%	5,2%	4,8%	8,4%	9,2%
Abschnittsweise lineare Regression ($ABNRET_t$)										
Jones	Kein Matching	H_1: E(DAP) < 0	15,6%	10,4%	21,2%	23,2%	0,8%	3,6%	0,4%	0,4%
		H_1: E(DAP) > 0	1,6%	3,2%	2,0%	2,0%	9,6%	6,8%	16,4%	18,4%
	Matching ROA_t	H_1: E(DAP) < 0	4,4%	4,4%	8,0%	8,4%	4,4%	6,4%	4,8%	4,4%
		H_1: E(DAP) > 0	4,4%	6,0%	2,4%	2,4%	3,6%	3,6%	6,8%	8,0%
	Matching ROA_{t-1}	H_1: E(DAP) < 0	6,4%	7,2%	10,8%	13,2%	3,2%	4,0%	2,4%	2,4%
		H_1: E(DAP) > 0	3,6%	5,2%	2,4%	2,4%	5,6%	7,2%	11,2%	12,0%

Stichprobenbasis: MB ACC_t^{CF}			Unteres Quartil				Oberes Quartil			
			QS KQ	Panel KQ	Panel FE	Panel FE[1)]	QS KQ	Panel KQ	Panel FE	Panel FE[1)]
Mod. Jones	Kein Matching	H_1: E(DAP) < 0	23,6%	14,8%	23,2%	24,0%	0,8%	2,4%	0,4%	0,4%
		H_1: E(DAP) > 0	1,6%	2,0%	2,0%	0,8%	16,0%	8,4%	20,8%	21,2%
	Matching ROA_t	H_1: E(DAP) < 0	4,8%	6,8%	8,4%	8,8%	3,6%	4,0%	4,4%	4,4%
		H_1: E(DAP) > 0	4,4%	4,8%	2,8%	2,0%	4,4%	4,0%	7,2%	9,2%
	Matching ROA_{t-1}	H_1: E(DAP) < 0	8,4%	8,0%	12,4%	13,2%	3,2%	2,8%	2,4%	1,6%
		H_1: E(DAP) > 0	2,8%	3,6%	2,4%	2,4%	7,2%	8,0%	13,2%	14,0%
McNichols	Kein Matching	H_1: E(DAP) < 0	34,0%	16,4%	28,0%	31,2%	0,4%	2,0%	0,0%	0,0%
		H_1: E(DAP) > 0	0,0%	1,2%	0,0%	0,0%	20,0%	9,6%	24,0%	26,4%
	Matching ROA_t	H_1: E(DAP) < 0	6,4%	3,6%	8,0%	8,4%	3,6%	6,0%	4,8%	4,0%
		H_1: E(DAP) > 0	3,2%	5,6%	2,4%	2,4%	5,2%	4,0%	5,6%	5,6%
	Matching ROA_{t-1}	H_1: E(DAP) < 0	13,2%	10,4%	12,4%	14,8%	3,2%	2,8%	1,2%	0,8%
		H_1: E(DAP) > 0	1,2%	2,0%	0,0%	0,0%	7,2%	5,6%	10,0%	11,6%
Zweistufige lineare Regression										
Mehrgleichung	Kein Matching	H_1: E(DAP) < 0		3,2%	12,0%			15,2%	2,4%	
		H_1: E(DAP) > 0		10,8%	1,6%			2,8%	11,6%	
	Matching ROA_t	H_1: E(DAP) < 0		2,0%	4,4%			9,2%	8,0%	
		H_1: E(DAP) > 0		12,8%	6,4%			2,8%	4,0%	
	Matching ROA_{t-1}	H_1: E(DAP) < 0		4,0%	8,0%			6,4%	2,8%	
		H_1: E(DAP) > 0		10,4%	4,0%			5,2%	7,6%	

Quelle: Eigene Darstellung. Die Tabelle zeigt die Annahmeraten der Alternativhypothese H_1: E(DAP) < 0 bzw. H_1: E(DAP) > 0 bei 250 t-Tests von der Nullhypothese, dass der Mittelwert der gesteuerten Periodenabgrenzungen Null entspricht (H_0: DAP = 0), bei einem Signifikanzniveau von 5%. Grau hinterlegt sind die Werte, die außerhalb des akzeptablen Bereichs von 2% bis 8% liegen. [1)] Fixed-Effects-Schätzung mit Jahresindikatoren.

Tabelle A.21: Annahmeraten von H_1 bei t-Tests der DAP_t auf Basis der SALESGROWTH-Stichprobe (ACC_t^{CF})

Stichprobenbasis: SALESGROWTH ACC_t^{CF}			Unteres Quartil				Oberes Quartil			
			QS KQ	Panel KQ	Panel FE	Panel FE[1)]	QS KQ	Panel KQ	Panel FE	Panel FE[1)]
Lineare Regression										
Jones	Kein Matching	$H_1: E(DAP) < 0$	15,6%	13,2%	9,2%	13,6%	4,8%	11,6%	7,2%	3,2%
		$H_1: E(DAP) > 0$	1,6%	0,8%	1,2%	0,8%	5,6%	2,4%	3,6%	4,8%
	Matching ROA_t	$H_1: E(DAP) < 0$	1,2%	1,2%	2,4%	2,8%	8,0%	10,8%	10,0%	7,6%
		$H_1: E(DAP) > 0$	17,2%	20,4%	16,4%	12,4%	2,4%	2,0%	1,2%	2,0%
	Matching ROA_{t-1}	$H_1: E(DAP) < 0$	4,8%	4,0%	4,8%	6,8%	4,4%	6,0%	6,4%	5,6%
		$H_1: E(DAP) > 0$	4,0%	5,6%	3,2%	2,4%	4,0%	3,6%	3,6%	5,2%
Mod. Jones	Kein Matching	$H_1: E(DAP) < 0$	35,2%	35,6%	25,6%	33,6%	1,2%	2,8%	1,6%	0,8%
		$H_1: E(DAP) > 0$	0,0%	0,0%	0,4%	0,4%	16,4%	8,8%	10,8%	16,8%
	Matching ROA_t	$H_1: E(DAP) < 0$	2,4%	3,2%	4,4%	4,8%	1,6%	3,6%	3,2%	2,0%
		$H_1: E(DAP) > 0$	9,2%	10,4%	6,4%	4,4%	6,4%	4,4%	4,8%	6,0%
	Matching ROA_{t-1}	$H_1: E(DAP) < 0$	14,8%	10,0%	10,0%	13,2%	0,8%	1,6%	2,4%	2,0%
		$H_1: E(DAP) > 0$	2,0%	2,0%	2,0%	1,2%	13,2%	10,0%	9,2%	11,2%
McNichols	Kein Matching	$H_1: E(DAP) < 0$	21,6%	22,0%	15,2%	17,2%	5,2%	12,4%	3,6%	2,8%
		$H_1: E(DAP) > 0$	0,4%	0,4%	1,2%	1,2%	5,2%	2,0%	5,6%	8,0%
	Matching ROA_t	$H_1: E(DAP) < 0$	0,4%	0,8%	0,8%	1,2%	11,6%	17,2%	8,4%	7,2%
		$H_1: E(DAP) > 0$	18,4%	26,0%	22,0%	20,4%	2,8%	0,8%	0,4%	1,2%
	Matching ROA_{t-1}	$H_1: E(DAP) < 0$	8,4%	6,8%	7,6%	8,0%	4,4%	6,4%	5,2%	4,0%
		$H_1: E(DAP) > 0$	2,4%	3,6%	3,2%	3,2%	4,0%	4,8%	6,0%	6,8%
Abschnittsweise lineare Regression ($ABNRET_t$)										
Jones	Kein Matching	$H_1: E(DAP) < 0$	10,8%	8,8%	8,8%	12,4%	4,4%	9,6%	6,4%	3,6%
		$H_1: E(DAP) > 0$	2,0%	1,6%	1,2%	0,8%	7,2%	2,4%	4,0%	4,8%
	Matching ROA_t	$H_1: E(DAP) < 0$	2,4%	1,6%	2,0%	3,6%	6,0%	11,6%	9,6%	6,8%
		$H_1: E(DAP) > 0$	14,8%	23,6%	15,6%	12,8%	3,2%	2,0%	1,6%	2,4%
	Matching ROA_{t-1}	$H_1: E(DAP) < 0$	3,2%	2,8%	5,2%	6,4%	4,0%	6,8%	6,4%	4,8%
		$H_1: E(DAP) > 0$	8,8%	6,8%	4,0%	3,2%	6,4%	3,6%	4,4%	5,2%

Stichprobenbasis: SALESGROWTH			Unteres Quartil				Oberes Quartil			
ACC_t^{CF}			QS KQ	Panel KQ	Panel FE	Panel FE[1]	QS KQ	Panel KQ	Panel FE	Panel FE[1]
Mod. Jones	Kein Matching	H_1: E(DAP) < 0	27,6%	24,0%	24,4%	28,8%	2,0%	2,4%	0,8%	0,8%
		H_1: E(DAP) > 0	0,0%	0,4%	0,8%	0,4%	18,4%	11,2%	10,0%	16,0%
	Matching ROA_t	H_1: E(DAP) < 0	4,8%	3,2%	3,6%	4,0%	2,0%	3,2%	3,6%	2,4%
		H_1: E(DAP) > 0	7,6%	10,8%	6,4%	5,6%	8,4%	4,0%	5,6%	6,4%
	Matching ROA_{t-1}	H_1: E(DAP) < 0	6,8%	6,0%	8,8%	9,2%	0,8%	2,0%	2,4%	1,6%
		H_1: E(DAP) > 0	3,6%	2,4%	2,4%	2,0%	12,4%	10,0%	8,4%	9,6%
McNichols	Kein Matching	H_1: E(DAP) < 0	15,2%	11,6%	9,2%	11,6%	4,4%	12,4%	6,0%	3,6%
		H_1: E(DAP) > 0	1,2%	1,2%	1,2%	1,2%	5,2%	1,2%	3,2%	7,6%
	Matching ROA_t	H_1: E(DAP) < 0	1,2%	0,8%	1,2%	1,2%	8,4%	14,4%	10,0%	8,0%
		H_1: E(DAP) > 0	20,0%	32,4%	22,0%	18,8%	2,4%	0,8%	0,8%	1,6%
	Matching ROA_{t-1}	H_1: E(DAP) < 0	4,0%	2,0%	6,0%	6,0%	5,2%	7,6%	5,6%	4,0%
		H_1: E(DAP) > 0	5,2%	5,2%	4,4%	3,6%	4,0%	4,4%	5,2%	6,4%
Zweistufige lineare Regression										
Mehrgleichung	Kein Matching	H_1: E(DAP) < 0		0,0%	0,4%			77,6%	46,8%	
		H_1: E(DAP) > 0		53,6%	20,8%			0,0%	0,0%	
	Matching ROA_t	H_1: E(DAP) < 0		0,4%	0,4%			56,4%	37,6%	
		H_1: E(DAP) > 0		61,2%	50,4%			0,0%	0,0%	
	Matching ROA_{t-1}	H_1: E(DAP) < 0		0,4%	0,4%			46,8%	26,0%	
		H_1: E(DAP) > 0		43,6%	22,8%			0,0%	1,2%	

Quelle: Eigene Darstellung. Die Tabelle zeigt die Annahmeraten der Alternativhypothese H_1: E(DAP) < 0 bzw. H_1: E(DAP) > 0 bei 250 t-Tests von der Nullhypothese, dass der Mittelwert der gesteuerten Periodenabgrenzungen Null entspricht (H_0: DAP = 0), bei einem Signifikanzniveau von 5%. Grau hinterlegt sind die Werte, die außerhalb des akzeptablen Bereichs von 2% bis 8% liegen. [1] Fixed-Effects-Schätzung mit Jahresindikatoren.

Tabelle A.22: Annahmeraten von H_1 bei t-Tests der DAP_t auf Basis der CFO-Stichprobe (ACC_t^{CF})

Stichprobenbasis: CFO ACC_t^{CF}			Unteres Quartil				Oberes Quartil			
			QS KQ	Panel KQ	Panel FE	Panel FE[1)]	QS KQ	Panel KQ	Panel FE	Panel FE[1)]
Lineare Regression										
Jones	Kein Matching	H_1: E(DAP) < 0	0,0%	0,0%	0,0%	0,0%	99,6%	100,0%	100,0%	100,0%
		H_1: E(DAP) > 0	81,6%	82,0%	85,2%	84,8%	0,0%	0,0%	0,0%	0,0%
	Matching ROA_t	H_1: E(DAP) < 0	0,0%	0,0%	0,0%	0,0%	100,0%	100,0%	100,0%	100,0%
		H_1: E(DAP) > 0	99,2%	99,6%	97,6%	98,0%	0,0%	0,0%	0,0%	0,0%
	Matching ROA_{t-1}	H_1: E(DAP) < 0	0,0%	0,0%	0,0%	0,0%	99,6%	99,2%	94,0%	93,6%
		H_1: E(DAP) > 0	80,4%	85,6%	74,8%	75,2%	0,0%	0,0%	0,0%	0,0%
Mod. Jones	Kein Matching	H_1: E(DAP) < 0	0,0%	0,0%	0,0%	0,0%	99,6%	100,0%	99,6%	100,0%
		H_1: E(DAP) > 0	78,8%	80,8%	83,2%	80,8%	0,0%	0,0%	0,0%	0,0%
	Matching ROA_t	H_1: E(DAP) < 0	0,0%	0,0%	0,0%	0,0%	100,0%	100,0%	100,0%	100,0%
		H_1: E(DAP) > 0	99,2%	99,6%	98,0%	98,4%	0,0%	0,0%	0,0%	0,0%
	Matching ROA_{t-1}	H_1: E(DAP) < 0	0,0%	0,0%	0,0%	0,0%	99,6%	99,2%	93,6%	93,2%
		H_1: E(DAP) > 0	79,2%	85,2%	74,0%	73,6%	0,0%	0,0%	0,0%	0,0%
McNichols	Kein Matching	H_1: E(DAP) < 0	3,2%	3,2%	2,8%	2,4%	29,6%	64,0%	24,4%	22,8%
		H_1: E(DAP) > 0	6,0%	7,2%	11,2%	11,2%	0,8%	0,0%	0,8%	0,4%
	Matching ROA_t	H_1: E(DAP) < 0	0,0%	0,0%	0,0%	0,0%	97,6%	99,6%	92,8%	92,8%
		H_1: E(DAP) > 0	76,4%	87,2%	70,8%	71,2%	0,0%	0,0%	0,0%	0,0%
	Matching ROA_{t-1}	H_1: E(DAP) < 0	2,0%	0,8%	3,2%	2,8%	45,6%	64,0%	26,0%	25,6%
		H_1: E(DAP) > 0	15,6%	21,2%	12,0%	12,0%	0,0%	0,0%	0,0%	0,0%
Abschnittsweise lineare Regression ($ABNRET_t$)										
Jones	Kein Matching	H_1: E(DAP) < 0	0,0%	0,0%	0,0%	0,0%	99,6%	100,0%	100,0%	100,0%
		H_1: E(DAP) > 0	87,6%	91,6%	87,2%	88,0%	0,0%	0,0%	0,0%	0,0%
	Matching ROA_t	H_1: E(DAP) < 0	0,0%	0,0%	0,0%	0,0%	100,0%	100,0%	100,0%	100,0%
		H_1: E(DAP) > 0	99,2%	99,6%	98,0%	97,6%	0,0%	0,0%	0,0%	0,0%
	Matching ROA_{t-1}	H_1: E(DAP) < 0	0,0%	0,0%	0,0%	0,0%	99,2%	99,2%	94,4%	94,8%
		H_1: E(DAP) > 0	80,8%	87,2%	77,6%	77,6%	0,0%	0,0%	0,0%	0,0%

Stichprobenbasis: CFO ACC_t^{CF}			Unteres Quartil				Oberes Quartil			
			QS KQ	Panel KQ	Panel FE	Panel FE[1]	QS KQ	Panel KQ	Panel FE	Panel FE[1]
Mod. Jones	Kein Matching	H_1: E(DAP) < 0	0,0%	0,0%	0,0%	0,0%	99,2%	100,0%	100,0%	100,0%
		H_1: E(DAP) > 0	86,4%	88,8%	85,6%	86,8%	0,0%	0,0%	0,0%	0,0%
	Matching ROA_t	H_1: E(DAP) < 0	0,0%	0,0%	0,0%	0,0%	100,0%	100,0%	100,0%	100,0%
		H_1: E(DAP) > 0	99,2%	99,2%	97,2%	97,2%	0,0%	0,0%	0,0%	0,0%
	Matching ROA_{t-1}	H_1: E(DAP) < 0	0,0%	0,0%	0,0%	0,0%	99,2%	99,2%	94,0%	93,6%
		H_1: E(DAP) > 0	79,2%	87,2%	76,8%	76,8%	0,0%	0,0%	0,0%	0,0%
McNichols	Kein Matching	H_1: E(DAP) < 0	2,4%	2,4%	2,4%	2,4%	32,8%	67,2%	27,6%	26,4%
		H_1: E(DAP) > 0	10,0%	8,8%	12,8%	12,0%	1,2%	0,0%	0,4%	0,4%
	Matching ROA_t	H_1: E(DAP) < 0	0,0%	0,0%	0,0%	0,0%	94,8%	99,6%	92,4%	92,0%
		H_1: E(DAP) > 0	71,2%	84,8%	68,8%	68,8%	0,0%	0,0%	0,0%	0,0%
	Matching ROA_{t-1}	H_1: E(DAP) < 0	1,2%	0,8%	2,8%	2,8%	43,2%	64,8%	28,4%	27,6%
		H_1: E(DAP) > 0	18,0%	24,4%	12,4%	12,8%	0,0%	0,0%	0,0%	0,0%
Zweistufige lineare Regression										
Mehrgleichung	Kein Matching	H_1: E(DAP) < 0		0,0%	0,0%			100,0%	84,8%	
		H_1: E(DAP) > 0		98,4%	44,0%			0,0%	0,0%	
	Matching ROA_t	H_1: E(DAP) < 0		0,0%	0,0%			100,0%	98,4%	
		H_1: E(DAP) > 0		100,0%	87,6%			0,0%	0,0%	
	Matching ROA_{t-1}	H_1: E(DAP) < 0		0,0%	1,2%			100,0%	62,4%	
		H_1: E(DAP) > 0		92,0%	34,8%			0,0%	0,0%	

Quelle: Eigene Darstellung. Die Tabelle zeigt die Annahmeraten der Alternativhypothese H_1: E(DAP) < 0 bzw. H_1: E(DAP) > 0 bei 250 t-Tests von der Nullhypothese, dass der Mittelwert der gesteuerten Periodenabgrenzungen Null entspricht (H_0: DAP = 0), bei einem Signifikanzniveau von 5%. Grau hinterlegt sind die Werte, die außerhalb des akzeptablen Bereichs von 2% bis 8% liegen. [1] Fixed-Effects-Schätzung mit Jahresindikatoren.

Tabelle A.23: Annahmeraten von H_1 bei t-Tests der DAP_t auf Basis der EP-Stichprobe (ACC_t^{CF})

Stichprobenbasis: EP			Unteres Quartil				Oberes Quartil			
ACC_t^{CF}			QS KQ	Panel KQ	Panel FE	Panel FE[1)]	QS	Panel KQ	Panel FE	Panel FE[1)]
Lineare Regression										
Jones	Kein Matching	H_1: E(DAP) < 0	99,2%	99,6%	93,2%	94,8%	0,0%	0,0%	0,0%	0,0%
		H_1: E(DAP) > 0	0,0%	0,0%	0,0%	0,0%	96,0%	99,2%	88,4%	89,2%
	Matching ROA_t	H_1: E(DAP) < 0	10,0%	9,6%	8,8%	9,2%	0,8%	0,0%	0,8%	0,4%
		H_1: E(DAP) > 0	2,0%	1,2%	3,2%	3,6%	22,0%	25,2%	17,2%	16,4%
	Matching ROA_{t-1}	H_1: E(DAP) < 0	61,6%	63,6%	56,0%	56,0%	0,0%	0,0%	0,0%	0,0%
		H_1: E(DAP) > 0	0,0%	0,0%	0,0%	0,0%	67,2%	65,6%	58,4%	59,2%
Mod. Jones	Kein Matching	H_1: E(DAP) < 0	99,6%	100,0%	95,6%	96,4%	0,0%	0,0%	0,0%	0,0%
		H_1: E(DAP) > 0	0,0%	0,0%	0,0%	0,0%	97,6%	100,0%	90,4%	91,6%
	Matching ROA_t	H_1: E(DAP) < 0	11,2%	9,6%	8,8%	8,8%	0,8%	0,0%	0,4%	0,4%
		H_1: E(DAP) > 0	2,0%	1,2%	2,8%	3,2%	19,2%	22,4%	18,4%	17,6%
	Matching ROA_{t-1}	H_1: E(DAP) < 0	64,8%	68,8%	60,8%	61,2%	0,0%	0,0%	0,0%	0,0%
		H_1: E(DAP) > 0	0,0%	0,0%	0,0%	0,0%	66,8%	66,0%	59,6%	60,8%
McNichols	Kein Matching	H_1: E(DAP) < 0	100,0%	100,0%	100,0%	100,0%	0,0%	0,0%	0,0%	0,0%
		H_1: E(DAP) > 0	0,0%	0,0%	0,0%	0,0%	100,0%	100,0%	100,0%	100,0%
	Matching ROA_t	H_1: E(DAP) < 0	12,4%	14,4%	10,0%	10,0%	0,0%	0,0%	0,0%	0,0%
		H_1: E(DAP) > 0	3,2%	0,8%	2,8%	2,4%	30,4%	35,6%	31,2%	32,8%
	Matching ROA_{t-1}	H_1: E(DAP) < 0	82,8%	88,0%	80,4%	82,4%	0,0%	0,0%	0,0%	0,0%
		H_1: E(DAP) > 0	0,0%	0,0%	0,0%	0,0%	90,0%	90,0%	88,0%	89,2%
Abschnittsweise lineare Regression ($ABNRET_t$)										
Jones	Kein Matching	H_1: E(DAP) < 0	92,4%	98,0%	91,2%	90,4%	0,0%	0,0%	0,0%	0,0%
		H_1: E(DAP) > 0	0,0%	0,0%	0,0%	0,0%	93,6%	98,4%	85,2%	86,4%
	Matching ROA_t	H_1: E(DAP) < 0	10,8%	10,0%	8,8%	8,8%	0,4%	0,0%	0,4%	0,4%
		H_1: E(DAP) > 0	3,6%	2,8%	3,6%	3,2%	25,6%	28,0%	17,6%	18,0%
	Matching ROA_{t-1}	H_1: E(DAP) < 0	47,6%	55,6%	51,2%	51,6%	0,0%	0,0%	0,0%	0,0%
		H_1: E(DAP) > 0	0,4%	0,0%	0,0%	0,0%	60,4%	63,2%	55,6%	56,8%

Stichprobenbasis: EP ACC_t^{CF}			Unteres Quartil				Oberes Quartil			
			QS KQ	Panel KQ	Panel FE	Panel FE[1]	QS	Panel KQ	Panel FE	Panel FE[1]
Mod. Jones	Kein Matching	H_1: E(DAP) < 0	93,2%	98,0%	93,6%	94,0%	0,0%	0,0%	0,0%	0,0%
		H_1: E(DAP) > 0	0,0%	0,0%	0,0%	0,0%	93,6%	99,6%	88,0%	89,2%
	Matching ROA_t	H_1: E(DAP) < 0	10,4%	10,0%	8,8%	8,8%	0,8%	0,0%	0,4%	0,4%
		H_1: E(DAP) > 0	2,8%	2,8%	3,6%	3,6%	22,4%	24,4%	17,6%	18,4%
	Matching ROA_{t-1}	H_1: E(DAP) < 0	51,2%	58,4%	54,0%	54,0%	0,0%	0,0%	0,0%	0,0%
		H_1: E(DAP) > 0	0,4%	0,0%	0,0%	0,0%	59,6%	63,2%	57,2%	56,8%
McNichols	Kein Matching	H_1: E(DAP) < 0	82,0%	95,6%	66,4%	68,4%	0,0%	0,0%	0,0%	0,0%
		H_1: E(DAP) > 0	0,0%	0,0%	0,0%	0,0%	70,4%	88,8%	61,6%	64,0%
	Matching ROA_t	H_1: E(DAP) < 0	4,8%	7,2%	8,0%	8,4%	0,8%	1,2%	0,8%	1,2%
		H_1: E(DAP) > 0	2,8%	2,0%	3,2%	2,8%	13,6%	14,8%	11,2%	12,8%
	Matching ROA_{t-1}	H_1: E(DAP) < 0	32,4%	38,4%	36,4%	34,8%	0,0%	0,0%	0,0%	0,0%
		H_1: E(DAP) > 0	0,4%	0,0%	0,0%	0,0%	30,0%	38,4%	29,2%	30,0%
Zweistufige lineare Regression										
Mehrgleichung	Kein Matching	H_1: E(DAP) < 0		84,0%	96,8%			0,0%	0,0%	
		H_1: E(DAP) > 0		0,0%	0,0%			84,0%	94,4%	
	Matching ROA_t	H_1: E(DAP) < 0		8,0%	9,2%			0,8%	0,4%	
		H_1: E(DAP) > 0		2,0%	2,4%			19,2%	24,0%	
	Matching ROA_{t-1}	H_1: E(DAP) < 0		37,2%	68,0%			0,0%	0,0%	
		H_1: E(DAP) > 0		0,4%	0,0%			44,0%	73,6%	

Quelle: Eigene Darstellung. Die Tabelle zeigt die Annahmeraten der Alternativhypothese H_1: E(DAP) < 0 bzw. H_1: E(DAP) > 0 bei 250 t-Tests von der Nullhypothese, dass der Mittelwert der gesteuerten Periodenabgrenzungen Null entspricht (H_0: DAP = 0), bei einem Signifikanzniveau von 5%. Grau hinterlegt sind die Werte, die außerhalb des akzeptablen Bereichs von 2% bis 8% liegen. [1] Fixed-Effects-Schätzung mit Jahresindikatoren.

Tabelle A.24: Annahmeraten von H_1 bei t-Tests der DAP_t auf Basis der ROA-Stichprobe (ACC_t^{BS})

Stichprobenbasis: ROA ACC_t^{BS}			Unteres Quartil				Oberes Quartil			
			QS KQ	Panel KQ	Panel FE	Panel FE[1)]	QS KQ	Panel KQ	Panel FE	Panel FE[1)]
Lineare Regression										
Jones	Kein Matching	H_1: E(DAP) < 0	67,2%	76,0%	43,2%	45,2%	0,4%	0,4%	0,8%	0,8%
		H_1: E(DAP) > 0	0,0%	0,0%	0,0%	0,0%	27,6%	26,8%	17,2%	17,2%
	Matching ROA_t	H_1: E(DAP) < 0	6,0%	6,0%	6,4%	6,8%	6,0%	7,2%	4,8%	4,8%
		H_1: E(DAP) > 0	2,0%	2,8%	1,2%	1,2%	4,8%	3,2%	3,2%	3,2%
	Matching ROA_{t-1}	H_1: E(DAP) < 0	23,6%	24,4%	14,0%	13,6%	3,2%	3,6%	4,4%	4,4%
		H_1: E(DAP) > 0	0,4%	0,4%	0,0%	0,0%	7,2%	7,2%	7,2%	7,6%
Mod. Jones	Kein Matching	H_1: E(DAP) < 0	80,0%	83,2%	50,0%	52,4%	0,4%	0,0%	0,8%	0,4%
		H_1: E(DAP) > 0	0,0%	0,0%	0,0%	0,0%	38,0%	38,0%	26,0%	24,0%
	Matching ROA_t	H_1: E(DAP) < 0	6,4%	6,8%	8,4%	8,4%	6,8%	6,4%	3,2%	3,2%
		H_1: E(DAP) > 0	2,4%	2,4%	2,4%	2,4%	4,4%	3,6%	3,6%	3,6%
	Matching ROA_{t-1}	H_1: E(DAP) < 0	25,2%	27,6%	18,4%	18,8%	3,6%	3,2%	3,2%	3,2%
		H_1: E(DAP) > 0	0,4%	0,4%	0,0%	0,0%	7,6%	8,4%	8,8%	8,8%
McNichols	Kein Matching	H_1: E(DAP) < 0	91,6%	95,6%	70,0%	70,4%	0,0%	0,0%	0,0%	0,0%
		H_1: E(DAP) > 0	0,0%	0,0%	0,0%	0,0%	70,8%	81,6%	57,6%	58,8%
	Matching ROA_t	H_1: E(DAP) < 0	6,0%	6,4%	7,6%	7,2%	5,2%	5,2%	4,8%	4,8%
		H_1: E(DAP) > 0	2,8%	1,6%	2,4%	2,8%	5,6%	4,4%	3,6%	3,6%
	Matching ROA_{t-1}	H_1: E(DAP) < 0	38,4%	42,8%	32,8%	32,8%	0,4%	0,8%	0,8%	0,8%
		H_1: E(DAP) > 0	0,4%	0,4%	0,0%	0,0%	17,6%	24,0%	14,8%	15,6%
Abschnittsweise lineare Regression ($ABNRET_t$)										
Jones	Kein Matching	H_1: E(DAP) < 0	56,0%	63,2%	44,0%	46,0%	0,8%	0,4%	0,8%	0,8%
		H_1: E(DAP) > 0	0,4%	0,0%	0,4%	0,0%	23,6%	22,8%	16,4%	16,0%
	Matching ROA_t	H_1: E(DAP) < 0	6,8%	6,4%	6,4%	7,2%	5,6%	8,4%	4,0%	3,6%
		H_1: E(DAP) > 0	2,8%	2,4%	2,0%	2,0%	4,8%	3,2%	2,8%	3,6%
	Matching ROA_{t-1}	H_1: E(DAP) < 0	18,0%	19,2%	14,0%	13,6%	3,6%	3,6%	4,4%	4,8%
		H_1: E(DAP) > 0	0,8%	1,2%	0,4%	0,4%	5,6%	6,4%	8,0%	7,6%

Stichprobenbasis: ROA ACC_t^{BS}			Unteres Quartil				Oberes Quartil			
			QS KQ	Panel KQ	Panel FE	Panel FE¹⁾	QS KQ	Panel KQ	Panel FE	Panel FE¹⁾
Mod. Jones	Kein Matching	H_1: E(DAP) < 0	64,4%	75,2%	46,8%	48,8%	0,4%	0,4%	0,8%	0,4%
		H_1: E(DAP) > 0	0,0%	0,0%	0,0%	0,0%	30,8%	30,8%	21,6%	21,2%
	Matching ROA_t	H_1: E(DAP) < 0	7,6%	7,2%	7,2%	7,6%	5,2%	7,2%	3,2%	2,8%
		H_1: E(DAP) > 0	2,4%	2,8%	2,4%	2,4%	5,2%	3,6%	3,6%	3,6%
	Matching ROA_{t-1}	H_1: E(DAP) < 0	19,6%	22,0%	16,4%	17,2%	4,4%	3,6%	3,6%	3,6%
		H_1: E(DAP) > 0	0,8%	1,2%	0,4%	0,4%	6,8%	8,4%	7,2%	7,6%
McNichols	Kein Matching	H_1: E(DAP) < 0	81,6%	92,0%	65,2%	64,8%	0,0%	0,0%	0,0%	0,0%
		H_1: E(DAP) > 0	0,0%	0,0%	0,0%	0,0%	61,6%	76,4%	52,4%	53,6%
	Matching ROA_t	H_1: E(DAP) < 0	7,2%	7,6%	6,4%	6,8%	6,4%	6,0%	4,4%	4,8%
		H_1: E(DAP) > 0	2,8%	2,4%	2,4%	2,4%	4,4%	4,8%	3,6%	3,6%
	Matching ROA_{t-1}	H_1: E(DAP) < 0	29,6%	35,2%	28,0%	27,2%	0,8%	0,8%	1,2%	1,2%
		H_1: E(DAP) > 0	0,4%	0,4%	0,0%	0,0%	16,0%	20,4%	15,2%	15,2%
Zweistufige lineare Regression										
Mehrgleichung	Kein Matching	H_1: E(DAP) < 0		41,2%	58,4%			2,0%	0,4%	
		H_1: E(DAP) > 0		0,4%	0,0%			6,4%	36,0%	
	Matching ROA_t	H_1: E(DAP) < 0		6,0%	6,8%			6,4%	3,2%	
		H_1: E(DAP) > 0		2,4%	2,8%			3,2%	3,2%	
	Matching ROA_{t-1}	H_1: E(DAP) < 0		11,2%	26,8%			6,0%	1,6%	
		H_1: E(DAP) > 0		1,6%	0,0%			4,4%	12,4%	

Quelle: Eigene Darstellung. Die Tabelle zeigt die Annahmeraten der Alternativhypothese H_1: E(DAP) < 0 bzw. H_1: E(DAP) > 0 bei 250 t-Tests von der Nullhypothese, dass der Mittelwert der gesteuerten Periodenabgrenzungen Null entspricht (H_0: DAP = 0), bei einem Signifikanzniveau von 5%. Grau hinterlegt sind die Werte, die außerhalb des akzeptablen Bereichs von 2% bis 8% liegen. ¹⁾ Fixed-Effects-Schätzung mit Jahresindikatoren.

Tabelle A.25: Annahmeraten von H_1 bei t-Tests der DAP_t auf Basis der SIZE-Stichprobe (ACC_t^{BS})

Stichprobenbasis: SIZE ACC_t^{BS}			Unteres Quartil				Oberes Quartil			
			QS KQ	Panel KQ	Panel FE	Panel FE[1)]	QS KQ	Panel KQ	Panel FE	Panel FE[1)]
Lineare Regression										
Jones	Kein Matching	$H_1: E(DAP) < 0$	8,4%	7,2%	6,8%	7,2%	1,2%	1,6%	3,2%	2,4%
		$H_1: E(DAP) > 0$	4,4%	3,2%	4,4%	4,4%	6,4%	6,0%	2,8%	2,8%
	Matching ROA_t	$H_1: E(DAP) < 0$	3,2%	1,6%	4,0%	4,0%	10,0%	10,0%	6,4%	6,4%
		$H_1: E(DAP) > 0$	9,6%	8,8%	5,2%	5,6%	4,0%	4,8%	4,4%	4,0%
	Matching ROA_{t-1}	$H_1: E(DAP) < 0$	2,4%	2,0%	4,0%	4,4%	9,2%	8,0%	6,8%	6,8%
		$H_1: E(DAP) > 0$	9,6%	8,4%	9,6%	9,6%	1,6%	1,2%	1,6%	1,6%
Mod. Jones	Kein Matching	$H_1: E(DAP) < 0$	10,0%	10,4%	7,2%	7,2%	2,4%	2,4%	3,2%	2,4%
		$H_1: E(DAP) > 0$	3,2%	2,8%	4,4%	4,0%	5,6%	6,0%	2,8%	3,2%
	Matching ROA_t	$H_1: E(DAP) < 0$	4,4%	2,0%	3,2%	3,2%	9,6%	10,8%	7,2%	5,6%
		$H_1: E(DAP) > 0$	7,6%	9,6%	6,4%	6,4%	2,8%	3,6%	3,2%	2,8%
	Matching ROA_{t-1}	$H_1: E(DAP) < 0$	1,6%	2,0%	4,4%	4,4%	8,4%	9,6%	7,2%	6,8%
		$H_1: E(DAP) > 0$	9,6%	9,6%	9,2%	9,2%	1,6%	0,8%	1,6%	1,6%
McNichols	Kein Matching	$H_1: E(DAP) < 0$	7,6%	7,6%	4,8%	5,2%	0,0%	0,4%	2,8%	3,2%
		$H_1: E(DAP) > 0$	3,2%	3,6%	4,0%	4,0%	12,8%	13,2%	2,4%	2,8%
	Matching ROA_t	$H_1: E(DAP) < 0$	1,6%	0,4%	3,2%	2,8%	10,4%	12,0%	8,8%	8,8%
		$H_1: E(DAP) > 0$	9,6%	13,2%	7,2%	7,6%	4,0%	3,6%	2,8%	3,2%
	Matching ROA_{t-1}	$H_1: E(DAP) < 0$	2,0%	1,6%	1,6%	2,0%	3,6%	5,6%	6,0%	6,0%
		$H_1: E(DAP) > 0$	9,2%	12,0%	7,6%	8,0%	4,4%	3,2%	3,2%	3,2%
Abschnittsweise lineare Regression ($ABNRET_t$)										
Jones	Kein Matching	$H_1: E(DAP) < 0$	6,4%	7,6%	7,6%	7,6%	2,0%	3,6%	2,8%	2,4%
		$H_1: E(DAP) > 0$	3,6%	3,6%	4,0%	4,4%	4,0%	5,6%	3,2%	4,0%
	Matching ROA_t	$H_1: E(DAP) < 0$	3,2%	2,0%	4,0%	3,6%	9,2%	10,4%	5,6%	6,0%
		$H_1: E(DAP) > 0$	6,4%	8,0%	4,4%	4,0%	3,2%	4,0%	3,6%	4,0%
	Matching ROA_{t-1}	$H_1: E(DAP) < 0$	2,4%	1,6%	4,0%	4,4%	9,2%	10,0%	8,0%	7,6%
		$H_1: E(DAP) > 0$	11,2%	8,8%	8,8%	8,4%	2,0%	1,6%	1,6%	1,6%

Stichprobenbasis: SIZE ACC_t^{BS}			Unteres Quartil				Oberes Quartil			
			QS KQ	Panel KQ	Panel FE	Panel FE[1)]	QS KQ	Panel KQ	Panel FE	Panel FE[1)]
Mod. Jones	Kein Matching	H_1: E(DAP) < 0	10,4%	9,6%	7,2%	7,2%	1,6%	3,6%	2,8%	1,6%
		H_1: E(DAP) > 0	2,4%	2,4%	4,0%	3,6%	4,8%	4,0%	3,6%	3,6%
	Matching ROA_t	H_1: E(DAP) < 0	4,0%	2,4%	3,6%	3,6%	10,0%	12,0%	5,6%	5,6%
		H_1: E(DAP) > 0	6,0%	7,6%	5,2%	5,2%	2,8%	2,8%	3,2%	3,6%
	Matching ROA_{t-1}	H_1: E(DAP) < 0	2,8%	1,6%	4,0%	3,6%	8,4%	11,2%	8,0%	7,6%
		H_1: E(DAP) > 0	8,4%	8,8%	8,8%	8,8%	2,0%	1,2%	1,6%	1,6%
McNichols	Kein Matching	H_1: E(DAP) < 0	8,0%	7,2%	5,6%	6,8%	1,2%	0,4%	3,2%	2,8%
		H_1: E(DAP) > 0	2,8%	3,6%	2,8%	3,2%	10,0%	9,6%	3,2%	4,0%
	Matching ROA_t	H_1: E(DAP) < 0	2,0%	2,0%	3,2%	3,6%	7,6%	10,8%	7,6%	8,0%
		H_1: E(DAP) > 0	8,0%	11,2%	5,2%	5,2%	3,6%	3,6%	3,6%	3,2%
	Matching ROA_{t-1}	H_1: E(DAP) < 0	2,4%	2,0%	3,2%	2,4%	5,6%	7,2%	6,8%	6,0%
		H_1: E(DAP) > 0	10,4%	9,6%	7,2%	7,2%	2,4%	2,4%	3,2%	3,2%
Zweistufige lineare Regression										
Mehrgleichung	Kein Matching	H_1: E(DAP) < 0		6,4%	5,2%			2,4%	3,2%	
		H_1: E(DAP) > 0		3,6%	4,4%			6,4%	2,4%	
	Matching ROA_t	H_1: E(DAP) < 0		3,2%	3,6%			6,8%	9,2%	
		H_1: E(DAP) > 0		6,8%	7,2%			4,0%	3,6%	
	Matching ROA_{t-1}	H_1: E(DAP) < 0		2,8%	2,8%			6,0%	6,8%	
		H_1: E(DAP) > 0		8,8%	9,2%			2,4%	2,4%	

Quelle: Eigene Darstellung. Die Tabelle zeigt die Annahmeraten der Alternativhypothese H_1: E(DAP) < 0 bzw. H_1: E(DAP) > 0 bei 250 t-Tests von der Nullhypothese, dass der Mittelwert der gesteuerten Periodenabgrenzungen Null entspricht (H_0: DAP = 0), bei einem Signifikanzniveau von 5%. Grau hinterlegt sind die Werte, die außerhalb des akzeptablen Bereichs von 2% bis 8% liegen. [1)] Fixed-Effects-Schätzung mit Jahresindikatoren.

Tabelle A.26: Annahmeraten von H_1 bei t-Tests der DAP_t auf Basis der MB-Stichprobe (ACC_t^{BS})

Stichprobenbasis: MB ACC_t^{BS}			Unteres Quartil				Oberes Quartil			
			QS KQ	Panel KQ	Panel FE	Panel FE[1)]	QS KQ	Panel KQ	Panel FE	Panel FE[1)]
Lineare Regression										
Jones	Kein Matching	H_1: E(DAP) < 0	6,0%	4,0%	6,8%	8,0%	4,4%	9,2%	4,0%	4,0%
		H_1: E(DAP) > 0	2,4%	3,2%	3,6%	2,8%	7,6%	2,8%	11,6%	12,4%
	Matching ROA_t	H_1: E(DAP) < 0	4,8%	4,0%	5,6%	5,6%	7,6%	8,4%	2,0%	2,0%
		H_1: E(DAP) > 0	6,0%	5,2%	4,4%	4,0%	4,4%	5,2%	8,8%	8,8%
	Matching ROA_{t-1}	H_1: E(DAP) < 0	2,8%	2,8%	4,8%	5,6%	6,4%	7,6%	3,6%	3,2%
		H_1: E(DAP) > 0	8,0%	8,4%	6,8%	6,4%	4,8%	5,6%	7,6%	8,0%
Mod. Jones	Kein Matching	H_1: E(DAP) < 0	9,2%	8,0%	10,0%	8,8%	2,8%	6,0%	3,2%	3,6%
		H_1: E(DAP) > 0	1,2%	2,8%	2,4%	2,0%	9,2%	6,0%	14,0%	14,4%
	Matching ROA_t	H_1: E(DAP) < 0	6,8%	5,2%	6,4%	6,4%	5,6%	7,2%	2,4%	2,0%
		H_1: E(DAP) > 0	4,4%	3,6%	4,4%	4,4%	6,8%	7,2%	10,0%	9,6%
	Matching ROA_{t-1}	H_1: E(DAP) < 0	2,8%	4,8%	5,2%	5,6%	5,2%	6,0%	4,0%	3,2%
		H_1: E(DAP) > 0	6,0%	5,6%	5,6%	5,2%	6,4%	7,2%	8,8%	8,8%
McNichols	Kein Matching	H_1: E(DAP) < 0	11,2%	8,0%	7,2%	8,4%	4,0%	10,4%	4,4%	4,0%
		H_1: E(DAP) > 0	0,4%	3,2%	2,0%	2,4%	7,2%	3,2%	12,0%	10,8%
	Matching ROA_t	H_1: E(DAP) < 0	3,2%	3,6%	4,8%	4,4%	9,6%	10,8%	4,8%	4,8%
		H_1: E(DAP) > 0	4,4%	6,8%	6,0%	5,6%	4,0%	4,0%	7,2%	8,0%
	Matching ROA_{t-1}	H_1: E(DAP) < 0	3,6%	4,4%	5,6%	6,8%	8,4%	10,0%	6,0%	6,0%
		H_1: E(DAP) > 0	6,8%	6,8%	4,0%	4,0%	3,6%	4,8%	8,0%	8,4%
Abschnittsweise lineare Regression ($ABNRET_t$)										
Jones	Kein Matching	H_1: E(DAP) < 0	5,2%	3,6%	7,2%	8,8%	4,4%	7,6%	3,6%	3,6%
		H_1: E(DAP) > 0	3,6%	3,6%	3,2%	2,0%	6,4%	4,0%	11,2%	12,8%
	Matching ROA_t	H_1: E(DAP) < 0	3,2%	4,4%	5,6%	6,8%	6,0%	8,0%	2,4%	2,0%
		H_1: E(DAP) > 0	6,4%	5,6%	4,8%	4,4%	5,6%	3,6%	8,8%	8,8%
	Matching ROA_{t-1}	H_1: E(DAP) < 0	3,2%	2,8%	4,8%	6,0%	6,8%	6,4%	4,4%	4,4%
		H_1: E(DAP) > 0	8,4%	8,4%	6,4%	5,6%	2,8%	4,8%	7,2%	7,6%

Stichprobenbasis: MB ACC_t^{BS}			Unteres Quartil				Oberes Quartil			
			QS	Panel	Panel	Panel	QS	Panel	Panel	Panel
			KQ	KQ	FE	FE[1)]	KQ	KQ	FE	FE[1)]
Mod. Jones	Kein Matching	H_1: E(DAP) < 0	9,2%	7,6%	10,0%	10,4%	3,6%	6,0%	2,8%	2,8%
		H_1: E(DAP) > 0	2,0%	2,8%	2,8%	2,0%	10,8%	6,0%	14,0%	15,6%
	Matching ROA_t	H_1: E(DAP) < 0	5,2%	4,8%	6,8%	7,6%	4,0%	6,0%	2,0%	2,4%
		H_1: E(DAP) > 0	3,2%	2,8%	4,0%	2,8%	6,8%	6,4%	10,4%	11,2%
	Matching ROA_{t-1}	H_1: E(DAP) < 0	4,0%	5,2%	5,6%	6,8%	6,0%	4,8%	3,2%	3,2%
		H_1: E(DAP) > 0	6,8%	5,6%	4,4%	4,4%	5,6%	6,8%	8,8%	8,8%
McNichols	Kein Matching	H_1: E(DAP) < 0	13,2%	8,8%	9,6%	12,8%	2,0%	8,8%	2,8%	2,8%
		H_1: E(DAP) > 0	0,4%	3,2%	1,6%	0,8%	9,6%	3,6%	13,6%	14,4%
	Matching ROA_t	H_1: E(DAP) < 0	3,2%	4,4%	6,0%	6,0%	5,6%	8,8%	3,6%	3,2%
		H_1: E(DAP) > 0	4,4%	5,6%	3,2%	2,8%	4,4%	4,4%	8,4%	9,2%
	Matching ROA_{t-1}	H_1: E(DAP) < 0	5,2%	4,4%	6,8%	7,6%	6,0%	8,0%	4,4%	4,0%
		H_1: E(DAP) > 0	4,4%	4,8%	2,4%	1,6%	4,8%	5,6%	8,8%	9,6%
Zweistufige lineare Regression										
Mehrgleichung	Kein Matching	H_1: E(DAP) < 0		1,2%	7,2%			16,8%	4,4%	
		H_1: E(DAP) > 0		10,8%	3,2%			2,0%	12,8%	
	Matching ROA_t	H_1: E(DAP) < 0		2,8%	6,0%			9,6%	3,2%	
		H_1: E(DAP) > 0		8,0%	4,0%			3,2%	8,0%	
	Matching ROA_{t-1}	H_1: E(DAP) < 0		1,6%	4,8%			10,0%	6,0%	
		H_1: E(DAP) > 0		12,4%	4,0%			4,0%	9,2%	

Quelle: Eigene Darstellung. Die Tabelle zeigt die Annahmeraten der Alternativhypothese H_1: E(DAP) < 0 bzw. H_1: E(DAP) > 0 bei 250 t-Tests von der Nullhypothese, dass der Mittelwert der gesteuerten Periodenabgrenzungen Null entspricht (H_0: DAP = 0), bei einem Signifikanzniveau von 5%. Grau hinterlegt sind die Werte, die außerhalb des akzeptablen Bereichs von 2% bis 8% liegen. [1)] Fixed-Effects-Schätzung mit Jahresindikatoren.

Tabelle A.27: Annahmeraten von H_1 bei t-Tests der DAP_t auf Basis der SALESGROWTH-Stichprobe (ACC_t^{BS})

Stichprobenbasis: SALESGROWTH ACC_t^{BS}			Unteres Quartil				Oberes Quartil			
			QS KQ	Panel KQ	Panel FE	Panel FE[1)]	QS KQ	Panel KQ	Panel FE	Panel FE[1)]
Lineare Regression										
Jones	Kein Matching	H_1: E(DAP) < 0	10,0%	10,0%	6,4%	10,4%	3,6%	5,6%	5,2%	3,6%
		H_1: E(DAP) > 0	2,8%	3,2%	3,2%	2,4%	5,6%	4,0%	5,2%	6,4%
	Matching ROA_t	H_1: E(DAP) < 0	3,2%	4,8%	3,2%	3,6%	8,4%	8,4%	8,8%	6,8%
		H_1: E(DAP) > 0	9,2%	8,8%	7,6%	6,8%	2,4%	2,0%	2,8%	2,8%
	Matching ROA_{t-1}	H_1: E(DAP) < 0	5,6%	4,4%	3,6%	4,4%	4,8%	4,4%	6,8%	3,6%
		H_1: E(DAP) > 0	4,8%	6,0%	4,4%	3,2%	8,4%	7,2%	4,4%	5,6%
Mod. Jones	Kein Matching	H_1: E(DAP) < 0	34,4%	37,2%	29,2%	34,8%	0,0%	0,8%	0,4%	0,4%
		H_1: E(DAP) > 0	0,4%	0,0%	0,0%	0,0%	19,6%	16,4%	17,6%	22,0%
	Matching ROA_t	H_1: E(DAP) < 0	11,6%	8,0%	8,8%	11,2%	0,8%	1,2%	1,2%	1,2%
		H_1: E(DAP) > 0	1,6%	2,0%	1,2%	0,8%	11,6%	8,8%	9,6%	12,4%
	Matching ROA_{t-1}	H_1: E(DAP) < 0	16,0%	13,2%	14,0%	16,8%	0,8%	1,2%	0,8%	0,8%
		H_1: E(DAP) > 0	1,2%	1,2%	1,6%	1,2%	18,8%	17,2%	17,2%	19,2%
McNichols	Kein Matching	H_1: E(DAP) < 0	14,4%	16,4%	12,4%	14,8%	5,6%	9,6%	7,2%	5,6%
		H_1: E(DAP) > 0	1,6%	2,0%	2,4%	2,4%	6,8%	4,0%	4,4%	5,6%
	Matching ROA_t	H_1: E(DAP) < 0	1,2%	1,2%	2,0%	2,0%	11,2%	12,4%	10,0%	9,2%
		H_1: E(DAP) > 0	9,6%	10,8%	7,2%	7,2%	2,0%	2,4%	2,4%	3,2%
	Matching ROA_{t-1}	H_1: E(DAP) < 0	4,0%	5,6%	4,8%	6,0%	7,2%	5,6%	8,0%	7,6%
		H_1: E(DAP) > 0	4,8%	4,8%	4,4%	3,6%	5,6%	5,6%	5,6%	6,4%
Abschnittsweise lineare Regression ($ABNRET_t$)										
Jones	Kein Matching	H_1: E(DAP) < 0	7,6%	7,2%	6,4%	9,2%	2,0%	6,0%	4,4%	4,0%
		H_1: E(DAP) > 0	4,0%	3,2%	3,2%	2,4%	7,6%	3,6%	5,2%	6,0%
	Matching ROA_t	H_1: E(DAP) < 0	3,2%	4,8%	3,2%	3,6%	8,8%	9,6%	9,2%	5,6%
		H_1: E(DAP) > 0	9,2%	9,6%	8,4%	6,8%	3,6%	2,4%	3,2%	4,4%
	Matching ROA_{t-1}	H_1: E(DAP) < 0	3,6%	4,8%	3,2%	4,0%	3,6%	5,2%	4,8%	4,0%
		H_1: E(DAP) > 0	6,4%	5,6%	3,2%	2,8%	8,4%	7,6%	5,2%	5,6%

Stichprobenbasis: SALESGROWTH ACC_t^{BS}			Unteres Quartil				Oberes Quartil			
			QS KQ	Panel KQ	Panel FE	Panel FE[1)]	QS KQ	Panel KQ	Panel FE	Panel FE[1)]
Mod. Jones	Kein Matching	H_1: E(DAP) < 0	31,6%	32,0%	27,6%	32,4%	0,0%	0,4%	0,4%	0,0%
		H_1: E(DAP) > 0	0,4%	0,4%	0,0%	0,0%	23,2%	16,4%	15,6%	19,2%
	Matching ROA_t	H_1: E(DAP) < 0	10,4%	7,2%	8,8%	11,6%	0,4%	1,6%	0,8%	0,8%
		H_1: E(DAP) > 0	1,6%	2,0%	2,0%	1,6%	14,4%	8,8%	12,0%	12,8%
	Matching ROA_{t-1}	H_1: E(DAP) < 0	15,2%	11,2%	13,6%	17,2%	0,8%	1,6%	0,8%	0,4%
		H_1: E(DAP) > 0	2,4%	1,2%	1,2%	0,8%	19,2%	18,0%	18,0%	18,8%
McNichols	Kein Matching	H_1: E(DAP) < 0	10,0%	11,2%	11,6%	14,0%	5,2%	8,8%	6,8%	5,6%
		H_1: E(DAP) > 0	1,6%	2,4%	2,8%	2,0%	6,0%	4,0%	4,4%	5,2%
	Matching ROA_t	H_1: E(DAP) < 0	2,0%	1,6%	2,0%	2,0%	10,4%	13,6%	10,8%	9,2%
		H_1: E(DAP) > 0	8,8%	12,0%	10,4%	6,8%	3,2%	2,4%	2,4%	3,2%
	Matching ROA_{t-1}	H_1: E(DAP) < 0	4,4%	4,8%	3,6%	4,8%	6,4%	6,0%	7,2%	6,4%
		H_1: E(DAP) > 0	5,6%	5,2%	4,4%	4,4%	5,2%	6,0%	6,0%	6,4%
Zweistufige lineare Regression										
Mehrgleichung	Kein Matching	H_1: E(DAP) < 0		0,0%	18,8%			53,2%	2,8%	
		H_1: E(DAP) > 0		45,2%	1,2%			0,0%	10,0%	
	Matching ROA_t	H_1: E(DAP) < 0		0,8%	4,8%			40,8%	4,8%	
		H_1: E(DAP) > 0		37,2%	2,0%			0,4%	4,0%	
	Matching ROA_{t-1}	H_1: E(DAP) < 0		0,0%	8,4%			29,6%	3,6%	
		H_1: E(DAP) > 0		31,6%	2,0%			0,0%	10,0%	

Quelle: Eigene Darstellung. Die Tabelle zeigt die Annahmeraten der Alternativhypothese H_1: E(DAP) < 0 bzw. H_1: E(DAP) > 0 bei 250 t-Tests von der Nullhypothese, dass der Mittelwert der gesteuerten Periodenabgrenzungen Null entspricht (H_0: DAP = 0), bei einem Signifikanzniveau von 5%. Grau hinterlegt sind die Werte, die außerhalb des akzeptablen Bereichs von 2% bis 8% liegen. [1)] Fixed-Effects-Schätzung mit Jahresindikatoren.

Tabelle A.28: Annahmeraten von H_1 bei t-Tests der DAP_t auf Basis der CFO-Stichprobe (ACC_t^{BS})

Stichprobenbasis: CFO ACC_t^{BS}			Unteres Quartil				Oberes Quartil			
			QS KQ	Panel KQ	Panel FE	Panel FE[1)]	QS KQ	Panel KQ	Panel FE	Panel FE[1)]
Lineare Regression										
Jones	Kein Matching	H_1: E(DAP) < 0	0,0%	0,0%	0,0%	0,0%	98,4%	100,0%	95,6%	96,0%
		H_1: E(DAP) > 0	79,6%	85,6%	80,4%	80,8%	0,0%	0,0%	0,0%	0,0%
	Matching ROA_t	H_1: E(DAP) < 0	0,0%	0,0%	0,0%	0,0%	98,4%	98,4%	87,6%	88,4%
		H_1: E(DAP) > 0	86,4%	90,0%	80,0%	80,8%	0,0%	0,0%	0,0%	0,0%
	Matching ROA_{t-1}	H_1: E(DAP) < 0	0,0%	0,0%	0,0%	0,0%	94,8%	95,6%	84,4%	85,2%
		H_1: E(DAP) > 0	68,8%	76,0%	64,0%	64,4%	0,0%	0,0%	0,0%	0,0%
Mod. Jones	Kein Matching	H_1: E(DAP) < 0	0,0%	0,0%	0,0%	0,0%	95,6%	99,2%	91,6%	91,2%
		H_1: E(DAP) > 0	74,8%	80,4%	74,4%	73,2%	0,0%	0,0%	0,0%	0,0%
	Matching ROA_t	H_1: E(DAP) < 0	0,0%	0,0%	0,0%	0,0%	98,0%	98,4%	86,8%	87,6%
		H_1: E(DAP) > 0	87,6%	90,8%	81,2%	81,6%	0,0%	0,0%	0,0%	0,0%
	Matching ROA_{t-1}	H_1: E(DAP) < 0	0,0%	0,0%	0,0%	0,0%	94,0%	95,6%	80,8%	79,6%
		H_1: E(DAP) > 0	68,0%	74,8%	60,8%	61,2%	0,0%	0,0%	0,0%	0,0%
McNichols	Kein Matching	H_1: E(DAP) < 0	2,8%	0,8%	2,0%	1,6%	23,2%	42,8%	17,2%	16,0%
		H_1: E(DAP) > 0	3,6%	7,2%	10,8%	10,8%	0,0%	0,0%	1,6%	1,2%
	Matching ROA_t	H_1: E(DAP) < 0	0,4%	0,4%	0,4%	0,4%	61,6%	72,4%	44,0%	43,2%
		H_1: E(DAP) > 0	32,8%	46,8%	29,2%	30,4%	0,0%	0,0%	0,0%	0,0%
	Matching ROA_{t-1}	H_1: E(DAP) < 0	2,0%	0,4%	2,4%	2,4%	34,8%	42,8%	21,2%	21,2%
		H_1: E(DAP) > 0	9,2%	16,4%	11,2%	10,8%	0,0%	0,0%	0,0%	0,0%
Abschnittsweise lineare Regression ($ABNRET_t$)										
Jones	Kein Matching	H_1: E(DAP) < 0	0,0%	0,0%	0,0%	0,0%	98,4%	100,0%	95,6%	95,6%
		H_1: E(DAP) > 0	81,2%	89,2%	78,8%	81,2%	0,0%	0,0%	0,0%	0,0%
	Matching ROA_t	H_1: E(DAP) < 0	0,0%	0,0%	0,0%	0,0%	95,2%	98,4%	88,8%	88,4%
		H_1: E(DAP) > 0	83,2%	91,2%	80,0%	80,8%	0,0%	0,0%	0,0%	0,0%
	Matching ROA_{t-1}	H_1: E(DAP) < 0	0,0%	0,0%	0,0%	0,0%	92,4%	95,6%	83,2%	82,8%
		H_1: E(DAP) > 0	66,4%	78,4%	63,6%	63,6%	0,0%	0,0%	0,0%	0,0%

Stichprobenbasis: CFO ACC_t^{BS}			Unteres Quartil				Oberes Quartil			
			QS KQ	Panel KQ	Panel FE	Panel FE[1)]	QS KQ	Panel KQ	Panel FE	Panel FE[1)]
Mod. Jones	Kein Matching	H_1: E(DAP) < 0	0,0%	0,0%	0,0%	0,0%	98,0%	99,6%	91,6%	92,8%
		H_1: E(DAP) > 0	80,0%	86,4%	76,4%	76,8%	0,0%	0,0%	0,0%	0,0%
	Matching ROA_t	H_1: E(DAP) < 0	0,0%	0,0%	0,0%	0,0%	95,6%	98,0%	88,0%	88,0%
		H_1: E(DAP) > 0	83,2%	90,8%	81,2%	81,6%	0,0%	0,0%	0,0%	0,0%
	Matching ROA_{t-1}	H_1: E(DAP) < 0	0,0%	0,0%	0,0%	0,0%	91,2%	96,0%	80,4%	80,0%
		H_1: E(DAP) > 0	65,2%	76,4%	62,0%	62,4%	0,0%	0,0%	0,0%	0,0%
McNichols	Kein Matching	H_1: E(DAP) < 0	3,2%	0,8%	1,6%	2,0%	3,6%	1,6%	4,4%	5,6%
		H_1: E(DAP) > 0	4,4%	9,6%	10,4%	10,0%	8,0%	11,6%	6,8%	7,6%
	Matching ROA_t	H_1: E(DAP) < 0	0,0%	0,4%	0,0%	0,0%	3,2%	1,2%	3,2%	2,8%
		H_1: E(DAP) > 0	31,6%	43,6%	27,2%	28,4%	12,0%	12,0%	11,2%	11,2%
	Matching ROA_{t-1}	H_1: E(DAP) < 0	2,0%	0,4%	2,4%	2,0%	2,0%	0,8%	2,0%	2,4%
		H_1: E(DAP) > 0	10,4%	17,2%	10,8%	10,4%	11,6%	11,2%	10,0%	10,0%
Zweistufige lineare Regression										
Mehrgleichung	Kein Matching	H_1: E(DAP) < 0		0,0%	0,0%			100,0%	64,8%	
		H_1: E(DAP) > 0		96,8%	43,2%			0,0%	0,0%	
	Matching ROA_t	H_1: E(DAP) < 0		0,0%	0,0%			99,2%	73,2%	
		H_1: E(DAP) > 0		93,6%	54,4%			0,0%	0,0%	
	Matching ROA_{t-1}	H_1: E(DAP) < 0		0,0%	0,0%			98,4%	56,0%	
		H_1: E(DAP) > 0		87,6%	29,6%			0,0%	0,0%	

Quelle: Eigene Darstellung. Die Tabelle zeigt die Annahmeraten der Alternativhypothese H_1: E(DAP) < 0 bzw. H_1: E(DAP) > 0 bei 250 t-Tests von der Nullhypothese, dass der Mittelwert der gesteuerten Periodenabgrenzungen Null entspricht (H_0: DAP = 0), bei einem Signifikanzniveau von 5%. Grau hinterlegt sind die Werte, die außerhalb des akzeptablen Bereichs von 2% bis 8% liegen. [1)] Fixed-Effects-Schätzung mit Jahresindikatoren.

Tabelle A.29: Annahmeraten von H_1 bei t-Tests der DAP_t auf Basis der EP-Stichprobe (ACC_t^{BS})

Stichprobenbasis: EP ACC_t^{BS}			Unteres Quartil				Oberes Quartil			
			QS	Panel	Panel	Panel	QS	Panel	Panel	Panel
			KQ	KQ	FE	FE[1)]	KQ	KQ	FE	FE[1)]
Lineare Regression										
Jones	Kein Matching	H_1: E(DAP) < 0	68,8%	81,2%	42,0%	46,0%	0,0%	0,0%	0,4%	0,4%
		H_1: E(DAP) > 0	0,0%	0,0%	0,0%	0,0%	45,2%	67,6%	30,8%	32,4%
	Matching ROA_t	H_1: E(DAP) < 0	5,6%	6,4%	5,2%	5,2%	1,2%	1,2%	2,4%	2,8%
		H_1: E(DAP) > 0	1,6%	2,0%	2,4%	2,4%	12,0%	13,6%	10,0%	9,2%
	Matching ROA_{t-1}	H_1: E(DAP) < 0	23,2%	21,6%	18,4%	18,8%	0,4%	0,4%	0,8%	1,2%
		H_1: E(DAP) > 0	0,4%	0,4%	0,8%	0,8%	20,8%	24,0%	16,4%	16,4%
Mod. Jones	Kein Matching	H_1: E(DAP) < 0	81,6%	88,0%	52,4%	55,6%	0,0%	0,0%	0,4%	0,0%
		H_1: E(DAP) > 0	0,0%	0,0%	0,0%	0,0%	51,6%	71,6%	35,6%	39,2%
	Matching ROA_t	H_1: E(DAP) < 0	5,2%	5,2%	6,0%	5,6%	1,6%	2,0%	2,8%	2,8%
		H_1: E(DAP) > 0	2,0%	1,6%	2,4%	2,4%	10,0%	12,0%	8,0%	8,4%
	Matching ROA_{t-1}	H_1: E(DAP) < 0	30,4%	26,8%	24,4%	24,4%	0,0%	0,0%	1,2%	1,2%
		H_1: E(DAP) > 0	0,4%	0,0%	0,4%	0,4%	22,0%	26,4%	18,8%	18,8%
McNichols	Kein Matching	H_1: E(DAP) < 0	93,2%	98,8%	71,6%	73,2%	0,0%	0,0%	0,0%	0,0%
		H_1: E(DAP) > 0	0,0%	0,0%	0,0%	0,0%	77,2%	91,2%	62,4%	64,4%
	Matching ROA_t	H_1: E(DAP) < 0	5,6%	8,0%	8,0%	7,6%	0,4%	0,8%	2,0%	2,0%
		H_1: E(DAP) > 0	3,2%	1,6%	3,2%	3,2%	12,0%	14,0%	12,0%	12,0%
	Matching ROA_{t-1}	H_1: E(DAP) < 0	44,4%	45,6%	36,8%	37,2%	0,0%	0,0%	0,0%	0,0%
		H_1: E(DAP) > 0	0,0%	0,0%	0,0%	0,0%	34,0%	42,4%	30,8%	31,6%
Abschnittsweise lineare Regression ($ABNRET_t$)										
Jones	Kein Matching	H_1: E(DAP) < 0	52,8%	70,0%	40,4%	41,2%	0,4%	0,0%	0,4%	0,4%
		H_1: E(DAP) > 0	0,0%	0,0%	0,0%	0,0%	42,4%	60,4%	30,8%	32,8%
	Matching ROA_t	H_1: E(DAP) < 0	4,8%	6,8%	5,6%	6,0%	1,6%	1,2%	2,8%	2,8%
		H_1: E(DAP) > 0	2,0%	1,6%	2,4%	2,0%	14,0%	13,2%	10,0%	9,2%
	Matching ROA_{t-1}	H_1: E(DAP) < 0	18,0%	18,8%	15,2%	15,2%	0,4%	0,8%	1,2%	1,2%
		H_1: E(DAP) > 0	0,8%	0,4%	0,8%	0,8%	20,0%	22,4%	17,2%	17,2%

Stichprobenbasis: EP ACC_t^{BS}			Unteres Quartil				Oberes Quartil			
			QS	Panel	Panel	Panel	QS	Panel	Panel	Panel
			KQ	KQ	FE	FE[1)]	KQ	KQ	FE	FE[1)]
Mod. Jones	Kein Matching	H_1: E(DAP) < 0	63,6%	77,6%	49,6%	50,0%	0,0%	0,0%	0,4%	0,0%
		H_1: E(DAP) > 0	0,0%	0,0%	0,0%	0,0%	43,2%	64,4%	36,0%	38,8%
	Matching ROA_t	H_1: E(DAP) < 0	6,8%	6,8%	5,6%	5,6%	1,2%	1,6%	2,8%	2,8%
		H_1: E(DAP) > 0	0,8%	1,6%	1,6%	2,0%	12,0%	12,8%	8,8%	9,2%
	Matching ROA_{t-1}	H_1: E(DAP) < 0	21,6%	20,8%	17,2%	17,2%	0,4%	0,4%	1,2%	1,2%
		H_1: E(DAP) > 0	0,8%	0,4%	0,8%	0,8%	18,8%	24,4%	17,6%	18,0%
McNichols	Kein Matching	H_1: E(DAP) < 0	82,0%	95,6%	66,4%	68,4%	0,0%	0,0%	0,0%	0,0%
		H_1: E(DAP) > 0	0,0%	0,0%	0,0%	0,0%	70,4%	88,8%	61,6%	64,0%
	Matching ROA_t	H_1: E(DAP) < 0	4,8%	7,2%	8,0%	8,4%	0,8%	1,2%	0,8%	1,2%
		H_1: E(DAP) > 0	2,8%	2,0%	3,2%	2,8%	13,6%	14,8%	11,2%	12,8%
	Matching ROA_{t-1}	H_1: E(DAP) < 0	32,4%	38,4%	36,4%	34,8%	0,0%	0,0%	0,0%	0,0%
		H_1: E(DAP) > 0	0,4%	0,0%	0,0%	0,0%	30,0%	38,4%	29,2%	30,0%
Zweistufige lineare Regression										
Mehrgleichung	Kein Matching	H_1: E(DAP) < 0		34,0%	58,8%			0,0%	0,0%	
		H_1: E(DAP) > 0		0,0%	0,0%			42,8%	50,0%	
	Matching ROA_t	H_1: E(DAP) < 0		5,6%	5,6%			0,4%	2,8%	
		H_1: E(DAP) > 0		2,4%	3,2%			13,2%	10,4%	
	Matching ROA_{t-1}	H_1: E(DAP) < 0		10,0%	31,6%			0,8%	0,0%	
		H_1: E(DAP) > 0		2,0%	0,0%			16,8%	22,8%	

Quelle: Eigene Darstellung. Die Tabelle zeigt die Annahmeraten der Alternativhypothese H_1: E(DAP) < 0 bzw. H_1: E(DAP) > 0 bei 250 t-Tests von der Nullhypothese, dass der Mittelwert der gesteuerten Periodenabgrenzungen Null entspricht (H_0: DAP = 0), bei einem Signifikanzniveau von 5%. Grau hinterlegt sind die Werte, die außerhalb des akzeptablen Bereichs von 2% bis 8% liegen. [1)] Fixed-Effects-Schätzung mit Jahresindikatoren.

Tabelle A.30: Ablehnungsraten von H_0 bei künstlich erzeugter Gewinnsteuerung: Jones-Modell (ACC_t^{CF})

Umfang der künstlichen Gewinnsteuerung	**−10%**	**−9%**	**−8%**	**−7%**	**−6%**	**−5%**	**−4%**	**−3%**	**−2%**	**−1%**	**0%**	**1%**	**2%**	**3%**	**4%**	**5%**	**6%**	**7%**	**8%**	**9%**	**10%**
Jones-Modell / Querschnitt / KQ / ACC_t^{CF}																					
Kein Matching	100,0%	100,0%	100,0%	100,0%	100,0%	99,6%	91,6%	79,6%	44,4%	17,2%	4,0%	19,2%	46,8%	74,4%	92,0%	98,4%	100,0%	100,0%	100,0%	100,0%	100,0%
Matching ROA_t	100,0%	100,0%	100,0%	99,6%	98,8%	96,4%	83,6%	58,8%	35,2%	10,4%	6,0%	7,2%	25,6%	56,0%	76,4%	91,6%	96,8%	99,6%	100,0%	100,0%	100,0%
Matched ROA_{t-1}	100,0%	100,0%	99,6%	98,4%	97,6%	88,0%	72,0%	50,8%	24,0%	12,8%	5,6%	10,8%	28,4%	48,8%	78,4%	89,6%	97,2%	99,2%	99,6%	100,0%	100,0%
$AWLR_{(ABNRET)}$ 1)	100,0%	100,0%	100,0%	100,0%	100,0%	99,6%	92,4%	80,8%	40,8%	16,4%	3,6%	13,6%	42,4%	76,4%	91,2%	99,2%	100,0%	100,0%	100,0%	100,0%	100,0%
Jones-Modell / Panel / KQ / ACC_t^{CF}																					
Kein Matching	100,0%	100,0%	100,0%	100,0%	100,0%	99,6%	91,6%	78,8%	38,4%	12,8%	4,4%	17,2%	44,0%	73,2%	89,6%	98,0%	100,0%	100,0%	100,0%	100,0%	100,0%
Matching ROA_t	100,0%	100,0%	100,0%	99,2%	98,4%	96,8%	81,2%	61,2%	38,0%	9,6%	5,6%	8,0%	25,6%	56,0%	74,4%	92,4%	96,8%	99,6%	100,0%	100,0%	100,0%
Matched ROA_{t-1}	100,0%	100,0%	100,0%	98,4%	98,8%	86,4%	71,2%	50,4%	26,4%	11,2%	4,4%	11,6%	27,6%	51,2%	76,4%	90,4%	97,2%	99,2%	99,6%	100,0%	100,0%
$AWLR_{(ABNRET)}$ 1)	100,0%	100,0%	100,0%	100,0%	100,0%	99,6%	90,4%	78,4%	39,6%	12,8%	4,4%	16,0%	42,4%	75,6%	91,2%	98,4%	100,0%	100,0%	100,0%	100,0%	100,0%
Jones-Modell / Panel / FE / ACC_t^{CF}																					
Kein Matching	100,0%	100,0%	100,0%	100,0%	100,0%	99,6%	97,6%	89,6%	47,6%	13,2%	5,6%	17,6%	56,4%	82,0%	95,2%	99,6%	100,0%	100,0%	100,0%	100,0%	100,0%
Matching ROA_t	100,0%	100,0%	100,0%	99,6%	99,2%	98,0%	87,6%	70,4%	38,0%	12,4%	5,6%	8,0%	33,6%	62,4%	84,4%	97,2%	99,2%	100,0%	100,0%	100,0%	100,0%
Matched ROA_{t-1}	100,0%	100,0%	100,0%	98,4%	99,6%	92,4%	79,6%	61,6%	29,6%	12,0%	4,0%	12,4%	31,2%	60,0%	84,0%	95,6%	100,0%	100,0%	100,0%	100,0%	100,0%
$AWLR_{(ABNRET)}$ 1)	100,0%	100,0%	100,0%	100,0%	100,0%	100,0%	96,0%	89,2%	50,0%	15,2%	4,8%	17,6%	55,2%	82,8%	96,0%	99,6%	100,0%	100,0%	100,0%	100,0%	100,0%
Jones-Modell / Panel / FE mit Jahresindikatoren / ACC_t^{CF}																					
Kein Matching	100,0%	100,0%	100,0%	100,0%	100,0%	100,0%	98,4%	90,4%	50,8%	14,8%	4,8%	16,8%	57,2%	84,0%	96,0%	99,6%	100,0%	100,0%	100,0%	100,0%	100,0%
Matching ROA_t	100,0%	100,0%	100,0%	99,6%	99,2%	98,0%	87,6%	70,4%	38,4%	12,0%	5,2%	8,0%	34,4%	62,8%	84,8%	97,2%	99,2%	100,0%	100,0%	100,0%	100,0%
Matched ROA_{t-1}	100,0%	100,0%	100,0%	99,6%	99,6%	93,6%	78,8%	63,6%	30,8%	12,4%	3,6%	12,8%	30,8%	60,0%	84,0%	95,6%	100,0%	100,0%	100,0%	100,0%	100,0%
$AWLR_{(ABNRET)}$ 1)	100,0%	100,0%	100,0%	100,0%	100,0%	100,0%	97,2%	90,4%	48,8%	15,2%	4,8%	18,0%	54,4%	84,8%	96,4%	99,6%	100,0%	100,0%	100,0%	100,0%	100,0%

Quelle: Eigene Darstellung. Die Tabelle zeigt die Ablehnungsrate der Nullhypothese H0: E(DAP) = 0 bei 250 t-Tests bei einem Signifikanzniveau von 5%. Grau hinterlegt sind die Werte, die unterhalb der kritischen Schwelle von 80% liegen. Die künstlich erzeugte Gewinnsteuerung ist anteilig zum Gesamtvermögen zu Beginn eines Geschäftsjahres angegeben.
1) Das Konstrukt Nachrichten wurden mit ABNRET operationalisiert (VAR = ABNRET).

Tabelle A.31: Ablehnungsraten von H_0 bei künstlich erzeugter Gewinnsteuerung: Jones-Modell (ACC_t^{BS})

Umfang der künstlichen Gewinnsteuerung	−10%	−9%	−8%	−7%	−6%	−5%	−4%	−3%	−2%	−1%	0%	1%	2%	3%	4%	5%	6%	7%	8%	9%	10%
Jones-Modell / Querschnitt / KQ / ACC_t^{BS}																					
Kein Matching	100,0%	100,0%	100,0%	100,0%	100,0%	100,0%	98,4%	82,4%	50,0%	16,8%	2,8%	13,6%	47,2%	86,4%	96,0%	100,0%	100,0%	100,0%	100,0%	100,0%	100,0%
Matching ROA_t	100,0%	100,0%	100,0%	99,6%	99,6%	92,4%	78,4%	58,4%	34,8%	10,4%	4,8%	8,0%	28,8%	57,2%	73,6%	88,8%	96,4%	100,0%	100,0%	100,0%	100,0%
Matched ROA_{t-1}	100,0%	100,0%	100,0%	99,6%	98,0%	95,2%	77,6%	56,4%	26,4%	10,8%	2,8%	10,8%	28,8%	58,4%	73,6%	92,4%	97,6%	100,0%	100,0%	100,0%	100,0%
$AWLR_{(ABNRET)}$ [1)]	100,0%	100,0%	100,0%	100,0%	100,0%	99,6%	97,6%	81,2%	46,8%	18,4%	2,8%	12,8%	46,0%	82,0%	95,6%	99,6%	100,0%	100,0%	100,0%	100,0%	100,0%
Jones-Modell / Panel / KQ / ACC_t^{BS}																					
Kein Matching	100,0%	100,0%	100,0%	100,0%	100,0%	99,2%	96,8%	79,6%	45,6%	14,8%	3,2%	14,0%	45,6%	84,8%	94,4%	100,0%	100,0%	100,0%	100,0%	100,0%	100,0%
Matching ROA_t	100,0%	100,0%	100,0%	99,6%	98,8%	94,0%	78,4%	59,6%	36,4%	12,0%	4,4%	6,8%	27,6%	53,2%	72,0%	88,8%	97,2%	100,0%	100,0%	100,0%	100,0%
Matched ROA_{t-1}	100,0%	100,0%	100,0%	98,8%	98,4%	94,0%	75,2%	56,8%	27,6%	10,0%	3,6%	11,2%	28,0%	58,0%	74,4%	91,6%	99,2%	100,0%	100,0%	100,0%	100,0%
$AWLR_{(ABNRET)}$ [1)]	100,0%	100,0%	100,0%	100,0%	100,0%	98,8%	95,2%	81,2%	46,0%	14,8%	2,4%	14,4%	48,0%	84,4%	94,0%	100,0%	100,0%	100,0%	100,0%	100,0%	100,0%
Jones-Modell / Panel / FE / ACC_t^{BS}																					
Kein Matching	100,0%	100,0%	100,0%	100,0%	100,0%	100,0%	99,2%	89,2%	51,6%	18,0%	4,4%	18,4%	52,8%	85,6%	94,8%	99,6%	100,0%	100,0%	100,0%	100,0%	100,0%
Matching ROA_t	100,0%	100,0%	100,0%	99,6%	99,2%	94,4%	85,2%	66,4%	35,6%	14,8%	3,2%	10,0%	33,2%	59,2%	80,0%	92,4%	99,2%	100,0%	100,0%	100,0%	100,0%
Matched ROA_{t-1}	100,0%	100,0%	100,0%	99,2%	98,4%	94,4%	80,0%	61,6%	29,2%	12,4%	3,6%	14,4%	32,8%	62,8%	82,4%	94,4%	100,0%	100,0%	100,0%	100,0%	100,0%
$AWLR_{(ABNRET)}$ [1)]	100,0%	100,0%	100,0%	100,0%	100,0%	99,6%	98,8%	88,4%	52,0%	17,6%	3,6%	17,6%	52,4%	86,4%	96,0%	99,6%	100,0%	100,0%	100,0%	100,0%	100,0%
Jones-Modell / Panel / FE mit Jahresindikatoren / ACC_t^{BSw}																					
Kein Matching	100,0%	100,0%	100,0%	100,0%	100,0%	100,0%	99,6%	89,6%	53,6%	18,4%	4,4%	17,2%	54,8%	86,4%	95,6%	99,6%	100,0%	100,0%	100,0%	100,0%	100,0%
Matching ROA_t	100,0%	100,0%	100,0%	99,6%	99,2%	94,4%	85,6%	66,0%	36,4%	14,8%	2,8%	9,6%	34,0%	60,4%	80,4%	92,8%	99,2%	100,0%	100,0%	100,0%	100,0%
Matched ROA_{t-1}	100,0%	100,0%	100,0%	99,2%	98,4%	94,0%	80,4%	62,8%	28,8%	12,8%	4,0%	14,8%	34,0%	62,0%	83,2%	94,0%	100,0%	100,0%	100,0%	100,0%	100,0%
$AWLR_{(ABNRET)}$ [1)]	100,0%	100,0%	100,0%	100,0%	100,0%	100,0%	99,6%	89,2%	53,2%	17,2%	3,2%	16,8%	54,0%	87,2%	96,4%	99,6%	100,0%	100,0%	100,0%	100,0%	100,0%

Quelle: Eigene Darstellung. Die Tabelle zeigt die Ablehnungsrate der Nullhypothese H0: E(DAP) = 0 bei 250 t-Tests bei einem Signifikanzniveau von 5%. Grau hinterlegt sind die Werte, die unterhalb der kritischen Schwelle von 80% liegen. Die künstlich erzeugte Gewinnsteuerung ist anteilig zum Gesamtvermögen zu Beginn eines Geschäftsjahres angegeben.

[1)] Das Konstrukt Nachrichten wurden mit ABNRET operationalisiert (VAR = ABNRET).

Tabelle A.32: Ablehnungsraten von H_0 bei künstlich erzeugter Gewinnsteuerung: modifiziertes Jones-Modell (ACC_t^{CF})

Umfang der künstlichen Gewinnsteuerung	**−10%**	**−9%**	**−8%**	**−7%**	**−6%**	**−5%**	**−4%**	**−3%**	**−2%**	**−1%**	**0%**	**1%**	**2%**	**3%**	**4%**	**5%**	**6%**	**7%**	**8%**	**9%**	**10%**
Modifiziertes Jones-Modell / Querschnitt / KQ / ACC_t^{CF}																					
Kein Matching	100,0%	100,0%	100,0%	100,0%	100,0%	99,6%	92,4%	81,2%	45,2%	16,0%	4,0%	17,6%	46,8%	76,4%	92,4%	98,4%	100,0%	100,0%	100,0%	100,0%	100,0%
Matching ROA_t	100,0%	100,0%	100,0%	100,0%	99,2%	98,0%	83,6%	60,4%	37,2%	10,8%	5,6%	8,0%	24,0%	56,4%	77,6%	93,2%	96,8%	99,6%	100,0%	100,0%	100,0%
Matched ROA_{t-1}	100,0%	100,0%	100,0%	99,2%	98,0%	89,2%	71,6%	50,0%	24,8%	13,6%	4,4%	10,8%	27,6%	48,4%	78,4%	90,8%	97,6%	99,6%	99,6%	100,0%	100,0%
$AWLR_{(ABNRET)}$ [1]	100,0%	100,0%	100,0%	100,0%	100,0%	99,6%	92,8%	81,6%	42,0%	17,2%	4,4%	14,8%	42,0%	75,6%	93,6%	99,2%	100,0%	100,0%	100,0%	100,0%	100,0%
Modifiziertes Jones-Modell / Panel / KQ / ACC_t^{CF}																					
Kein Matching	100,0%	100,0%	100,0%	100,0%	100,0%	99,2%	92,0%	79,6%	40,8%	14,4%	4,4%	17,2%	45,2%	74,8%	91,6%	99,2%	100,0%	100,0%	100,0%	100,0%	100,0%
Matching ROA_t	100,0%	100,0%	100,0%	99,2%	98,8%	97,6%	83,2%	63,2%	40,4%	10,4%	6,0%	8,0%	25,2%	57,6%	77,6%	93,6%	97,2%	99,6%	100,0%	100,0%	100,0%
Matched ROA_{t-1}	100,0%	100,0%	100,0%	98,8%	99,2%	88,8%	72,8%	50,4%	28,4%	12,8%	4,4%	11,2%	27,2%	50,8%	76,4%	91,2%	97,6%	99,2%	99,6%	100,0%	100,0%
$AWLR_{(ABNRET)}$ [1]	100,0%	100,0%	100,0%	100,0%	100,0%	99,6%	91,2%	80,0%	41,2%	14,4%	3,6%	16,8%	43,6%	76,4%	92,8%	99,6%	100,0%	100,0%	100,0%	100,0%	100,0%
Modifiziertes Jones-Modell / Panel / FE / ACC_t^{CF}																					
Kein Matching	100,0%	100,0%	100,0%	100,0%	100,0%	100,0%	97,6%	90,4%	48,8%	14,0%	4,4%	16,8%	55,6%	83,6%	95,6%	99,6%	100,0%	100,0%	100,0%	100,0%	100,0%
Matching ROA_t	100,0%	100,0%	100,0%	99,6%	99,2%	98,0%	88,4%	70,8%	39,6%	12,8%	4,8%	8,0%	34,8%	62,8%	85,2%	97,6%	99,2%	100,0%	100,0%	100,0%	100,0%
Matched ROA_{t-1}	100,0%	100,0%	100,0%	99,6%	99,6%	94,4%	80,4%	63,2%	32,0%	12,0%	3,6%	11,6%	31,6%	60,4%	86,0%	96,8%	100,0%	100,0%	100,0%	100,0%	100,0%
$AWLR_{(ABNRET)}$ [1]	100,0%	100,0%	100,0%	100,0%	100,0%	100,0%	96,0%	89,2%	50,0%	15,6%	4,4%	17,2%	55,6%	84,8%	96,0%	99,6%	100,0%	100,0%	100,0%	100,0%	100,0%
Modifiziertes Jones-Modell / Panel / FE mit Jahresindikatoren / ACC_t^{CF}																					
Kein Matching	100,0%	100,0%	100,0%	100,0%	100,0%	100,0%	98,4%	91,6%	51,6%	14,8%	4,8%	16,8%	57,6%	84,8%	95,6%	99,6%	100,0%	100,0%	100,0%	100,0%	100,0%
Matching ROA_t	100,0%	100,0%	100,0%	99,6%	99,6%	98,0%	87,6%	71,2%	39,6%	11,6%	4,8%	8,4%	36,0%	62,4%	86,0%	98,0%	99,2%	100,0%	100,0%	100,0%	100,0%
Matched ROA_{t-1}	100,0%	100,0%	100,0%	99,6%	99,6%	94,0%	79,6%	62,8%	31,6%	12,8%	3,2%	12,4%	32,0%	60,4%	85,2%	96,8%	100,0%	100,0%	100,0%	100,0%	100,0%
$AWLR_{(ABNRET)}$ [1]	100,0%	100,0%	100,0%	100,0%	100,0%	100,0%	98,0%	90,4%	50,8%	14,8%	4,0%	16,8%	57,2%	84,8%	96,4%	99,6%	100,0%	100,0%	100,0%	100,0%	100,0%

Quelle: Eigene Darstellung. Die Tabelle zeigt die Ablehnungsrate der Nullhypothese H0: E(DAP) = 0 bei 250 t-Tests bei einem Signifikanzniveau von 5%. Grau hinterlegt sind die Werte, die unterhalb der kritischen Schwelle von 80% liegen. Die künstlich erzeugte Gewinnsteuerung ist anteilig zum Gesamtvermögen zu Beginn eines Geschäftsjahres angegeben.
[1] Das Konstrukt Nachrichten wurden mit ABNRET operationalisiert (VAR = ABNRET).

Tabelle A.33: Ablehnungsraten von H_0 bei künstlich erzeugter Gewinnsteuerung: modifiziertes Jones-Modell (ACC_t^{BS})

Umfang der künstlichen Gewinnsteuerung	−10%	−9%	−8%	−7%	−6%	−5%	−4%	−3%	−2%	−1%	0%	1%	2%	3%	4%	5%	6%	7%	8%	9%	10%
Modifiziertes Jones-Modell / Querschnitt / KQ / ACC_t^{BS}																					
Kein Matching	100,0%	100,0%	100,0%	100,0%	100,0%	100,0%	98,0%	84,4%	49,6%	18,4%	3,6%	14,8%	49,2%	85,2%	96,8%	100,0%	100,0%	100,0%	100,0%	100,0%	100,0%
Matching ROA_t	100,0%	100,0%	100,0%	99,6%	99,6%	94,8%	78,8%	58,8%	37,2%	10,4%	4,8%	8,0%	28,8%	57,2%	76,8%	89,6%	96,8%	100,0%	100,0%	100,0%	100,0%
Matched ROA_{t-1}	100,0%	100,0%	100,0%	100,0%	98,4%	96,4%	78,4%	56,8%	27,2%	11,6%	2,4%	10,8%	30,0%	60,0%	74,4%	92,4%	98,0%	100,0%	100,0%	100,0%	100,0%
$AWLR_{(ABNRET)}$ [1]	100,0%	100,0%	100,0%	100,0%	100,0%	99,6%	98,4%	82,0%	45,6%	18,4%	3,6%	14,4%	47,6%	84,0%	96,4%	99,6%	100,0%	100,0%	100,0%	100,0%	100,0%
Modifiziertes Jones-Modell / Panel / KQ / ACC_t^{BS}																					
Kein Matching	100,0%	100,0%	100,0%	100,0%	100,0%	99,2%	97,2%	81,6%	46,8%	16,0%	3,2%	14,0%	46,8%	84,0%	94,8%	100,0%	100,0%	100,0%	100,0%	100,0%	100,0%
Matching ROA_t	100,0%	100,0%	100,0%	99,6%	99,2%	94,0%	80,0%	60,4%	38,4%	11,6%	4,8%	7,2%	28,0%	56,8%	74,8%	90,4%	98,0%	100,0%	100,0%	100,0%	100,0%
Matched ROA_{t-1}	100,0%	100,0%	100,0%	99,2%	98,4%	93,6%	76,0%	56,4%	29,2%	11,2%	3,2%	12,0%	29,6%	58,8%	76,0%	92,8%	99,2%	100,0%	100,0%	100,0%	100,0%
$AWLR_{(ABNRET)}$ [1]	100,0%	100,0%	100,0%	100,0%	100,0%	99,2%	97,2%	80,4%	44,8%	16,8%	3,2%	13,6%	48,0%	84,8%	95,6%	100,0%	100,0%	100,0%	100,0%	100,0%	100,0%
Modifiziertes Jones-Modell / Panel / FE / ACC_t^{BS}																					
Kein Matching	100,0%	100,0%	100,0%	100,0%	100,0%	99,6%	99,6%	90,4%	52,4%	18,0%	4,4%	17,2%	53,2%	87,6%	96,8%	99,6%	100,0%	100,0%	100,0%	100,0%	100,0%
Matching ROA_t	100,0%	100,0%	100,0%	99,6%	99,2%	95,2%	86,0%	67,2%	37,6%	15,2%	2,8%	9,2%	35,6%	64,0%	82,0%	93,6%	99,6%	100,0%	100,0%	100,0%	100,0%
Matched ROA_{t-1}	100,0%	100,0%	100,0%	99,6%	98,4%	94,4%	82,0%	64,8%	31,2%	12,4%	3,2%	12,0%	35,6%	64,0%	84,0%	94,8%	100,0%	100,0%	100,0%	100,0%	100,0%
$AWLR_{(ABNRET)}$ [1]	100,0%	100,0%	100,0%	100,0%	100,0%	99,6%	99,2%	90,0%	53,2%	18,4%	4,8%	17,2%	53,2%	88,0%	96,4%	99,6%	100,0%	100,0%	100,0%	100,0%	100,0%
Modifiziertes Jones-Modell / Panel / FE mit Jahresindikatoren / ACC_t^{BS}																					
Kein Matching	100,0%	100,0%	100,0%	100,0%	100,0%	100,0%	99,6%	90,8%	53,2%	18,8%	5,6%	18,0%	55,2%	86,4%	97,2%	99,6%	100,0%	100,0%	100,0%	100,0%	100,0%
Matching ROA_t	100,0%	100,0%	100,0%	99,6%	99,2%	95,6%	86,0%	67,6%	36,8%	16,0%	3,6%	8,8%	37,2%	63,2%	80,8%	93,6%	100,0%	100,0%	100,0%	100,0%	100,0%
Matched ROA_{t-1}	100,0%	100,0%	100,0%	99,2%	98,4%	94,4%	82,4%	66,0%	32,4%	12,8%	3,6%	12,0%	37,2%	64,4%	83,2%	95,2%	100,0%	100,0%	100,0%	100,0%	100,0%
$AWLR_{(ABNRET)}$ [1]	100,0%	100,0%	100,0%	100,0%	100,0%	99,6%	99,6%	91,2%	53,2%	18,4%	3,6%	18,0%	54,8%	86,4%	96,8%	99,6%	100,0%	100,0%	100,0%	100,0%	100,0%

Quelle: Eigene Darstellung. Die Tabelle zeigt die Ablehnungsrate der Nullhypothese H0: E(DAP) = 0 bei 250 t-Tests bei einem Signifikanzniveau von 5%. Grau hinterlegt sind die Werte, die unterhalb der kritischen Schwelle von 80% liegen. Die künstlich erzeugte Gewinnsteuerung ist anteilig zum Gesamtvermögen zu Beginn eines Geschäftsjahres angegeben.
[1] Das Konstrukt Nachrichten wurden mit ABNRET operationalisiert (VAR = ABNRET).

Tabelle A.34: Ablehnungsraten von H_0 bei künstlich erzeugter Gewinnsteuerung: McNichols-Modell (ACC_t^{CF})

Umfang der künstlichen Gewinnsteuerung	−10%	−9%	−8%	−7%	−6%	−5%	−4%	−3%	−2%	−1%	0%	1%	2%	3%	4%	5%	6%	7%	8%	9%	10%
McNichols-Modell / Querschnitt / KQ / ACC_t^{CF}																					
Kein Matching	100,0%	100,0%	100,0%	100,0%	100,0%	99,6%	98,0%	84,8%	49,6%	17,2%	3,6%	21,6%	53,2%	80,8%	94,0%	99,2%	100,0%	100,0%	100,0%	100,0%	100,0%
Matching ROA_t	100,0%	100,0%	100,0%	100,0%	100,0%	100,0%	92,4%	77,6%	51,6%	14,8%	7,6%	14,8%	36,4%	76,0%	89,6%	97,2%	99,2%	100,0%	100,0%	100,0%	100,0%
Matched ROA_{t-1}	100,0%	100,0%	100,0%	99,6%	99,6%	94,8%	82,4%	59,2%	31,6%	10,8%	2,0%	15,6%	33,6%	59,2%	85,2%	93,2%	99,2%	99,6%	100,0%	100,0%	100,0%
$AWLR_{(ABNRET)}$ 1)	100,0%	100,0%	100,0%	100,0%	100,0%	99,6%	97,6%	84,4%	49,2%	16,4%	4,4%	20,4%	53,6%	84,0%	95,2%	99,2%	100,0%	100,0%	100,0%	100,0%	100,0%
McNichols-Modell / Panel / KQ / ACC_t^{CF}																					
Kein Matching	100,0%	100,0%	100,0%	100,0%	100,0%	99,6%	97,2%	83,2%	49,2%	13,2%	4,4%	20,8%	54,8%	80,0%	94,4%	99,6%	100,0%	100,0%	100,0%	100,0%	100,0%
Matching ROA_t	100,0%	100,0%	100,0%	99,6%	100,0%	98,4%	95,6%	79,6%	51,6%	15,2%	5,2%	15,6%	36,4%	74,4%	92,8%	98,4%	99,6%	100,0%	100,0%	100,0%	100,0%
Matched ROA_{t-1}	100,0%	100,0%	100,0%	99,6%	100,0%	93,2%	82,0%	62,4%	33,6%	11,6%	2,8%	14,4%	34,0%	63,2%	86,0%	94,4%	98,4%	99,2%	100,0%	100,0%	100,0%
$AWLR_{(ABNRET)}$ 1)	100,0%	100,0%	100,0%	100,0%	100,0%	100,0%	98,0%	86,4%	51,6%	13,6%	3,6%	22,4%	54,4%	81,6%	96,0%	100,0%	100,0%	100,0%	100,0%	100,0%	100,0%
McNichols-Modell / Panel / FE / ACC_t^{CF}																					
Kein Matching	100,0%	100,0%	100,0%	100,0%	100,0%	100,0%	100,0%	93,6%	58,4%	20,0%	5,2%	24,8%	66,0%	90,8%	98,4%	100,0%	100,0%	100,0%	100,0%	100,0%	100,0%
Matching ROA_t	100,0%	100,0%	100,0%	100,0%	100,0%	99,2%	98,4%	81,2%	53,2%	14,0%	7,2%	18,0%	49,6%	78,0%	96,0%	99,6%	100,0%	100,0%	100,0%	100,0%	100,0%
Matched ROA_{t-1}	100,0%	100,0%	100,0%	100,0%	100,0%	98,4%	91,2%	71,2%	35,2%	13,6%	2,0%	18,4%	44,0%	69,6%	91,6%	98,8%	100,0%	100,0%	100,0%	100,0%	100,0%
$AWLR_{(ABNRET)}$ 1)	100,0%	100,0%	100,0%	100,0%	100,0%	100,0%	99,6%	94,0%	59,2%	21,2%	4,0%	24,0%	64,4%	91,2%	99,6%	100,0%	100,0%	100,0%	100,0%	100,0%	100,0%
McNichols-Modell / Panel / FE mit Jahresindikatoren / ACC_t^{CF}																					
Kein Matching	100,0%	100,0%	100,0%	100,0%	100,0%	100,0%	100,0%	94,8%	60,8%	20,0%	3,2%	24,0%	66,8%	91,2%	98,4%	100,0%	100,0%	100,0%	100,0%	100,0%	100,0%
Matching ROA_t	100,0%	100,0%	100,0%	100,0%	100,0%	99,2%	98,4%	81,6%	53,2%	14,8%	6,4%	17,2%	49,6%	78,8%	96,0%	99,6%	100,0%	100,0%	100,0%	100,0%	100,0%
Matched ROA_{t-1}	100,0%	100,0%	100,0%	100,0%	100,0%	98,4%	90,4%	72,4%	34,8%	12,8%	2,4%	18,4%	45,2%	69,6%	92,4%	98,8%	100,0%	100,0%	100,0%	100,0%	100,0%
$AWLR_{(ABNRET)}$ 1)	100,0%	100,0%	100,0%	100,0%	100,0%	100,0%	99,6%	94,8%	60,8%	21,6%	3,6%	24,0%	66,0%	92,8%	99,6%	100,0%	100,0%	100,0%	100,0%	100,0%	100,0%

Quelle: Eigene Darstellung. Die Tabelle zeigt die Ablehnungsrate der Nullhypothese H0: E(DAP) = 0 bei 250 t-Tests bei einem Signifikanzniveau von 5%. Grau hinterlegt sind die Werte, die unterhalb der kritischen Schwelle von 80% liegen. Die künstlich erzeugte Gewinnsteuerung ist anteilig zum Gesamtvermögen zu Beginn eines Geschäftsjahres angegeben.
[1] Das Konstrukt Nachrichten wurden mit ABNRET operationalisiert (VAR = ABNRET).

Tabelle A.35: Ablehnungsraten von H_0 bei künstlich erzeugter Gewinnsteuerung: McNichols-Modell (ACC_t^{BS})

Umfang der künstlichen Gewinnsteuerung	**−10%**	**−9%**	**−8%**	**−7%**	**−6%**	**−5%**	**−4%**	**−3%**	**−2%**	**−1%**	**0%**	**1%**	**2%**	**3%**	**4%**	**5%**	**6%**	**7%**	**8%**	**9%**	**10%**
McNichols-Modell / Querschnitt / KQ / ACC_t^{BS}																					
Kein Matching	100,0%	100,0%	100,0%	100,0%	100,0%	100,0%	99,2%	84,4%	52,4%	19,2%	3,6%	20,0%	54,8%	84,8%	97,2%	100,0%	100,0%	100,0%	100,0%	100,0%	100,0%
Matching ROA_t	100,0%	100,0%	100,0%	99,6%	99,6%	96,0%	87,2%	61,6%	40,0%	12,0%	4,0%	13,2%	36,4%	64,4%	83,6%	94,4%	98,8%	100,0%	100,0%	100,0%	100,0%
Matched ROA_{t-1}	100,0%	100,0%	100,0%	100,0%	98,4%	97,2%	78,0%	58,4%	29,6%	10,4%	4,8%	12,0%	33,6%	64,0%	84,4%	93,6%	98,4%	100,0%	100,0%	100,0%	100,0%
$AWLR_{(ABNRET)}$ [1]	100,0%	100,0%	100,0%	100,0%	100,0%	100,0%	99,2%	83,2%	50,8%	15,6%	3,2%	18,8%	52,4%	82,8%	97,2%	98,8%	100,0%	100,0%	100,0%	100,0%	100,0%
McNichols-Modell / Panel / KQ / ACC_t^{BS}																					
Kein Matching	100,0%	100,0%	100,0%	100,0%	100,0%	99,6%	99,6%	86,8%	54,0%	15,2%	3,2%	15,2%	51,2%	85,2%	96,4%	100,0%	100,0%	100,0%	100,0%	100,0%	100,0%
Matching ROA_t	100,0%	100,0%	100,0%	100,0%	99,6%	96,8%	86,0%	66,0%	44,4%	16,4%	4,4%	11,6%	31,6%	58,0%	85,2%	94,8%	99,2%	100,0%	100,0%	100,0%	100,0%
Matched ROA_{t-1}	100,0%	100,0%	100,0%	99,6%	98,4%	96,8%	81,2%	63,6%	30,8%	10,0%	2,4%	11,6%	35,2%	66,4%	78,8%	96,4%	98,8%	100,0%	100,0%	100,0%	100,0%
$AWLR_{(ABNRET)}$ [1]	100,0%	100,0%	100,0%	100,0%	100,0%	99,6%	99,6%	87,6%	53,6%	15,6%	2,4%	16,0%	51,2%	86,0%	96,4%	100,0%	100,0%	100,0%	100,0%	100,0%	100,0%
McNichols-Modell / Panel / FE / ACC_t^{BS}																					
Kein Matching	100,0%	100,0%	100,0%	100,0%	100,0%	100,0%	100,0%	92,8%	58,0%	20,8%	5,6%	23,6%	62,0%	91,6%	98,4%	100,0%	100,0%	100,0%	100,0%	100,0%	100,0%
Matching ROA_t	100,0%	100,0%	100,0%	100,0%	100,0%	96,8%	90,0%	74,8%	45,2%	16,4%	3,2%	11,2%	42,8%	68,8%	90,8%	95,6%	99,6%	100,0%	100,0%	100,0%	100,0%
Matched ROA_{t-1}	100,0%	100,0%	100,0%	99,6%	98,8%	96,0%	86,0%	70,4%	34,0%	13,6%	3,6%	12,8%	42,8%	71,6%	89,2%	96,8%	100,0%	100,0%	100,0%	100,0%	100,0%
$AWLR_{(ABNRET)}$ [1]	100,0%	100,0%	100,0%	100,0%	100,0%	100,0%	99,6%	94,0%	57,6%	21,2%	4,0%	23,2%	62,0%	91,2%	98,4%	99,6%	100,0%	100,0%	100,0%	100,0%	100,0%
McNichols-Modell / Panel / FE mit Jahresindikatoren / ACC_t^{BS}																					
Kein Matching	100,0%	100,0%	100,0%	100,0%	100,0%	100,0%	100,0%	93,6%	61,2%	21,2%	4,8%	22,8%	64,0%	92,4%	98,4%	100,0%	100,0%	100,0%	100,0%	100,0%	100,0%
Matching ROA_t	100,0%	100,0%	100,0%	100,0%	100,0%	96,8%	90,8%	75,6%	45,2%	16,0%	3,6%	11,2%	44,0%	68,8%	90,8%	95,6%	99,6%	100,0%	100,0%	100,0%	100,0%
Matched ROA_{t-1}	100,0%	100,0%	100,0%	99,6%	98,8%	96,0%	86,4%	70,4%	34,0%	14,0%	3,2%	12,8%	42,8%	71,6%	90,0%	97,2%	100,0%	100,0%	100,0%	100,0%	100,0%
$AWLR_{(ABNRET)}$ [1]	100,0%	100,0%	100,0%	100,0%	100,0%	100,0%	100,0%	93,2%	60,4%	21,6%	4,4%	22,8%	63,6%	92,4%	100,0%	99,6%	100,0%	100,0%	100,0%	100,0%	100,0%

Quelle: Eigene Darstellung. Die Tabelle zeigt die Ablehnungsrate der Nullhypothese H_0: E(DAP) = 0 bei 250 t-Tests bei einem Signifikanzniveau von 5%. Grau hinterlegt sind die Werte, die unterhalb der kritischen Schwelle von 80% liegen. Die künstlich erzeugte Gewinnsteuerung ist anteilig zum Gesamtvermögen zu Beginn eines Geschäftsjahres angegeben.
[1] Das Konstrukt Nachrichten wurden mit ABNRET operationalisiert (VAR = ABNRET).

Tabelle A.36: Ablehnungsraten von H_0 bei künstlich erzeugter Gewinnsteuerung: Mehrgleichungsmodell

Umfang der künstlichen Gewinnsteuerung	**−10%**	**−9%**	**−8%**	**−7%**	**−6%**	**−5%**	**−4%**	**−3%**	**−2%**	**−1%**	**0%**	**1%**	**2%**	**3%**	**4%**	**5%**	**6%**	**7%**	**8%**	**9%**	**10%**
Mehrgleichungsmodell /Panel / ZSKQ / ACC_t^{CF}																					
Kein Matching	100,0%	100,0%	100,0%	99,6%	99,6%	95,6%	82,8%	65,6%	28,0%	10,8%	5,2%	15,2%	32,0%	60,0%	80,8%	94,4%	98,4%	99,2%	100,0%	100,0%	100,0%
Matching ROA_t	99,6%	100,0%	98,8%	96,8%	92,4%	82,8%	65,2%	43,6%	23,6%	8,4%	4,4%	6,4%	17,2%	36,0%	57,2%	76,0%	88,4%	96,8%	98,4%	100,0%	100,0%
Matched ROA_{t-1}	99,6%	99,6%	98,8%	96,0%	88,0%	71,2%	57,6%	41,2%	18,8%	10,4%	4,8%	9,2%	20,4%	37,6%	60,8%	78,8%	89,6%	98,4%	98,4%	99,6%	100,0%
Mehrgleichungsmodell / Panel / ZSKQ mit fixen Effekten / ACC_t^{CF}																					
Kein Matching	100,0%	100,0%	100,0%	100,0%	100,0%	100,0%	98,8%	91,2%	53,2%	18,8%	6,0%	19,2%	59,2%	87,6%	96,4%	99,6%	100,0%	100,0%	100,0%	100,0%	100,0%
Matching ROA_t	100,0%	100,0%	100,0%	100,0%	99,2%	98,4%	93,2%	74,8%	44,0%	11,2%	5,2%	12,8%	40,4%	70,4%	88,8%	99,6%	99,2%	100,0%	100,0%	100,0%	100,0%
Matched ROA_{t-1}	100,0%	100,0%	100,0%	99,6%	100,0%	96,4%	82,8%	66,4%	32,0%	12,4%	2,4%	16,4%	36,8%	68,0%	88,8%	98,0%	100,0%	100,0%	100,0%	100,0%	100,0%
Mehrgleichungsmodell / Panel / ZSKQ / ACC_t^{BS}																					
Kein Matching	100,0%	100,0%	100,0%	100,0%	99,6%	97,6%	92,4%	72,0%	38,0%	12,0%	3,6%	13,6%	38,8%	71,6%	87,2%	97,6%	98,8%	100,0%	100,0%	100,0%	100,0%
Matching ROA_t	100,0%	100,0%	100,0%	98,4%	96,8%	87,2%	68,4%	50,8%	29,6%	11,2%	4,0%	6,0%	21,2%	42,8%	61,2%	80,4%	93,6%	99,6%	99,6%	99,6%	100,0%
Matched ROA_{t-1}	100,0%	100,0%	99,6%	96,8%	95,2%	84,0%	63,2%	48,0%	24,0%	9,6%	2,8%	10,4%	21,2%	48,8%	66,0%	85,6%	94,8%	100,0%	100,0%	100,0%	100,0%
Mehrgleichungsmodell / Panel / ZSKQ mit fixen Effekten / ACC_t^{BS}																					
Kein Matching	100,0%	100,0%	100,0%	100,0%	100,0%	100,0%	100,0%	93,6%	56,0%	21,2%	4,0%	22,0%	60,4%	90,4%	99,2%	99,6%	100,0%	100,0%	100,0%	100,0%	100,0%
Matching ROA_t	100,0%	100,0%	100,0%	100,0%	99,6%	96,4%	89,6%	72,8%	41,6%	16,4%	2,8%	11,6%	42,4%	70,0%	86,4%	96,4%	100,0%	100,0%	100,0%	100,0%	100,0%
Matched ROA_{t-1}	100,0%	100,0%	100,0%	99,6%	98,8%	95,6%	86,0%	68,4%	34,0%	14,4%	2,8%	12,8%	42,0%	68,4%	88,4%	97,2%	100,0%	100,0%	100,0%	100,0%	100,0%

Quelle: Eigene Darstellung. Die Tabelle zeigt die Ablehnungsrate der Nullhypothese H_0: E(DAP) = 0 bei 250 t-Tests bei einem Signifikanzniveau von 5%. Die künstlich erzeugte Gewinnsteuerung ist anteilig zum Gesamtvermögen zu Beginn eines Geschäftsjahres angegeben.

Tabelle A.37: Schätzung des Jones-Modells auf Basis der DPR-Stichprobe

	(1)	(2)	(3)	(4)	(5)	(6)	(7)	(8)
	QS KQ	**Panel KQ**	**Panel FE**	**Panel FE**	**QS KQ**	**Panel KQ**	**Panel FE**	**Panel FE**
	ACC_t^{CF}	ACC_t^{CF}	ACC_t^{CF}	ACC_t^{CF}	ACC_t^{BS}	ACC_t^{BS}	ACC_t^{BS}	ACC_t^{BS}
PANEL A: Beschränkte DPR-Stichprobe								
$\Delta SALES_t$	0,0520***	0,0707***	0,0657***	0,0553***	0,0861***	0,0793***	0,0720***	0,0605***
	(0,0142)	(0,00906)	(0,0104)	(0,0106)	(0,0164)	(0,0130)	(0,0118)	(0,0118)
PPE_t	–0,0766***	–0,0245	–0,0785**	–0,0783**	–0,0953***	–0,0480**	–0,113***	–0,117***
	(0,0161)	(0,0184)	(0,0393)	(0,0369)	(0,0173)	(0,0191)	(0,0329)	(0,0335)
Beobachtungen	3.618	3.618	3.618	3.618	3.618	3.618	3.618	3.618
Querschnitte/ Unternehmen	140		543	543	140		543	543
Jahres-FE			Nein	Ja			Nein	Ja
R^2/Korrigiertes R^2	0,010	0,0370	0,040	0,073	0,040	0,0457	0,035	0,058
F-Test		21,86***	16,5***	8,736***		25,6***	15,15***	7,68***
PANEL B: Unbeschränkte DPR-Stichprobe								
$\Delta SALES_t$		0,0640***	0,0566***	0,0474***		0,0762***	0,0649***	0,0541***
		(0,00794)	(0,00816)	(0,00830)		(0,0110)	(0,00937)	(0,00933)
PPE_t		–0,0238	–0,0805***	–0,0810***		–0,0389***	–0,0880***	–0,0873***
		(0,0164)	(0,0263)	(0,0254)		(0,0122)	(0,0286)	(0,0284)
Beobachtungen		5.680	5.680	5.680		5.680	5.680	5.680
Unternehmen			776	776			776	776
Jahres-FE			Nein	Ja			Nein	Ja
Korrigiertes R^2		0,0337	0,043	0,069		0,0453	0,033	0,055
F-Test		30,45***	27,53***	11,76***		39,33***	19,56***	10,86***

Quelle: Eigene Darstellung. Die Tabelle zeigt die Ergebnisse der linearen Regressionsanalyse des Jones-Modells auf Basis der beschränkten und unbeschränkten DPR-Stichprobe. Die Ergebnisse für den skalierten und unskalierten Achsenabschnitt bei den Regressionen (1) bis (8) sowie die Jahresindikatoren bei den Regressionen (7) und (8) werden nicht gezeigt. Für die Regressionen (1) und (2) ist das unkorrigierte Bestimmtheitsmaß R^2 angegeben. Standardfehler in Klammern. *** signifikant auf dem 1%-Niveau, ** signifikant auf dem 5%-Niveau, * signifikant auf dem 10%-Niveau.

Tabelle A.38: Schätzung des modifizierten Jones-Modells auf Basis der DPR-Stichprobe

	(1) QS KQ ACC_t^{CF}	(2) Panel KQ ACC_t^{CF}	(3) Panel FE ACC_t^{CF}	(4) Panel FE ACC_t^{CF}	(5) QS KQ ACC_t^{BS}	(6) Panel KQ ACC_t^{BS}	(7) Panel FE ACC_t^{BS}	(8) Panel FE ACC_t^{BS}
PANEL A: Beschränkte DPR-Stichprobe								
$\Delta(SALES_t - REC_t)$	0,0121	0,0356***	0,0255**	0,0136	0,0209	0,0320**	0,0134	−0,00146
	(0,0182)	(0,00971)	(0,0114)	(0,0114)	(0,0166)	(0,0162)	(0,0143)	(0,0145)
PPE_t	−0,0718***	−0,0167	−0,0418	−0,0473	−0,0865***	−0,0383**	−0,0636*	−0,0740**
	(0,0170)	(0,0190)	(0,0391)	(0,0368)	(0,0171)	(0,0188)	(0,0354)	(0,0361)
Beobachtungen	3.618	3.618	3.618	3.618	3.618	3.618	3.618	3.618
Querschnitte/Unternehmen	140		543	543	140		543	543
Jahres-FE			Nein	Ja			Nein	Ja
R^2/Korrigiertes R^2	0,001	0,00698	0,013	0,054	0,001	0,00717	0,003	0,036
F-Test		5,163***	4,779***	7,029***		5,948***	2,027*	6,917***
PANEL B: Unbeschränkte DPR-Stichprobe								
$\Delta(SALES_t - REC_t)$		0,0354***	0,0239***	0,0139		0,0331***	0,0103	−0,00288
		(0,00943)	(0,00907)	(0,00903)		(0,0123)	(0,0113)	(0,0113)
PPE_t		−0,0198	−0,0540**	−0,0589**		−0,0333***	−0,0485*	−0,0532*
		(0,0165)	(0,0260)	(0,0251)		(0,0123)	(0,0288)	(0,0284)
Beobachtungen		5.680	5.680	5.680		5.680	5.680	5.680
Unternehmen			776	776			776	776
Jahres-FE			Nein	Ja			Nein	Ja
Korrigiertes R^2		0,00915	0,023	0,055		0,00863	0,006	0,037
F-Test		9,872***	12,35***	9,813***		10,19***	3,687***	9,513***

Quelle: Eigene Darstellung. Die Tabelle zeigt die Ergebnisse der linearen Regressionsanalyse des modifizierten Jones-Modells auf Basis der beschränkten und unbeschränkten DPR-Stichprobe. Die Ergebnisse für den skalierten und unskalierten Achsenabschnitt bei den Regressionen (1) bis (8) sowie die Jahresindikatoren bei den Regressionen (7) und (8) werden nicht gezeigt. Für die Regressionen (1) und (2) ist das unkorrigierte Bestimmtheitsmaß R^2 angegeben. Standardfehler in Klammern. *** signifikant auf dem 1%-Niveau, ** signifikant auf dem 5%-Niveau, * signifikant auf dem 10%-Niveau.

Tabelle A.39: Schätzung des McNichols-Modells auf Basis der DPR-Stichprobe

	(1) QS KQ ACC_t^{CF}	(2) Panel KQ ACC_t^{CF}	(3) Panel FE ACC_t^{CF}	(4) Panel FE ACC_t^{CF}	(5) QS KQ ACC_t^{BS}	(6) Panel KQ ACC_t^{BS}	(7) Panel FE ACC_t^{BS}	(8) Panel FE ACC_t^{BS}
PANEL A: Beschränkte DPR-Stichprobe								
$\Delta SALES_t$	0,0764***	0,0815***	0,0752***	0,0695***	0,124***	0,0887***	0,0802***	0,0721***
	(0,0115)	(0,0119)	(0,0102)	(0,0106)	(0,0217)	(0,0116)	(0,0113)	(0,0116)
PPE_t	–0,0623***	–0,0160	–0,0800**	–0,0735**	–0,0883***	–0,0418**	–0,115***	–0,115***
	(0,0135)	(0,0188)	(0,0395)	(0,0366)	(0,0165)	(0,0195)	(0,0331)	(0,0337)
CFO_{t-1}	0,143***	0,220***	0,194***	0,168***	0,166***	0,190***	0,176***	0,157***
	(0,0465)	(0,0359)	(0,0305)	(0,0302)	(0,0464)	(0,0343)	(0,0304)	(0,0317)
CFO_t	–0,601***	–0,469***	–0,481***	–0,486***	–0,499***	–0,374***	–0,376***	–0,375***
	(0,0501)	(0,0403)	(0,0340)	(0,0330)	(0,0481)	(0,0406)	(0,0344)	(0,0346)
CFO_{t+1}	0,139***	0,114***	0,113***	0,111***	0,116**	0,0741***	0,0754***	0,0732***
	(0,0364)	(0,0330)	(0,0260)	(0,0254)	(0,0448)	(0,0262)	(0,0277)	(0,0278)
Beobachtungen	3.618	3.618	3.618	3.618	3.618	3.618	3.618	3.618
Querschnitte/Unternehmen	140		543	543	140		543	543
Jahres-FE			Nein	Ja			Nein	Ja
R^2/Korrigiertes R^2	0,103	0,213	0,244	0,274	0,063	0,152	0,150	0,167
F-Test		62,22***	66,17***	28,76***		40,13***	32,11***	13,57***
PANEL B: Unbeschränkte DPR-Stichprobe								
$\Delta SALES_t$		0,0753***	0,0667***	0,0619***		0,0847***	0,0726***	0,0650***
		(0,00946)	(0,00756)	(0,00793)		(0,00961)	(0,00893)	(0,00918)
PPE_t		–0,00937	–0,0596**	–0,0537**		–0,0296***	–0,0745**	–0,0697**
		(0,0143)	(0,0255)	(0,0244)		(0,0115)	(0,0293)	(0,0295)
CFO_{t-1}		0,229***	0,194***	0,173***		0,194***	0,179***	0,163***

	(1) QS KQ ACC_t^{CF}	(2) Panel KQ ACC_t^{CF}	(3) Panel FE ACC_t^{CF}	(4) Panel FE ACC_t^{CF}	(5) QS KQ ACC_t^{BS}	(6) Panel KQ ACC_t^{BS}	(7) Panel FE ACC_t^{BS}	(8) Panel FE ACC_t^{BS}
		(0,0327)	(0,0247)	(0,0247)		(0,0270)	(0,0250)	(0,0256)
CFO_t		−0,512***	−0,535***	−0,538***		−0,398***	−0,407***	−0,407***
		(0,0349)	(0,0270)	(0,0263)		(0,0354)	(0,0275)	(0,0276)
CFO_{t+1}		0,117***	0,107***	0,107***		0,0967***	0,0949***	0,0943***
		(0,0217)	(0,0196)	(0,0194)		(0,0213)	(0,0225)	(0,0227)
Beobachtungen		5.680	5.680	5.680		5.680	5.680	5.680
Unternehmen			776	776			776	776
Jahres-FE			Nein	Ja			Nein	Ja
Korrigiertes R^2		0,245	0,294	0,315		0,166	0,169	0,186
F-Test		114,7***	120,6***	45,24***		68,70***	50,54***	22,42***

Quelle: Eigene Darstellung. Die Tabelle zeigt die Ergebnisse der linearen Regressionsanalyse des McNichols-Modells auf Basis der beschränkten und unbeschränkten DPR-Stichprobe. Die Ergebnisse für den skalierten und unskalierten Achsenabschnitt bei den Regressionen (1) bis (8) sowie die Jahresindikatoren bei den Regressionen (7) und (8) werden nicht gezeigt. Für die Regressionen (1) und (2) ist das unkorrigierte Bestimmtheitsmaß R^2 angegeben. Standardfehler in Klammern. *** signifikant auf dem 1%-Niveau, ** signifikant auf dem 5%-Niveau, * signifikant auf dem 10%-Niveau.

Tabelle A.40: Schätzung des Mehrgleichungsmodells auf Basis der DPR-Stichprobe

	Beschränkte DPR-Stichprobe				Unbeschränkte DPR-Stichprobe			
	(1) Panel ZSKQ ACC_t^{CF}	(2) Panel ZSKQ ACC_t^{BF}	(3) Panel ZSKQ FE ACC_t^{CF}	(4) Panel ZSKQ FE ACC_t^{BF}	(5) Panel ZSKQ ACC_t^{CF}	(6) Panel ZSKQ ACC_t^{BF}	(7) Panel ZSKQ FE ACC_t^{CF}	(8) Panel ZSKQ FE ACC_t^{BF}
Gleichung 1: [$ACC_t^{CF/BS}$]								
$\Delta SALES_t$	0,255***	0,238***	0,169***	0,0933***	0,236***	0,220***	0,137***	0,0625***
	(0,0215)	(0,0211)	(0,0195)	(0,0202)	(0,0176)	(0,0165)	(0,0164)	(0,0169)
PPE_t	−0,0343**	−0,0456***	−0,165***	−0,0602	−0,0232**	−0,0347***	−0,0714	0,0435
	(0,0157)	(0,0155)	(0,0590)	(0,0606)	(0,0109)	(0,0103)	(0,0475)	(0,0487)
CFO_{t-1}	−0,0682**	−0,0682**	0,128***	0,113***	−0,0834***	−0,0355*	0,117***	0,117***
	(0,0269)	(0,0268)	(0,0223)	(0,0234)	(0,0220)	(0,0214)	(0,0180)	(0,0182)
CFO_t	0,347***	0,349***	−0,0333	−0,0129	0,389***	0,268***	0,00253	−0,0377
	(0,0463)	(0,0469)	(0,0761)	(0,0824)	(0,0387)	(0,0392)	(0,0661)	(0,0644)
CFO_{t+1}	−0,233***	−0,232***	0,0283	0,0182	−0,241***	−0,173***	0,0226	0,0439***
	(0,0263)	(0,0262)	(0,0206)	(0,0216)	(0,0208)	(0,0203)	(0,0163)	(0,0165)
R^2 / χ^2	−0,57 / 186***	−0,42 / 175***	0,01 / 164***	0,05 / 64***	−0,64 / 278***	−0,32 / 227***	0,00 / 245***	0,06 / 117***
Gleichung 2: [$\Delta SALES_t$]								
$SALES_t$	0,0197*	0,0197*	−0,101***	−0,101***	0,0387***	0,0387***	−0,168***	−0,168***
	(0,0101)	(0,0101)	(0,0337)	(0,0338)	(0,00673)	(0,00675)	(0,0268)	(0,0268)
REC_t	0,728***	0,728***	1,968***	1,968***	0,560***	0,560***	1,998***	1,998***
	(0,0587)	(0,0586)	(0,153)	(0,153)	(0,0435)	(0,0435)	(0,145)	(0,145)
R^2 / χ^2	0,19 / 265***	0,19 / 266***	0,08 / 238***	0,19 / 238***	0,17 / 338***	0,17 / 337***	−0,06 / 262***	−0,06 / 262***
Gleichung 3:[$SALES_t$]								
$SALES_{t-1}$	0,633***	0,633***	0,213***	0,213***	0,701***	0,701***	0,260***	0,260***
	(0,00979)	(0,00977)	(0,0110)	(0,0110)	(0,00743)	(0,00745)	(0,00937)	(0,00936)
R^2 / χ^2	0,54 / 4.256***	0,54 / 4.247***	0,17 / 832***	0,19 / 832***	0,61 / 9.039***	0,61 / 8.991***	0,20 / 1.438***	0,20 / 1.440***
Gleichung 4: [REC_t]								
REC_{t-1}	0,471***	0,471***	0,205***	0,205***	0,505***	0,505***	0,199***	0,199***
	(0,0109)	(0,0109)	(0,0119)	(0,0119)	(0,00875)	(0,00874)	(0,00975)	(0,00975)
R^2 / χ^2	0,35 / 1.920***	0,35 / 1.919***	0,13 / 519 ***	0,13 / 519 ***	0,37 / 3.385***	0,37 / 3.388***	0,11 / 688***	0,11 / 688***
Gleichung 5 [PPE_t]								
PPE_{t-1}	0,784***	0,785***	0,269***	0,263***	0,805***	0,806***	0,237***	0,232***
	(0,0116)	(0,0116)	(0,0154)	(0,0153)	(0,00883)	(0,00884)	(0,0117)	(0,0115)

	Beschränkte DPR-Stichprobe				Unbeschränkte DPR-Stichprobe			
	(1) Panel ZSKQ ACC_t^{CF}	(2) Panel ZSKQ ACC_t^{BF}	(3) Panel ZSKQ FE ACC_t^{CF}	(4) Panel ZSKQ FE ACC_t^{BF}	(5) Panel ZSKQ ACC_t^{CF}	(6) Panel ZSKQ ACC_t^{BF}	(7) Panel ZSKQ FE ACC_t^{CF}	(8) Panel ZSKQ FE ACC_t^{BF}
CPX_t	−0,295***	−0,308***	−0,300***	−0,220**	−0,256***	−0,268***	−0,0882	−0,00195
	(0,0383)	(0,0382)	(0,0910)	(0,0913)	(0,0307)	(0,0305)	(0,0745)	(0,0748)
R^2 / χ^2	0,64 / 7.024***	0,64 / 6.982***	−0,04 / 404***	0,01 / 415***	0,66 / 12.220***	0,66 / 12.170***	0,06 /563***	0,10 /584***
Gleichung 6: [CPX_t]								
DEP_t	0,523***	0,523***	0,134*	0,103	0,572***	0,572***	0,220***	0,186***
	(0,0284)	(0,0284)	(0,0746)	(0,0749)	(0,0242)	(0,0242)	(0,0624)	(0,0627)
INC_t	0,0874***	0,0873***	0,0581***	0,0567***	0,0928***	0,0929***	0,0890***	0,0898***
	(0,00985)	(0,00985)	(0,0178)	(0,0179)	(0,00891)	(0,00892)	(0,0167)	(0,0169)
$TOBINQ_t$	0,00793***	0,00794***	0,0113***	0,0113***	0,00598***	0,00598***	0,00964***	0,00961***
	(0,000928)	(0,000928)	(0,00112)	(0,00113)	(0,000785)	(0,000785)	(0,00103)	(0,00104)
R^2 / χ^2	0,14 / 479***	0,14 / 479***	0,06 / 182***	0,05 / 179***	0,15 / 731***	0,15 / 732***	0,06 / 216***	0,05 / 210***
Gleichung 7: [DEP_t]								
PPE_t	0,0377***	0,0377***	0,118***	0,118***	0,0277***	0,0277***	0,0965***	0,0965***
	(0,00334)	(0,00334)	(0,0137)	(0,0137)	(0,00226)	(0,00226)	(0,0106)	(0,0106)
DEP_{t-1}	0,623***	0,623***	0,242***	0,242***	0,643***	0,643***	0,261***	0,261***
	(0,0111)	(0,0111)	(0,0133)	(0,0133)	(0,00903)	(0,00903)	(0,0109)	(0,0109)
R^2 / χ^2	0,51 / 3.758***	0,51 / 3.758***	0,15/ 455***	0,15/ 455***	0,51 / 5.888***	0,51 / 5.888***	0,17 / 701***	0,17 / 701***
Gleichung 8: [CFO_t]								
$ACC_t^{CF/BS}$	−0,260***	−0,262***	0,0914	0,0696	−0,296***	−0,175***	0,0865	0,127**
	(0,0453)	(0,0459)	(0,0744)	(0,0809)	(0,0377)	(0,0382)	(0,0646)	(0,0627)
CFO_{t-1}	0,556***	0,556***	0,174***	0,177***	0,535***	0,536***	0,149***	0,144***
	(0,0136)	(0,0138)	(0,0190)	(0,0189)	(0,0123)	(0,0118)	(0,0172)	(0,0170)
R^2 / χ^2	0,41 / 1.948***	0,37 / 1.875***	−0,05 / 123***	−0,02 / 127***	0,42 / 2.938***	0,36 / 2.654***	−0,07 / 132 ***	−0,09 / 132 ***
Beobachtungen	3.618	3.618	3.618	3.618	5.680	5.680	5.680	5.680
Jahres-FE	Nein	Nein	Nein	Nein	Nein	Nein	Nein	Nein

Quelle: Eigene Darstellung. Die Tabelle zeigt die Ergebnisse der Regressionsanalyse des Mehrgleichungs-Modells auf Basis der DPR-Stichprobe. Die erklärte Variable der Gleichung ist in eckigen Klammern. Die Ergebnisse für den skalierten und unskalierten Achsenabschnitt bei den Regressionen (1) bis (8) werden nicht gezeigt. Standardfehler in Klammern. *** signifikant auf dem 1%-Niveau, ** signifikant auf dem 5%-Niveau, * signifikant auf dem 10%-Niveau.

Tabelle A.41: Mittelwerte der gesteuerten Periodenabgrenzungsposten aus Regressionsanalysen der zufälligen gesamten Stichprobe

	QS /KQ		Panel / KQ / ZSQK		Panel / FE / ZSQK mit FE		Panel / FE mit Jahresindikatoren	
	ACC_t^{CF}	ACC_t^{BS}	ACC_t^{CF}	ACC_t^{BS}	ACC_t^{CF}	ACC_t^{BS}	ACC_t^{CF}	ACC_t^{BS}
Lineare Regression								
Jones-Model	0,0000	0,0000	0,0000	0,0000	0,0000	0,0000	0,0000	0,0000
Mod. Jones-Modell	0,0000	0,0000	0,0000	0,0000	0,0000	0,0000	0,0000	0,0000
McNichols-Modell	0,0000	0,0000	0,0000	0,0000	0,0000	0,0000	0,0000	0,0000
Mehrgleichungsmodell			0,0000	0,0000	0,0000	0,0000		
Abschnittsweise lineare Regression[1] $_{(ABNRET)}$[2]								
Jones-Model	0,0000	0,0000	0,0000	0,0000	0,0000	0,0000	0,0000	0,0000
Mod. Jones-Modell	0,0000	0,0000	0,0000	0,0000	0,0000	0,0000	0,0000	0,0000
McNichols-Modell	0,0000	0,0000	0,0000	0,0000	0,0000	0,0000	0,0000	0,0000
Lineare Regression								
Jones-Model	0,0000	0,0000	0,0000	0,0000	0,0000	0,0000	0,0000	0,0000
Mod. Jones-Modell	0,0000	0,0000	0,0000	0,0000	0,0000	0,0000	0,0000	0,0000
McNichols-Modell	0,0000	0,0000	0,0000	0,0000	0,0000	0,0000	0,0000	0,0000
Mehrgleichungsmodell			0,0000	0,0000	0,0000	0,0000		
Abschnittsweise lineare Regression[1] $_{(ABNRET)}$[2]								
Jones-Model	0,0000	0,0000	0,0000	0,0000	0,0000	0,0000	0,0000	0,0000
Mod. Jones-Modell	0,0000	0,0000	0,0000	0,0000	0,0000	0,0000	0,0000	0,0000
McNichols-Modell	0,0000	0,0000	0,0000	0,0000	0,0000	0,0000	0,0000	0,0000

Quelle: Eigene Darstellung. Die Tabelle zeigt die Mittelwerte der gesteuerten Periodenabgrenzungsposten DAP_t. [1] Abschnittsweise lineare Regression mit den zusätzlichen Variablen VAR_t, $DVAR_t$ und $DVAR_t*VAR_t$. [2] Das Konstrukt Nachrichten wurde mit ABNRET operationalisiert (VAR = ABNRET). *** signifikant ≠ 0 auf dem 0,1%-Niveau, ** signifikant ≠ 0 auf dem 1%-Niveau, * signifikant ≠ 0 auf dem 5%-Niveau.

Literaturverzeichnis

Ahmed, Anwer S./Morton, Richard M./Schaefer, Thomas F. (2000): Accounting Conservatism and the Valuation of Accounting Numbers: Evidence on the Feltham-Ohlson (1996) Model, in: JAAF, Vol. 15, S. 271–292.

Albuquerque, Ana (2009): Peer firms in relative performance evaluation, in: JAE, Vol. 48, S. 69–89.

Ali, Ashiq/Chen, Tai-Yuan/Radhakrishnan, Suresh (2007): Corporate disclosures by family firms, in: JAE, Vol. 44, S. 238–286.

Angrist, Joshua David/Pischke, Jörn-Steffen (2009): Mostly harmless econometrics. An empiricist's companion, Princeton.

Arya, Anil/Glover, Jonathan C./Sunder, Shyam (2003): Are Unmanaged Earnings Always Better for Shareholders?, in: AH, Vol. 17, Supplement, S. 111–116.

Ayers, Benjamin C./Jiang, John/Yeung, P. Eric (2006): Discretionary Accruals and Earnings Management: An Analysis of Pseudo Earnings Targets, in: AR, Vol. 81, S. 617–652.

Ayers, Benjamin C./Ramalingegowda, Santhosh/Yeung, P. Eric (2011): Hometown advantage: The effects of monitoring institution location on financial reporting discretion, in: JAE, Vol. 52, S. 41–61.

Babalyan, Levon (2007): Estimating the Extent of Earnings Management by Publicly Owned Companies: A Target-Deviation Approach, in: DU, 61 Jg., S. 389–409.

Babalyan, Levon (2004): Earnings Management by Firms Applying International Financial Reporting Standards: Implications for Valuation, Diss. University of Fribourg.

Baber, William R./Kang, Sok-Hyon (2001): Stock Price Reactions to On-Target Earnings Announcements Implications for Earnings Management, Working Paper, online verfügbar unter http://papers.ssrn.com/sol3/papers.cfm?abstract_id=275275 zuletzt geprüft am 10.12.2014.

Badertscher, Brad A. (2011): Overvaluation and the Choice of Alternative Earnings Management Mechanisms, in: AR, Vol. 86, S. 1491–1518.

Badertscher, Brad A./Katz, Sharon P./Rego, Sonja O. (2013): The separation of ownership and control and corporate tax avoidance, in: JAE, Vol. 56, S. 228–250.

Badolato, Patrick G./Donelson, Dain C./Ege, Matthew (2014): Audit committee financial expertise and earnings management: The role of status, in: JAE, Vol. 58, S. 208–230.

Baetge, Jörg/Ballwieser, Wolfgang (1978): Probleme einer rationalen Bilanzpolitik, in: BFuP, 30. Jg., S. 511–530.

Baetge, Jörg/Kirsch, Hans-Jürgen/Thiele, Stefan (2004): Bilanzanalyse, 2. Aufl., Düsseldorf.

Bahnson, Paul R./Miller, Paul B. W./Budge, Bruce P. (1996): Nonarticulation in Cash Flow Statements and Implications for Education, Research and Practice, in: AH, Vol. 10, S. 1–15.

Ball, Ray/Kothari, S. P./Nikolaev, Valeri V. (2013a): On Estimating Conditional Conservatism, in: AR, Vol. 88, S. 755–787.

Ball, Ray/Kothari, S. P./Nikolaev, Valeri V. (2013b): Econometrics of the Basu Asymmetric Timeliness Coefficient and Accounting Conservatism, in: JAR, Vol. 51, S. 1071–1097.

Ball, Ray/Kothari, S. P./Robin, Ashok (2000): The effect of international institutional factors on properties of accounting earnings, in: JAE, Vol. 29, S. 1–51.

Ball, Ray/Shivakumar, Lakshmanan (2006): The Role of Accruals in Asymmetrically Timely Gain and Loss Recognition, in: JAR, Vol. 44, S. 207–242.

Ball, Ray/Shivakumar, Lakshmanan (2005): Earnings quality in UK private firms: comparative loss recognition timeliness, in: JAE, Vol. 39, S. 83–128.

Ballwieser, Wolfgang (2014): Ansätze und Ergebnisse einer ökonomischen Analyse des Rahmenkonzepts zur Rechnungslegung, in: zfbf, 66. Jg., S. 451–476.

Ballwieser, Wolfgang (2013a): §§ 238–263 HGB. In: Münchener Kommentar zum Handelsgesetzbuch, hrsg. v. Karsten Schmidt. Band 4, 3. Aufl., München, S. 3–235.

Ballwieser, Wolfgang (2013b): IFRS-Rechnungslegung. Konzept, Regeln und Wirkungen, 3. Aufl., München.

Ballwieser, Wolfgang (2008): Empirische Wirkungen einer Rechnungslegung nach IFRS, in: Wagner, Franz W./Schildbach, Thomas/Schneider, Dieter (Hrsg.): Private und öffentliche Rechnungslegung. FS Streim, Wiesbaden, S. 1–21.

Ballwieser, Wolfgang (1985): Ergebnisse der Informationsökonomie zur Informationsfunktion der Rechnungslegung, in: Stöppler, Siegmar (Hrsg.): Information und Produktion – Beiträge zur Unternehmenstheorie und Unternehmensplanung. FS Wittmann, Stuttgart, S. 21–40.

Baltagi, Badi H. (2013): Econometric Analysis of Panel Data, 5. Aufl., Chichester.

Bange, Mary M./Bondt, Werner F. M. de (1998): R&D Budgets and Corporate Earnings Targets, in: JCF, Vol. 4, S. 153–184.

Barber, Brad M./Lyon, John D. (1996): Detecting Abnormal Operating Performance: The Empirical Power and Specification of Test Statistics, in: JFE, Vol. 41, S. 359–399.

Barth, Mary E./Kallapur, Sanjay (1996): The Effects of Cross-Sectional Scale Differences on Regression Results in Empirical Accounting Research, in: CAR, Vol. 13, S. 527–567.

Bartov, Eli (1993): The Timing of Asset Sales and Earnings Manipulation, in: AR, Vol. 68, S. 840–855.

Bartov, Eli/Gul, Ferdinand A./Tsui, Judy S.L (2001): Discretionary-accruals models and audit qualifications, in: JAE, Vol. 30, S. 421–452.

Basu, Sudipta (1997): The Conservatism Principle and the Asymmetric Timeliness of Earnings, in: JAE, Vol. 24, S. 3–37.

Baum, Christopher F. (2006): An introduction to modern econometrics using Stata, College Station.

Baum, Christopher F. (2001): Residual diagnostics for cross-section time series regression models, in: SJ, Vol. 1, S. 101–104.

Beatty, Anne/Harris, David G. (1999): The Effects of Taxes, Agency Costs and Information Asymmetry on Earnings Management: A Comparison of Public and Private Firms, in: RAST, Vol. 4, S. 299–326.

Beaver, William H./Engel, Ellen E. (1996): Discretionary behavior with respect to allowances for loan losses and the behavior of security prices, in: JAE, Vol. 22, S. 177–206.

Beaver, William H./McNichols, Maureen F./Nelson, Karen K. (2003): Management of the loss reserve accrual and the distribution of earnings in the property-casualty insurance industry. Management of the loss reserve accrual and the distribution of earnings in the property-casualty insurance industry, in: JAE, Vol. 35, S. 347–376.

Beaver, William H./Ryan, Stephen G. (2005): Conditional and Unconditional Conservatism: Concepts and Modeling, in: RAST, Vol. 10, S. 269–309.

Beaver, William H./Ryan, Stephen G. (2000): Biases and Lags in Book Value and Their Effects on the Ability of the Book-to-Market Ratio to Predict Book Return on Equity, in: JAR, Vol. 38, S. 127–148.

Becker, Connie L./DeFond, Mark L./Jiambalvo, James/Subramanyam, K. R. (1998): The Effect of Audit Quality on Earnings Management, in: CAR, Vol. 15, S. 1–24.

Beneish, Messod D. (2001): Earnings Management: A Perspective, in: MF, Vol. 27, S. 3–17.

Beneish, Messod D. (1997): Detecting GAAP Violation: Implications for Assessing Earnings Management among Firms with Extreme Financial Performance, in: JAPP, Vol. 16, S. 271–309.

Benford, Frank (1938): The Law of Anomalous Numbers, in: Proceedings of the American Philosophical Society, Vol. 78, S. 551–572.

Bernard, Victor L./Skinner, Douglas J. (1996): What Motivates Managers' Choice of Discretionary Accruals?, in: JAE, S. 313–325.

Bhattacharya, Nilabhra/Ecker, Frank/Olsson, Per M./Schipper, Katherine (2012): Direct and Mediated Associations among Earnings Quality, Information Asymmetry, and the Cost of Equity, in: AR, Vol. 87, S. 449–482.

Bhattacharya, Utpla/Daouk, Hazem/Welker, Michael (2003): The World Price of Earnings Opacity, in: AR, Vol. 78, S. 641–678.

Bieg, Hartmut/Kußmaul, Heinz (2009): Externes Rechnungswesen, 5. Aufl., München.

Blaylock, Bradley/Shevlin, Terry/Wilson, Ryan J. (2012): Tax Avoidance, Large Positive Temporary Book-Tax Differences, and Earnings Persistence, in: AR, Vol. 87, S. 91–120.

Blouin, Jennifer/Grein, Barbara Murray/Rountree, Brian R. (2007): An Analysis of Forced Auditor Change: The Case of Former Arthur Andersen Clients, in: AR, Vol. 82, S. 621–650.

Bockmann, Roland (2012): Internationale Koordinierung nationaler Enforcement-Aktivitäten. Eine kritische Analyse unter besonderer Berücksichtigung der Deutschen Prüfstelle für Rechnungslegung, Wiesbaden.

Bonse, Andreas (2004): Informationsgehalt von Konzernabschlüssen nach HGB, IAS und US-GAAP. Eine empirische Analyse aus Sicht der Eigenkapitalgeber, Frankfurt am Main.

Born, Karl (2008): Bilanzanalyse international, 3. Aufl., Stuttgart.

Botsari, Antonia/Meeks, Geoff (2008): Do Acquirers Manage Earnings Prior to a Share for Share Bid?, in: JBFA, Vol. 35, S. 633–670.

Bradbury, Michael (2006): Discussion of Grambovas, Giner and Christodoulou, in: Abacus, Vol. 42, S. 379–387.

Brainard, William C./Tobin, James (1968): Pitfalls in Financial Model Building, in: AER, Vol. 58, S. 99–122.

Breusch, Trevor S./Pagan, Adrian Rodney (1980): The Lagrange Multiplier Test and Its Applications to Model Specification in Econometrics, in: ROES, Vol. 47, S. 239–253.

Breusch, Trevor S./Pagan, Adrian Rodney (1979): A simple test for heteroscedasticity and random coefficient variation, in: Econometrica, Vol. 47, S. 1287–1294.

Brickley, James A./Zimmerman, Jerold L. (2010): Corporate governance myths: Comments on Armstrong, Guay, and Weber, in: JAE, Vol. 50, S. 235–245.

Brooks, LeRoy D./Buckmaster, Dale A. (1976): Further Evidence of the Time Series Properties of Accounting Income, in: JF, Vol. 31, S. 1359–1373.

Brown, Stephen J./Warner, Jerold B. (1985): Using Daily Stock Returns. The Case of Event Studies, in: JFE, Vol. 14, S. 3–31.

Burgstahler, David/Dichev, Ilia D. (1997): Earnings Management to Avoid Earnings Decreases and Losses, in: JAE, Vol. 24, S. 99–126.

Butler, Marty/Leone, Andrew J./Willenborg, Michael (2004): An empirical analysis of auditor reporting and its association with abnormal accruals, in: JAE, Vol. 37, S. 139–165.

Cahan, Steven F. (1992): The Effect of Antitrust Investigations on Discretionary Accruals: A Refined Test of the Political-Cost Hypothesis, in: AR, Vol. 67, S. 77–95.

Cahan, Steven F./Wei Zhang (2006): After Enron: Auditor Conservatism and Ex-Andersen Clients, in: AR, Vol. 81, S. 49–82.

Calmès, Christian/Cormier, Denis/Racicot, François-Éric/Raymond, Théoret (2013): Firms' Accruals and Tobin's q, in: AESTIMATIO – The IEB International Journal of Finance, Vol. 6, S. 20–49.

Cameron, Adrian Colin/Trivedi, Pravin K. (2010): Microeconometrics using Stata, College Station.

Carslaw, Charles A. P. N. (1988): Anomolies in Income Numbers: Evidence of Goal Oriented Behavior, in: AR, Vol. 63, S. 321–327.

Chambers, Dennis J. (1999): Earnings Management and Capital Market Misallocation, Working Paper, online verfügbar unter http://papers.ssrn.com/sol3/papers.cfm?abstract_id=198790 zuletzt geprüft am 10.12.2014.

Chhaochharia, Vidhi/Kumar, Alok/Niessen-Ruenzi, Alexandra (2012): Local investors and corporate governance, in: JAE, Vol. 54, S. 42–67.

Chmielewicz, Klaus (1994): Forschungskonzeptionen der Wirtschaftswissenschaft, 3. Aufl., Stuttgart.

Christodoulou, Demetris/McLeay, Stuart (2014): The Double Entry Constraint, Structural Modeling and Econometric Estimation, in: CAR, Vol. 31, S. 609–628.

Christodoulou, Demetris/Sarafidis, Vasilis (2008): The Econometrics of Estimating Unexpected Accruals, Working Paper, online verfügbar unter http://sydney.edu.au/business/__data/assets/pdf_file/0005/56489/Christodoulou_Sarafidis_MEAFA_Feb_2008.pdf zuletzt geprüft am 10.12.2014.

Clemm, Hermann (2014): Zu den Grenzen einer wahren, exakten und fairen Rechnungslegung von Wirtschaftsunternehmen, in: Dobler, Michael/Hachmeister,

Dirk/Kuhner, Christoph/Rammert, Stefan (Hrsg.): Rechnungslegung, Prüfung und Unternehmensbewertung. FS Ballwieser, Stuttgart, S. 41–52.

Coenenberg, Adolf Gerhard (2002): Kapitalflußrechnung und Segementberichterstattung als Instrumente der Bilanzanalyse, in: Küting, Karlheinz/Weber, Claus-Peter (Hrsg.): Vom Financial Accounting zum Business Reporting. Kapitalmarktorientierte Rechnungslegung und integrierte Unternehmenssteuerung, Stuttgart, S. 173–218.

Coenenberg, Adolf Gerhard/Haller, Axel/Schultze, Wolfgang (2014): Jahresabschluss und Jahresabschlussanalyse. Betriebswirtschaftliche, handelsrechtliche, steuerrechtliche und internationale Grundlagen – HGB, IAS/IFRS, US-GAAP, DRS, 23. Aufl., Stuttgart.

Cohen, Daniel A./Zarowin, Paul (2010): Accrual-based and real earnings management activities around seasoned equity offerings, in: JAE, Vol. 50, S. 2–19.

Cohen, Daniel A./Dey, Aiyesha/Lys, Thomas Z. (2008): Real and Accrual-Based Earnings Management in the Pre- and Post-Sarbanes-Oxley Periods, in: AR, Vol. 83, S. 757–787.

Cohen, Jacob (1988): Statistical power analysis for the behavioral sciences. 2. Aufl., New York.

Collins, Daniel W./Hribar, Paul/Tian, Xiaoli (Shaolee) (2014): Cash flow asymmetry: Causes and implications for conditional conservatism research, in: JAE, Vol. 58, S. 173–200.

Das, Somnath/Kyonghee Kim/Patro, Sukesh (2011): An Analysis of Managerial Use and Market Consequences of Earnings Management and Expectation Management, in: AR, Vol. 86, S. 1935–1967.

Dasgupta, Sudipto/Noe, Thomas H./Wang, Zhen (2011): Where Did All the Dollars Go? The Effect of Cash Flows on Capital and Asset Structure, in: JFQA, Vol. 46, S. 1259–1294.

DeAngelo, Harry/DeAngelo, Linda Elizabeth/Skinner, Douglas J. (1994): Accounting Choice in Troubled Companies, in: JAE, Vol. 17, S. 113–143.

DeAngelo, Linda Elizabeth (1986): Accounting Numbers as Market Valuation Substitutes: A Study of Management Buyouts of Public Stockholders, in: AR, Vol. 61, S. 400–420.

Dechow, Patricia M./Dichev, Ilia D. (2002): The Quality of Accruals and Earnings: The Role of Accrual Estimation Errors, in: AR, Vol. 77, Supplement, S. 35–59.

Dechow, Patricia M./Ge, Weili/Schrand, Catherine (2010): Understanding earnings quality: A review of the proxies, their determinants and their consequences, in: JAE, Vol. 50, S. 344–401.

Dechow, Patricia M./Hutton, Amy P./Kim, Jung Hoon/Sloan, Richard G. (2012): Detecting Earnings Management: A New Approach, in: JAR, Vol. 50, S. 275–334.

Dechow, Patricia M./Hutton, Amy P./Sloan, Richard G. (1999): An empirical assessment of the residual income valuation model, in: JAE, Vol. 26, S. 1–34.

Dechow, Patricia M./Kothari, S. P./Watts, Ross L. (1998): The relation between earnings and cash flows, in: JAE, Vol. 25, S. 133–168.

Dechow, Patricia M./Richardson, Scott A./Tuna, A. Irem (2003): Why Are Earnings Kinky? An Examination of the Earnings Management Explanation, in: RAST, Vol. 8, S. 355–384.

Dechow, Patricia M./Schrand, Catherine (2004): Earnings Quality, Charlottesville.

Dechow, Patricia M./Skinner, Douglas J. (2000): Earnings Management: Reconciling the Views of Accounting Academics, Practitioners, and Regulators, in: AH, Vol. 14, S. 235–250.

Dechow, Patricia M./Sloan, Richard G. (1991): Executive Incentives and the Horizon Problem, in: JAE, Vol. 14, S. 51–89.

Dechow, Patricia M./Sloan, Richard G./Sweeney, Amy Patricia (1995): Detecting Earnings Management, in: AR, Vol. 70, S. 193–225.

DeFond, Mark L./Jiambalvo, James (1994): Debt Covenant Violation and Manipulation of Accruals, in: JAE, Vol. 17, S. 145–176.

DeFond, Mark L./Subramanyam, K. R. (1998): Auditor Changes and Discretionary Accruals, in: JAE, Vol. 25, S. 35–67.

Demski, Joel S. (1998): Performance measure manipulation, in: CAR, Vol. 15, S. 261–285.

Demski, Joel S./Patell, James M./Wolfson, Mark A. (1984): Decentralized Choice of Monitoring Systems, in: AR, Vol. 59, S. 16–34.

Detert, Karsten/Sellhorn, Thorsten (2007): Bilanzpolitik, in: DBW, 67. Jg., S. 247–252.

Dichev, Ilia D./Graham, John R./Harvey, Campbell R./Rajgopal, Shiva (2013): Earnings quality: Evidence from the field, in: JAE, Vol. 56, S. 1–33.

Dierynck, Bart/Landsman, Wayne R./Renders, Annelies (2012): Do Managerial Incentives Drive Cost Behavior? Evidence about the Role of the Zero Earnings Benchmark for Labor Cost Behavior in Private Belgian Firms, in: AR, Vol. 87, S. 1219–1246.

Dietrich, J. Richard/Muller III, Karl A./Riedl, Edward J. (2007): Asymmetric timeliness tests of accounting conservatism, in: RAST, Vol. 12, S. 95–124.

Dopuch, Nicholas/Mashruwala, Raj/Seethamraju, Chandra/Zach, Tzachi (2012): The Impact of a Heterogeneous Accrual-Generating Process on Empirical Accrual Models, in: JAAF, Vol. 27, S. 386–411.

DPR (2009): Informationen zum Prüfverfahren der Deutschen Prüfstelle für Rechnungslegung (DPR), online verfügbar unter http://www.frep.info/docs/rechtliche_grundlagen/20050816_verfahrensordnung_pruefstelle.pdf zuletzt geprüft am 10.12.2014.

Drukker, David M. (2003): Testing for serial correlation in linear panel-data models, in: SJ, Vol. 3, S. 168–177.

Dücker, Hannes (2009): Institutionelle Änderungen und die Ergebnisqualität von Finanzberichten deutscher Unternehmen, Frankfurt am Main.

Ecker, Frank/Francis, Jennifer/Olsson, Per M./Schipper, Katherine (2013): Estimation sample selection for discretionary accruals models, in: JAE, Vol. 56, S. 190–211.

Ecker, Frank/Francis, Jennifer/Kim, Irene/Olsson, Per M./Schipper, Katherine (2006): A Returns-Based Representation of Earnings Quality, in: JAR, Vol. 81, S. 749–780.

Elgers, Pieter T./Lo, May H. (1994): Reductions in Analysts' Annual Earnings Forecast Errors Using Information in Prior Earnings and Security Returns., in: JAR, Vol. 32, S. 290–303.

Ellis, Paul D. (2010): The essential guide to effect sizes. Statistical power meta-analysis and the interpretation of research results, Cambridge.

Engle, Robert F./Hendry, David F./Richard, Jean Francois (1983): Exogeneity, in: Econometrica, Vol. 51, S. 277–304.

Erickson, Merle/Wang, Shiing-wu (1999): Earnings Management by Acquiring Firms in Stock for Stock Mergers, in: JAE, Vol. 27, S. 149–176.

Ewert, Ralf/Wagenhofer, Alfred (2011): Earnings Quality Metrics and What They Measure, Working Paper, online verfügbar unter http://papers.ssrn.com/sol3/papers.cfm?abstract_id=1697042 zuletzt geprüft am 10.12.2014.

Ewert, Ralf/Wagenhofer, Alfred (2005): Economic Effects of Tightening Accounting Standards to Restrict Earnings Management, in: AR, Vol. 80, S. 1101–1124.

Fama, Eugene F./MacBeth, James D. (1973): Risk, Return, and Equilibrium: Empirical Tests, in: JPE, Vol. 81, S. 607–636.

Fazzari, Steven M./Hubbard, Robert Glenn/Petersen, Bruce C. (1988): Financing Constraints and Corporate Investment, in: BPEA, S. 141–195.

Fields, Thomas D./Lys, Thomas Z./Vincent, Linda (2001): Empirical research on accounting choice, in: JAE, Vol. 31, S. 255–307.

Francis, Jennifer (2001): Discussion of empirical research on accounting choice, in: JAE, Vol. 31, S. 309–319.

Francis, Jennifer/LaFond, Ryan/Olsson, Per M./Schipper, Katherine (2005): The market pricing of accruals quality, in: JAE, Vol. 39, S. 295–327.

Givoly, Dan/Hayn, Carla K. (2000): The changing time-series properties of earnings, cash flows and accruals: Has financial reporting become more conservative?, in: JAE, Vol. 29, S. 287–320.

Givoly, Dan/Hayn, Carla K./Natarajan, Ashok (2007): Measuring Reporting Conservatism, in: AR, Vol. 82, S. 65–106.

Glaum, Martin (1996): Internationalisierung und Unternehmenserfolg, Wiesbaden.

Goncharov, Igor (2005): Earnings Management and Its Determinants: Closing Gaps in Empirical Accounting Research, Frankfurt am Main.

Graham, John R./Harvey, Campbell R./Rajgopal, Shiva (2005): The Economic Implications of Corporate Financial Reporting, in: JAE, Vol. 40, S. 3–73.

Greene, William H. (2012): Econometric Analysis, 7. Aufl., Boston.

Greene, William H. (2000): Econometric Analysis, 4. Aufl., Upper Saddle River.

Grossman, Sanford/Stiglitz, Joseph E. (1980): On the Impossibility of Informationally Efficient Markets, in: AER, Vol. 70, S. 393–408.

Grote, Andreas/Pilhofer, Jochen (2014): IFRS 15: Die neuen Vorschriften zur Umsatz- und Gewinnrealisierung (Teil 1), in: KoR, 11. Jg., S. 405–415.

Gruss, Christoph/Karitskaya, Ekaterina/Wied, Andre (2011): Die Bilanzierung von Mehrkomponentengeschäften nach dem Exposure Draft „Revenue from Contracts with Customers“, in: KoR, 8. Jg., S. 89–95.

Guay, Wayne R. (2006): Discussion of the Role of Accruals in Asymmetrically Timely Gain and Loss Recognition, in: JAR, Vol. 44, S. 243–255.

Gunny, Katherine A. (2010): The Relation between Earnings Management Using Real Activities Manipulation and Future Performance: Evidence from Meeting Earnings Benchmarks, in: CAR, Vol. 27, S. 855–888.

Han, Jerry C. Y./Wang, Shiing-wu (1998): Political Costs and Earnings Management of Oil Companies during the 1990 Persian Gulf Crisis, in: AR, Vol. 73, S. 103–117.

Hausman, Jerry A. (1978): Specification Tests in Econometrics, in: Econometrica, Vol. 46, S. 1251–1271.

Hayashi, Fumio (2000): Econometrics, Princeton.

Hayn, Carla K. (1995): The information content of losses, in: JAE, Vol. 20, S. 125–153.

Healy, Paul M. (1996): Discussion of a Market-Based Evaluation of Discretionary Accrual Models, in: JAR, Vol. 34, Supplement, S. 107–115.

Healy, Paul M. (1985): The Effect of Bonus Schemes on Accounting Decisions, in: JAE, Vol. 7, S. 85–107.

Healy, Paul M./Wahlen, James M. (1999): A Review of the Earnings Management Literature and ist Implications for Standard Setting, in: AH, Vol. 13, S. 365–383.

Henselmann, Klaus/Scherr, Elisabeth/Ditter, Dominik (2012): Applying Benford's Law to individual financial reports: An empirical investigation on the basis of SEC XBRL filings, Working Paper, online verfügbar unter http://www.econstor.eu/handle/10419/88418 zuletzt geprüft am 10.12.2014.

Herrmann, Don/Inoue, Tatsuo/Thomas, Wayne B. (2003): The Sale of Assets to Manage Earnings in Japan, in: JAR, Vol. 41, S. 89–108.

Hinz, Michael (1994): Sachverhaltsgestaltungen im Rahmen der Jahresabschlusspolitik, Düsseldorf.

Holthausen, Robert W./Watts, Ross L. (2000): The relevance of the value-relevance literature for financial accounting standard setting, in: JAE, Vol. 31, S. 3–75.

Hribar, Paul/Collins, Daniel W. (2002): Errors in Estimating Accruals: Implications for Empirical Research, in: JAR, Vol. 40, S. 105–134.

Huang, Xuan/Teoh, Siew Hong/Zhang, Yinglei (2014): Tone Management, in: AR, Vol. 89, S. 1083–1113.

Ijiri, Yuji (1967): The Foundations of Accounting Measurement. A Mathematical, Economic, and Behavioral Inquiry, Englewood Cliffs.

Ikenberry, David L./Lakonishok, Josef/Vermaelen, Theo (1995): Market underreaction to open market share repurchases, in: JFE, Vol. 39, S. 181–208.

Jaime, José J. Alcarria/Noguer, Belén Gill de Alboronz (2004): Specification and Power of Cross-sectional Abnormal Working Capital Accruals Models in the Spanish Context, in: EAR, Vol. 13, S. 73–104.

Jeter, Debra C./Shivakumar, Lakshmanan (1999): Cross-sectional estimation of abnormal accruals using quarterly and annual data: effectiveness in detecting event-specific earnings management, in: ABR, Vol. 29, S. 299–319.

Jo, Hoje/Kim, Yongtae (2007): Disclosure frequency and earnings management, in: JFE, Vol. 84, S. 561–590.

Jones, Jennifer J. (1991): Earnings Managment During Import Relief Investigations, in: JAR, Vol. 29, S. 193–228.

Kang, Qiang/Liu, Qiao/Qi, Rong (2010): Predicting Stock Market Returns with Aggregate Discretionary Accruals, in: JAR, Vol. 48, S. 815–858.

Kang, Sok-Hyon (1999): A Conceptual and Empirical Evaluation of Accrual Prediction Models, Working Paper, online verfügbar unter http://papers.ssrn.com/sol3/papers.cfm?abstract_id=147259 zuletzt geprüft am 10.12.2014.

Kang, Sok-Hyon/Sivaramakrishnan, K. (1995): Issues in Testing Earnings Management and an Instrumental Variable Approach, in: JAR, Vol. 33, S. 353–367.

Kaplan, Robert S. (1985): Evidence on the effect of bonus schemes on accounting procedure and accrual decisions, Vol. 7, S. 109–113.

Kaplan, Steven N./Zingales, Luigi (1997): Do Investment-Cash Flow Sensitivities Provide Useful Measures of Financing Constraints, in: QJE, Vol. 112, S. 169–215.

Kasznik, Ron (1999): On the Association between Voluntary Disclosure and Earnings Management, in: JAR, Vol. 37, S. 57–81.

Kennedy, Peter (2008): A Guide to Econometrics, 6. Aufl., Malden.

Keung, Edmund/Lin, Zhi-Xing/Shih, Michael S. H. (2010): Does the Stock Market See a Zero or Small Positive Earnings Surprise as a Red Flag?, in: JAR, Vol. 48, S. 91–121.

Keung, Edmund/Shih, Michael S. H. (2014): Measuring discretionary accruals: are ROA-matched models better than the original Jones-type models?, in: RAST, Vol. 19, S. 736–768.

Kim, Kyonghee/Mauldin, Elaine/Patro, Sukesh (2014): Outside directors and board advising and monitoring performance, in: JAE, Vol. 57, S. 110–131.

Kim, Yongtae/Park, Myung Seok/Wier, Benson (2012): Is Earnings Quality Associated with Corporate Social Responsibility?, in: AR, Vol. 87, S. 761–796.

Kinnunen, Juha/Koskela, Markku (2003): Who Is Miss World in Cosmetic Earnings Management? A Cross-National Comparison of Small Upward Rounding of Net Income Numbers among Eighteen Countries, in: JIAR, Vol. 2, S. 39–68.

Klein, April (2002): Audit Committee, Board of Director Characteristics, and Earnings Management, in: JAE, Vol. 33, S. 375–400.

Klein, Hans-Dieter (1989): Konzernbilanzpolitik, Heidelberg.

Kmenta, Jan (1997): Elements of Econometrics. 2. Aufl., Ann Arbor.

Kothari, S. P./Leone, Andrew J./Wasley, Charles E. (2005): Performance matched discretionary accrual measures, in: JAE, Vol. 39, S. 163–197.

Kropff, Bruno (1983): Sinn und Grenzen von Bilanzpolitik. im Hinblick auf den Entwurf des Bilanzrichtlinien-Gesetzes, in: Baetge, Jörg (Hrsg.): Der Jahresabschluß im Widerstreit der Interessen, Düsseldorf.

Küting, Karlheinz (2006): Der Stellenwert der Bilanzanalyse und Bilanzpolitik im HGB- und IFRS-Bilanzrecht, in: DB, 59. Jg., S. 2753–2762.

Küting, Karlheinz/Weber, Claus-Peter (2012): Die Bilanzanalyse. Beurteilung von Abschlüssen nach HGB und IFRS, 10. Aufl., Stuttgart.

Larcker, David F./Richardson, Scott A. (2004): Fees Paid to Audit Firms, Accrual Choices, and Corporate Governance, in: JAR, Vol. 43, S. 625–658.

Larcker, David F./Richardson, Scott A./Tuna, İrem (2007): Corporate Governance, Accounting Outcomes, and Organizational Performance, in: AR, Vol. 82, S. 963–1008.

Larcker, David F./Rusticus, Tjomme O. (2010): On the Use of Instrumental Variables in Accounting Research, in: JAE, Vol. 49, S. 186–205.

Lawrence, Alastair/Minutti-Meza, Miguel/Ping Zhang (2011): Can Big 4 versus Non-Big 4 Differences in Audit-Quality Proxies Be Attributed to Client Characteristics?, in: AR, Vol. 86, S. 259–286.

Leffson, Ulrich (1987): Die Grundsätze ordnungsmäßiger Buchführung, 7. Aufl., Düsseldorf.

Lennox, Clive/Li, Bing (2014): Accounting misstatements following lawsuits against auditors, in: JAE, Vol. 57, S. 58–75.

Leuz, Christian/Nanda, Dhananjay/Wysocki, Peter D. (2003): Earnings management and investor protection: an international comparison, in: JFE, Vol. 69, S. 505–527.

Lücke, Wolfgang (1955): Investitionsrechnung auf der Basis von Ausgaben oder Kosten?, in: ZfhF, Vol. 7, S. 310–324.

Lyon, John D./Barber, Brad M./Tsai, Chih-Ling (1999): Improved Methods for Tests of Long-Run Abnormal Stock Returns, in: JF, Vol. 54, S. 165–201.

McGuire, Sean T./Omer, Thomas C./Sharp, Nathan Y. (2012): The Impact of Religion on Financial Reporting Irregularities, in: AR, Vol. 87, S. 645–673.

McInnis, John/Collins, Daniel W. (2011): The effect of cash flow forecasts on accrual quality and benchmark beating, in: JAE, Vol. 51, S. 219–239.

McNichols, Maureen F. (2002): The Quality of Accruals and Earnings: The Role of Accrual Estimation Errors: Discussion, in: AR, Vol. 77, Supplement, S. 61–69.

McNichols, Maureen F. (2000): Research design issues in earnings management studies, in: JAPP, Vol. 19, S. 313–345.

McNichols, Maureen F./Wilson, G. Peter (1988): Evidence of Earnings Management from the Provision for Bad Debts, in: JAR, Vol. 26, Supplement, S. 1–31.

Moreira, José A. C./Pope, Peter F. (2007): Piecewise Linear Accrual Models: do they really control for the asymmetric recognition of gains and losses?, Working Paper, online verfügbar unter http://www.fep.up.pt/investigacao/cete/papers/DP0703.pdf zuletzt geprüft am 10.12.2014.

Moreira, José A. C./Pope, Peter F. (2006): Unequal Impact of Conservatism on Accrual Measures and Drivers: Implications for the Specification of Accrual Models, Working Paper, online verfügbar unter http://www.fep.up.pt/investigacao/cete/papers/dp0604.pdf zuletzt geprüft am 10.12.2014.

Murray, Michael P. (2006): The Bad, the Weak, and the Ugly: Avoiding the Pitfalls of Instrumental Variables Estimation, Working Paper, online verfügbar unter http://papers.ssrn.com/sol3/papers.cfm?abstract_id=843185%20 zuletzt geprüft am 10.12.2014.

Myers, James N. (1999): Implementing Residual Income Valuation With Linear Information Dynamics, in: AR, Vol. 74, S. 1–28.

Neumann, Manfred J./Klein, Martin (1982): Probleme der Theorie effizienter Märkte und ihrer empirischen Überprüfung, in: KUK, Vol. 2, S. 165–187.

Nigrini, Mark J. (2005): An Assessment of the Change in the Incidence of Earnings Management Around the Enron-Andersen Episode, in: RAF, Vol. 4, S. 92–110.

Nikolaev, Valeri V./van Lent, Laurence (2005): The endogeneity bias in the relation between cost-of-debt capital and corporate disclosure policy, in: EAR, Vol. 14, S. 677–724.

Ordelheide, Dieter (1998): Bedeutung und Wahrung des Kongruenzprinzips („clean surplus") im internationalen Rechnungswesen, in: Matschke, Manfred Jürgen/Schildbach, Thomas (Hrsg.): Unternehmensberatung und Wirtschaftsprüfung. FS Sieben, Stuttgart, S. 515–530.

Othman, Hakim Ben/Zeghal, Daniel (2006): A study of earnings-management motives in the Anglo-American and Euro-Continental accounting models: The Canadian and French cases, in: IJA, Vol. 41, S. 406–435.

Pae, Jinha/Thornton, Daniel B./Welker, Michael (2005): The Link between Earnings Conservatism and the Price-to-Book Ratio, in: CAR, Vol. 22, S. 693–717.

Patatoukas, Panos, N./Thomas, Jacob K. (2011): More evidence of bias in the differential timeliness measure of conditional conservatism, in: AR, Vol. 86, S. 1765–1793.

Peasnell, Ken V./Pope, Peter F./Young, Steven (2000): Detecting earnings management using cross-sectional abnormal accruals models, in: ABR, Vol. 30, S. 313–326.

Petersen, Mitchell A. (2009): Estimating Standard Errors in Finance Panel Data Sets: Comparing Approaches, in: RFS, Vol. 22, S. 435–480.

Petroni, Kathy Ruby (1992): Optimistic Reporting in the Property-Casualty Insurance Industry, in: JAE, Vol. 15, S. 485–508.

Prawitt, Douglas F./Smith, Jason L./Wood, David A. (2009): Internal Audit Quality and Earnings Management, in: AR, Vol. 84, S. 1255–1280.

Preinreich, Gabriel (1937): Goodwill in Accountancy, in: JofA, S. 28–50.

Quick, Reiner/Wolz, Matthias (2003): Benford's Law in deutschen Rechnungslegungsdaten, in: BFuP, 55. Jg., S. 208–224.

Rajgopal, Shiva/Venkatachalam, Mohan (2011): Financial reporting quality and idiosyncratic return volatility, in: JAE, Vol. 51, S. 1–20.

Ramanna, Karthik/Roychowdhury, Sugata (2010): Elections and Discretionary Accruals: Evidence from 2004, in: JAR, Vol. 48, S. 445–475.

Rees, Lynn/Gill, Susan/Gore, Richard (1996): An Investigation of Asset Write-Downs and Concurrent Abnormal Accruals, in: JAR, Vol. 34, Supplement, S. 157–169.

Richardson, Scott A./Tuna, A. Irem/Wu, Min (2002): Predicting Earnings Management: The Case of Earnings Restatements, Working Paper, online verfügbar unter http://papers.ssrn.com/sol3/papers.cfm?abstract_id=338681 zuletzt geprüft am 10.12.2014.

Roberts, Michael R./Whited, Toni M. (2011): Endogeneity in Empirical Corporate Finance, Working Paper, online verfügbar unter http://ssrn.com/abstract=1748604 zuletzt geprüft am 10.12.2014.

Ronen, Joshua/Sadan, Simcha (1981): Smoothing Income Numbers. Objectives, Means and Implications, Reading.

Ronen, Joshua/Yaari, Varda Lewinstein (2008): Earnings Management. Emerging Insights in Theory, Practice, and Research, New York.

Roychowdhury, Sugata (2006): Earnings management through real activities manipulation, in: JAE, Vol. 42, S. 335–370.

Roychowdhury, Sugata/Watts, Ross L. (2007): Asymmetric timeliness of earnings, market-to-book and conservatism in financial reporting, in: JAE, Vol. 44, S. 2–31.

Sankar, Mandira Roy/Subramanyam, K. R. (2001): Reporting Discretion and Private Information Communication through Earnings, in: JAR, Vol. 39, S. 365–386.

Schildbach, Thomas (2008): Dunkle Seiten der Vorsicht bei Licht besehen, in: BFuP, 60 Jg., S. 449–463.

Schildbach, Thomas (2002): Wahlrechte bei Ansatz und Bewertung, in: Ballwieser Wolfgang/Coenenberg, Adolf Gerhard/v. Wysocki, Klaus (Hrsg.): Handwörterbuch der Rechnungslegung und Prüfung, 3. Aufl., Stuttgart, S. 2607–2625.

Schipper, Katherine (1989): Commentary on Earnings Management, in: AH, Vol. 3, S. 91–102.

Schmalenbach, Eugen (1939): Dynamische Bilanz, 7. Aufl., Leipzig.

Stein, Heinz-Gerd (1993): Ziele und Maßnahmen der Konzernbilanzpolitik, in: zfbf, 45. Jg., S. 973–993.

Stock, James H./Wright, Jonathan H./Yogo, Motohiro (2002): A Survey of Weak Instruments and Weak Identification in Generalized Method of Moments, in: JBES, Vol. 20, S. 518–529.

Stubben, Stephen R. (2010): Discretionary Revenues as a Measure of Earnings Management, in: AR, Vol. 85, S. 695–717.

Suh, Yoon S. (1990): Communication and Income Smoothing Through Accounting Method Choice, in: MS, Vol. 36, S. 704–723.

Summers, Lawrence H. (1986): Does the Stock Market Rationally Reflect Fundamental Values?, in: JF, Vol. 41, S. 591–601.

Szczesny, Andrea (2007): Der Zusammenhang zwischen Bilanzpolitik und Rechnungslegungsstandards Meßmethoden und empirische Evidenz, in: BFuP, 59 Jg., S. 101–122.

Teoh, Siew Hong/Wong, T. J./Rao, Gita R. (1998): Are Accruals during Initial Public Offerings Opportunistic?, in: RAST, Vol. 3, S. 175–208.

Theil, Henri (1958): Economic forecasts and policy, Amsterdam.

Thomas, Jacob K. (1989): Unusual Patterns in Reported Earnings, in: AR, Vol. 64, S. 773–787.

Thomas, Jacob K./Zhang, Xiao-jun (2000): Identifying unexpected accruals: a comparison of current approaches, in: JAPP, Vol. 19, S. 347–376.

Thormann, Bettina/Zemple, Ingo (2013): Enforcement der Rechnungslegung in Deutschland, in: Baetge, Jörg/Wollmert, Peter/Kirsch, Hans-Jürgen/Oser, Peter/Bischof, Stefan (Hrsg.): Rechnungslegung nach IFRS. 2. Aufl., Stuttgart, Rn. 1–141.

Tobin, James (1969): A General Equilibrium Approach To Monetary Theory, in: JMCB, Vol. 1, S. 15–29.

Tzur, Joseph/Yaari, Varda Lewinstein (1999): Microstructure of Firms' Disclosure, in: RQFA, Vol. 13, S. 367–391.

von Auer, Ludwig (2013): Ökonometrie eine Einführung, 6. Aufl., Berlin.

v. Wysocki, Klaus (2000): Die Kapitalflußrechnung nach SFAS No. 95 im Vergleich mit IAS 7, SG/HFA 1/1995 und DRS 2, in: Ballwieser, Wolfgang (Hrsg.): US-amerikanische Rechnungslegung. Grundlagen und Vergleiche mit dem deutschen Recht. 4. Aufl., Stuttgart, S. 407–446.

Wagenhofer, Alfred (2014): The role of revenue recognition in performance reporting, in: ABR, Vol. 44, S. 349–379.

Wagenhofer, Alfred (2009): Internationale Rechnungslegungsstandards IAS/IFRS, 6. Aufl., München.

Wagenhofer, Alfred/Dücker, Hannes (2007): Die Messung von „Earnings"-Qualität, in: JfB, Vol. 57, S. 263–297.

Wagenhofer, Alfred/Ewert, Ralf (2007): Externe Unternehmensrechnung, 2. Aufl., Berlin.

Wagenhofer, Alfred (2004): Accounting and Economics: What We Learn from Analytical Models in Financial Accounting, in: Leuz, Christian/Pfaff, Dieter/ Hopwood, Anthony (Hrsg.): The Economics and Politics of Accounting. International Perspectives on Research Trends, Policy, and Practice, Oxford, S. 5–31.

Wahlen, James M. (1994): The Nature of Information in Commercial Bank Loan Loss Disclosures, in: AR, Vol. 69, S. 455–478.

Wan, Huishan (2013): Does incorporating non-linearity into discretionary accrual models improve their performance?, in: Advances in Accounting, Vol. 29, S. 85–96.

Watts, Ross L. (2003a): Conservatism in Accounting Part II: Evidence and Research Opportunities, in: AH, Vol. 17, S. 287–301.

Watts, Ross L. (2003b): Conservatism in Accounting Part I: Explanations and Implications, in: AH, Vol. 17, S. 207–221.

Whittington, Geoffrey (2008): Fair Value and the IASB/FASB Conceptual Framework Project: An Alternative View, in: Abacus, Vol. 44, S. 139–168.

Witzleben, Annette (2012): Anreiz- und Entscheidungsnützlichkeit der bedingten Vorsicht, Frankfurt am Main.

Wöhe, Günter (1997): Bilanzierung und Bilanzpolitik, 9. Aufl., München.

Wooldridge, Jeffrey M. (2013): Introductory Econometrics. A Modern Approach, 5. Aufl., Mason.

Wooldridge, Jeffrey M. (2010): Econometric Analysis of Cross Section and Panel Data, 2. Aufl., Cambridge.

Wu, Jin (Ginger)/Zhang, Lu/Zhang, X. Frank (2010): The q-Theory Approach to Understanding the Accrual Anomaly, in: JAR, Vol. 48, S. 177–223.

Wysocki, Peter D. (2008): Assessing Earnings and Accruals Quality: U.S. and International Evidence, Working Paper, online verfügbar unter http://web.mit.edu/wysockip/www/papers/Wysocki2008.pdf zuletzt geprüft am 10.12.2014.

Zang, Amy Y. (2012): Evidence on the Trade-Off between Real Activities Manipulation and Accrual-Based Earnings Management, in: AR, Vol. 87, S. 675–703.

Zellner, Arnold/Theil, Henri (1962): Three-stage least squares: simultaneous estimation of simultaneous equations, in: Econometrica, Vol. 30, S. 54–78.

BETRIEBSWIRTSCHAFTLICHE STUDIEN
RECHNUNGS- UND FINANZWESEN, ORGANISATION UND INSTITUTION

Die Herausgeber wollen in dieser Schriftenreihe Forschungsarbeiten aus dem Rechnungswesen, dem Finanzwesen, der Organisation und der institutionellen Betriebswirtschaftslehre zusammenfassen. Über den Kreis der eigenen Schüler hinaus soll originellen betriebswirtschaftlichen Arbeiten auf diesem Gebiet eine größere Verbreitung ermöglicht werden. Jüngere Wissenschaftler werden gebeten, ihre Arbeiten, insbesondere auch Dissertationen, an die Herausgeber einzusenden.

Band 1 Joachim Hartle: Möglichkeiten der Entobjektivierung der Bilanz - Eine ökonomische Analyse. 1984.

Band 2 Peter Wachendorff: Alternative Vertragsgestaltung bei öffentlichen Aufträgen - Eine ökonomische Analyse. 1984.

Band 3 Doris Zimmermann: Schmalenbachs Aktivierungsgrundsätze. 1985.

Band 4 Elke Michaelis: Organisation unternehmerischer Aufgaben - Transaktionskosten als Beurteilungskriterium. 1985.

Band 5 Arno Schuppert: Die Überwachung betrieblicher Routinetätigkeiten. Ein Erklärungs-Entscheidungsmodell. 1985.

Band 6 Bonaventura Lehertshuber: Unternehmensvertragsrecht und Konzernhandelsbilanz. 1986.

Band 7 Joachim Schindler: Kapitalkonsolidierung nach dem Bilanzrichtlinien-Gesetz. 1986.

Band 8 Gerhard R. Schell: Die Ertragsermittlung für Bankbewertungen. 1988.

Band 9 Ulrich Hein: Analyse der Neubewertungsverfahren im belgischen und französischen Bilanzrecht. 1988.

Band 10 Rainer Leuthier: Das Interdependenzproblem bei der Unternehmensbewertung. 1988.

Band 11 Dieter Pfaff: Gewinnverwendungsregelungen als Instrument zur Lösung von Agency-Problemen. Ein Beitrag zur Diskussion um die Reformierung der Ausschüttungskompetenz in Aktiengesellschaften. 1989.

Band 12 Christian Debus: Haftungsregelungen im Konzernrecht. Eine ökonomische Analyse. 1990.

Band 13 Ralph Otte: Konzernabschlüsse im öffentlichen Bereich. Notwendigkeit und Zwecke konsolidierter Jahresabschlüsse von Gebietskörperschaften dargestellt am Beispiel der Bundesverwaltung der Bundesrepublik Deutschland. 1990.

Band 14 Rüdiger Zaczyk: Interdisziplinarität im Bilanzrecht. Rechtsfindung im Spannungsfeld zwischen Betriebswirtschaftslehre und dogmatischer Rechtswissenschaft. 1991.

Band 15 Oliver Fliess: Konzernabschluß in Großbritannien – Grundlagen, Stufenkonzeption und Kapitalkonsolidierung. 1991.

Band 16 Joachim Faß: Konzernierung und konsolidierte Rechnungslegung. Eine Analyse der Eignung des Konzernabschlusses als Informationsinstrument und als Grundlage der Ausschüttungsbemessung konzernverbundener Unternehmen. 1992.

Band 17 Michael Feldhoff: Die Regulierung der Rechnungslegung. Eine systematische Darstellung der Grundlagen mit einer Anwendung auf die Frage der Publizität. 1992.

Band 18 Uwe Jüttner: GoB-System, Einzelbewertungsgrundsatz und Imparitätsprinzip. 1993.

Band 19 Ralf Häger: Das Publizitätsverhalten mittelgroßer Kapitalgesellschaften. 1993.

Band 20 Jutta Menninger: Financial Futures und deren bilanzielle Behandlung. 1993.

Band 21 Stefan Lange: Die Kompatibilität von Abschlußprüfung und Beratung. Eine ökonomische Analyse. 1994.

Band 22 Hans Klaus: Gesellschafterfremdfinanzierung und Eigenkapitalersatzrecht bei der Aktiengesellschaft und der GmbH. 1994.

Band 23 Vera Marcelle Krisement: Ansätze zur Messung des Harmonisierungs- und Standardisierungsgrades der externen Rechnungslegung. 1994.

Band 24 Helmut Schmid: Leveraged Management Buy-Out. Begriff, Gestaltungen, optimale Kapitalstruktur und ökonomische Bewertung. 1994.

Band 25 Carsten Carstensen: Vermögensverwaltung, Vermögenserhaltung und Rechnungslegung gemeinnütziger Stiftungen. 1994. 2., unveränderte Auflage 1996.

Band 26 Dirk Hachmeister: Der Discounted Cash Flow als Maß der Unternehmenswertsteigerung. 1995. 2., durchgesehene Auflage 1998. 3., korrigierte Auflage 1999. 4., durchgesehene Auflage 2000.

Band 27 Christine E. Lauer: Interdependenzen zwischen Gewinnermittlungsverfahren, Risiken sowie Aktivitätsniveau und Berichtsverhalten des Managers. Eine ökonomische Analyse. 1995.

Band 28 Ulrich Becker: Das Überleben multinationaler Unternehmungen. Generierung und Transfer von Wissen im internationalen Wettbewerb. 1996.

Band 29 Torsten Ganske: Mitbestimmung, Property-Rights-Ansatz und Transaktionskostentheorie. Eine ökonomische Analyse. 1996.

Band 30 Angelika Thies: Rückstellungen als Problem der wirtschaftlichen Betrachtungsweise. 1996.

Band 31 Hans Peter Willert: Das französische Konzernbilanzrecht. Vergleichende Analyse zum deutschen Recht im Hinblick auf die Konzernbilanzzwecke und deren Grundkonzeption. 1996.

Band 32 Christian Leuz: Rechnungslegung und Kreditfinanzierung. Zum Zusammenhang von Ausschüttungsbegrenzung, bilanzieller Gewinnermittlung und vorsichtiger Rechnungslegung. 1996.

Band 33 Gerald Schenk: Konzernbildung, Interessenkonflikte und ökonomische Effizienz. Ansätze zur Theorie des Konzerns und ihre Relevanz für rechtspolitische Schlußfolgerungen. 1997.

Band 34 Johannes G. Schmidt: Unternehmensbewertung mit Hilfe strategischer Erfolgsfaktoren. 1997.

Band 35 Cornelia Ballwießer: Die handelsrechtliche Konzernrechnungslegung als Informationsinstrument. Eine Zweckmäßigkeitsanalyse. 1997.

Band 36 Bert Böttcher: Eigenkapitalausstattung und Rechnungslegung. US-amerikanische und deutsche Unternehmen im Vergleich. 1997.

Band 37 Andreas-Markus Kuhlewind: Grundlagen einer Bilanzrechtstheorie in den USA. 1997.

Band 38 Maximilian Jung: Zum Konzept der Wesentlichkeit bei Jahresabschlußerstellung und -prüfung. Eine theoretische Untersuchung. 1997.

Band 39 Mathias Babel: Ansatz und Bewertung von Nutzungsrechten. 1997.

Band 40 Georg Hax: Informationsintermediation durch Finanzanalysten. Eine ökonomische Analyse. 1998.

Band 41 Georg Schultze: Der spin-off als Konzernspaltungsform. 1998.

Band 42 Christian Aders: Unternehmensbewertung bei Preisinstabilität und Inflation. 1998.

Band 43 Thomas Schröer: Das Realisationsprinzip in Deutschland und Großbritannien. Eine systematische Untersuchung und ihre Anwendung auf langfristige Auftragsfertigung und Währungsumrechnung. 1998.

Band 44 Anne d'Arcy: Gibt es eine anglo-amerikanische oder eine kontinentaleuropäische Rechnungslegung? Klassen nationaler Rechnungslegungssysteme zwischen Politik und statistischer Überprüfbarkeit. 1999.

Band 45 Christian Back: Richtlinienkonforme Interpretation des Handelsbilanzrechts. Abstrakte Vorgehensweise und konkrete Anwendung am Beispiel des EuGH-Urteils vom 27. Juni 1996. 1999.

Band 46 Cornelia Flury: Gewinnerläuterungsprinzipien. 1999.

Band 47 Hanne Böckem: Die Durchsetzung von Rechnungslegungsstandards. Eine kapitalmarktorientierte Untersuchung. 2000.

Band 48 Jens Kengelbach: Unternehmensbewertung bei internationalen Transaktionen. 2000.

Band 49 Ursula Schäffeler: Latente Steuern nach US-GAAP für deutsche Unternehmen. 2000.

Band 50 Rainer Doll: Wahrnehmung und Signalisierung von Prüfungsqualität. 2000.

Band 51 Brigitte Strasser: Informationsasymmetrien bei Unternehmensakquisitionen. 2000.

Band 52 Lars Franken: Gläubigerschutz durch Rechnungslegung nach US-GAAP. Eine ökonomische Analyse. 2001.

Band 53 Oliver Bärtl: Wertorientierte Unternehmenssteuerung. Zum Zusammenhang von Kapitalmarkt, externer und interner Rechnungslegung. 2001.

Band 54 Gabi Ebbers: A Comparative Analysis of Regulatory Strategies in Accounting and their Impact on Corporate Compliance. 2001.

Band 55 Mark Währisch: The Evolution of International Accounting Systems. Accounting System Adoptions by Firms from a Network Perspective. 2001.

Band 56 Jakob Schröder: F&E-Bilanzierung als Einflußfaktor der F&E-Freudigkeit. 2001.

Band 57 Martin Hebertinger: Wertsteigerungsmaße – Eine kritische Analyse. 2002.

Band 58 Rainer Zensen: Die Bewertung von deutschen Universalbanken unter Berücksichtigung rechtsformspezifischer Besonderheiten. 2002.

Band 59 Oliver Beyhs: Impairment of Assets nach International Accounting Standards. Anwendungshinweise und Zweckmäßigkeitsanalyse. 2002.

Band 60 Britta Leippe: Die Bilanzierung von Leasinggeschäften nach deutschem Handelsrecht und US-GAAP. Darstellung und Zweckmäßigkeitsanalyse. 2002.

Band 61 Christian Heitmann: Beurteilung der Bestandsfestigkeit von Unternehmen mit Neuro-Fuzzy. 2002.

Band 62 Bernd Hacker: Segmentberichterstattung – Eine ökonomische Analyse. 2002.

Band 63 Jörg Hoffmann: Das DRSC und die Regulierung der Rechnungslegung. Eine ökonomische Analyse. 2003.

Band 64 Cornelia Stanke: Entscheidungskonsequenzen der Rechnungslegung bei Unternehmenszusammenschlüssen. 2003.

Band 65 Peter Gampenrieder: Squeeze-out. Rechtsvergleich, empirischer Befund und ökonomische Analyse. 2004.

Band 66 Tim Laas: Steuerung internationaler Konzerne. Eine integrierte Betrachtung von Wert und Risiko. 2004.

Band 67 Michael Dobler: Risikoberichterstattung. Eine ökonomische Analyse. 2004.

Band 68 Martina Bentele: Immaterielle Vermögenswerte in der Unternehmensberichterstattung. 2004.

Band 69 Maik Esser: Goodwillbilanzierung nach SFAS 141/142. Eine ökonomische Analyse. 2005.

Band 70 Jörg-Markus Hitz: Rechnungslegung zum fair value. Konzeption und Entscheidungsnützlichkeit. 2005.

Band 71 Christian Schaffer: Führt wertorientierte Unternehmensführung zur messbaren Wertsteigerung? 2005.

Band 72 Marcus Borchert: Die Sicherung von Wechselkursrisiken in der Rechnungslegung nach deutschem Handelsrecht und International Financial Reporting Standards (IFRS). Darstellung und Zweckmäßigkeitsanalyse. 2006.

Band 73 Marcus Bieker: Ökonomische Analyse des Fair Value Accounting. 2006.

Band 74 Jörg Wiese: Komponenten des Zinsfußes in Unternehmensbewertungskalkülen. Theoretische Grundlagen und Konsistenz. 2006.

Band 75 Silvia Hettich: Zweckadäquate Gewinnermittlungsregeln. 2006.

Band 76 Stephan Rosarius: Bewertung von Leveraged Buyouts. 2007.

Band 77 Bernhard Moitzi: Fair Value Accounting und Anreizwirkungen. 2007.

Band 78 Jörg Reichert: Das Residual-Income-Model. Eine kritische Analyse. 2007.

Band 79 Nadja M. Päßler: Interessenkonflikte in der Informationsintermediation. Eine ökonomische Analyse. 2007.

Band 80 Raimo Reese: Schätzung von Eigenkapitalkosten für die Unternehmensbewertung. 2007.

Band 81 Jens Hackenberger: Professionelle Fußballspieler in der internationalen Rechnungslegung. Eine ökonomische Analyse. 2008.

Band 82 Christian Wappenschmidt: Ratinganalyse durch internationale Ratingagenturen. Empirische Untersuchung für Deutschland, Österreich und die Schweiz. 2009.

Band 83 Andreas Scholze: Discounted Cashflow und Jahresabschlußanalyse. Zur Berücksichtigung externer Rechnungslegungsinformationen in der Unternehmensbewertung. 2009.

Band 84 Sanela Čeljo-Hörhager: Selbsterfüllbarkeit von Ratings. Self-Fulfilling Prophecies als Problem der Risikokommunikation durch Informationsintermediäre. 2009.

Band 85 Hannes Dücker: Institutionelle Änderungen und die Ergebnisqualität von Finanzberichten deutscher Unternehmen. 2009.

Band 86 Gerhard Kurz: Das IASB und die Regulierung der Rechnungslegung in der EU. Eine Analyse von Legitimation und Lobbying. 2009.

Band 87 Christian Höllerschmid: Signalwirkungen und Bilanzpolitik mithilfe selbst erstellten technologiebezogenen immateriellen Vermögens. Reifeprüfung für bilanzrechtliche Sorgenkinder. 2010.

Band 88 Salima Sifi: Determinanten der Publizitätspolitik. Ökonomische und empirische Analyse am Beispiel immaterieller Werte. 2010.

Band 89 Michael Seifert: Die Erfassung von Unsicherheit bei den IFRS. 2011.

Band 90 Roland Paarz: Einfluss der Rechnungslegung auf Finanzanalysten. Eine empirische Analyse von Prognosegenauigkeit und Bewertungsverfahren von Finanzanalysten in Deutschland. 2011

Band 91 Christoph Pelger: Integration von externer und interner Unternehmensrechnung. Eine ökonomische Analyse. 2012.

Band 92 Andreas Hofherr: Die Bewertung wandelanleihenfinanzierter Unternehmen. 2012.

Band 93 Annette Witzleben: Anreiz- und Entscheidungsnützlichkeit der bedingten Vorsicht. 2013.

Band 94 Sebastian Erb: Rechnungslegungsinformationen zu Verbriefungen im Umfeld der Finanzmarktkrise. 2014.

Band 95 Anne Kretzschmar: Determinanten einer Ausübung der Fair-value-Option für finanzielle Verbindlichkeiten bei Banken. 2014.

Band 96 Martin Puritscher: Der Zusammenhang von fehlerhafter Rechnungslegung und Unternehmensfinanzierung. Eine empirische Untersuchung. 2015.

Band 97 Tobias Friedrich: Unternehmensbewertung bei Insolvenzrisiko. 2015.

Band 98 Sebastian Keßler: Die Messbarkeit von Gewinnsteuerung mit Hilfe von Periodenabgrenzungen. 2015.

www.peterlang.com

www.ingramcontent.com/pod-product-compliance
Ingram Content Group UK Ltd.
Pitfield, Milton Keynes, MK11 3LW, UK
UKHW021841290926
8980IPUK00005B/585

9 783631 665442